mir-Edition

Herausgegeben von
A. Al-Laham (†)
J. Engelhard, Bamberg Deutschland
M. Kutschker, Ingolstadt, Deutschland
K. Macharzina, Stuttgart, Deutschland
M.-J. Oesterle, Mainz, Deutschland
S. Schmid, Berlin, Deutschland
M. K. Welge, Dortmund, Deutschland
J. Wolf, Kiel, Deutschland

In der mir-Edition werden wichtige Ergebnisse der wissenschaftlichen Forschung sowie Werke erfahrener Praktiker auf dem Gebiet des internationalen Managements veröffentlicht.

The series mir-Edition includes excellent academic contributions and experiential works of distinguished international managers.

Herausgegeben von
Prof. Dr. Andreas Al-Laham (†)

Prof. Dr. Johann Engelhard
Universität Bamberg

Prof. Dr. Michael Kutschker
Universität Eichstätt, Ingolstadt

Prof. Dr. Profs. h.c. Dr. h.c.
Klaus Macharzina
Universität Hohenheim, Stuttgart

Prof. Dr. Michael-Jörg Oesterle
Universität Mainz

Prof. Dr. Stefan Schmid
ESCP Europe Wirtschaftshochschule
Berlin

Prof. Dr. Martin K. Welge
Universität Dortmund

Prof. Dr. Joachim Wolf
Universität Kiel

Tobias Dauth

Die Internationalität von Top-Managern

Aktienkursreaktionen auf die
Benennung internationaler Vorstände
und Aufsichtsräte

Mit einem Geleitwort von Prof. Dr. Stefan Schmid

 RESEARCH

Tobias Dauth
Berlin, Deutschland

Dissertation, ESCP Europe Wirtschaftshochschule Berlin, 2012

ISBN 978-3-658-00761-4   ISBN 978-3-658-00762-1 (eBook)
DOI 10.1007/978-3-658-00762-1

Die Deutsche Nationalbibliothek verzeichnet diese Publikation in der Deutschen Nationalbibliografie; detaillierte bibliografische Daten sind im Internet über http://dnb.d-nb.de abrufbar.

Springer Gabler
© Springer Fachmedien Wiesbaden 2012
Das Werk einschließlich aller seiner Teile ist urheberrechtlich geschützt. Jede Verwertung, die nicht ausdrücklich vom Urheberrechtsgesetz zugelassen ist, bedarf der vorherigen Zustimmung des Verlags. Das gilt insbesondere für Vervielfältigungen, Bearbeitungen, Übersetzungen, Mikroverfilmungen und die Einspeicherung und Verarbeitung in elektronischen Systemen.

Die Wiedergabe von Gebrauchsnamen, Handelsnamen, Warenbezeichnungen usw. in diesem Werk berechtigt auch ohne besondere Kennzeichnung nicht zu der Annahme, dass solche Namen im Sinne der Warenzeichen- und Markenschutz-Gesetzgebung als frei zu betrachten wären und daher von jedermann benutzt werden dürften.

Gedruckt auf säurefreiem und chlorfrei gebleichtem Papier

Springer Gabler ist eine Marke von Springer DE. Springer DE ist Teil der Fachverlagsgruppe Springer Science+Business Media.
www.springer-gabler.de

Vorwort der Herausgeber

Für viele Unternehmen ist es heutzutage unerlässlich, sich auf ausländischen Märkten zu betätigen. Ein erfolgreiches Management der Internationalisierung stellt Unternehmen allerdings immer wieder vor neue Herausforderungen. Die Herausgeber beabsichtigen mit der Schriftenreihe mir-Edition, die vielfältigen und komplexen Managementanforderungen der internationalen Unternehmenstätigkeit wissenschaftlich zu begleiten. Die mir-Edition soll zum einen der empirischen Feststellung und der theoretischen Verarbeitung der in der Praxis des Internationalen Managements beobachtbaren Phänomene dienen. Zum anderen sollen die hierdurch gewonnenen Erkenntnisse in Form von systematisiertem Wissen, von Erklärungen und Denkanstößen sowie von Handlungsempfehlungen verfügbar gemacht werden.

Diesem angewandten Wissenschaftsverständnis fühlt sich seit nunmehr 50 Jahren auch die in über 40 Ländern gelesene internationale Fachzeitschrift mir – Management International Review – verpflichtet. Während in der Zeitschrift allerdings nur kurzgefasste englischsprachige Aufsätze publiziert werden, soll der breitere Raum der vorliegenden Schriftenreihe den Autoren und Lesern die Möglichkeit zur umfänglichen und vertieften Auseinandersetzung mit dem jeweils behandelten Problem des Internationalen Managements eröffnen. Der Herausgeberkreis der mir-Edition wurde 2008 um weitere renommierte Fachvertreter des Internationalen Managements erweitert. Geblieben ist jedoch die Herausgeberpolitik für die mir-Edition, in der Schriftenreihe innovative und dem Erkenntnisfortschritt dienende Beiträge einer kritischen Öffentlichkeit vorzustellen. Neben Forschungsergebnissen, insbesondere des wissenschaftlichen Nachwuchses, können auch einschlägige Werke von Praktikern mit profundem Erfahrungswissen im Internationalen Management einbezogen werden. Wissenschaftliche Sammelbände, etwa zu Tagungen aus dem Bereich des Internationalen Managements, sind ebenso sehr gerne in der Reihe willkommen. Die Herausgeber laden zu Veröffentlichungen sowohl in deutscher als auch in englischer Sprache ausdrücklich ein.

Das Auswahlverfahren sieht vor, dass die Herausgeber gemeinsam über die Veröffentlichung eines für die Reihe eingereichten Werkes entscheiden. Wir freuen uns auf Ihre Manuskripte und hoffen, mit dieser seit langer Zeit renommierten Schriftenreihe die wissenschaftliche Diskussion und die praktische Lösung von Problemen des Internationalen Managements weiter zu stimulieren.

Andreas Al-Laham †, Johann Engelhard, Michael Kutschker, Klaus Macharzina,
Michael-Jörg Oesterle, Stefan Schmid, Martin K. Welge, Joachim Wolf

Preface of the Editors

Today's global market makes it essential for many companies to operate in foreign markets. The successful management of the internationalization process consistently poses new challenges for business ventures. By publishing the journal series "mir-Edition", the editors endeavour to provide a scientific steering of the multiple and complex management requirements of international corporate activities. The journal series purpose is twofold.

Firstly, the "mir-Edition" is to provide empirical ascertainment and theoretical elaboration of the phenomena observed in international management practices. Secondly, the findings obtained are to be made available as systematised knowledge, assertions and thought-provoking impulses as well as providing recommended courses of action.

Further, the international trade journal "mir – Management International Review", read in more than 40 countries, has been feeling constrained in regard to providing applied scientific understanding over the past 50 years. As of yet, only compendious Anglophone essays are published in this journal. The wider range of the present journal series ought to provide editors and readers with the opportunity to deal with the respectively handled problems of international management in a circumferential and immersed way. The spectrum of publishers of the mir-Edition was extended in 2008 with the addition of renowned experts in the domain of international management. The established editors' policy for the "mir-Edition" was to provide to a critical public articles that are innovative and serve the advancement of cognition.

The editors welcome the latest research, especially those of young academics, involving the relevant works of practitioners with profound know-how in the area of international management. Also, invited are scientific anthologies, such as presentations at conferences in the field of international management. The editors expressly invite articles to be submitted in both the German and English languages.

The selection procedure stipulates that the publishers make the decision as to the release of any articles submitted for the series. As editors of this long-standing renowned journal series, we are looking forward to receiving your manuscripts and hope to stimulate scientific discussion and to provide applied solutions to the problems of international management.

Andreas Al-Laham †, Johann Engelhard, Michael Kutschker, Klaus Macharzina, Michael-Jörg Oesterle, Stefan Schmid, Martin K. Welge, Joachim Wolf

Geleitwort

Seit nahezu zwei Jahrzehnten fasziniert mich die Thematik der „Homogenität und Heterogenität im Management". In meiner eigenen Dissertation, die 1996 in der „mir-Edition" erschienen ist, habe ich mich mit dem Phänomen der Multikulturalität beschäftigt. Die vorliegende Arbeit von Herrn Tobias Dauth, die an meinem Lehrstuhl als Dissertation entstanden ist, setzt sich ebenfalls mit einer Spielart der Heterogenität vertieft auseinander – mit der internationalen Diversität der Vorstands- und Aufsichtsratsmitglieder. Howard Perlmutter, einer der im Internationalen Management am häufigsten zitierten Autoren, hat zwar bereits vor langer Zeit gefordert, dass zumindest in geozentrisch orientierten Unternehmungen eine internationale Diversität der obersten Führungsetagen notwendig sei, um die Internationalisierung der Geschäftsaktivitäten adäquat zu begleiten (und diese sogar weiter voranzutreiben); allerdings sind dieser Forderung in der Vergangenheit die wenigsten Unternehmungen gefolgt. Inzwischen existieren jedoch in einigen Ländern Empfehlungen des jeweiligen Corporate-Governance-Kodex, die auf die Diversität im Top-Management (und damit auch auf die internationale Diversität) abzielen. Unter anderem deswegen hat die Thematik der Diversität in den letzten Jahrzehnten noch weiter an Aktualität gewonnen. Offen bleibt, ob Unternehmungen den Empfehlungen des Corporate-Governance-Kodex realiter auch folgen. Und offen ist darüber hinaus, ob Unternehmungen aus Sicht der Investoren diesen Empfehlungen überhaupt ökonomisch begründet folgen sollten.

Vor diesem Hintergrund ist es sehr begrüßenswert, dass Herr Dauth in seiner äußerst lesenswerten Arbeit die sehr spannende Frage aufgreift, wie der Kapitalmarkt auf die Benennung internationaler Vorstände und Aufsichtsräte reagiert. Herr Dauth wendet die unter anderem in der Finanzierungsforschung geläufige Ereignisstudienmethodik auf den Kontext des vorliegenden Themas an und möchte so herausfinden, wie Aktionäre die Internationalität von neu berufenen Vorstands- und Aufsichtsratsmitgliedern beurteilen. Damit wird deutlich, dass Herr Dauth der Prämisse der Kapitalmarkteffizienz folgt und Erfolg vor allem aus der Perspektive einer bestimmten Stakeholdergruppe betrachtet, nämlich der der Aktionäre. Die theoretische Basis der Arbeit stellen der Upper-Echelons-Ansatz, die Resource-Dependence-Theorie und die Signaling-Theorie dar – Theorien, welche auf elegante Weise miteinander verknüpft und für die Herleitung von Hypothesen fruchtbar gemacht werden. Die empirische Studie umfasst Neubesetzungen in DAX-30-Unternehmungen im Zeitraum zwischen 2005 und 2008. Aufbauend auf früheren Studien meines Lehrstuhls, die unter anderem im Rahmen von Forschungsprojekten mit CEGETEL und mit der Bertelsmann Stiftung entstanden sind, wird Internationalität von Herrn Dauth nicht auf die Staatsangehörigkeit von Top-Managern reduziert. Vielmehr werden auch internationale Ausbildung, internationale Berufserfahrung und internationale Mandate als Internationalitätsdimensionen betrachtet. Die mehrdimensional konzipierte Internationalität eines Top-Managers stellt in dem von Herrn Dauth formulierten Regressionsmodell die primäre unabhängige Variable dar, während als abhängige Variable die kumulierte abnormale Rendite einer Aktie gewählt wird.

Ein zentrales Hauptergebnis der Arbeit besteht darin, dass es keinen linearen Zusammenhang zwischen der Internationalität von Individuen und den Aktienkursreaktionen gibt. Damit wird einfachen „Beziehungslogiken" (im Stile von „Je mehr Internationalität, desto besser") eine Absage erteilt. Dass der Internationalitätsgrad einer Unternehmung den Zusammenhang zwischen der Internationalität der Vorstände und Aufsichtsräte einerseits und den Aktienkursreaktionen der Unternehmungen andererseits nicht eindeutig moderiert, konnte von Herrn Dauth ebenfalls nachgewiesen werden. Dieses Ergebnis überrascht nicht – schließlich ist der Internationalitätsgrad selbst nicht einfach zu erfassen, und darüber hinaus gibt es in der Praxis unterschiedliche Konstellationen im Hinblick auf die Internationalisierungsgeschwindigkeit von Oberflächen- und Tiefenstrukturen.

Die vorliegende Arbeit zeichnet sich meines Erachtens durch ihre sehr hohe Aktualität und Relevanz aus. Dabei ist sie zwar, wie bei Dissertationen üblich, in weiten Teilen primär an Wissenschaftler gerichtet; doch kann auch der Praktiker wesentliche Impulse aus ihr ziehen. Sowohl Wissenschaftler als auch Praktiker werden feststellen, dass die Arbeit sehr angenehm zu lesen ist. Dazu trägt bei, dass die Dissertationsschrift eine klare Struktur hat, die Ausdrucksweise prägnant ist und Herr Dauth alle Schritte transparent erläutert. Insofern erfüllt Herr Dauth auch das oftmals bei anderen Arbeiten in den Hintergrund tretende Postulat der Nachvollziehbarkeit, welches in meinen Augen (empirische) Forschung leiten sollte. Ich bin sicher, dass die Arbeit nicht nur die Disziplin des Internationalen Managements, sondern auch die Literatur des „General Management", des Strategischen Managements sowie der Corporate-Governance-Forschung stark bereichern kann. Insofern wünsche ich der Arbeit die Verbreitung, die sie verdient, und hoffe sehr, dass diese Dissertationsschrift auch in einer Zeit, in der viele Wissenschaftler kurze Zeitschriftenartikel längeren Monographien vorziehen, sehr große Beachtung finden wird.

Berlin, August 2012   Stefan Schmid

Vorwort

Die vorliegende Arbeit entstand während meiner Tätigkeit als wissenschaftlicher Mitarbeiter an der ESCP Europe Wirtschaftshochschule Berlin und wurde dort im Sommer 2012 als Dissertationsschrift angenommen. Im Folgenden möchte ich allen Personen danken, die direkt oder indirekt zu einem erfolgreichen Abschluss meiner Dissertation beigetragen haben.

Mein besonderer Dank gilt meinem akademischen Lehrer und Doktorvater, Herrn Prof. Dr. Stefan Schmid, dem Inhaber des Lehrstuhls für Internationales Management und Strategisches Management an der ESCP Europe Wirtschaftshochschule Berlin. Die vielen konstruktiven Diskussionen mit Ihnen, lieber Herr Schmid, Ihre wertvollen Anregungen und nicht zuletzt Ihre „stets offene Tür" haben wesentlich zum Gelingen meines Dissertationsprojekts beigetragen. Ich danke Ihnen für die äußerst engagierte und professionelle Betreuung meiner Doktorarbeit.

Herrn Prof. Dr. Reinhard Moser, dem Vorstand des Instituts für Betriebswirtschaftslehre des Außenhandels an der Wirtschaftsuniversität Wien, möchte ich ebenfalls herzlich danken. Herr Professor Moser hat sich als Zweitgutachter sehr intensiv mit meiner Dissertation auseinandergesetzt und dabei wertvolle Anregungen und Hinweise zur Weiterentwicklung der Arbeit gegeben.

Auch die zahlreichen Fachdiskussionen mit meinen (ehemaligen) Lehrstuhl-Kolleginnen und -Kollegen haben mir während der Dissertationsphase sehr geholfen. Ich bedanke mich insbesondere bei Dr. Thomas Kotulla, der mein Dissertationsprojekt „von der ersten Stunde an" kritisch und konstruktiv begleitet hat. Ferner danke ich Dipl.-Betrw. (FH) Thomas Neubert, der mich im Rahmen der Datenerhebung hervorragend unterstützt hat. Vielen Dank auch an Dr. Monika Dammer-Henselmann, Dipl.-Kfm. Ruben Dost, MBA, BA, Dipl.-Kfm. Lars Dzedek, Dr. Holger Endrös, Rita Engel, MSc, Dr. Philipp Grosche, Dr. Swantje Hartmann, Dr. Katharina Hefter, Dr. Andrea Luber, Dr. Mario Machulik, Dr. Julia Maurer, Renate Ramlau, Dipl.-Kffr. Esther Rödel, und Dipl.-Wirt.-Inf. (DHBW) Dennis Wurster, MLitt.

Herzlich bedanken möchte ich mich auch bei meinen Eltern, Vida und Gerhard Dauth. Sie haben mir die „Leitlinien" für meinen Werdegang gegeben und mich immer ohne Vorbehalt unterstützt. Es ist schön, einen starken Rückhalt zu haben.

Abschließend möchte ich meiner Familie, meiner Frau Kathrin und meinem Sohn Maxim Elias, danken. Ihr gebt mir Kraft und Du, Kathrin, hast im Rahmen meiner Dissertation viel Verständnis bewiesen. Die vorliegende Arbeit ist Dir, Kathrin, gewidmet.

Berlin, August 2012   Tobias Dauth

Inhaltsübersicht

Abbildungsverzeichnis .... **XIX**

Tabellenverzeichnis .... **XXI**

Gleichungsverzeichnis .... **XXIII**

1 Einleitung **1**

    1.1 Die Internationalität von Top-Managern als Forschungsgegenstand des Internationalen Managements 1

    1.2 Forschungsfragen und Ziele der Arbeit 4

    1.3 Aufbau der Arbeit 6

2 Forschungsgegenstand und zentrale Konzepte **8**

    2.1 Das Top-Management-Team im Unternehmen 8

    2.2 Die Internationalität von Top-Managern 14

    2.3 Der unternehmerische Erfolg 30

    2.4 Die Internationalität von Unternehmen 36

    2.5 Zwischenfazit zu den zentralen Konzepten der vorliegenden Arbeit 44

3 Internationalität von Top-Managern in der Betriebswirtschafts- und Managementliteratur **46**

    3.1 Stand der Forschung zur Internationalität von Top-Managern 46

    3.2 Fazit der Literaturanalyse und Forschungslücken 69

4 Theoretisch-konzeptionelle Basis zur Untersuchung der Kapitalmarktreaktionen auf die Benennung internationaler Top-Manager **77**

    4.1 Einführende Überlegungen 77

    4.2 Der upper-echelons-Ansatz 78

    4.3 Die Resource-Dependence-Theorie 87

    4.4 Die Signaling-Theorie 103

    4.5 Überführung der theoretischen Ansätze in einen konzeptionellen Bezugsrahmen und Ableitung der Hypothesen 116

5 Konzeption der quantitativen Untersuchung **123**

    5.1 Merkmale des Untersuchungsdesigns 123

    5.2 Methodik der Datenerhebung 125

    5.3 Methodik der Datenauswertung 129

6	**Empirische Ergebnisse der quantitativen Untersuchung**	**160**
6.1	Beschreibung der Daten	160
6.2	Eignungsprüfung der Daten	170
6.3	Auswertung der Daten	177
7	**Zusammenfassende Diskussion**	**217**
7.1	Implikationen der Arbeit	217
7.2	Limitationen der Arbeit	226
7.3	Bedeutung der Arbeit für die Unternehmenspraxis	233
7.4	Optionen für künftige Forschungsvorhaben	234

Anhang **239**
Literaturverzeichnis **261**

Inhaltsverzeichnis

Abbildungsverzeichnis .... **XIX**

Tabellenverzeichnis .... **XXI**

Gleichungsverzeichnis .... **XXIII**

1 Einleitung 1
    1.1   Die Internationalität von Top-Managern als Forschungsgegenstand des Internationalen Managements 1
    1.2   Forschungsfragen und Ziele der Arbeit 4
    1.3   Aufbau der Arbeit 6

2 Forschungsgegenstand und zentrale Konzepte 8
    2.1   Das Top-Management-Team im Unternehmen 8
        2.1.1   Grundlegende Überlegungen zum Begriff „Top-Management-Team" 8
        2.1.2   Ansätze zur Identifikation der Mitglieder des Top-Management-Teams 9
        2.1.3   Zum Verständnis der Begriffe „Top-Management-Team" und „Top-Manager" in der vorliegenden Arbeit 12
    2.2   Die Internationalität von Top-Managern 14
        2.2.1   Grundlegende Überlegungen zum Begriff „Internationalität" 15
        2.2.2   Ansätze zur Messung der Internationalität von Top-Managern 16
        2.2.3   Zwischenfazit 23
        2.2.4   Messung der Internationalität von Top-Managern in der vorliegenden Arbeit ... 25
            2.2.4.1   Der Internationalitätsindex von Schmid/Daniel 26
            2.2.4.2   Kritische Würdigung des Internationalitätsindex von Schmid/Daniel 28
    2.3   Der unternehmerische Erfolg 30
        2.3.1   Grundlegende Überlegungen zum Begriff „Erfolg" 30
        2.3.2   Ansätze zur Messung des finanziellen Unternehmenserfolgs 31
        2.3.3   Messung des finanziellen Unternehmenserfolgs in der vorliegenden Arbeit 35
    2.4   Die Internationalität von Unternehmen 36
        2.4.1   Grundlegende Überlegungen zum Begriff „internationales Unternehmen" 37
        2.4.2   Ansätze zur Betrachtung internationaler Unternehmen 38
        2.4.3   Messung der unternehmensspezifischen Internationalität in der vorliegenden Arbeit 43
    2.5   Zwischenfazit zu den zentralen Konzepten der vorliegenden Arbeit 44

3 Internationalität von Top-Managern in der Betriebswirtschafts- und Managementliteratur 46

3.1 Stand der Forschung zur Internationalität von Top-Managern 46

3.1.1 Methodik der Literaturrecherche 46

3.1.2 Ergebnisse der Literaturrecherche 49

3.1.2.1 Veröffentlichungen im Zeitverlauf 49

3.1.2.2 Das Verständnis von Internationalität in bisherigen Beiträgen 49

3.1.2.3 Thematische Schwerpunkte bisheriger Beiträge 51

3.1.3 Beiträge mit dem Schwerpunkt: „Einfluss der Internationalität von Führungskräften auf den finanziellen Erfolg eines Unternehmens" 55

3.1.3.1 Theoretisch-konzeptionelle Basis bisheriger Beiträge 56

3.1.3.2 Untersuchungsebene bisheriger Beiträge 60

3.1.3.3 Modellierung des Wirkungszusammenhangs zwischen Internationalität und Unternehmenserfolg in bisherigen Beiträgen 62

3.1.3.4 Ergebnisse bisheriger Beiträge 65

3.2 Fazit der Literaturanalyse und Forschungslücken 69

4 Theoretisch-konzeptionelle Basis zur Untersuchung der Kapitalmarktreaktionen auf die Benennung internationaler Top-Manager 77

4.1 Einführende Überlegungen 77

4.2 Der upper-echelons-Ansatz 78

4.2.1 Entstehungsgeschichte und Grundannahmen des upper-echelons-Ansatzes 78

4.2.1.1 Die Verhaltenswissenschaftliche Entscheidungstheorie 78

4.2.1.2 Grundzüge des upper-echelons-Ansatzes 80

4.2.2 Anwendung des upper-echelons-Ansatzes in der vorliegenden Arbeit 84

4.3 Die Resource-Dependence-Theorie 87

4.3.1 Entstehungsgeschichte und Grundannahmen der Resource-Dependence-Theorie 88

4.3.1.1 Abhängigkeitsbeziehungen zwischen Unternehmen und Umwelt 88

4.3.1.2 Bedeutung und Gestaltungsmöglichkeiten des Top-Managements 89

4.3.2 Anwendung der Resource-Dependence-Theorie in der vorliegenden Arbeit 94

4.3.2.1 Überprüfung der Prämissen der Resource-Dependence-Theorie 94

4.3.2.2 Kritisches Fazit: Worin liegt der „Wert" internationaler Top-Manager? .. 101

4.4 Die Signaling-Theorie 103

4.4.1 Entstehungsgeschichte und Grundannahmen der Signaling-Theorie 103

4.4.2 Anwendung der Signaling-Theorie in der vorliegenden Arbeit 108

4.4.2.1 Überprüfung der Prämissen der Signaling-Theorie 108

4.4.2.2 Die Signalwirkung der Internationalität von Top-Managern ... 113

4.5 Überführung der theoretischen Ansätze in einen konzeptionellen Bezugsrahmen und Ableitung der Hypothesen ... 116

    4.5.1 Konzeptioneller Bezugsrahmen ... 117

    4.5.2 Hypothesen ... 119

5 Konzeption der quantitativen Untersuchung ... 123

5.1 Merkmale des Untersuchungsdesigns ... 123

5.2 Methodik der Datenerhebung ... 125

    5.2.1 Identifizierung der Neubesetzungen im Vorstand und Aufsichtsrat ... 125

    5.2.2 Ermittlung der individuellen Internationalität der Top-Manager ... 128

5.3 Methodik der Datenauswertung ... 129

    5.3.1 Einführende Überlegungen ... 130

    5.3.2 Konzeption der Ereignisstudie ... 134

        5.3.2.1 Festlegung des zu untersuchenden Ereignisses und der erwarteten Wirkungen auf den Unternehmenserfolg ... 134

        5.3.2.2 Bestimmung des Ereigniszeitpunkts ... 135

        5.3.2.3 Festlegung des Betrachtungszeitfensters ... 139

        5.3.2.4 Ermittlung der abnormalen Renditen im Betrachtungszeitfenster ... 140

    5.3.3 Testverfahren zur statistischen Überprüfung abnormaler Renditen ... 144

        5.3.3.1 Aggregation abnormaler Renditen ... 144

        5.3.3.2 Signifikanztests ... 146

    5.3.4 Analyse der Bestimmungsfaktoren abnormaler Renditen mit Hilfe multivariater Regressionsmodelle ... 149

6 Empirische Ergebnisse der quantitativen Untersuchung ... 160

6.1 Beschreibung der Daten ... 160

    6.1.1 Art der untersuchten Neubesetzungen ... 160

    6.1.2 Demographische Merkmale der analysierten Führungskräfte ... 162

    6.1.3 Detaillierte Betrachtung der Internationalität der Top-Manager ... 163

6.2 Eignungsprüfung der Daten ... 170

    6.2.1 Einflussreiche Beobachtungen ... 170

    6.2.2 Normalverteilung der Störgröße ... 171

    6.2.3 Homoskedastizität der Störgröße ... 173

    6.2.4 Unabhängigkeit der Störgröße ... 174

    6.2.5 Lineare Unabhängigkeit der exogenen Variablen ... 174

6.3 Auswertung der Daten 177
    6.3.1 Patell-Tests zur Prüfung von Hypothese 1 178
    6.3.2 Lineare Regression zur Prüfung von Hypothese 1 und Hypothese 2 184
    6.3.3 Regressionsmodelle zur Identifikation komplexer Wirkungszusammenhänge . 187
        6.3.3.1 Abschnittsweise Regression 187
        6.3.3.2 Grafische Darstellung der Regressionsfunktion des abschnittsweisen Modells 194
        6.3.3.3 Alternative Modellspezifikationen der abschnittsweisen Regression 196
        6.3.3.4 Abschnittsweise Regression unter Berücksichtigung der Variable „Anteil institutioneller Investoren" 201
    6.3.4 Patell-Tests zur Prüfung des Hypothesenkranzes 3 203
    6.3.5 Gesonderte Betrachtung der einzelnen Internationalitätsdimensionen 207
    6.3.6 Konsolidierung der Ergebnisse 213

7 Zusammenfassende Diskussion 217
7.1 Implikationen der Arbeit 217
    7.1.1 Inhaltliche Erkenntnisse 217
    7.1.2 Konzeptionelle Erkenntnisse 224
    7.1.3 Methodische Erkenntnisse 225
7.2 Limitationen der Arbeit 226
    7.2.1 Inhaltliche Limitationen 226
    7.2.2 Konzeptionelle Limitationen 227
    7.2.3 Methodische Limitationen 229
7.3 Bedeutung der Arbeit für die Unternehmenspraxis 233
7.4 Optionen für künftige Forschungsvorhaben 234

Anhang 239
Literaturverzeichnis 261

Abbildungsverzeichnis

Abb. 1:	Begriffshierarchie der Führungsorganisation im Unternehmen	9
Abb. 2:	Das Top-Management-Team einer deutschen Aktiengesellschaft	14
Abb. 3:	Komponenten des Internationalitätsindex von Schmid/Daniel	26
Abb. 4:	Kennzahlen zur Messung des finanziellen Unternehmenserfolgs	32
Abb. 5:	Unterschiedliche Betrachtungen des Konstrukts „internationales Unternehmen"	39
Abb. 6:	Anzahl und Veröffentlichungszeitpunkt der Beiträge mit dem Schwerpunkt „Internationalität von Top-Managern"	49
Abb. 7:	Verwendungshäufigkeit der einzelnen Dimensionen zur Messung der Internationalität sowie Verteilung der Artikel nach Anzahl der verwendeten Dimensionen	50
Abb. 8:	Wahrnehmung und Handeln von Top-Managern im Rahmen des upper-echelons-Ansatzes	81
Abb. 9:	Wirkungszusammenhänge im upper-echelons-Ansatz	83
Abb. 10:	Grundannahmen der Resource-Dependence-Theorie	91
Abb. 11:	Signaling und Screening zwischen Arbeitgeber und Arbeitnehmer	105
Abb. 12:	Grundannahmen der Signaling-Theorie	107
Abb. 13:	Modifiziertes Grundmodell der Signaling-Theorie	114
Abb. 14:	Konzeptioneller Bezugsrahmen der vorliegenden Arbeit	118
Abb. 15:	Vorgehensschritte im Rahmen der quantitativen Hypothesenprüfung	125
Abb. 16:	Betrachtete Neubesetzungen im Vorstand und Aufsichtsrat eines Unternehmens	127
Abb. 17:	Umgang mit „Confounding Events" im Zusammenhang mit der Bestimmung der Untersuchungsstichprobe B	138
Abb. 18:	Zusammensetzung der Stichproben A und B	139
Abb. 19:	Schätzperiode und Betrachtungszeitfenster in der Ereignisstudie	143
Abb. 20:	Aggregationsmöglichkeiten der abnormalen Renditen im Betrachtungszeitfenster	146
Abb. 21:	Häufigkeitsverteilung der Werte des Internationalitätsindex	164
Abb. 22:	Durchschnittliche Internationalität für verschiedene, nach demographischen Merkmalen eingeteilte Gruppen	166

Abb. 23:	Durchschnittliche Internationalität der einzelnen Corporate-Governance-Gremien	167
Abb. 24:	Gesonderte Betrachtung der Internationalitätsdimensionen	168
Abb. 25:	Internationalitätsdimensionen der deutschen Top-Manager in Stichprobe A und Stichprobe B	169
Abb. 26:	Histogramme der standardisierten Residuen für Regressionsmodelle mit Y=CAR$_{(-10;2)}$	172
Abb. 27:	CAAR in Prozent nach Internationalitätsgruppen (INT=0; INT>0)	179
Abb. 28:	CAAR in Prozent nach Internationalitätsgruppen (INT<Durchschnitt; INT≥Durchschnitt)	180
Abb. 29:	CAAR in Prozent nach Internationalitätsgruppen (0≤INT<0,33; 0,33≤INT<0,66; 0,66≤INT≤1,0)	181
Abb. 30:	CAAR in Prozent nach Internationalitätsgruppen (0≤INT<0,5; 0,5≤INT<0,8; 0,8≤INT≤1,0)	182
Abb. 31:	Schematische Punktwolke der Variablen „CAR" und „INT"	191
Abb. 32:	Abschnittsweise Regressionsfunktion für den Wertebereich INT≥MEAN	195
Abb. 33:	CAAR bei der Benennung von Vorstandsvorsitzenden/-sprechern und „einfachen" Vorstandsmitgliedern	203
Abb. 34:	CAAR bei der Benennung von internationalen Vorstandsvorsitzenden/-sprechern und „einfachen" internationalen Vorstandsmitgliedern	204
Abb. 35:	CAAR bei der Benennung von Aufsichtsratsvorsitzenden und „einfachen" Aufsichtsratsmitgliedern	205
Abb. 36:	CAAR bei der Benennung von internationalen Aufsichtsratsvorsitzenden und „einfachen" internationalen Aufsichtsratsmitgliedern	206
Abb. 37:	CAAR für die einzelnen Internationalitätsdimensionen in den Betrachtungszeitfenstern (-1;1) und (-10;2)	208

Tabellenverzeichnis

Tab. 1: Dimensionen zur Messung der Internationalität von Top-Managern 25

Tab. 2: Übersicht der Studien zur Internationalität von Top-Managern 52

Tab. 3: Zusammenfassende Darstellung der Beiträge mit dem Schwerpunkt: „Internationalität des Top-Managements und Unternehmenserfolg" 68

Tab. 4: Existierende Forschungslücken in der Literatur zur Internationalität von Top-Managern 76

Tab. 5: Objektbereiche der Internationalität von Unternehmen und mögliche Quellen „kritischer Ressourcen" 97

Tab. 6: Neuzugänge und analysierbare Personen im Erhebungszeitraum 2005 bis 2008 .. 129

Tab. 7: Übersicht der berücksichtigten „Confounding Events" 137

Tab. 8: Variablen des Regressionsmodells 159

Tab. 9: Übersicht der betrachteten personellen Veränderungen in den einzelnen Corporate-Governance-Gremien 161

Tab. 10: Demographische Merkmale der Neuzugänge in Stichprobe A und Stichprobe B 163

Tab. 11: Ergebnisse der deskriptiven Statistik 170

Tab. 12: Komolgorov-Smirnov-Teststatistik 173

Tab. 13: Durbin-Watson-Teststatistik für die untersuchten Regressionsmodelle 174

Tab. 14: Korrelationstabelle der unabhängigen Variablen (Stichprobe A) 175

Tab. 15: Korrelationstabelle der unabhängigen Variablen (Stichprobe B) 176

Tab. 16: Ergebnisse der einfaktoriellen Varianzanalyse für die unterschiedlichen Ausprägungen der „niedrigen", „mittleren" und „hohen" Internationalität 183

Tab. 17: Ergebnisse der linearen Regressionsanalyse 186

Tab. 18: Ergebnisse der abschnittsweisen Regressionsanalyse 192

Tab. 19: Abschnittsweise Regression mit gesonderter Betrachtung der Variablen „Branchenerfahrung" und „Unternehmenserfahrung" 197

Tab. 20: Abschnittsweise Regression mit gesonderter Betrachtung der Variable „vorangegangener Unternehmenserfolg" ($PPERF_{ROA/ROE}$) 198

Tab. 21: Abschnittsweise Regression mit gesonderter Betrachtung der Variable „vorangegangener Unternehmenserfolg" ($PPERF_{TSR}$) 199

Tab. 22: Abschnittsweise Regression mit gesonderter Betrachtung der Variable „Anteil institutioneller Investoren" (INVEST$_{INST}$) 202

Tab. 23: Betrachtete Regressionsmodelle im Zusammenhang mit der Aufsplittung der Dimensionen des Internationalitätsindex 210

Tab. 24: Gesonderte Betrachtung der Internationalitätsdimensionen: Ergebnisse der Regressionsschätzungen 212

Tab. 25: Ergebnisse der Hypothesenprüfung 216

Gleichungsverzeichnis

(1)	Internationalitätsindex von Schmid/Daniel	27
(2)	Aktueller Marktpreis einer Aktie	33
(3)	Diskrete Rendite	140
(4)	Abnormale Rendite einer Aktie	141
(5)	Marktmodell zur Ermittlung abnormaler Renditen	142
(6)	KQ-Regression zur Ermittlung der Parameter α_i und β_i	142
(7)	Abnormale Rendite im Marktmodell	144
(8)	Durchschnittliche abnormale Rendite	145
(9)	Kumulierte abnormale Rendite	145
(10)	Durchschnittliche kumulierte abnormale Rendite	145
(11)	Patell-Teststatistik für Querschnittsdaten	148
(12)	Schätzfehler in der Patell-Teststatistik	148
(13)	Stichprobenstandardabweichung der Aktienrendite	148
(14)	Korrekturfaktor $C_{i,t}$ für den Anstieg der Varianz im Ereignisfenster	149
(15)	Patell-Teststatistik für Längsschnittdaten	149
(16)	Allgemeines lineares Regressionsmodell	150
(17)	Ermittlung der Kennzahl DFBETA	171
(18)	Stochastisches Modell der abschnittsweisen Regressionsfunktion	189
(19)	Chow-Teststatistik	189
(20)	Stochastisches Modell der abschnittsweisen Regressionsfunktion mit fixierten Regressoren	195
(21)	Stochastisches Modell der abschnittsweisen Regressionsfunktion mit fixierten Regressoren für überdurchschnittlich internationale Individuen	195
(22)	Abschnittsweise Regressionsfunktion für überdurchschnittlich internationale Individuen (Modell 2A)	195
(23)	Abschnittsweise Regressionsfunktion für überdurchschnittlich internationale Individuen (Modell 3A)	195

1 Einleitung

1.1 Die Internationalität von Top-Managern als Forschungsgegenstand des Internationalen Managements[1]

Die Internationalisierung der Wirtschaft stellt Unternehmen und deren Top-Manager vor besondere Herausforderungen (Kutschker/Schmid, 2011, S. 3; Müller/Kornmeier, 2002, S. 22-23; Rugman/Collinson/Hodgetts, 2006, S. 12-15).[2] So müssen die Top-Manager grenzüberschreitend tätiger Unternehmen beispielsweise die Interessen und Bedürfnisse ausländischer Kunden und Lieferanten berücksichtigen (Oxelheim/Randøy, 2005, S. 475), fremde Rechtsnormen befolgen (Moser, 2009, S. 685-686; Nielsen, 2010b, S. 187) und auf unterschiedliche Managementstile eingehen (Greve/Nielsen/Ruigrok, 2009, S. 221). Becker (2010, S. 2) und Lutter (2009b, S. 776-777) sprechen diesbezüglich von einem veränderten Anforderungskatalog, mit dem sich die obersten Führungskräfte eines Unternehmens konfrontiert sehen – schließlich gilt es, nicht nur in nationalen, sondern auch in internationalen Dimensionen zu denken und zu handeln. Vor diesem Hintergrund erscheint es nachvollziehbar, dass eine Internationalisierung der Unternehmensaktivitäten auch eine Internationalisierung der Führungsgremien erforderlich macht (Biemann, 2009a, S. 339; Nielsen, 2009, S. 283-284; Schmid, 1996, S. 1-2). Grundlegend hierfür ist die Annahme, dass Top-Manager, die selbst über ein hohes Maß an Internationalität verfügen, schneller und erfolgreicher auf die Herausforderungen der komplexen grenzüberschreitenden Unternehmenstätigkeit eingehen können als Individuen, denen diese persönliche Internationalität fehlt (Adler/Bartholomew, 1992, S. 52-53; Carpenter/Sanders/Gregersen, 2001, S. 493; Weber-Rey, 2011, S. 23).

Dass die Internationalität von Top-Managern für die Führung internationaler Unternehmen von Bedeutung ist, wurde in der wissenschaftlichen Literatur bereits vor Jahrzehnten betont (Simmonds, 1966). Die Forschergruppe um Howard V. Perlmutter appellierte in den siebziger und achtziger Jahren des vergangenen Jahrhunderts für eine internationalere Zusammensetzung von Führungsgremien (Heenan/Perlmutter, 1979; Perlmutter/Heenan, 1974; Perlmutter/Heenan, 1986; Wind/Douglas/Perlmutter, 1973). Vertreter aus der Unternehmenspraxis verstärken ebenfalls den Ruf nach mehr Diversität und dabei insbesondere Internationalität (Bernardi/Bean/Weippert, 2005, S. 1022; Carter/Simkins/Simpson, 2003, S. 34; Grosvold/Brammer/Rayton, 2007, S. 344). So verweist beispielsweise Colby Chandler, ehemaliger CEO von Eastman Kodak, auf die zunehmend weltweite Verflechtung der Wirtschaft und die

---

[1] Die Ausführungen dieses Abschnitts basieren auf Textauszügen der Veröffentlichung Schmid/Dauth (2011a).
[2] Vgl. für eine ausführliche Diskussion des Begriffs „Internationalisierung" Holtbrügge/Welge (2010, S. 1-10), Kutschker/Schmid (2011, insbesondere Kapitel 1), Müller/Kornmeier (2002, S. 50-52), Perlitz (2004, S. 8-9).

damit einhergehende Bedeutung international erfahrener Top-Manager (Adler/Gundersen, 2008, S. 345). Peter Löscher, Vorstandsvorsitzender von Siemens, stellt in einem Interview fest: „Unsere 600 Spitzenmanager sind vorwiegend weiße deutsche Männer. Wir sind zu eindimensional" (Milne, 2008). Und den Berichterstattungen der (Wirtschafts-)Presse sowie den Studienergebnissen von (Personal-)Beratungsunternehmen zufolge profitieren Unternehmen regelmäßig von der Aufnahme internationaler Top-Manager (Egon Zehnder, 2010, S. 35; Fockenbrock, 2011, S. 22; Heidrick & Struggles, 2011; Koenen, 2008; Schmergal/Tönnesmann, 2009; Spencer Stuart, 2009).

Neben Wissenschaft und Unternehmenspraxis fordern inzwischen auch verschiedene nationale Corporate-Governance-Regelwerke mehr Vielfalt in den „Chefetagen". Der britische Corporate Governance Code verlangt etwa, dass Entscheidungen über die Neubesetzung von Führungspositionen in Unternehmen unter besonderer Berücksichtigung von Diversitätskriterien erfolgen sollen (Financial Reporting Council, 2010, S. 13).[3] Der Deutsche Corporate Governance Kodex präzisiert diese Forderung und empfiehlt in seiner aktuellen Fassung vom 26. Mai 2010 explizit eine internationalere Zusammensetzung von Vorständen und Aufsichtsräten (Deilmann/Albrecht, 2010, S. 730-731; Kocher, 2010; Lutter, 2009a, S. 324; Regierungskommission Deutscher Corporate Governance Kodex, 2010, S. 9-10).

Der vorangegangenen Argumentation folgend, erscheint eine internationale Besetzung von Führungsgremien in internationalen Unternehmen als nahezu unverzichtbar (Adler/Bartholomew, 1992, S. 53; Adler/Gundersen, 2008, S. 347; Bernardi/Bean/Weippert, 2005, S. 1022; Carter/Simkins/Simpson, 2003, S. 34; Randøy/Thomsen/Oxelheim, 2006, S. 4; van Veen/Marsman, 2008, S. 189). Umso überraschender ist daher die Tatsache, dass sich Arbeiten aus der Disziplin Internationales Management bislang selten mit dieser Thematik auseinandersetzen und mögliche Wirkungsbeziehungen – wie etwa Zusammenhänge zwischen den Konstrukten „Internationalität der Top-Manager" und „Unternehmenserfolg" – nur vereinzelt beziehungsweise unzureichend beleuchten (Arnegger/Hofmann/Pull/Vetter, 2010, S. 240; Carpenter/Geletkanycz/Sanders, 2004, S. 771; Gong, 2006, S. 773; Nielsen/Nielsen, 2011, S. 191; Seelhofer, 2007, S. 47).[4]

---

[3] Im angloamerikanischen Kontext stehen hierbei insbesondere die Berücksichtigung von Frauen und ethnischen Minderheiten im Vordergrund. Vgl. Aguilar (2010), Becker (2010, S. 3), Singh (2007).
[4] Untersuchungen, welche sich der Internationalität von Führungsgremien widmen, werden in Abschnitt 3.1 vorgestellt. Vgl. hierzu auch die Literaturüberblicke bei Carpenter/Geletkanycz/Sanders (2004) und Finkelstein/Hambrick/Cannella (2009).

Die wenigen Arbeiten, die sich mit den Auswirkungen der Internationalität von Individuen auf den Unternehmenserfolg beschäftigen, gelangen darüber hinaus zu unterschiedlichen, teilweise auch widersprüchlichen Ergebnissen (Carpenter/Sanders/Gregersen, 2001, S. 502; Graffin/Carpenter/Boivie, 2011, S. 751; Randøy/Thomsen/Oxelheim, 2006, S. 14; Rivas, 2012, S. 1).[5] Des Weiteren sehen sich bestehende Studien aus mehreren Gründen mit Kritik konfrontiert (McIntyre/Murphy/Mitchell, 2007, S. 550; Roth, 1995, S. 214). (1) Zum einen gehen sie oftmals nicht ausführlich darauf ein, was genau unter der Internationalität einer Person zu verstehen ist. Die Beiträge greifen vielmehr auf stark vereinfachende, eindimensionale Operationalisierungen zurück und vernachlässigen damit die Vielschichtigkeit der zu untersuchenden Variable. Eine derartige Vorgehensweise erlaubt keine differenzierten Aussagen über die (Erfolgs-)Wirkungen individueller Internationalität (Aharoni/Tihanyi/Connelly, 2011, S. 138; Deilmann/Albrecht, 2010, S. 730-731; Hecker/Peters, 2010, S. 2255; Laurent, 1983, S. 77; Nielsen/Nielsen, 2011, S. 187; Nielsen, 2010b, S. 189; Palmer/Varner, 2007, S. 7).[6] (2) Bei der Ermittlung des Unternehmenserfolgs verlassen sich bisher veröffentlichte Untersuchungen oftmals auf Finanzkennzahlen, die aufgrund ihrer Vergangenheitsbezogenheit nicht oder nur eingeschränkt zur Identifikation eines Wirkungszusammenhangs zwischen den Konstrukten „Internationalität" und „Unternehmenserfolg" geeignet sind (Carpenter/Sanders/Gregersen, 2001, S. 500; Finkelstein/Hambrick/Cannella, 2009, S. 114-115; Gong, 2006, S. 780; Perlmutter/Heenan, 1974, S. 126).[7] Und (3) schließlich widmen sich viele Studien der Analyse US-amerikanischer Unternehmen (Hambrick, 2007, S. 339; Nielsen, 2010b, S. 186; Randøy/Thomsen/Oxelheim, 2006, S. 3; Sambharya, 1996, S. 739; Schmid/Kretschmer, 2005, S. 2). Im Hinblick auf die Internationalität deutscher Führungsgremien liegen nur vereinzelt Untersuchungsergebnisse vor (Arnegger/Hofmann/Pull/ Vetter, 2010, S. 254; Gerum, 2007, S. 140; Hartmann, 2002, S. 187; Schmid, 2007; Schmid/Daniel, 2007b). Folglich bleibt unklar, inwiefern die existierenden, US-amerikanisch geprägten Erkenntnisse auf Unternehmen außerhalb der USA übertragbar sind (Nielsen, 2010a, S. 309; Schmid/Kretschmer, 2005, S. 2; Shenkar, 2004, S. 165; Wiersema/Bird, 1996, S. 2).

---

[5] Vgl. auch Abschnitt 3.1.3.4.
[6] Vgl. auch Abschnitt 3.1.2.2.
[7] Die Operationalisierung des finanziellen Erfolgs eines Unternehmens ist ein vieldiskutiertes Problemfeld in der betriebswirtschaftlichen Forschung. Vgl. Bachmann (2009), Oesterle/Richta (2009, S. 74), Schrader (1995, S. 154-155), Venkatraman/Ramanujam (1986, S. 801), Venkatraman/Ramanujam (1987, S. 110). In Abschnitt 2.3 wird detaillierter auf grundlegende Überlegungen zur Erfolgsmessung eingegangen.

1.2 Forschungsfragen und Ziele der Arbeit

Da bisherige Studien nicht eindeutig klären können, welche ökonomischen Auswirkungen mit der Aufnahme internationaler Personen in die Führungsgremien verbunden sind, ist es wenig verwunderlich, dass manche Praxisvertreter einer Erhöhung der Internationalität in den „Chefetagen" skeptisch gegenüberstehen. In einigen Unternehmen werden die Themen Vielfalt beziehungsweise Diversität im Allgemeinen sowie Internationalität von Führungskräften im Besonderen noch immer als „Modeerscheinungen" betrachtet (Süß, 2008, S. 425-426).[8] Andere lehnen diesbezügliche Forderungen aus Wissenschaft, Politik und (Wirtschafts) Presse mit Verweis auf die unbestätigte (finanzielle) Erfolgswirksamkeit internationaler Top-Manager ab (Heenan/Perlmutter, 1979, S. 22, Perlmutter/Heenan, 1974, S. 126; Robinson/Dechant, 1993, S. 21). Vor dem Hintergrund der Aktualität des Sachverhalts und des bislang unzureichenden Diskurses hinsichtlich der Konsequenzen von Internationalität widmet sich die vorliegende Arbeit folgenden Fragestellungen:

1. Existiert ein Zusammenhang zwischen der Benennung eines internationalen Top-Managers und dem finanziellen Erfolg eines Unternehmens?

2. Inwiefern beeinflusst die Internationalität der Unternehmensaktivitäten den (möglicherweise existierenden) Zusammenhang zwischen der Benennung eines internationalen Top-Managers und dem finanziellen Erfolg eines Unternehmens?

3. Inwiefern unterscheidet sich der Einfluss der Internationalität eines Top-Managers auf den finanziellen Erfolg eines Unternehmens zwischen Personen aus unterschiedlichen Corporate-Governance-Gremien?

Mit der Beantwortung dieser Forschungsfragen verfolgt die vorliegende Arbeit drei Ziele: (1) Zunächst soll die Internationalität von Top-Managern umfassender als in vielen bislang durchgeführten Studien betrachtet werden. Hierzu verwendet die Arbeit einen multidimensionalen Index,[9] welcher eine ausführliche Untersuchung der Wirkungsbeziehungen zwischen den Konstrukten „Internationalität" und „Unternehmenserfolg" ermöglicht (Carpenter/Reilly, 2006, S. 32; Greve/Nielsen/Ruigrok, 2009, S. 217-218; Nielsen, 2010b, S. 202). (2) Ferner soll mit Hilfe einer Ereignisstudie der unmittelbare und unverzerrte Einfluss der Internationalität einer Person auf ein spezifisches Erfolgsmaß – den Aktienkurs eines Unter-

---

[8] In einer Studie aus dem Jahr 2006 attestieren die Autoren Süß/Kleiner (2006, S. 537) dem Diversity-Management in deutschen Unternehmen jedoch eine gleich bleibende oder sogar steigende Bedeutung.

[9] Vgl. hierzu bereits Schmid/Daniel (2006). Auf die Zusammensetzung des Index wird in Abschnitt 2.2.4 näher eingegangen.

nehmens – bestimmt werden.[10] Im Gegensatz zu den empirischen Untersuchungen vieler bestehender Arbeiten können mit der Ereignisstudienmethodik vergleichsweise präzise Aussagen über die Existenz einer Wirkungsbeziehung zwischen diesen beiden Variablen getroffen werden.[11] Damit leistet die Arbeit auch einen Beitrag zur Analyse der – bisher noch wenig erforschten – Kapitalmarktauswirkungen von Internationalität (Higgins/Gulati, 2006, S. 5; Lee/James, 2007, S. 239; Randøy/Thomsen/Oxelheim, 2006, S. 3; Rhee/Lee, 2008, S. 48; Zhang/Wiersema, 2009, S. 694). (3) Die vorherrschende angloamerikanische Perspektive in der wissenschaftlichen Literatur soll durch eine Analyse deutscher Unternehmen erweitert werden. Das Forschungsvorhaben berücksichtigt dafür die Besonderheiten des dualistischen Corporate-Governance-Systems in Deutschland und zeigt, inwiefern sich die Kapitalmarktreaktionen bei der Benennung internationaler Vorstände einerseits und internationaler Aufsichtsräte andererseits voneinander unterscheiden.[12]

Die genannten Forschungsziele vereinen deskriptive, explikative und präskriptive Elemente.[13] Zum einen ermöglicht die detaillierte Erhebung der Internationalität von Top-Managern einen relativ umfassenden Blick auf die demographische Struktur deutscher Führungsgremien. Ferner soll mit Hilfe einer theoriegestützten Argumentation die Frage geklärt werden, warum die Benennung internationaler Top-Manager eine Auswirkung auf den finanziellen Erfolg eines Unternehmens haben kann. Darüber hinaus ergeben sich durch die empirische Untersuchung der genannten Forschungsfragen Hinweise darauf, inwiefern Unternehmen tatsächlich in finanzieller Hinsicht von der Benennung internationaler Führungskräfte profitieren können. Dieses Wissen um die (kurzfristigen) ökonomischen Auswirkungen der Internationalität von Top-Managern erlaubt möglicherweise auch die (vorsichtige) Ableitung von Gestaltungsempfehlungen bezüglich personeller Veränderungen in Corporate-Governance-Gremien. Zusam-

---

[10] Die Frage, ob und inwiefern der Aktienkurs eines Unternehmens tatsächlich als unternehmensspezifisches Erfolgsmaß bezeichnet werden kann, wird in Abschnitt 2.3.3 diskutiert. Vgl. hierzu auch Graffin/Carpenter/Boivie (2011, S. 751), Randøy/Thomsen/Oxelheim (2006, S. 21), Srinivasan/Hanssens (2009, S. 293), Venkatraman/Ramanujam (1986).

[11] Eine Ereignisstudie („Event Study") untersucht die Auswirkungen eines bestimmten Ereignisses auf ein Wertpapier (in der Regel die Aktie eines Unternehmens). Vgl. McWilliams/Siegel (1997, S. 626-627). Der am häufigsten verwendete Parameter in Ereignisstudien ist der Aktienkurs, andere Parameter (wie beispielsweise das Handelsvolumen einer Aktie) können jedoch ebenfalls analysiert werden. Vgl. Schmidt-Tank (2005, S. 141). Eine ausführlichere Darstellung des Aufbaus einer Ereignisstudie erfolgt in Abschnitt 5.3.2.

[12] Auf das deutsche Corporate-Governance-System wird in Abschnitt 2.1.3 eingegangen. Umfassendere Überblicke sowie Vergleiche mit weiteren länderspezifischen Corporate-Governance-Systemen finden sich bei Gerum (1998), Jungmann (2006), Kutschker/Schmid (2011, S. 578-590), Schmid/Kretschmer (2004), Wentges (2002, S. 127-144).

[13] Vgl. zur Unterscheidung zwischen deskriptiven, explikativen und präskriptiven Forschungs- beziehungsweise Erkenntniszielen in der Betriebswirtschaftslehre Popper (2002, S. 6-8), Poser (2006, S. 33-36), Schweitzer (2009, S. 68-69), Zelewski (2008, S. 24-31). Zu den Erkenntniszielen im Internationalen Management vgl. Kutschker/Bäurle/Schmid (1997), Schmid (1994, S. 2-4) und Schmid (1996, S. 72-80).

menfassend kann festgehalten werden, dass die vorliegende Arbeit den von zahlreichen Wissenschaftlern artikulierten Forderungen nach einer umfassenden wissenschaftlichen Auseinandersetzung mit den Konsequenzen der Internationalität von Top-Managern nachzukommen versucht (Carpenter/Geletkanycz/Sanders, 2004, S. 771; Carter/Simkins/Simpson, 2003, S. 34; Graffin/Carpenter/Boivie, 2011, S. 751; Higgins/Gulati, 2006, S. 5; Randøy/Thomsen/Oxelheim, 2006, S. 3; Rhee/Lee, 2008, S. 48). Auf diese Weise sollen die Themenkomplexe „Diversität" und insbesondere „Internationalität" auch für die Unternehmenspraxis transparenter werden.

1.3 Aufbau der Arbeit

Die Beantwortung der in Abschnitt 1.2 genannten Forschungsfragen erfordert zunächst die Klärung zentraler begrifflicher Grundlagen. Kapitel 2 veranschaulicht daher, welcher Personenkreis zu den Top-Managern eines Unternehmens zählt (Abschnitt 2.1). Die anschließende Diskussion zeigt auf, wie in der vorliegenden Arbeit die Internationalität eines Individuums operationalisiert wird (Abschnitt 2.2). Darüber hinaus werden verschiedene Varianten zur Ermittlung des unternehmensspezifischen Erfolgs vorgestellt (Abschnitt 2.3), bevor sich der letzte Abschnitt des zweiten Kapitels mit der Internationalität der Unternehmensaktivitäten und deren Messung beschäftigt (Abschnitt 2.4). Kapitel 3 widmet sich dem aktuellen Stand der Forschung zur Internationalität von Führungsgremien. Grundlage hierfür sind ein Literaturüberblick (Abschnitt 3.1) sowie eine Identifizierung existierender Forschungslücken (Abschnitt 3.2). In Kapitel 4 wird die theoretisch-konzeptionelle Basis dieser Arbeit gelegt. Nach einführenden Überlegungen (Abschnitt 4.1) werden zunächst drei relevante theoretische Strömungen vorgestellt – die upper-echelons-Perspektive (Abschnitt 4.2), die Resource-Dependence-Theorie (Abschnitt 4.3) und die Signaling-Theorie (Abschnitt 4.4). Anschließend erfolgen eine Überführung der theoretischen Ansätze in einen konzeptionellen Bezugsrahmen sowie die Herleitung von Hypothesen (Abschnitt 4.5). Kapitel 5 stellt die Konzeption der quantitativ-empirischen Studie vor, welche zur Überprüfung der zuvor generierten Hypothesen dient. Zunächst werden die Merkmale des Untersuchungsdesigns beleuchtet (Abschnitt 5.1) sowie die Methodik der Datenerhebung erläutert (Abschnitt 5.2). Die Ausführungen zur Datenauswertung (Abschnitt 5.3) betreffen insbesondere die bereits erwähnte Ereignisstudienmethodik. Kapitel 6 veranschaulicht die Resultate der empirischen Untersuchung.

Einer Beschreibung der Daten (Abschnitt 6.1) folgen Eignungsprüfungen im Zusammenhang mit verschiedenen statistischen Analyseverfahren (Abschnitt 6.2), bevor im letzten Teil dieses Kapitels die eigentliche Datenauswertung erfolgt (Abschnitt 6.3). Kapitel 7 beinhaltet eine zusammenfassende Diskussion und Interpretation der Analyseergebnisse aus Kapitel 6. Dabei wird auf die Implikationen der Arbeit (Abschnitt 7.1) sowie auf deren Limitationen (Abschnitt 7.2) eingegangen. Darüber hinaus kommt es zu einer Darstellung möglicher Optionen für die Unternehmenspraxis (Abschnitt 7.3) und für zukünftige Forschungsvorhaben (Abschnitt 7.4).

2 Forschungsgegenstand und zentrale Konzepte

2.1 Das Top-Management-Team im Unternehmen

Der folgende Abschnitt widmet sich der Bedeutung des Begriffs „Top-Management-Team" (Abschnitt 2.1.1). Darauf aufbauend werden verschiedene Möglichkeiten zur Identifikation der Top-Manager im Unternehmen diskutiert (Abschnitt 2.1.2). Anschließend wird gezeigt, welcher Personenkreis in der vorliegenden Arbeit als Top-Management-Team gilt (Abschnitt 2.1.3).

2.1.1 Grundlegende Überlegungen zum Begriff „Top-Management-Team"

In der betriebswirtschaftlichen Literatur wird durch den Begriff „Top-Management-Team" üblicherweise eine Personengruppe umschrieben, die mit der Führung eines Unternehmens betraut ist (Macharzina/Wolf, 2010, S. 645-646; Schierenbeck, 2003, S. 95-96; Schrader, 1995, S. 2). Eine Annäherung an den Begriff „Unternehmensführung" wiederum kann sowohl aus einer funktionalen als auch aus einer institutionellen Perspektive erfolgen. Aus funktionaler Sicht drückt sich die Unternehmensführung unter anderem in Planungs-, Organisations- und Kontrollhandlungen aus, welche die allgemein angestrebte Entwicklungsrichtung eines Unternehmens definieren. Top-Management-Teams befassen sich demnach unter anderem mit der Entwicklung grundsätzlicher Unternehmensziele und -strategien (Macharzina/Wolf, 2010, S. 208; von Werder, 2008, S. 17-18).[14]

Aus institutioneller Blickrichtung wird die Unternehmensführung als der oder die „Träger der grundlegenden, obersten Rahmenhandlungen in der Unternehmung" verstanden (von Werder, 2008, S. 17). Folglich handelt es sich bei Top-Management-Teams um jene Individuen, die der ersten Führungsebene des Unternehmens angehören (Becker, 2007, S. 47; Kutschker/Schmid, 2011, S. 569; Macharzina/Wolf, 2010, S. 646; Ruppel, 2006, S. 15, Ruppel, 2006, S. 15; Schierenbeck, 2003, S. 95). Abbildung 1 veranschaulicht die Begriffshierarchie der Führungsorganisation eines Unternehmens.[15]

---

[14] Zur Bedeutung und Funktion von Zielen sowie zum Zielbildungsprozess in Unternehmen vgl. Bea (2009, S. 338-341), Welge/Al-Laham (2008, S. 199-219).
[15] Für eine detaillierte Diskussion der Begriffe „Unternehmensführung" und „Führungsorganisation" vgl. Macharzina/Wolf (2010, S. 42-44), Ruppel (2006, S. 13-16).

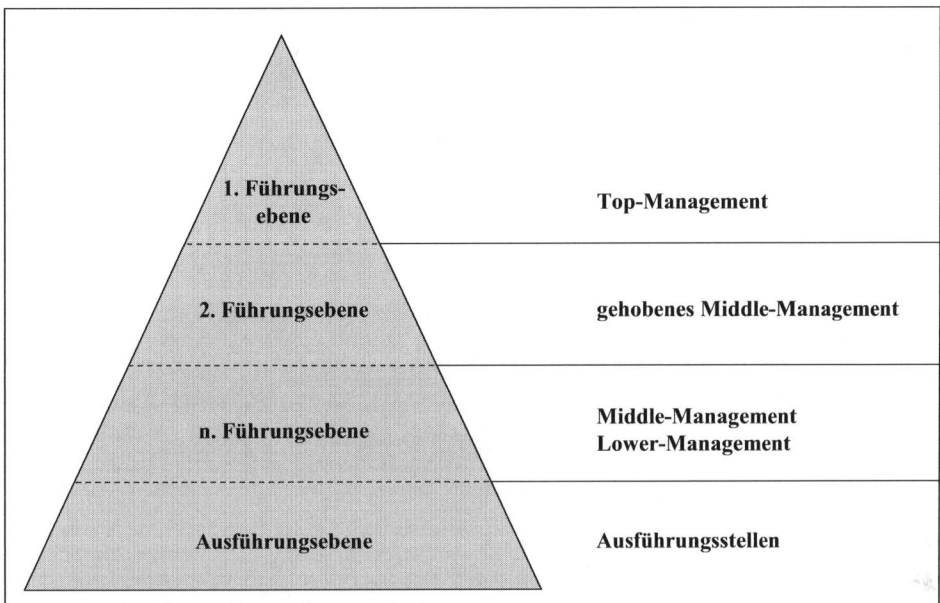

Abb. 1: Begriffshierarchie der Führungsorganisation im Unternehmen
Quellen: Becker (2007, S. 47), Ruppel (2006, S. 15)

Den bisherigen Ausführungen zufolge erscheint die Beantwortung der Frage, welche Personen zum Top-Management-Team zählen und somit als „Top-Manager" bezeichnet werden können, vergleichsweise einfach. Die wissenschaftliche Literatur kennt jedoch verschiedene Herangehensweisen zur Bestimmung der Führungskräfte im Unternehmen (Carpenter/Geletkanycz/Sanders, 2004, S. 753). Diese Varianten werden im nächsten Abschnitt vorgestellt.[16]

2.1.2 Ansätze zur Identifikation der Mitglieder des Top-Management-Teams

Zum einen können Mitglieder des Führungsgremiums – wie oben bereits angedeutet – unter (1) Rückgriff auf die Organisationsstruktur im Unternehmen sowie mit Hilfe existierender, länderspezifischer Rechtsnormen und Corporate-Governance-Richtlinien ermittelt werden. Bei dem zweiten Ansatz rücken Rechtsnormen und Organisationsstrukturen in den Hinter-

---

[16] Im weiteren Verlauf werden die Begriffe „Top-Management-Team", „Top-Management" und „Führungsgremium" synonym verwendet. Demnach sind auch die Begriffe „Top-Manager" und „Führungskraft" gleichbedeutend.

grund. Hier werden Informationen bezüglich der Zusammensetzung des Führungsgremiums im Rahmen einer (2) direkten Befragung von Unternehmensvertretern gewonnen.

(1) Untersuchungen, die bei der Bestimmung der Top-Manager auf die Vorgaben von Rechtsnormen und Corporate-Governance-Regelwerken zurückgreifen, gehen implizit von der Annahme aus, dass die hierarchische Position der Führungskräfte deren Leitungskompetenz und Entscheidungsmacht im Unternehmen widerspiegelt. Carpenter/Geletkanycz/Sanders (2004, S. 753) vermerken in diesem Zusammenhang: „Because these individuals are at the strategic level in the firm, they will likely have influence on the particular strategic outcome of interest to the … researcher." Damit ist auch geklärt, welche Individuen als Top-Manager bezeichnet werden können. Schließlich ist die Besetzung der obersten Führungsebene eines Unternehmens in vielen länderspezifischen Rechtsnormen eindeutig geregelt.[17] Für deutsche Unternehmen legen etwa die Normen des Aktiengesetzes (§§ 76 AktG, 111 AktG), des GmbH-Gesetzes (§ 6 GmbHG) und auch die Bestimmungen des Corporate Governance Kodex (Regierungskommission Deutscher Corporate Governance Kodex, 2010, S. 1) fest, aus welchem Personenkreis sich das Top-Management-Team eines Unternehmens zusammensetzt.[18]

(2) Einem zweiten Ansatz zufolge entscheidet nicht der Titel einer Person oder ihre Position im Hierarchiegefüge eines Unternehmens über ihre Zugehörigkeit zum Top-Management-Team (Nielsen, 2010a, S. 306; Pettigrew, 1992, S. 176). Vielmehr ist es eine originäre Aufgabe des Forschers, herauszufinden, welche Individuen tatsächlich mit der Leitung eines Unternehmens betraut sind (Pettigrew, 1992, S. 178). In der Regel stützen sich Untersuchungen dabei auf die direkte Befragung eines sogenannten „key informant". Hierbei handelt es sich meist um den CEO beziehungsweise um den Vorstandsvorsitzenden/-sprecher (Carpen-

---

[17] Die Zusammensetzung des Top-Management-Teams kann in Abhängigkeit von länderspezifischen Corporate-Governance-Systemen variieren. Vgl. hierzu auch Charkham/Ploix (2005), Gerum (1998, S. 135-153), Hopt/Kanda/Roe/Wymeersch/Prigge (1998, Hrsg.), Kakabadse/Kakabadse (2010) und Schmid/Kretschmer (2004, S. 1).

[18] Es muss kritisch angemerkt werden, dass Arbeiten, die dieser Herangehensweise folgen, keinesfalls einheitliche Operationalisierungen des Konstrukts „Top-Management-Team" aufweisen, sondern regelmäßig nur einen Teil des Führungsgremiums in ihre Analysen einbeziehen. So berücksichtigen etwa Cheng/Chan/Leung (2010, S. 266) in ihrer Studie ausschließlich den CEO, Grigoleit (2011, S. 132) lediglich den Vorstandsvorsitzenden eines Unternehmens. Finkelstein/Hambrick/Cannella (2009, S. 10) verweisen auf eine relativ kleine Gruppe von Personen, die aus dem CEO eines Unternehmens besteht und alle Top-Manager inkludiert, welche direkt an den CEO berichten. Bertrand/Schoar (2003, S. 1175) ermitteln das Top-Management-Team aus dem Kreis der fünf Top-Manager eines Unternehmens, denen in einem bestimmten Geschäftsjahr die höchsten Gehälter zuflossen. Eine Reduktion des Top-Management-Teams auf einzelne Personen – wie etwa den CEO – muss jedoch kritisch betrachtet werden. Vgl. Hambrick (2007, S. 334). Schließlich ist davon auszugehen, dass wichtige strategische Entscheidungen nicht völlig autark und ohne vorherige Konsultation der anderen Vorstandsmitglieder getroffen werden. Vgl. Greve/Mitsuhashi (2007, S. 1202), Lin/Liu (2011, S. 256), Minichilli/Corbetta/MacMillan (2010, S. 207).

ter/Geletkanycz/Sanders, 2004, S. 753).[19] Damit wird deutlich, dass dieser Ansatz weitaus flexiblere Operationalisierungen des Konstrukts „Top-Management-Team" zulässt. So kann der „key informant" beispielsweise nicht nur interne Führungskräfte eines Unternehmens, sondern auch externe (Unternehmens-)Berater (Bergh/Gibbons, 2011), institutionelle Investoren oder die Vertreter eines wichtigen Kunden dem Top-Management-Team zurechnen (Amason/Mooney, 1999, S. 346; Collins/Clark, 2003, S. 743; Iaquinto/Fredrickson, 1997, S. 68).[20]

Die vorangegangenen Ausführungen haben gezeigt, dass die Ausgestaltung des Konstrukts „Top-Management-Team" maßgeblich von der jeweils gewählten Operationalisierungsvariante beeinflusst wird. Grundsätzlich erscheint die Identifikation der jeweiligen Individuen im Rahmen einer direkten Befragung sinnvoll; aus forschungspraktischen Gründen greift eine deutliche Mehrheit bestehender Untersuchungen jedoch auf Rechtsnormen und Corporate-Governance-Vorgaben zurück (Carpenter/Geletkanycz/Sanders, 2004, S. 753).[21] Zudem muss darauf hingewiesen werden, dass die von Pettigrew geforderte Konsultation von „key informants" nicht nur Vorteile besitzt, sondern auch mit Nachteilen behaftet sein kann. Eine unternehmensspezifische Operationalisierung schränkt die Vergleichbarkeit der Untersuchungsergebnisse per Definition stark ein. Darüber hinaus bleibt unklar, welcher „key informant" im Unternehmen die Frage „Wer ist das Top-Management-Team?" beantworten sollte. Kann der CEO oder der Vorstandsvorsitzende(-sprecher) entscheiden, welche Personen mit der Unternehmensführung betraut sind? Und verursacht die subjektive Antwort eines Individuums auf die Frage nach den Mitgliedern des Führungsgremiums nicht unwillkürlich Verzerrungen, die sich auch auf die Ergebnisse einer Untersuchung auswirken können?

Durch diese kritischen Fragen wird deutlich, dass auch eine Primärerhebung keinesfalls den „Königsweg" zur Identifikation der Top-Manager eines Unternehmens darstellt. Diese Arbeit folgt daher nicht nur aus forschungspraktischen Gründen, sondern auch aufgrund der beschriebenen sachlogischen Überlegungen einer Definition, die sich an existierenden Rechtsnormen und Corporate-Governance-Richtlinien orientiert.

---

[19] Zur Frage, inwiefern die Position des angelsächsischen CEO mit der des deutschen Vorstandsvorsitzenden/-sprechers gleichgesetzt werden kann, vgl. Crossland/Hambrick (2007, S. 778), Kaplan (1994b, S. 147), Oesterle (1999, S. 97-98).

[20] Vgl. hierzu auch die Arbeit von Arendt (2005), die ein sogenanntes „CEO-Adviser-Modell" entwickelt und dabei davon ausgeht, dass sich das Top-Management-Team im Unternehmen in unterschiedlichen Entscheidungssituationen aus einem wechselnden Personenkreis zusammensetzt.

[21] Carpenter und Kollegen stehen der Identifikation der Top-Management-Team-Mitglieder durch Rückgriff auf Rechtsnormen und Corporate-Governance-Vorgaben nicht ablehnend gegenüber. Sie verweisen vielmehr auf die Tatsache, dass mit beiden skizzierten Operationalisierungsvarianten vielversprechende Forschungsergebnisse erzielt wurden. Vgl. Carpenter/Geletkanycz/Sanders (2004, S. 759).

2.1.3 Zum Verständnis der Begriffe „Top-Management-Team" und „Top-Manager" in der vorliegenden Arbeit

Da sich das vorliegende Forschungsvorhaben der Analyse deutscher Aktiengesellschaften widmet,[22] werden für die Bestimmung des Top-Management-Teams die Normen des deutschen Aktiengesetzes sowie des Deutschen Corporate Governance Kodex herangezogen.

Die Spitzenverfassung deutscher Aktiengesellschaften folgt dem sogenannten Vorstands-Aufsichtsrats-Modell,[23] welches eine Trennung zwischen Unternehmensführung (wahrgenommen durch den Vorstand) und der Unternehmensüberwachung (wahrgenommen durch den Aufsichtsrat) vorsieht. Im Folgenden soll überprüft werden, ob neben den Mitgliedern des (1) Vorstands auch die (2) Aufsichtsräte zum Top-Management-Team gezählt werden können.

(1) Der Vorstand als Teil des Top-Management-Teams

Gemäß § 76 AktG kommt dem Vorstand einer Aktiengesellschaft die alleinige Leitungskompetenz zu. Er vertritt das Unternehmen demnach nicht nur im Außenverhältnis, sondern ist auch mit der Führung der Geschäfte im Innenverhältnis betraut (Kutschker/Schmid, 2011, S. 581). Sofern ein Unternehmen über ein Grundkapital von mehr als drei Millionen Euro verfügt, muss der Vorstand aus zwei oder mehreren Personen bestehen.[24] Diese Personengruppe trägt dann im Sinne des Kollegialprinzips und des Einstimmigkeitsprinzips gemeinsam und gleichberechtigt die Verantwortung der Unternehmensleitung (Regierungskommission Deutscher Corporate Governance Kodex, 2010, S. 1).[25] Der Gesetzgeber betont damit explizit, dass alle Vorstandsmitglieder gleichermaßen mit der Aufgabe der Unternehmensführung betraut sind und keinem einzelnen Vorstandsmitglied – etwa bei Abstimmungen – ein „besonderes Gewicht" zukommt.[26] Den einschlägigen Rechtsnormen folgend, können also

---

[22] Detaillierte Ausführungen zur Stichprobe, die im Rahmen der empirischen Untersuchung verwendet wurde, finden sich in Abschnitt 5.3.2.2.
[23] Zur Unterscheidung zwischen dem deutschen Vorstands-Aufsichtsrats-Modell (auch: Trennungsmodell) und dem angelsächsischen Board-Modell (auch: Vereinigungsmodell) vgl. Kutschker/Schmid (2011, S. 578-580), Schneider (2000), von Werder (2008, S. 54-55), Witt (2003).
[24] Laut § 76 Abs. 2 AktG kann der Vorstand einer Aktiengesellschaft mit einem Grundkapital von mehr als drei Millionen Euro auch aus einer Person bestehen – allerdings nur dann, wenn die Satzung des Unternehmens dies ausdrücklich bestimmt.
[25] Vgl. weiterführend zum Kollegialprinzip und zum Einstimmigkeitsprinzip von Werder (2008, S. 174).
[26] In der Praxis zeigt sich jedoch, dass der Vorstandsvorsitzende/-sprecher eines Unternehmens regelmäßig eine exponierte Stellung einnimmt, was zu einer faktischen Machtkonzentration beim Vorstandsvorsitzenden/-sprecher führen kann. Vgl. hierzu Greve/Mitsuhashi (2007, S. 1201), Grundei (2004, S. 14-15), Oesterle (1999, S. 97-98), Oesterle (2003, S. 201-202), Olie/van Iterson (2004, S. 139). Im Rahmen der Hypothesenentwicklung in Abschnitt 4.5.2 wird nochmals auf die besondere Stellung des Vorstandsvorsitzenden/-sprechers eingegangen.

sämtliche Mitglieder des Vorstands dem Führungsgremium eines Unternehmens zugerechnet werden.

(2) Der Aufsichtsrat als Teil des Top-Management-Teams

Nach Maßgabe der §§ 84 AktG und 111 AktG obliegt dem Aufsichtsrat die Bestellung und Abberufung sowie die Überwachung des Vorstands einer Aktiengesellschaft. Diese „traditionellen" Aufsichtsratstätigkeiten wurden in jüngster Vergangenheit um einige weitere Kompetenzfelder erweitert (Lutter, 2009a, S. 322). Durch die Regelungen des Gesetzes zur Kontrolle und Transparenz im Unternehmensbereich (KonTraG) sowie des Gesetzes zur weiteren Reform des Aktien- und Bilanzrechts, zu Transparenz und Publizität (TransPuG) kam es zu einer weitaus stärkeren Einbindung des Aufsichtsrats in originäre „Vorstandsaufgaben" (Aldenhoff/Jüttner/Karitzki, 2009, S. 37-39; Lutter, 2009a, S. 322, Lutter, 2009b, S. 775). Der Aufsichtsrat setzt sich beispielsweise gemeinsam mit dem Vorstand mit der Unternehmensplanung auseinander (Lutter, 2009a) und ist enger in geschäftspolitische Entscheidungen eingebunden (Regierungskommission Deutscher Corporate Governance Kodex, 2010, S. 7; Steger/Amann, 2009, S. 332). In diesem Zusammenhang verdeutlicht ein Zitat von Clemens Börsig, dem Aufsichtsratsvorsitzenden der Deutschen Bank, die veränderte Rolle des Aufsichtsrats in deutschen Unternehmen: „Während früher der Aufsichtsrat eine eher distanzierte Kontrolle des Vorstands ausübte, ist heute erheblich mehr gefordert. Als Aufgaben kamen u.a. hinzu: Zustimmung zur Unternehmensplanung, d.h. zu Strategie, Programmen und Budgets; laufende, tiefgehende Überwachung u.a. der Geschäftsentwicklung, der Rechnungslegung, des Risikoprofils, der Kontrollsysteme und entsprechende Einflussnahme bei Defiziten und Fehlentwicklungen; Einbindung in geschäftspolitische Entscheidungen sowie in die Nachfolgeplanung. Gefragt ist also nicht nur der Kontrolleur, sondern gleichzeitig auch der kritische Begleiter und kompetente Sparringspartner" (Börsig, 2006, S. 4-5).

Lutter (2009b, S. 775) argumentiert, dass sich der Aufsichtsrat durch die genannten neuen Aufgabenfelder – insbesondere durch die Beteiligung an unternehmensspezifischen Planungsprozessen – von einem „Überwacher" zum „Mitunternehmer" gewandelt hat. Aus einer funktionalen Perspektive ist der Aufsichtsrat demnach ein Gremium, welches sich mit der grundsätzlichen Entwicklungsrichtung eines Unternehmens befasst und kann folglich auch als

Teil des Top-Management-Teams betrachtet werden.[27] Abbildung 2 veranschaulicht das Zusammenwirken der einzelnen Corporate-Governance-Gremien.

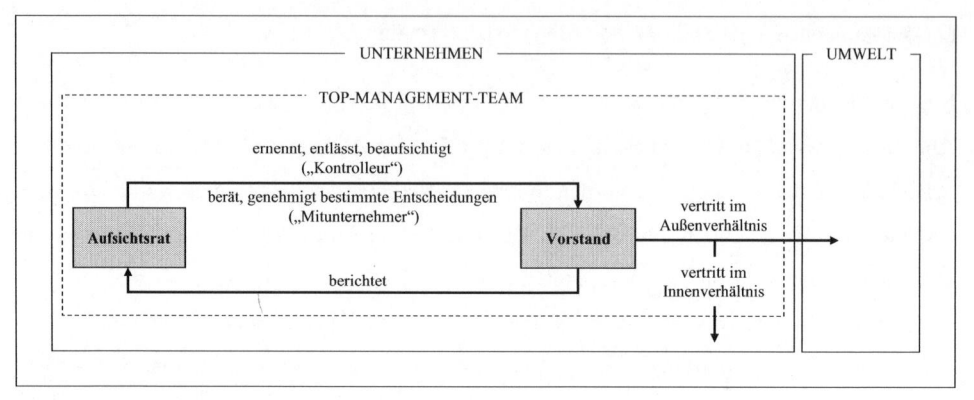

Abb. 2: Das Top-Management-Team einer deutschen Aktiengesellschaft
Quelle: in Anlehnung an Schmid/Daniel (2007b, S. 10)

Damit kann festgehalten werden, dass die Unternehmensführung deutscher Aktiengesellschaften durch den Vorstand und den Aufsichtsrat wahrgenommen wird. In der vorliegenden Arbeit gelten demnach alle Vorstands- und alle Aufsichtsratsmitglieder eines Unternehmens als Top-Manager.[28]

2.2 Die Internationalität von Top-Managern

Nach den Ausführungen zum Top-Management-Team widmet sich der folgende Abschnitt der Internationalität von Führungskräften. Neben grundlegenden Überlegungen zum Begriff „Internationalität" (Abschnitt 2.2.1) werden verschiedene Ansätze zur Messung der Internati-

---

[27] Finkelstein/Hambrick/Cannella (2009, S. 10) weisen für den angelsächsischen Raum ebenfalls auf einen zunehmenden Einfluss des Board of Directors hin. Sie bezeichnen das Board of Directors „supra-Top-Management-Team".

[28] Der kritische Leser mag an dieser Stelle anmerken, dass mit der Hauptversammlung möglicherweise noch ein weiteres Organ der Aktiengesellschaft existiert, welches bei der Identifikation der Top-Management-Team-Mitglieder berücksichtigt werden muss. Schließlich entscheidet die Hauptversammlung gemäß § 119 AktG über „Grundlagenfragen" – wie beispielsweise über Maßnahmen der Kapitalbeschaffung oder die Gewinnverwendung –, die oftmals von großer Bedeutung für eine Aktiengesellschaft sind. Vgl. Gerum/Mölls (2009, S. 234), von Werder (2008, S. 109). Eine Leitungs- und Führungsfunktion der Hauptversammlung ergibt sich demnach möglicherweise direkt aus den Normen des Aktiengesetzes. Die Hauptversammlung greift allerdings nur punktuell in die (Geschäftsführungs-)Aktivitäten einer Aktiengesellschaft ein und wird daher in der Regel nicht als Leitungsorgan betrachtet. Vgl. von Werder (2008, S. 110). Ferner geht von Werder (2008, S. 110) in seiner Arbeit auf den Betriebsrat als weiteres Organ einer Aktiengesellschaft ein. Er verweist darauf, dass der Betriebsrat gemäß § 77 Abs. 1 Satz 2 BetrVG nicht durch einseitige Handlungen in die Leitung des Unternehmens eingreifen darf und somit nicht als Leitungsorgan des Unternehmens in Betracht gezogen werden kann.

onalität einer Person diskutiert (Abschnitt 2.2.2). Nach einem Zwischenfazit (Abschnitt 2.2.3) wird dargelegt, auf welche Art und Weise im vorliegenden Forschungsvorhaben die Ermittlung von Internationalität erfolgt (Abschnitt 2.2.4).

2.2.1 Grundlegende Überlegungen zum Begriff „Internationalität"

In der betriebswirtschaftlichen Forschung herrscht bislang kein Konsens darüber, was genau unter der Internationalität einer Person zu verstehen ist (Greve/Nielsen/Ruigrok, 2009, S. 217-218; Mäs/Mühler/Opp, 2005, S. 125; Nielsen, 2010b, S. 189; Palmer/Varner, 2007, S. 7; Staples, 2007, S. 318). Hambrick/Davison/Snell/Snow (1998, S. 185) verweisen etwa auf die besondere Bedeutung der Nationalität eines Individuums, während Tan/Meyer (2010, S. 161) die Faktoren „internationale Ausbildung" und „internationale Berufserfahrung" hervorheben. Und auch in der Unternehmenspraxis existieren hierzu zahlreiche unterschiedliche Meinungen. So vermerken etwa Vertreter der (Wirtschafts-)Presse, dass der Geburtsort eines Top-Managers im Zusammenhang mit der Ermittlung seiner Internationalität eher unwichtig ist. Entscheidend seien vielmehr die Erfahrungen, die eine Führungskraft im Ausland gesammelt hat (Fockenbrock, 2011, S. 22; Hecker/Peters, 2010, S. 2255). Klaus-Peter Müller, Aufsichtsratsvorsitzender der Commerzbank und Vorsitzender der Regierungskommission Deutscher Corporate Governance Kodex, nennt dahingegen die Staatsangehörigkeit einer Person und deren „Erfahrung mit Unternehmensmanagement in anderen Kulturen" als wichtige Kriterien für die Beurteilung der individuellen Internationalität (Deilmann/Albrecht, 2010, S. 730-731).

Unabhängig davon, welche Eigenschaften zur Bestimmung der Internationalität herangezogen werden – üblicherweise handelt es sich dabei um demographische Charakteristika einer Person (Magnusson/Boggs, 2006, S. 115; Rivas, 2012, S. 6; Sambharya, 1996, S. 741). Dieser Vorgehensweise liegt die von Hambrick und Mason geäußerte Annahme zugrunde, wonach die Analyse demographischer Variablen Rückschlüsse auf latente psychologische Konstrukte – wie beispielsweise die Internationalität – ermöglicht (Hambrick/Mason, 1984, S. 196; Schwenk, 1995, S. 486).[29] Das abstrakte Konstrukt „Internationalität", welches sich in den individuellen Werten und Einstellungen, Erfahrungen, Erlebnissen, Gewohnheiten und Vorurteilen eines Top-Managers manifestiert (Nielsen/Nielsen, 2011, S. 187; Sambharya, 1996, S. 741; Schmid/Daniel, 2006, S. 1), wird also durch direkt beobachtbare Charakteristika approximativ erfasst.

---

[29] Auf das Konzept von Hambrick und Mason wird in Abschnitt 4.2 ausführlich eingegangen.

2.2.2 Ansätze zur Messung der Internationalität von Top-Managern

Welche demographischen Merkmale eignen sich zur Bestimmung der Internationalität einer Führungskraft? Schmid/Daniel (2006) führen in ihrem Beitrag eine Literaturrecherche durch, um einen umfassenden Überblick über existierende Internationalitätsdimensionen zu erhalten. Im weiteren Verlauf dieses Abschnitts werden die von Schmid und Daniel identifizierten Variablen und deren Operationalisierungsvarianten vorgestellt, bevor die in der vorliegenden Arbeit verwendete Methode zur Messung der Internationalität präsentiert wird.

(1) Nationalität[30]

In der wissenschaftlichen Literatur dient die Nationalität eines Individuums sehr häufig als Surrogat für dessen Internationalität (Arnegger/Hofmann/Pull/Vetter, 2010, S. 242; Hambrick/Davison/Snell/Snow, 1998, S. 183; Laurent, 1983, S. 77; Nielsen, 2010b, S. 188). Es wird vermutet, dass die Länder und Kulturen, in denen eine Person über längere Zeit komplexe Sozialisationsprozesse durchlaufen hat, auch deren Werte und Einstellungen, Erfahrungen, Erlebnisse, Gewohnheiten und Vorurteile beeinflussen (Asendorpf, 2007, S. 447-450; Hambrick/Davison/Snell/Snow, 1998, S. 185). Nielsen und Nielsen bemerken in diesem Zusammenhang: „Much of the cultural patterns of thinking, feeling, and acting are acquired in early childhood because at that time a person is most susceptible to learning and assimilation. These patterns are deeply rooted and once they have established themselves within a person's mind, they are unlikely to change substantially through subsequent experiences" (Nielsen/Nielsen, 2011, S. 187). Die „prägenden Jahre" der Enkulturation wirken sich darüber hinaus auch auf die linguistischen Fähigkeiten aus (Schmid/Daniel, 2006, S. 2; Walsh, 1995). So beeinflusst laut Hambrick/Davison/Snell/Snow (1998, S. 186) und Church (1982, S. 548) diese Zeitspanne etwa die Fähigkeit zum Erlernen und Verstehen fremder Sprachen. Das Wissen um fremde Kulturen und die Fertigkeiten, welche mit der Nationalität eines Top-Managers verbunden sind, können sich schließlich im Zusammenhang mit der internationalen Geschäftstätigkeit von Unternehmen als hilfreich erweisen (Nielsen, 2010b, S. 188).

Die Nationalität einer Person kann auf vielfältige Art und Weise, beispielsweise durch ihre Staatsangehörigkeit, ihren Geburtsort oder die Herkunft der Eltern, ermittelt werden (Hambrick/Davison/Snell/Snow, 1998, S. 183). In einigen Fällen verlassen sich Autoren lediglich auf die Analyse des Nachnamens (Palmer/Varner, 2007, S. 7). Eine Messung durch

---

[30] Die folgenden Ausführungen orientieren sich an den Arbeiten von Schmid/Kretschmer (2005, S. 6-10) und Schmid/Daniel (2006, S. 2-8).

solche Attribute muss jedoch als ungenau und wenig valide bezeichnet werden. So kann etwa eine Person über die Staatsangehörigkeit eines bestimmten Landes verfügen, ohne jemals längere Zeit in diesem Land verbracht zu haben. Grundsätzlich bleibt also fraglich, inwiefern beispielsweise die Staatsangehörigkeit einer Person Rückschlüsse auf deren kulturelle Prägung, Grundannahmen, Werte, Normen, Einstellungen und Überzeugungen ermöglicht (Schmid/Daniel, 2006, S. 3).[31]

Hambrick/Davison/Snell/Snow (1998, S. 186) beziehen sich bei der Messung der Nationalität auf das Land, in dem eine Person vorwiegend aufgewachsen ist und im Rahmen ihrer Kindheit und Schulzeit gelebt hat. Das von Hambrick und Kollegen vorgestellte Konzept zur Bestimmung der Nationalität erscheint vielversprechend, da es den Forderungen Perlmutters Rechnung trägt und die Nationalität einer Person nicht mit ihrem Pass gleichsetzt (Perlmutter, 1969, S. 11). Diese Operationalisierungsvariante wird auch von anderen Autoren als geeignet erachtet (Nielsen/Nielsen, 2011, S. 187; Schmid/Daniel, 2006, S. 3).[32]

(2) Internationale Ausbildung

Die Eigenschaften und Werte, die eine Person während ihrer „prägenden Jahre" verinnerlicht hat, können durch internationale Erfahrungen in späteren Lebensphasen ergänzt und möglicherweise verändert werden (Schmid/Daniel, 2007b, S. 13). Hartmann (1996, S. 100) und Süß (2004, S. 84-85) verweisen hier explizit auf die Schulzeit und/oder Studienphase, die außerhalb des Heimatlandes verbracht wird. Solche Auslandsaufenthalte im Rahmen der Ausbil-

---

[31] Die Staatsangehörigkeit einer Person dient in zahlreichen Kulturstudien als wichtiger Ausgangspunkt zur Identifikation von landesspezifischen Kulturdimensionen. Hofstede (vgl. Hofstede (1980), Hofstede (1982), Hofstede (2001), Hofstede/Hofstede (2009)) hat mit seiner Arbeit den wohl populärsten Beitrag zur Kulturforschung in der Betriebswirtschafts- und Managementliteratur geleistet. Vgl. Kutschker/Schmid (2011, S. 718). Dennoch bleibt diese Vorgehensweise nicht ohne Kritik: Es stellt sich die Frage, inwieweit zwischen der Staatsangehörigkeit einer Person und ihren kulturellen Werten ein Zusammenhang hergestellt werden kann. Vgl. hierzu auch nochmals das Zitat von Perlmutter (1969, S. 11). Auch wenn jüngere Kulturstudien – zum Beispiel House (2007) – über eine verfeinerte Erhebungsmethodik verfügen (vgl. Schmid/Dost (2009, S. 1468)), bleibt das Grundproblem zumindest in Teilen bestehen: Die Staatsangehörigkeit einer Person bildet weiterhin in vielen Fällen die (fragwürdige) Grundlage für Rückschlüsse auf deren kulturelle Werte.

[32] Den bisherigen Ausführungen folgend, wird bei der Operationalisierung des Konstrukts „Nationalität" in der Regel eine Auswahlentscheidung getroffen. So bestimmen beispielsweise entweder die Staatsangehörigkeit oder der Geburtsort der Eltern oder das Land, in dem eine Person ihre „prägenden Jahre" verbracht hat, über deren Nationalität. Die Arbeit von Mäs/Mühler/Opp (2005, S. 125) zeigt jedoch, dass sich die Nationalität eines Individuums in mehreren Bereichen widerspiegelt. Demnach wird Personen „am ehesten die Eigenschaft ‚deutsch' zugeschrieben, wenn sie in Deutschland geboren sind, wenn die Staatsangehörigkeit der Eltern deutsch ist, wenn sie seit der Geburt in Deutschland wohnen und wenn sie fließend deutsch sprechen". Die Operationalisierung des Konstrukts „Nationalität" sollte demnach immer mehrere Dimensionen berücksichtigen. Der Literaturüberblick von Schmid/Kretschmer (2005) sowie die eigene Analyse bisher erschienener Literatur in Abschnitt 3.1 zeigen jedoch, dass existierende Arbeiten bei der Operationalisierung dieses Konstrukts oftmals nur eine Dimension heranziehen. Für diese Vorgehensweise sprechen unter anderem forschungspraktische Gründe (umfassende Angaben zu manchen von Mäs/Mühler/Opp (2005) genannten Variablen sind zum Beispiel nur eingeschränkt verfügbar).

dung können vielfältige Persönlichkeitsmerkmale und Fertigkeiten prägen, welche bei der Ausübung von Top-Management-Positionen heutzutage eine zentrale Bedeutung einnehmen. So erwähnt Hartmann (1996, S. 99), dass Auslandsaufenthalte unter anderem eine intensive Fremdsprachenschulung darstellen. Darüber hinaus verfügen Personen, die sich während ihrer Ausbildungsphase mit den Lern- und Arbeitsweisen fremder Kulturen auseinandersetzen mussten und in internationalen Gruppen Studieninhalte erarbeiteten in der Regel über eine hohe soziale und interkulturelle Kompetenz (Macharzina/Wolf, 1998, S. 55-56; Steinle/Krummaker/Hogrefe, 2009, S. 31).[33] Süß (2004, S. 84) wertet die Dauer und die Anzahl von Auslandsaufenthalten einer Person als Indikator für ihre interkulturelle Offenheit. Ein Individuum, dessen Lebenslauf mehrere Studiensemester in unterschiedlichen Ländern aufweist, verfügt demnach über einen ausgeprägten Durchhaltewillen, über Anpassungsfähigkeit und interkulturelle Kompetenz (Süß, 2004, S. 84-85).

Bei der Messung der Dimension internationale Ausbildung wird in der Forschungspraxis auf unterschiedliche Operationalisierungen zurückgegriffen. So werden in einigen Arbeiten beispielsweise lediglich einfache Dummy-Variablen erhoben (Person hat im Ausland studiert/eine Berufsausbildung verfolgt; Person hat nicht im Ausland studiert/eine Berufsausbildung verfolgt) (Carpenter/Pollock/Leary, 2003, S. 811; Lee/Park, 2008, S. 968).[34] Sambharya (1996, S. 743) erhebt die Dauer der Ausbildungsjahre, die im Ausland verbracht wurden, und Süß (2004, S. 85) bemerkt, dass bei Studienaufenthalten im Ausland auch die kulturelle Distanz zwischen Heimat- und Gastland berücksichtigt werden sollte.[35]

Gegen die Verwendung von Dummy-Variablen und für die Erhebung der Dauer einzelner Auslandsaufenthalte spricht die Tatsache, dass hierdurch differenzierte Einblicke in die internationale Ausbildung einer Person gewonnen werden können. Mehrwöchige Sprachreisen, die in den Lebensläufen einiger Personen möglicherweise als internationale Ausbildung gewertet werden, erlauben aufgrund ihrer relativ kurzen Dauer üblicherweise keinen intensiven Kontakt mit der Kultur des Gastlandes. Ein Auslandsstudium hingegen erstreckt sich zumeist über

---

[33] Für eine ausführliche Auseinandersetzung mit dem Konstrukt „interkulturelle Kompetenz" vgl. Langhoff (1994, S. 10-17).
[34] Eine Variable wird als „Dummy-Variable" bezeichnet, wenn sie binär kodiert ist und somit nur zwei Werte (üblicherweise 0 und 1) annehmen kann. Ein Beispiel: Liegt für einen Fall in der untersuchten Stichprobe eine bestimmte Eigenschaft vor, so erhält die Dummy-Variable den Wert 1. Liegt diese Eigenschaft nicht vor, wird der Dummy-Variablen der Wert 0 zugewiesen. Für weitere Ausführungen zu Dummy-Variablen vgl. zum Beispiel Fahrmeir/Kneib/Lang (2009, S. 81-82), Urban/Mayerl (2011, S. 276-277).
[35] In der Literatur existieren zahlreiche Ansätze zur Identifikation der Distanz zwischen Landeskulturen. Eine Übersicht populärer Untersuchungen findet sich bei Kutschker/Schmid (2011, S. 702-792). Weitere Ausführungen zum Konstrukt „kulturelle Distanz" finden sich unter anderem bei Schmid (1996, S. 276-288) und Shenkar (2012).

einen längeren Zeitraum (beispielsweise ein Studiensemester). Werden lediglich Dummy-Variablen verwendet, so ist keine Unterscheidung zwischen diesen unterschiedlichen Formen internationaler Ausbildung möglich. Zudem kann ein zu langer Auslandsaufenthalt im Rahmen des Studiums auch negative Auswirkungen auf die späteren Karriereperspektiven eines Top-Managers haben (Hartmann, 1996, S. 100). Die exakte Erhebung der Dauer eines Auslandsstudiums ermöglicht damit auch präzisere Aussagen über die Vor- und Nachteile internationaler Ausbildung.

(3) Internationale Berufserfahrung

Die internationale Arbeitserfahrung einer Person stellt eine weitere populäre Dimension zur Messung der individuellen Internationalität dar, deren besondere Bedeutung von Vertretern aus Wissenschaft und Unternehmenspraxis gleichermaßen hervorgehoben wird (Carpenter/Sanders/Gregersen, 2000, S. 280; Hamori/Koyuncu, 2011, S. 846; Herrmann/Datta, 2006, S. 773; Vance, 2005, S. 374). So berichten beispielsweise Top-Manager in der Untersuchung von Gregersen/Morrison/Black (1998, S. 30) über internationale Arbeitserfahrung als „…the most powerful experience in life for developing global leadership capabilities". Und die Berufung des Taiwaners James Wei in den Vorstand von Beiersdorf wurde in der (Wirtschafts-) Presse unter anderem mit dessen mehrjähriger Erfahrung im asiatischen Markt begründet (Ankenbrand/Ritter, 2009, S. 16).

Analog zur internationalen Erfahrung, die während der Ausbildungsjahre oder im Rahmen eines Studiums gesammelt wird, dient die internationale Berufserfahrung zur Herausbildung und Stärkung soziokultureller Persönlichkeitsmerkmale (Biemann, 2009a, S. 339; Hartmann, 1996, S. 98-99; Tan/Meyer Klaus, 2010, S. 116). Neben dem Aufbau von länder- und kulturbezogenem Wissen kann durch die internationale Berufserfahrung einer Person gleichfalls unternehmensspezifisches Wissen generiert werden (Dickmann/Harris, 2005, S. 400).[36] Inwiefern unterscheidet sich das Nachfrageverhalten ausländischer Kunden von dem der Kunden auf dem Heimatmarkt des Unternehmens? Welche Rolle spielen Zulieferer, Gewerkschaften und Regierungsinstitutionen bei der Erstellung von unternehmensspezifischen Produkten und/oder Dienstleistungen in den einzelnen Auslandsmärkten? Diese und ähnliche Fragen können von Top-Managern, die über einen gewissen Zeitraum berufliche Erfahrungen in einem Auslandsmarkt sammeln konnten, möglicherweise schneller und besser beantwortet werden als von Führungskräften, denen internationale Arbeitserfahrung fehlt (Athanassiou/Nigh,

---

[36] Süß (2004, S. 109-111) unterscheidet in diesem Zusammenhang zwischen allgemeinem Humankapital und spezifischem Humankapital.

2002, S. 160-161; Chen/Stucker, 1997, S. 4; Nielsen, 2010b, S. 188-189; Oesterle, 2004, S. 799; Rhee/Lee, 2008, S. 42; Seelhofer, 2007, S. 47; Tan/Meyer Klaus, 2010, S. 161).[37]

Auch bei der Messung der internationalen Berufserfahrung greifen bisherige Untersuchungen regelmäßig auf Dummy-Variablen zurück (ein Top-Manager verfügt über internationale Berufserfahrung; ein Top-Manager verfügt nicht über internationale Berufserfahrung) (Bloodgood/Sapienza/Almeida, 1996, S. 68; Nielsen, 2010b, S. 194; Reuber/Fischer, 1997, S. 816; Tihanyi/Ellstrand/Daily/Dalton, 2000, S. 1168). Darüber hinaus erheben einige Arbeiten die Gesamtdauer der Auslandsaufenthalte in Jahren (Herrmann/Datta, 2002, S. 560; Roth, 1995, S. 216; Sambharya, 1996, S. 743), während andere Studien das Verhältnis zwischen Berufsjahren im Ausland und Berufsjahren im Inland betrachten (Carpenter/Fredrickson, 2001, S. 538). Um internationale Erfahrungen zu sammeln, muss ein Top-Manager jedoch nicht zwingend Zeit im Ausland verbringen. So argumentieren beispielsweise Schmid/Daniel (2006, S. 5), dass eine Person die Normen und Werte einer fremden Kultur beziehungsweise eines Auslandsmarktes auch durch eine berufliche Tätigkeit im Heimatland kennen und verstehen lernen kann. Einige Veröffentlichungen berücksichtigen demzufolge die Positionen eines Top-Managers, die zwar im Heimatland eines Unternehmens ausgeübt wurden, in denen der Führungskraft allerdings umfangreiche Befugnisse und Verantwortung für ausländische Märkte übertragen wurden (wie etwa in der Position „Vertriebsleiter Nordamerika") (Herrmann/Datta, 2002, S. 560; Reuber/Fischer, 1997, S. 816; Roth, 1995, S. 216; Sambharya, 1996, S. 743; Wally/Becerra, 2001, S. 175-176).

(4) Internationale Mandate

Führungskräfte können durch externe Mandate wichtige Verbindungen zu Unternehmen im Ausland knüpfen und somit ihre individuelle Internationalität erhöhen (Schmid/Daniel, 2006, S. 5). Die Mitarbeit in Führungs- und Kontrollgremien ausländischer Unternehmen erfordert eine intensive Auseinandersetzung mit fremden Märkten, Unternehmensstrukturen und Managementstilen (Pennings, 1980, S. 136; Schoorman/Bazerman/Atkin, 1981, S. 244; Useem, 1984, S. 53). Folglich werden durch internationale Mandate wertvolle Einblicke in Geschäftsabläufe und Entscheidungsfindungsprozesse ausländischer Unternehmen ermöglicht (Carpen-

---

[37] An dieser Stelle bleibt offen, welcher Zeitraum zur Generierung unternehmensspezifischen Wissens als „angemessen" gelten kann. Mit anderen Worten: Wie lange sollte ein Top-Manager in einem fremden Land arbeiten, um unternehmensspezifisches Wissen zu erlangen? Bei der Frage nach der „optimalen Dauer" eines Auslandseinsatzes verweist Stahl (1998, S. 255) zunächst auf die Tatsache, dass die Länge des internationalen Einsatzes von mehren Faktoren (wie etwa dem Entsendungsziel, der Hierarchieebene und dem Gastland) beeinflusst werden kann. Als grobe Orientierungshilfe nennt Stahl einen Zeitrahmen von drei bis sechs Jahren.

ter/Westphal, 2001).[38] Darüber hinaus erhalten Top-Manager gegebenenfalls Zugang zu relevanten Informationen wie beispielsweise der strategischen Ausrichtung ausländischer Konkurrenten oder dem Nachfrageverhalten ausländischer Kunden (Kanter, 2000, S. 22; Zhang/Wiersema, 2009, S. 697-698). Ruigrok/Peck/Keller (2006, S. 1202) und Haynes/Hillman (2010, S. 1159) weisen in diesem Zusammenhang darauf hin, dass internationale Mandate den „kognitiven Horizont" eines Top-Managers erweitern können. Die Mitarbeit in ausländischen Führungs- und Kontrollgremien kann folglich die Werte und Einstellungen einer Person, ihre Erfahrungen, Erlebnisse, Gewohnheiten und Vorurteile beeinflussen. Internationale Mandate wirken sich demnach auch auf die Internationalität einer Person aus.

Obwohl die wissenschaftliche Literatur die oben erwähnte Argumentation immer wieder aufgreift (Kanter, 2000, S. 22; Useem, 1984, S. 53; Zhang/Wiersema, 2009, S. 697-698), werden internationale Mandate vergleichsweise selten zur Operationalisierung des Konstrukts „Internationalität" herangezogen (Schmid/Daniel, 2007b; Sommer, 2009). Zur Analyse der internationalen Netzwerkstrukturen einer Führungskraft können Fragebögen verwendet werden (Athanassiou/Nigh, 2002, S. 167-168). Dabei geben die Respondenten beispielsweise Auskunft über Frequenz und Dauer von Besprechungen einzelner Führungsgremien. Eine weitere Variante besteht in der Erhebung der Anzahl internationaler Mandate einer Person. Als Informationsquelle dient hierfür üblicherweise der Geschäftsbericht eines Unternehmens (Schmid/Dauth, 2011a, S. 14).

(5) Sprachgewandtheit

„Einen Menschen, der nicht Englisch kann, können sie gar nicht mehr vermitteln" (Hartmann, 1996, S. 99). Dieses Zitat eines Personalmanagers betont nicht nur die Bedeutung der englischen Sprache in der Wirtschaftswelt,[39] es zeigt auch, dass Sprache im Allgemeinen eine elementare Voraussetzung für die Interaktion von Individuen darstellt (Piekkari/Tietze, 2011, S. 267; Selmer, 2006, S. 347). Im Rahmen der internationalen Geschäftstätigkeit kommt der Sprache eine besondere Bedeutung zu (Bergemann/Bergemann, 2005, S. 157; Harzing/Köster/Magner, 2011, S. 279; Macharzina/Wolf, 1998, 55-56). So stehen Führungskräfte vor der Herausforderung, eine gemeinsame „Verständigungsbasis", eine gemeinsame Sprache zu finden, um Informationen mit internationalen Geschäftspartnern auszutauschen. Beherrscht

---

[38] Geletkanycz/Boyd/Finkelstein (2001, S. 891) und Useem (1984, S. 52) weisen jedoch darauf hin, dass sich die einzelnen externen Mandate eines Top-Managers hinsichtlich ihrer unternehmensspezifischen Bedeutung durchaus unterscheiden können. Nicht alle Mandate sind demnach „equal in their impact". So profitieren Unternehmen beispielsweise besonders von Top-Managern, die externe Mandate bei relativ großen und erfolgreichen Unternehmen ausüben.

[39] Vgl. zur Bedeutung der englischen Sprache auch Steyaert/Ostendorp/Gaibrois (2011, S. 270).

ein Top-Manager die Sprache(n) eines relevanten Auslandsmarktes, kann er sich schneller und leichter in eine fremde Kultur eingliedern (Selmer, 2006, S. 358).[40] In diesem Zusammenhang weist Hartmann (1996, S. 99) darauf hin, dass die Sprachgewandtheit einer Person Hinweise auf deren Interesse an fremden Kulturen geben kann. Ferner fördert das Erlernen fremder Sprachen durch die intensive Auseinandersetzung mit Artefakten einer Kultur nicht nur linguistische Fähigkeiten (Stahl, 1998, S. 186-187), sondern beeinflusst auch die Werte, Einstellungen, Erfahrungen, Erlebnisse, Gewohnheiten und Vorurteile einer Person (Fantini, 1995, S. 144-145; Selmer, 2006, S. 352; Usunier, 2011, S. 316).

In wissenschaftlichen Arbeiten kann die Beherrschung von Fremdsprachen durch schriftliche oder mündliche Testverfahren überprüft werden (Butler/Stevens, 1997; Jewell/Malecki, 2005). Selmer (2006, S. 356) greift in seiner Untersuchung auf die Selbsteinschätzung der befragten Personen zurück. Eine solche Vorgehensweise wird von Schmid/Daniel (2006, S. 7) auch für die Top-Management-Team-Forschung als geeignet erachtet.

(6) Kulturelle Distanz

Mehrere Studien greifen bei der Operationalisierung der Internationalität einer Person auf Dummy-Variablen zurück. Diese Untersuchungen gehen folglich von einer einfachen „Schwarz-Weiß-Einteilung" aus: Demnach werden Top-Manager beispielsweise auf Basis ihrer Nationalität entweder der Kategorie „Nicht-Deutscher" oder der Kategorie „Deutscher" zugeordnet (Lee/Park, 2008, S. 963; Nielsen, 2010b, S. 194; Staples, 2008, S. 34). Auch im Hinblick auf die berufliche Auslandserfahrung werden oftmals lediglich dichotome Analysen durchgeführt (Carpenter/Pollock/Leary, 2003, S. 811; Slater/Dixon-Fowler, 2009, S. 479; Tihanyi/Ellstrand/Daily/Dalton, 2000, S. 1168). Es erscheint nachvollziehbar, dass eine solch undifferenzierte Einteilung in „Inland" beziehungsweise „Ausland" die tatsächliche Internationalität eines Individuums nur grob widerspiegeln kann. Schließlich kommt dem Land und der spezifischen Landeskultur, in der eine Person ihre „prägenden Jahre" verbrachte, ein Hochschulstudium absolvierte, Arbeitserfahrungen sammelte oder externe Mandate ausübte, eine besondere Bedeutung zu.

---

[40] Ein Grund hierfür kann in der Tatsache gesehen werden, dass die Informationsvermittlung zwischen Personen erleichtert wird. Selmer (2006, S. 352) weist in diesem Zusammenhang auf verschiedene Ebenen der Kommunikation hin: Die Kommunikation kann nicht nur auf linguistischer Ebene (durch das gesprochene Wort), sondern auch auf paralinguistischer Ebene (zum Beispiel durch Tonalität und Sprechgeschwindigkeit) und auf extralinguistischer Ebene (zum Beispiel durch Gesten) vonstattengehen. Beherrscht eine Person eine Fremdsprache, entwickelt sie möglicherweise auf allen drei Ebenen Fertigkeiten, die den Umgang mit Vertretern fremder Kulturen erleichtern.

Einige Autoren haben durch umfangreiche Kulturstudien versucht, Dimensionen zu ermitteln, die eine Darstellung der spezifischen Besonderheiten von Landeskulturen ermöglichen (Kutschker/Schmid, 2011, S. 702). Vor dem Hintergrund der Ergebnisse dieser Arbeiten wird deutlich, welchen Einfluss Landeskulturen beispielsweise auf Managementstile haben (Tixier, 1994; Wolf, 2009). So unterscheiden sich etwa der Führungsstil, das Kommunikations- und Konfliktlösungsverhalten einer österreichischen Führungskraft mit hoher Wahrscheinlichkeit von dem Verhaltens- und Führungsansatz eines japanischen Top-Managers. Die Erfahrungen, die ein deutscher Top-Manager im Rahmen eines Auslandsaufenthalts in Brasilien sammelt, werden deutlich „internationaler" sein als die Erlebnisse und Einsichten, die ein Arbeitseinsatz in der Schweiz mit sich bringt (Schmid/Daniel, 2006, S. 7). Eine Berücksichtigung der kulturellen Distanz zwischen dem Heimatland eines Unternehmens und dem Land, in dem eine Person beispielsweise Berufserfahrung sammeln konnte, ermöglicht eine Aussage darüber, wie stark sich die Kultur zwischen diesen beiden Ländern unterscheidet und wie viel Internationalität ein Top-Manager tatsächlich in das Führungsgremium eines Unternehmens einbringt.

Bei der Messung des Konstrukts „kulturelle Distanz" wird in der Literatur unter anderem auf die Arbeiten von Hofstede zurückgegriffen (Hofstede, 1980; Hofstede, 1982; Hofstede, 2001; Kogut/Singh, 1988, S. 422).[41] In der Untersuchung von Ronen/Shenkar (1985, S. 448-449) werden insgesamt neun kulturelle Cluster gebildet, die wiederum zur Ermittlung der kulturellen Distanz zwischen einzelnen Ländern herangezogen werden können (Athanassiou/Nigh, 2002, S. 166-167; Kim/Gray, 2009, S. 55).[42]

2.2.3 Zwischenfazit

Die Internationalität einer Person gilt in der wissenschaftlichen Literatur als facettenreiches Konstrukt, welches wiederum auf vielfältige Art und Weise operationalisiert werden kann.[43] Tabelle 1 stellt die Internationalitätsdimensionen einiger ausgewählter Arbeiten im Überblick dar.

---

[41] In der Betriebswirtschafts- und Managementlehre kann die Arbeit von Hofstede wohl als die bekannteste Studie der Kulturforschung bezeichnet werden. Vgl. hierzu auch Kutschker/Schmid (2011, S. 718). Es sei vermerkt, dass selbstverständlich auch andere Kulturstudien (siehe zum Beispiel die Arbeiten von House (2007), House/Hanges/Javidan/Dorfman/Gupta (2004)) zur Ermittlung der kulturellen Distanz zwischen unterschiedlichen Ländern herangezogen werden können.
[42] Zur Messung der kulturellen Distanz vgl. kritisch Schmid (1996, S. 283-286).
[43] An dieser Stelle wird nicht weiter auf die Vor- und Nachteile der jeweiligen Methoden zur Ermittlung der individuellen Internationalität einer Person eingegangen. Vgl. hierzu beispielsweise Nielsen (2010a, S. 303), Nielsen (2010b, S. 189).

Autor(en) [1]	Verwendete Dimension(en) zur Messung der Internationalität von Top-Managern
Sullivan (1994)	– Beruflich bedingte Auslandsaufenthalte (kumulierte Dauer)
Roth (1995)	– Berufserfahrung in einer Position mit internationaler Verantwortung (kumulierte Dauer) – Beruflich bedingte Auslandsaufenthalte (kumulierte Dauer)
Sambharya (1996)	– Beruflich bedingte Auslandsaufenthalte und/oder internationale Erfahrungen während des Hochschulstudiums (kumulierte Dauer) – Berufserfahrung in einer Position mit internationaler Verantwortung (kumulierte Dauer)
Bloodgood/Sapienza/ Almeida (1996)	– Internationale Berufserfahrung (ja/nein) – Internationale Schulausbildung (ja/nein)
Reuber/Fischer (1997)	– Internationale Berufserfahrung (ja/nein) – Berufserfahrung im internationalen Vertrieb (ja/nein)
Daily/Certo/Dalton (2000)	– Beruflich bedingte Auslandsaufenthalte (Anzahl) – Beruflich bedingte Auslandsaufenthalte (kumulierte Dauer)
Carpenter/Fredrickson (2001)	– Beruflich bedingte Auslandsaufenthalte (Dauer der internationalen Berufserfahrung im Vergleich zur Gesamtdauer der bisherigen Berufserfahrung einer Person)
Carpenter/Sanders/ Gregersen (2001)	– Beruflich bedingte Auslandsaufenthalte (kumulierte Dauer)
Tihanyi/Ellstrand/Daily/ Dalton (2000)	– Internationale Ausbildung (ja/nein) – Internationale Berufserfahrung (ja/nein)
Wally/Becerra (2001)	– Berufserfahrung in einer Position mit internationaler Verantwortung oder Berufserfahrung im Ausland (ja/nein)
Athanassiou/Nigh (2002)	– Internationale Berufserfahrung (Dauer der internationalen Berufserfahrung im Vergleich zur Gesamtdauer der bisherigen Berufserfahrung einer Person) – Erfahrungen mit sieben unterschiedlichen Markteintritts- und Marktbearbeitungsstrategien (niedrig – hoch) – Erfahrung in acht unterschiedlichen geografischen Regionen (niedrig – hoch)
Herrmann/Datta (2002)	– Internationale Ausbildung (kumulierte Dauer) – Beruflich bedingte Auslandsaufenthalte (kumulierte Dauer) – Berufserfahrung in einer Position mit internationaler Verantwortung (Dauer in Jahren)
Carpenter/Pollock/Leary (2003)	– Internationale Berufserfahrung (ja/nein) – Hochschulabschluss an einer ausländischen Universität (ja/nein)
Heijltjes/Olie/Glunk (2003)	– Nationalität
Herrmann/Datta (2005)	– Internationale Berufserfahrung (Anteil der Top-Manager im Führungsgremium, die über internationale Berufserfahrung verfügen)
Gong (2006)	– Nationalität
Ruigrok/Peck/Tacheva (2007)	– Nationalität
Staples (2007)	– Nationalität
Lee/Park (2008)	– Nationalität – Internationale Ausbildung (ja/nein) – Internationale Berufserfahrung (ja/nein)
Slater/Dixon-Fowler (2009)	– Internationale Berufserfahrung (ja/nein)
Sommer (2009) [2]	– Nationalität (Anteil der Top-Manager im Führungsgremium, die über eine ausländische Nationalität verfügen) – Internationale Ausbildung (Anteil der Top-Manager im Führungsgremium, die über eine internationale Ausbildung verfügen) – Internationale Berufserfahrung (Anteil der Top-Manager im Führungsgremium, die über internationale Berufserfahrung verfügen) – Internationale Mandate (Anteil der Top-Manager im Führungsgremium, die externe Mandate bei Unternehmen im Ausland ausüben)

Autor(en) [1]	Verwendete Dimension(en) zur Messung der Internationalität von Top-Managern
Nielsen (2010b)	– Nationalität – Internationale Berufserfahrung (ja/nein)

[1] Die in dieser Tabelle vorgestellten Arbeiten wurden von Schmid/Kretschmer (2005, S. 7) im Rahmen einer Literaturanalyse identifiziert. Die Übersicht wurde im Zuge eigener Recherchen erweitert und ergänzt.
[2] Sommer (2009) orientiert sich in seinem Beitrag an den Internationalitätsdimensionen von Schmid/Daniel (2006).

Tab. 1: Dimensionen zur Messung der Internationalität von Top-Managern
Quelle: in Anlehnung an Schmid/Kretschmer (2005, S. 8), ergänzt durch eigene Recherchen

Eine eindeutige Antwort auf die Frage nach den Elementen der individuellen Internationalität ist den aufgeführten Studien zufolge nicht möglich. Die zahlreichen, in Tabelle 1 dargestellten Möglichkeiten zur Messung des Konstrukts werfen zudem die Frage auf, wie viele Dimensionen zur Ermittlung der Internationalität herangezogen werden sollten. In der wissenschaftlichen Literatur findet sich auch diesbezüglich keine eindeutige Antwort. Carpenter/Geletkanycz/Sanders (2004, S. 771) und Tacheva (2007, S. 25) betrachten internationale Top-Manager als Individuen, welche aus einem „bundle of attributes" bestehen, und sprechen sich damit grundsätzlich für eine multidimensionale Operationalisierung aus.[44]

2.2.4 Messung der Internationalität von Top-Managern in der vorliegenden Arbeit

Folgt man den Überlegungen von Carpenter und Tacheva, so könnte argumentiert werden, dass grundsätzlich alle Studien, welche bei der Ermittlung der Internationalität einer Person auf mehrere Variablen zurückgreifen, die Ergebnisse der Top-Management-Team-Forschung verfeinern und verbessern.[45] Ein umfassendes Internationalitätsmaß entsteht allerdings nicht durch die „Aneinanderreihung" möglichst vieler Variablen, sondern durch die Betrachtung mehrerer Dimensionen, die unterschiedliche Aspekte der Internationalität beleuchten und eindeutig voneinander abgrenzbar sind (Cook/Campbell, 1979, S. 65; Maier, 2008, S. 159; Nielsen, 2010a, S. 308). Der Internationalitätsindex von Schmid/Daniel (2006) berücksichtigt diesen Sachverhalt und wird daher in der vorliegenden Arbeit zur Messung der Internationalität herangezogen. Im folgenden Abschnitt werden die einzelnen Bestandteile des Index vorge-

---

[44] Carpenter/Reilly (2006, S. 32) weisen zudem darauf hin, dass durch eine multidimensionale Operationalisierung die Validität des Konstrukts „Internationalität" erhöht werden kann. Vgl. hierzu auch Cook/Campbell (1979, S. 65).
[45] Wie in Abschnitt 3.1 gezeigt wird, stützen sich einige Untersuchungen dabei jedoch auf Internationalitätsdimensionen, die sich untereinander stark ähneln oder ausschließlich bestimmte Lebensphasen eines Top-Managers einbeziehen.

stellt. Darüber hinaus wird dargelegt, wie der individuelle Indexwert einer Person berechnet wird.

2.2.4.1 Der Internationalitätsindex von Schmid/Daniel

Der von Schmid/Daniel (2006) entwickelte Index berücksichtigt vier Internationalitätsdimensionen:[46] Die (1) Nationalität einer Person, ihre (2) internationale Ausbildung, die (3) internationale Berufserfahrung und (4) ihre internationalen Mandate. Die Auswahl dieser Dimensionen orientiert sich dabei nicht nur an der bestehenden wissenschaftlichen Literatur,[47] sondern verfolgt auch das Ziel, möglichst viele Lebensphasen zu berücksichtigen, in denen eine Person internationale Erfahrungen sammeln konnte. Abbildung 3 stellt die Zusammensetzung des Internationalitätsindex grafisch dar.

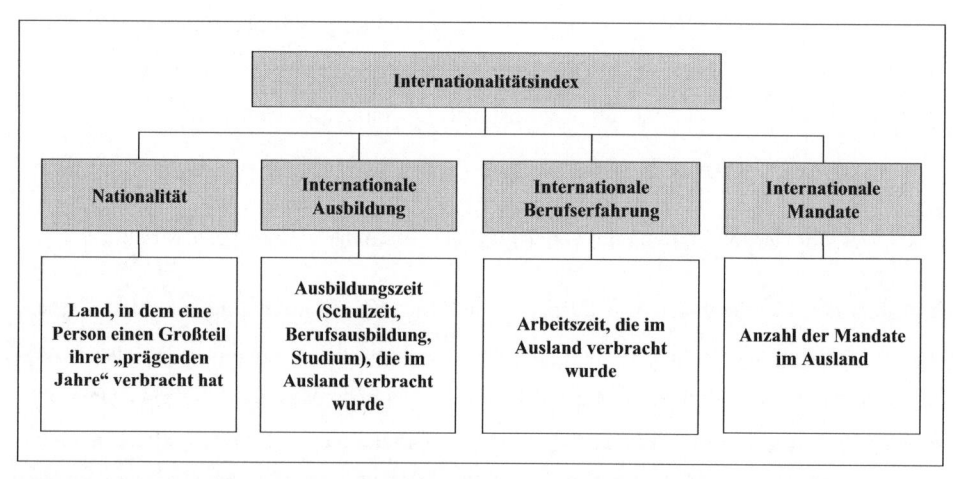

Abb. 3: Komponenten des Internationalitätsindex von Schmid/Daniel
Quellen: Schmid (2007, S. 3), Schmid/Daniel (2006, S. 10)

(1) Der erste Indexbestandteil ist die Nationalität eines Individuums. Nationalität bezieht sich dabei – in Übereinstimmung mit Hambrick/Davison/Snell/Snow (1998, S. 183) – auf das Land, in dem eine Person während ihrer Kindheit und Schulzeit lebte. Im Hinblick auf den in dieser Arbeit angewandten Index ist lediglich die Unterscheidung zwischen Deutschland und

---

[46] Relevante Vorüberlegungen zu dem von Schmid/Daniel (2006) entwickelten Index finden sich bereits bei Schmid/Kretschmer (2005).
[47] Vgl. hierzu nochmals Tabelle 1 sowie die Ausführungen in Abschnitt 2.2.2.

dem Ausland relevant. Deutsche erhalten auf dieser Index-Dimension den Wert 0, Ausländern wird der Wert 1 zugewiesen.

(2) Als weiteres Element werden internationale Erfahrungen während einer etwaigen Berufsausbildung und/oder eines Hochschulstudiums betrachtet. Dabei wird die Gesamtdauer der Auslandsaufenthalte im Rahmen der Ausbildung einer Person in Jahren anhand einer logarithmischen Funktion auf den Wertebereich zwischen 0 und 1 festgelegt.[48]

(3) Der Indikator internationale Berufserfahrung ermittelt die Gesamtdauer der beruflich bedingten Auslandsaufenthalte einer Person. Analog zur internationalen Ausbildung wird dabei die Anzahl der im Ausland verbrachten Jahre durch eine logarithmische Funktion auf den Wertebereich zwischen 0 und 1 normiert.

(4) Für die vierte Indexkomponente wird auf die Anzahl der Mandate in Unternehmen im Ausland zurückgegriffen. Dieser Wert wird ebenfalls anhand einer logarithmischen Funktion auf den Bereich zwischen 0 und 1 festgelegt.

Der Internationalitätsindex (INT) einer Person i errechnet sich schließlich aus dem arithmetischen Mittelwert der vier Indikatoren (Nationalität, internationale Ausbildung, internationale Berufserfahrung und externe Mandate bei Unternehmen im Ausland). Der resultierende Wert liegt somit wie die Einzelindikatoren zwischen 0 und 1:

$$INT_i = \frac{1}{4}\left[\left(F_i + \left(1 - \frac{1}{E_i + 1}\right) + \left(1 - \frac{1}{W_i + 1}\right) + \left(1 - \frac{1}{A_i + 1}\right)\right)\right] \quad (1)$$

wobei gilt:

F_i = Nationalität von Person i (0 für Deutschland; 1 für Ausland)

---

[48] Neben der Dimension „internationale Ausbildung" werden in dem vorgestellten Index auch die ermittelten Werte für die internationale Berufserfahrung und die externen Mandate bei Unternehmen im Ausland mit Hilfe einer logarithmischen Funktion transformiert. Dadurch soll eine bessere Vergleichbarkeit der einzelnen Indexbestandteile ermöglicht werden. Darüber hinaus werden durch eine logarithmische Funktion auch anerkannte Forschungsergebnisse im Zusammenhang mit dem interkulturellen Lernen von Individuen berücksichtigt. Demnach kann die Internationalität einer Person zum Beispiel bereits durch relativ kurze Auslandsaufenthalte erhöht werden. Vgl. hierzu Thomas/Chang/Abt (2006). Bei längeren Auslandsaufenthalten ist in der Regel hingegen eine „Abflachung" der individuellen Lernkurve zu beobachten. Diese Entwicklung wird durch die injektive, logarithmisch wachsende Funktion abgebildet. Vgl. Pausenberger/Noelle (1977, S. 365). Auch bei der Dimension „internationale Mandate" wird durch eine logarithmische Funktion ein „Abflachen" der individuellen Lernkurve eines Top-Managers berücksichtigt. Grundlegend hierfür ist die Annahme, dass der Zugewinn an Erfahrungen und Wissen mit steigender Zahl der internationalen Mandate abnimmt.

E_i = Anzahl der im Ausland verbrachten Ausbildungsjahre von Person i

W_i = Anzahl der im Ausland verbrachten Berufsjahre von Person i

A_i = Anzahl der Mandate bei Unternehmen im Ausland von Person i

2.2.4.2 Kritische Würdigung des Internationalitätsindex von Schmid/Daniel

Wie ein Vergleich mit Tabelle 1 zeigt, beinhaltet der Internationalitätsindex von Schmid/Daniel viele Dimensionen, die auch in vergleichbaren Arbeiten zum Einsatz kommen. Darüber hinaus kann das Konstrukt als relativ umfassendes Internationalitätsmaß bezeichnet werden. Ein Grund hierfür liegt unter anderem in der Tatsache begründet, dass Formel (1) verschiedene Lebensphasen berücksichtigt, in denen eine Person internationale Erfahrungen sammeln konnte. Die Nationalität bildet zunächst die „prägenden Jahre" einer Person ab, also ihre Kindheit und Schulzeit. Die anschließenden Phasen der Ausbildung im Ausland beziehungsweise der Berufstätigkeit außerhalb des Heimatlandes werden in den Dimensionen „internationale Ausbildung" und „internationale Arbeitserfahrung" berücksichtigt. Mit den internationalen Mandaten wird erfasst, ob und inwiefern eine Person während oder nach ihrer aktiven Berufslaufbahn auf internationale Netzwerkkontakte zurückgreifen kann.

Wie Schmid/Daniel (2006) bereits selbst erwähnen, kann an dem Internationalitätsmaß – trotz der genannten Vorteile – auch Kritik geübt werden. So vernachlässigt der Index beispielsweise die Sprachgewandtheit einer Person. Ursächlich hierfür ist laut Schmid/Daniel (2006, S. 11) die eingeschränkte Datenverfügbarkeit: Während Informationen zur Nationalität, der internationalen Ausbildung, internationaler Berufserfahrung und internationalen Mandaten häufig aus Lebensläufen und öffentlich verfügbaren Quellen (wie beispielsweise dem Geschäftsbericht eines Unternehmens) gewonnen werden können, ist zur der Ermittlung der Sprachgewandtheit in der Regel eine Primärerhebung erforderlich (Schmid/Daniel, 2006, S. 11). Aufgrund der zu erwartenden geringen Auskunftsbereitschaft der Top-Manager (Aldenhoff/Jüttner/Karitzki, 2009, S. 39; Staples, 2007, S. 315) wird auf die Berücksichtigung dieser Dimension verzichtet. Schmid/Daniel (2006, S. 11) weisen zudem darauf hin, dass bereits die Bestandteile „Nationalität" und „internationale Ausbildung" wichtige Phasen abdecken, in denen eine Person fremde Sprachen erlernen kann.[49]

---

[49] Vgl. in diesem Zusammenhang auch Hartmann (1996, S. 99) der darauf hinweist, dass Fremdsprachenkenntnisse oftmals im Rahmen von Auslandsaufenthalten erworben werden.

Der Index berücksichtigt darüber hinaus nicht die in Abschnitt 2.2.2 umschriebene „indirekte Internationalität" einer Person. Damit verbinden Schmid/Daniel (2006, S. 11) Berufspositionen, in denen Top-Manager beispielsweise Verantwortung für Auslandsmärkte übernehmen, ohne dabei allerdings einen längeren Zeitraum im Ausland zu verbringen. Als Gründe für den Ausschluss dieser Dimension werden ebenfalls mangelnde Datenverfügbarkeit beziehungsweise uneindeutige Angaben in Lebensläufen oder sonstigen öffentlich verfügbaren Dokumenten angegeben (Schmid/Daniel, 2006, S. 11).

In den Index fließen ferner keine Informationen über die Anzahl der beruflich bedingten Auslandsaufenthalte in unterschiedlichen Ländern ein. Zudem wird die kulturelle Distanz zwischen den einzelnen Ländern nicht berücksichtigt. Hier berufen sich Schmid/Daniel (2006, S. 11) auf die Studie von Carpenter/Sanders/Gregersen (2001, S. 500), die feststellt, dass eine solche Verfeinerung lediglich die Komplexität des Konstrukts „Internationalität" erhöht, jedoch nicht zu einer Verbesserung seiner Erklärungskraft beiträgt.

Die Berechnung des Index erfolgt zudem ohne eine Gewichtung der einzelnen Dimensionen. Vielmehr messen Schmid/Daniel allen vier Bestandteilen die gleiche Bedeutung bei. Fraglich ist aber, ob beispielsweise die internationale Ausbildung eines Top-Managers tatsächlich den „gleichen Wert" besitzt wie dessen internationale Mandate. Den Ausführungen der Autoren folgend, präzisiert eine Gewichtung möglicherweise die Ermittlung der individuellen Internationalität einer Person (Schmid/Daniel, 2006, S. 33). In diesem Zusammenhang muss allerdings beachtet werden, dass eine Gewichtung, wie sie beispielsweise von Romer (2009, S. 77) vorgenommen wird, ebenfalls als subjektiv und theoretisch unbegründet kritisiert werden kann.

Letztlich kann festgehalten werden: Schmid/Daniel stellen ein Messinstrument zur Verfügung, welches jüngsten Forderungen der Top-Management-Team-Forschung gerecht wird und mehrere Internationalitätsdimensionen miteinander verbindet (Carpenter/Reilly, 2006, S. 32; Nielsen, 2010b, S. 189). Den Autoren ist beizupflichten, wenn sie ausführen, dass der Index die Internationalität einer Person vergleichsweise umfassend ermittelt und damit die Operationalisierungsvarianten bisheriger Arbeiten erweitert (Schmid/Daniel, 2006, S. 32-33).[50] Damit kann das Maß – trotz der teilweise berechtigten Kritik an seiner Zusammenset-

---

[50] Dieses Ergebnis wird durch die Literaturanalyse in Abschnitt 3.1 bestätigt.

zung und Berechnung – als „Index zur ganzheitlichen Messung" (Romer, 2009, S. 75) der Internationalität einer Person bezeichnet werden.[51]

2.3 Der unternehmerische Erfolg

Wie eingangs erwähnt, untersuchen die Forschungsfragen dieser Arbeit, ob die Internationalität eines Top-Managers Auswirkungen auf den Erfolg eines Unternehmens hat. Daher ist es von zentraler Bedeutung, den Begriff „Erfolg" näher zu beleuchten. Nach einigen grundlegenden Überlegungen (Abschnitt 2.3.1) soll näher auf gängige Konzepte zur Messung des Unternehmenserfolgs eingegangen werden (Abschnitt 2.3.2). Zuletzt wird gezeigt, welches Erfolgsmaß in der vorliegenden Arbeit Verwendung findet (Abschnitt 2.3.3).

2.3.1 Grundlegende Überlegungen zum Begriff „Erfolg"

Die präzise Ermittlung des Unternehmenserfolgs kann als eine der zentralen Aufgaben der betriebswirtschaftlichen Forschung angesehen werden (Glaum, 1996, S. 133). Combs/Crook/Shook (2005, S. 261) bezeichnen das Ziel, die Determinanten und Ausprägungen des unternehmerischen Erfolgs zu bestimmen, gar als „raison d'être" des Strategischen Managements. Da sich die Betriebswirtschaftslehre bereits seit mehreren Jahrzehnten mit diesem Konstrukt auseinandersetzt, ist es wenig verwunderlich, dass im Zeitverlauf viele verschiedene Operationalisierungsvarianten entwickelt wurden (Bachmann, 2009, S. 90; Glaum, 1996, S. 133; Schierenbeck, 2003, S. 63-65; Zelewski, 2008, S. 52-54). In einer sehr allgemeinen Form kann Erfolg als Grad der Erreichung eines vorab definierten Ziels bezeichnet werden (Glaum, 1996, S. 133). Die Tatsache, dass Unternehmen im Allgemeinen nicht nur eines, sondern mehrere Ziele gleichzeitig verfolgen, erschwert dabei die Identifikation eines einheitlichen, übergreifenden Erfolgsmaßes (Combs/Crook/Shook, 2005, S. 262).[52] Vielmehr führt das

---

[51] Die Berücksichtigung der oben genannten Problemkreise kann zwar zu einer weiteren Verfeinerung der Erhebungs- und Berechnungsmethodik führen – eine wichtige Limitation bleibt jedoch bestehen: Schmid/Daniel (2006, S. 35) machen darauf aufmerksam, dass die internationale Orientierung des Top-Managements nicht in das Internationalitätsmaß einfließt. Dieser Kritikpunkt trifft wiederum auf alle Arbeiten zu, die versuchen, psychologische Konstrukte mit Hilfe von direkt beobachtbaren (demographischen) Proxies zu messen.

[52] Neben finanziellen Zielen können Unternehmen beispielsweise auch soziale Ziele (Beschäftigungssicherung), gesellschaftspolitische Ziele (Investitionen in Umweltschutzmaßnahmen) oder Macht- und Prestigeziele (Erhöhung des politischen Einflusses) verfolgen. Vgl. hierzu Oesterle/Richta (2009, S. 75), Welge/Al-Laham (2008, S. 202). Oesterle/Richta (2009, S. 28) verweisen in ihrem Beitrag daher zu Recht auf aktuelle betriebswirtschaftliche Diskussionen, in denen eine Abkehr von rein finanziellen Erfolgskennzahlen gefordert wird. In Anlehnung an die von Cyert/March (1963) und March/Simon (1958) propagierten Konzepte

gleichzeitige Verfolgen mehrerer Ziele im Unternehmen zwangsläufig zu einer Multidimensionalität (Oesterle/Richta, 2009, S. 74-75; Welge/Al-Laham, 2008, S. 202). Die korrekte Bestimmung des unternehmerischen Erfolgs muss daher als komplexe Aufgabe gelten: „…the treatment of performance in research settings is perhaps one of the thorniest issues confronting the academic researcher today" (Venkatraman/Ramanujam, 1986, S. 801).

Aufgrund der Vielschichtigkeit des Erfolgsbegriffs ist es nachvollziehbar, dass finanzielle Indikatoren wie Gewinn, Umsatzwachstum oder Marktanteil den tatsächlichen, gesamthaften Erfolg eines Unternehmens nur unzureichend abbilden können (Oesterle/Richta, 2009, S. 74). Ein umfassendes Maß muss demnach immer mehrere Dimensionen der Unternehmenstätigkeit berücksichtigen (Venkatraman/Ramanujam, 1986, S. 803). Da in der betriebswirtschaftlichen Literatur den (finanz-)wirtschaftlichen Zielen eines Unternehmens eine besondere Bedeutung zugeschrieben wird (Schweitzer, 2009, S. 28; Venkatraman/Ramanujam, 1986, S. 804), beschränken sich existierende Untersuchungen häufig auf die Analyse des finanziellen Erfolgs eines Unternehmens (Glaum, 1996, S. 133). Auch die vorliegende Arbeit widmet sich ausschließlich dieser Dimension.

2.3.2 Ansätze zur Messung des finanziellen Unternehmenserfolgs

Zur Ermittlung des ökonomischen Erfolgs eines Unternehmens kann grundsätzlich auf eine Vielzahl an Indikatoren zurückgegriffen werden (Schierenbeck, 2003, S. 63-65).[53] Diese werden in der Regel wiederum drei unterschiedlichen Gruppen zugeordnet (Dalton/Daily/ Ellstrand/Johnson, 1998, S. 274; Glaum, 1996, S. 133, Glaum, 2007, S. 16-17; Richard/ Devinney/Yip/Johnson, 2009, S. 727). Den (1) rechnungswesenbasierten Kennzahlen, den (2) kapitalmarktorientierten Kennzahlen und den (3) gemischten Kennzahlen, die sowohl rechnungswesenbasierte als auch kapitalmarktbasierte Indikatoren enthalten. Abbildung 4 veranschaulicht diese Einteilung.[54] Im Folgenden soll kurz auf die jeweiligen Gruppen eingegangen werden.

---

wird vorgeschlagen, Unternehmen als Interessenskoalitionen oder Arenen anzusehen, die Ziele verfolgen, welche über die reine Gewinnmaximierung hinausgehen und/oder sogar davon abweichen. Für eine kritische Auseinandersetzung mit der Shareholder-Value-Orientierung als oberste Maxime der Unternehmensführung vgl. Schmid (1998).

[53] Eine umfangreiche Übersicht finanzieller Erfolgskennzahlen findet sich bei Richard/Devinney/Yip/Johnson (2009).

[54] Kutschker/Schmid (2011, S. 284) weisen darauf hin, dass auch innerhalb der drei genannten Gruppen teilweise sehr große Unterschiede hinsichtlich der Operationalisierung des Konstrukts „Erfolg" existieren.

```
┌─────────────────────────────────────────────────────────────────────┐
│                  Finanzieller Erfolg des Unternehmens               │
└─────────────────────────────────────────────────────────────────────┘
            │                        │                        │
┌───────────────────────┐ ┌───────────────────────┐ ┌───────────────────────┐
│ Rechnungswesenbasierte│ │  Kapitalmarktbasierte │ │   Gemischte Kennzahlen│
│       Kennzahlen      │ │       Kennzahlen      │ │                       │
│                       │ │                       │ │                       │
│ (beispielsweise: Gewinn,│(beispielsweise: Aktienkurs,│(beispielsweise: Tobin's Q,│
│ Eigenkapitalrentabilität)│ Marktkapitalisierung) │ │   Net Present Value)  │
└───────────────────────┘ └───────────────────────┘ └───────────────────────┘
```

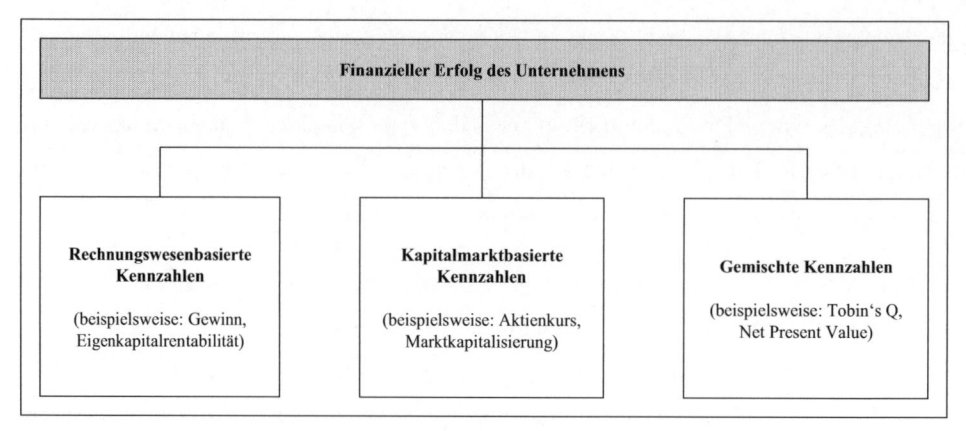

Abb. 4: Kennzahlen zur Messung des finanziellen Unternehmenserfolgs

(1) Rechnungswesenbasierte Kennzahlen

Die Daten des betrieblichen Rechnungswesens werden sehr häufig zur Ermittlung des ökonomischen Erfolgs eines Unternehmens herangezogen, da Informationen zu relevanten Größen wie etwa dem Umsatz, der Eigenkapitalrentabilität oder der Gesamtkapitalrentabilität leicht interpretierbar sind und relativ problemlos der unternehmensexternen Rechnungslegung entnommen werden können (Eisele, 2005b; Glaum, 2007, S. 16; Glaum/Oesterle, 2007, S. 312). Nichtsdestotrotz ist die Verwendung dieser Kennzahlen problembehaftet. Zum einen sind die Informationen der betrieblichen Rechnungslegung vergangenheitsorientiert. Damit ist fraglich, inwiefern diese Kennzahlen überhaupt für Aussagen über die gegenwärtige oder künftige Entwicklung eines Unternehmens dienlich sein können (Dalton/Daily/Ellstrand/ Johnson, 1998, S. 274; Kiel/Nicholson, 2003, S. 197; Richard/Devinney/Yip/Johnson, 2009, S. 728). Darüber hinaus können die Daten des externen Rechnungswesens aus mehreren Gründen (zum Beispiel aufgrund von Abschreibungswahlrechten oder länderspezifischen Rechnungslegungsnormen) den tatsächlichen finanziellen Erfolg verzerren (Schierenbeck, 2003, S. 612-619). Hambrick/Finkelstein (1995, S. 190) sehen das Rechungswesen gar „more fully under management control". Die Interpretation dieser Daten kann somit zu falschen Schlussfolgerungen hinsichtlich der tatsächlichen Leistungsfähigkeit eines Unternehmens führen (Brühl, K. 2009, S. 25-26; Glaum, 2007, S. 16; Oesterle/Richta, 2009, S. 76).

(2) Kapitalmarktbasierte Kennzahlen

Im Gegensatz zu den Informationen des betrieblichen Rechnungswesens orientieren sich kapitalmarktbasierte Indikatoren an der zukünftigen Entwicklung des Unternehmens (Becker, 2010, S. 181; Oesterle, 1999, S. 118; Richard/Devinney/Yip/Johnson, 2009, S. 728). Dieses Prinzip spiegelt sich beispielsweise im Aktienkurs eines Unternehmens wider: Ein Kapitalmarktteilnehmer wird eine Aktie nur dann kaufen, wenn er annimmt, dass der Barwert der künftigen Einzahlungen, die durch den Kauf der Aktie erzielt werden können, über dem aktuellen Kaufpreis des jeweiligen Wertpapiers liegt (Glaum, 1996, S. 152). Analog wird ein Aktionär sich nur dann von seinen Wertpapieren trennen, wenn der aktuelle Marktpreis (der Aktienkurs) über den erwarteten künftigen Einzahlungen liegt. Der aktuelle Marktpreis einer Aktie P_A kann demnach als abdiskontierter Gegenwartswert der künftigen Dividenden $E(Div_t)$ interpretiert werden (Glaum, 1996, S. 152; Röder, 1999, S. 4):

$$P_A = \sum_{t=1}^{\infty} \frac{E(Div_t)}{(1+k)^t} \qquad (2)$$

die Variable k repräsentiert dabei den Kalkulationszinsfuß der Aktionäre. Anhand einfacher algebraischer Überlegungen kann gezeigt werden, dass der Aktienkurs eines Unternehmens steigt, wenn die erwarteten Dividenden steigen und/oder der Kalkulationszinsfuß der Aktionäre (das mit dem Aktieninvestment assoziierte Risiko) sinkt (Glaum, 1996, S. 152).

Neben der Zukunftsorientierung haben die kapitalmarktbasierten Kennzahlen den weiteren Vorteil, dass sie die Berücksichtigung immaterieller Vermögenswerte (zum Beispiel Patente, Markenwerte oder das „Know-how" des Top-Managements) erlauben (Eisele, 2005a, S. 524-525; Richard/Devinney/Yip/Johnson, 2009, S. 728). Dies ist möglich, da angenommen wird, dass Investoren beim Kauf oder Verkauf einer Aktie nicht nur „harte" rechnungslegungsbasierte Informationen berücksichtigen, sondern die künftige Entwicklung eines Unternehmens auch an eher „weichen" Faktoren wie zum Beispiel dem Markenwert eines bedeutenden Produkts aus dem unternehmensspezifischen Produktportfolio festmachen (Certo, 2003, S. 432; Richard/Devinney/Yip/Johnson, 2009, S. 728; Ziegenbalg/Vater, 2008, S. 84).

Als Nachteil kapitalmarktorientierter Erfolgsgrößen gilt, dass ihr Aussagegehalt maßgeblich von der Informationsverarbeitungseffizienz der Kapitalmärkte abhängig ist (Glaum, 2007,

S. 17; Oesterle/Richta, 2009, S. 75; Segler/Wald/Weibler, 2007, S. 408).[55] Darüber hinaus beziehen sich diese Kennzahlen in der Regel auf das gesamte Unternehmen. Eine – wie im Rechnungswesen denkbare – Aufsplittung des Erfolgs auf Teilbereiche oder Produktgruppen eines Unternehmens ist nicht möglich (Richard/Devinney/Yip/Johnson, 2009, S. 731). Und letztlich stehen kapitalmarktorientierte Erfolgsgrößen nur für Unternehmen zur Verfügung, die an einer Börse notiert sind.

(3) Gemischte Kennzahlen

In der betriebswirtschaftlichen Forschung wird mit den gemischten Kennzahlen versucht, die Nachteile der rechnungswesenbasierten Kennzahlen und der kapitalmarktorientierten Kennzahlen zu eliminieren sowie deren Vorteile miteinander zu verbinden.[56] Bei einigen der wohl populärsten Kennzahlen aus dieser Gruppe, dem „Economic Value Added" (EVA)[57] und dem Tobin'schen Q[58], wird allerdings deutlich, dass dieser Versuch nur teilweise gelungen ist. So zeigen Untersuchungen, dass etwa der EVA den Unternehmenserfolg nicht zwangsläufig umfassender und präziser erfasst als rechnungswesenbasierte Indikatoren (Chen/Dodd, 2001). Gleichfalls scheitert die Operationalisierung des Tobin'schen Q in der Forschungspraxis oftmals an der mangelnden Verfügbarkeit von Daten zum Wiederbeschaffungswert des Gesamtkapitals eines Unternehmens (Glaum, 2007, S. 17-18).[59] Ferner können bei allen gemischten Kennzahlen Verzerrungen entstehen, da sie per Definition rechnungswesenbasierte Indikatoren enthalten, die – wie bereits erwähnt – aufgrund von unterschiedlichen Rechnungslegungsstandards und Bilanzierungsfreiräumen die Aussagekraft der gemischten Kennzahlen schmälern können.

---

[55] Weitere Ausführungen zur Informationsverarbeitungseffizienz des deutschen Aktienmarkts finden sich in Abschnitt 5.3.1.
[56] Gemischte Kennzahlen werden beispielsweise beim Controlling internationaler Unternehmensbeteiligungen angewandt. Vgl. hierzu Lerchl (2012).
[57] Der „Economic Value Added" wird durch die Formel EVA = Operativer Erfolg vor Zinsen nach Steuern – (gewichtete Gesamtkapitalkosten * betriebliches Gesamtkapital) ermittelt. Vgl. Brühl, R. (2009, S. 426), Ehrbar (1998).
[58] Das Tobin'sche Q ergibt sich aus dem Quotienten (1) Marktwert des Eigen- und Fremdkapitals eines Unternehmens / (2) Wiederbeschaffungswert des Gesamtkapitals. Vgl. Campbell/Minguez Vera (2010, S. 48), Eckert/Dittfeld/Rässler (2009, S. 95), McIntyre/Murphy/Mitchell (2007, S. 550), Tobin (1969).
[59] Aus diesem Grund wird oftmals der Marktwert des Unternehmens im Verhältnis zum Buchwert des Eigenkapitals als Näherungsgröße herangezogen. Vgl. beispielsweise Eckert/Dittfeld/Muche/Rässler (2010, S. 566).

2.3.3 Messung des finanziellen Unternehmenserfolgs in der vorliegenden Arbeit

Bei der Auswahl geeigneter Erfolgsindikatoren sowie bei der Interpretation empirischer Ergebnisse zum Zusammenhang zwischen der Internationalität der Top-Manager und dem Erfolg sind grundlegende Unterschiede zwischen den Kennzahlen des betrieblichen Rechnungswesens und den kapitalmarktbezogenen Indikatoren zu berücksichtigen (Oesterle/Richta, 2009, S. 75). Wie erwähnt, basieren die rechnungswesenbasierten Kennzahlen auf dem tatsächlich realisierten Erfolg vergangener Perioden, während in die kapitalmarktbezogenen Größen die Erwartungen hinsichtlich des zukünftigen Erfolgs unternehmensspezifischer Handlungen einfließen. Damit ist intuitiv nachvollziehbar, dass die Internationalität des Top-Managements durch die jeweiligen Indikatoren unterschiedlich bewertet wird (Combs/Crook/Shook, 2005, S. 262; Oesterle/Richta, 2009, S. 75). Zudem eignen sich bestimmte Kennzahlen vorwiegend zur Analyse kurzfristiger Erfolgseffekte, während andere wiederum der Untersuchung langfristiger Konsequenzen dienen (Thomas/Eden, 2004, S. 98).

Um dem Hauptziel dieser Arbeit gerecht zu werden und die *unmittelbaren* Folgen der Benennung eines internationalen Top-Managers zu ermitteln, muss ein Indikator gewählt werden, der kurzfristige Erfolgswirkungen abbilden kann und gleichzeitig die isolierte Betrachtung eines einzelnen Vorgangs (Neubesetzung eines Führungspostens) ermöglicht. Vor diesem Hintergrund ist einleuchtend, dass rechnungswesenbasierte Indikatoren wie beispielsweise der Gewinn- oder die Eigenkapitalrentabilität eines Unternehmens für eine derartige Analyse ungeeignet sind: Da die Daten des Rechnungswesens üblicherweise periodenbezogen und nur zu bestimmten Stichtagen erhoben werden (Eisele, 2005a, S. 461), ist es problematisch, die Erfolgswirkung eines einzelnen, zeitlich abgegrenzten Ereignisses zu isolieren. Eine Verwendung rechnungswesenbasierter Kennzahlen würde daher Fragen bezüglich der Kausalität zwischen der Benennung eines Vorstands- oder Aufsichtsratsmitglieds und dem Erfolg eines Unternehmens aufwerfen (Epstein, 2002, S. 4; Gong, 2006, S. 780-781; Hennart, 2007, S. 443-444; Roth, 1995, S. 214-215). Und auch die gemischten Kennzahlen sind aufgrund ihrer teilweisen Berücksichtigung rechnungswesenbasierter Indikatoren nicht geeignet, die unmittelbaren Erfolgsauswirkungen dieses Ereignisses zu erfassen (Glaum, 1996, S. 281; McIntyre/Murphy/Mitchell, 2007, S. 551).

Nachdem die rechnungswesenbasierten Kennzahlen und die gemischten Kennzahlen damit bereits aus dem Kreis möglicher Erfolgskonstrukte eliminiert wurden, stellt sich die Frage, ob die kapitalmarktorientierten Indikatoren in der vorliegenden Arbeit Anwendung finden können. Einen ersten positiven Hinweis hierfür liefert die Literatur zur Führungswechselforschung. So erwähnt etwa Oesterle (1999, S. 118), dass diese Disziplin unter anderem auf kapitalmarktorientierte Kennzahlen zurückgreift, um die Erfolgsauswirkungen eines Wechsels im Top-Management-Team zu ermitteln. Zur Bestimmung der kurzfristigen Erfolgsimplikationen wird dabei insbesondere der Aktienkurs eines Unternehmens herangezogen (Kiel/Nicholson, 2003, S. 191; Oesterle/Richta, 2009, S. 75; Rajgopal/Venkatachalam/Kotha, 2002, S. 545; Worrell/Davidson, 1993, S. 397-398). Wie bereits erläutert, spiegelt der Aktienkurs dabei die Erwartungen der Investoren hinsichtlich des zukünftigen Erfolgs eines Unternehmens wider. Damit wird die Reaktion des Kapitalmarkts, welche zum Zeitpunkt der Benennung eines neuen Top-Managers beobachtbar ist, als Indikator für die Erfolgswirkung dieses Ereignisses gewertet und kann somit als „Vorbote" für mögliche zukünftige realwirtschaftliche Erfolge eines Unternehmens betrachtet werden (Glaum, 2007, S. 17; Oesterle/Richta, 2009, S. 75).

Doch nicht nur Anwendungsbeispiele aus angrenzenden Disziplinen deuten auf eine Eignung des Aktienkurses als Erfolgsmaß für diese Untersuchung hin. Auch aus der Tatsache, dass der Indikator nicht nur „harte" realwirtschaftliche Informationen abbildet, lassen sich entsprechende Rückschlüsse ziehen: Da Aktienkursreaktionen auch abstrakte Sachverhalte, wie zum Beispiel die Neubesetzung von Vorstands- und Aufsichtsratsmitgliedern berücksichtigen, erfüllen sie eine zentrale Voraussetzung der vorliegenden Untersuchung (Auh/Menguc, 2006, S. 564; Gimmon/Levie, 2010, S. 1215; Khurana, 2002, S. 17; Palmer/Varner, 2007, S. 3-4; Rhee/Lee, 2008, S. 43; Richard/Devinney/Yip/Johnson, 2009, S. 728; Roberson/Park, 2007, S. 550; Santen/Donker, 2009, S. 34). Dieser kapitalmarktbezogene Indikator kommt auch deshalb in Betracht, weil er in der Regel kontinuierlich ermittelt wird und damit eine präzise zeitliche Verbindung zwischen dem untersuchten Ereignis und der daraus resultierenden Erfolgswirkung erlaubt.[60]

2.4 Die Internationalität von Unternehmen

Bereits die Ausführungen in Abschnitt 1.1 legen nahe, dass internationale Unternehmen in besonderem Maße von internationalen Top-Managern profitieren können. Vor einer Überprüfung dieser Vermutung ist zu klären, was genau unter einem „internationalen Unternehmen" verstanden werden kann (Abschnitt 2.4.1). Aus forschungspraktischen Gesichtspunkten inte-

---

[60] So wird beispielsweise der Kurs des Aktienindex DAX sekündlich berechnet. Vgl. Deutsche Börse Group (2012, S. 2). Es ist somit relativ leicht feststellbar, ob ein einzelnes, zeitlich begrenztes Ereignis zu einer unmittelbaren Aktienkursreaktion führt.

ressiert darüber hinaus die Frage, welche wissenschaftlichen Zugänge zu diesem Konstrukt existieren. Wie kann also die Ermittlung unternehmensspezifischer Internationalität erfolgen (Abschnitt 2.4.2)? Letztlich wird verdeutlicht, auf welche Internationalitätsdimension in der vorliegenden Arbeit zurückgegriffen wird (Abschnitt 2.4.3).

2.4.1 Grundlegende Überlegungen zum Begriff „internationales Unternehmen"

In der betriebswirtschaftlichen Literatur existiert keine allgemein anerkannte Definition, die eine klare Abgrenzung zwischen einem internationalen Unternehmen und einem nicht internationalen Unternehmen ermöglicht (Aggarwal/Berrill/Hutson/Kearney, 2011, S. 558; Aharoni, 1971; Glaum, 2007, S. 8; Holtbrügge/Welge, 2010, S. 41; Kutschker/Schmid, 2011, S. 244; Müller/Kornmeier, 2002, S. 86-87). Eine der ersten Begriffsbestimmungen stammt von Lilienthal (1975, S. 119), die internationale Unternehmen bezeichnet als „corporations which have their home in one country but which operate and live under the laws and customs of other countries as well". Kutschker/Schmid (2011, S. 253) definieren internationale Unternehmen als „alle Unternehmen, die in substantiellem Umfange in Auslandstätigkeiten involviert sind. Damit einher gehen regelmäßige Transaktionen bzw. dauerhafte Transaktionsbeziehungen mit Wirtschaftssubjekten im Ausland." Neben diesen beiden genannten Definitionen existieren zahlreiche weitere Deutungen, die das internationale Unternehmen mehr oder weniger präzise umschreiben (Krist, 2009, S. 4; Kutschker/Schmid, 2011, S. 245-246; Perlitz, 2004, S. 8-11).

An dieser Stelle muss kritisch hinterfragt werden, ob heute – mehr als 50 Jahre nach dem Erscheinen der Arbeit Lilienthals – die Definition eines internationalen Unternehmens überhaupt noch notwendig ist. So weisen etwa Kutschker/Schmid (2011, S. 253) darauf hin, dass einige Wissenschaftler bereits von einem internationalen Unternehmen als „Normalfall" ausgehen.[61] Eine solche Auffassung mag zunächst plakativ und teilweise auch oberflächlich erscheinen, bei einer näheren Betrachtung der Auslandstätigkeiten deutscher DAX-30-Unternehmen erweist sie sich jedoch als durchaus zutreffend (Kutschker/Schmid, 2011, S. 265; Schmergal/Tönnesmann, 2009, S. 90; Schmid, 2007, S. 4-5). So erzielten beispielsweise die DAX-30-Unternehmen im Jahr 2008 rund 69% ihres Umsatzes im Ausland.[62] Der

---

[61] Vgl. hierzu auch Shenkar (2004, S. 165) sowie bereits Albach (1981, S. 14).
[62] Der Aktienindex DAX umfasst die Aktienkurse der 30 größten Unternehmen, gemessen an ihrer Marktkapitalisierung und ihrem Börsenumsatz. Dabei repräsentieren die 30 im DAX enthaltenen Aktienwerte rund 80% des in Deutschland zugelassenen Börsenkapitals. Vgl. Deutsche Börse Group (2011, S. 3).

Anteil ausländischer Mitarbeiter lag bei diesen Unternehmen im gleichen Jahr bei rund 59%. Noch wichtiger als die Analyse von Durchschnittswerten ist allerdings die Aussage, dass sämtliche DAX-30-Unternehmen im Jahr 2008 einen gewissen Teil ihres Umsatzes außerhalb Deutschlands erwirtschafteten und dabei auch Mitarbeiter im Ausland beschäftigten (Schmid/Dauth, 2011a, S. 23). Demnach kann allen DAX-30-Unternehmen eine gewisse Internationalität attestiert werden.[63] Eine bipolare Unterscheidung zwischen internationalen Unternehmen und nicht internationalen Unternehmen ist also in der vorliegenden Untersuchung tatsächlich wenig sinnvoll.

Wesentlich relevanter als ein Definitionsversuch erscheint die Frage nach der Messung der Internationalität eines Unternehmens. Schließlich ist anzunehmen, dass unterschiedliche Operationalisierungen des Konstrukts „internationales Unternehmen" zu völlig unterschiedlichen Interpretationen führen können (Eckert/Dittfeld/Muche/Rässler, 2010, S. 565; Oesterle/Richta, 2009, S. 70).[64] Wie anhand des Beispiels der DAX-30-Unternehmen deutlich wurde, kann sich die Internationalität in quantitativen Kennzahlen niederschlagen – etwa im Auslandsumsatz oder im Auslandsanteil der Mitarbeiter. Die betriebswirtschaftliche Literatur kennt allerdings noch weitere Ansätze, die zur Unterscheidung von internationalen und weniger internationalen Unternehmen beitragen können. Auf diese wird im folgenden Abschnitt eingegangen.

2.4.2 Ansätze zur Betrachtung internationaler Unternehmen

Da das Konstrukt „internationales Unternehmen" auf vielfältige Art und Weise definiert werden kann, ist es wenig überraschend, dass auch für dessen empirische Ermittlung zahlreiche Ansätze zur Verfügung stehen (Aggarwal/Berrill/Hutson/Kearney, 2011, S. 559-560; Contractor/Kundu/Hsu, 2003, S. 12; Glaum/Oesterle, 2007, S. 311-312; Heyder/Ebneth/Theuvsen, 2009, S. 5-6; Macharzina/Oesterle, 2002, S. 11-12; Müller/Kornmeier, 2002, S. 103-117; Oesterle/Richta, 2009, S. 70). Kutschker/Schmid (2011, S. 257) und Schmid (1996, S. 16-50) differenzieren dabei zwischen drei verschiedenen Varianten. Dies sind (1) Betrachtungen, welche sich an quantitativen Merkmalen orientieren, (2) qualitative Betrachtungen und (3) integrative Konzepte, die sowohl quantitative als auch qualitative Merkmale berücksichtigen.

---

[63] Nicht nur die im DAX-30 gelisteten Unternehmen, auch viele weitere deutsche Unternehmen sind heutzutage in bedeutendem Maße international tätig. Vgl. hierzu etwa Höh (2008) UNCTAD (2010), Weber/Kabst (2000).
[64] Ähnliches zeigte sich bereits bei der Operationalisierung der Konstrukte „Internationalität von Top-Managern" und „Unternehmenserfolg".

Abbildung 5 liefert einen Überblick über diese verschiedenen Formen. Im Folgenden soll kurz auf die Möglichkeiten und Grenzen der drei genannten Gruppen eingegangen werden.

```
                    Betrachtungen des internationalen Unternehmens
                                      |
        ┌─────────────────────────────┼─────────────────────────────┐
Quantitative Betrachtungen    Qualitative Betrachtungen       Integrative Konzepte

Beispiele:                    Beispiele:                      Beispiele:
• Bestandsgrößen              • Das Konzept von Perlmutter    • Das Internationalisierungs-
• Bewegungsgrößen             • Das Konzept von                 gebirge von Kutschker und
• Auslandsquoten                Bartlett/Ghoshal                Kutschker/Schmid
• Internationalisierungsindizes • Das Konzept von
                                Doz/Prahalad
```

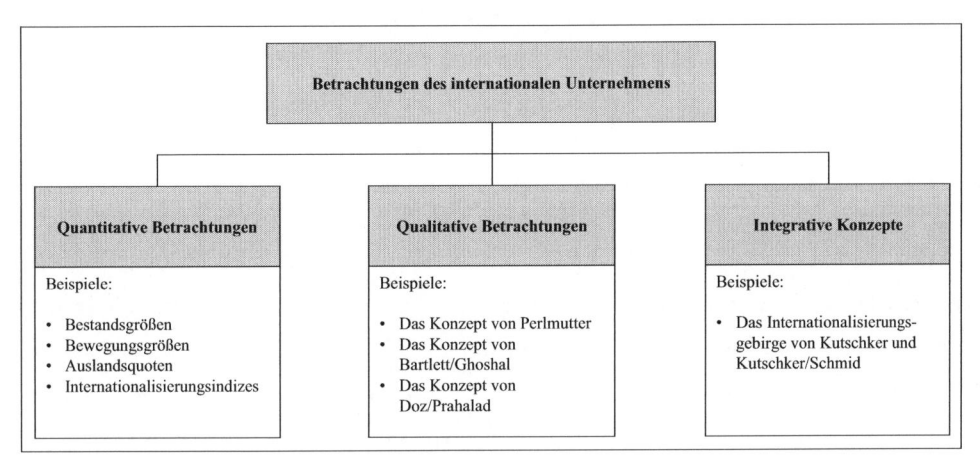

Abb. 5: Unterschiedliche Betrachtungen des Konstrukts „internationales Unternehmen"
Quelle: in Anlehnung an Kutschker/Schmid (2011, S. 258)

(1) Quantitative Betrachtungen[65]

Bei den quantitativen Betrachtungen werden unter anderem Bestandsgrößen (wie etwa die Anzahl der Länder, in denen ein Unternehmen Betriebsstätten, Niederlassungen, Filialen, Repräsentanzen oder Tochtergesellschaften besitzt) und auch Bewegungsgrößen (beispielsweise der im Ausland erzielte Gewinn eines Unternehmens) erhoben.[66] Die am häufigsten verwendete Internationalisierungsdimension stellt dabei das Verhältnis des im Ausland erzielten Umsatzes zum Gesamtumsatz eines Unternehmens dar (in der englischsprachigen Literatur wird die Kennzahl als „Foreign Sales to Total Sales", kurz: „FS/TS" bezeichnet) (Aggarwal/Berrill/Hutson/Kearney, 2011, S. 558; Glaum, 2007, S. 15; Hamori/Koyuncu, 2011, S. 850; Oesterle/Richta, 2009, S. 71; Sullivan, 1994, S. 328-328). Die Verwendung dieser Auslandsquote wird in der Literatur jedoch auch kritisch betrachtet: So berücksichtigt das FS/TS-Maß beispielsweise nicht die kulturelle Distanz zwischen dem Heimatland eines Unternehmens und den Auslandsmärkten, in denen Umsätze erzielt werden. Damit können auch keine Aussagen über die geografische und/oder kulturelle Streuung der Unternehmensaktivitäten getroffen werden (Oesterle/Richta, 2009, S. 71). Des Weiteren differenziert die Kenn-

---

[65] Für eine weitaus umfassendere Darstellung der quantitativen Betrachtungen sowie eine Diskussion der Vor- und Nachteile dieser Maße vgl. Kutschker/Schmid (2011, S. 259-285).
[66] Weitere Beispiele für Bestandsgrößen und Bewegungsgrößen finden sich bei Kutschker/Schmid (2011, S. 259-261).

zahl nicht zwischen den einzelnen Formen der internationalen Marktbearbeitung. Es kann jedoch angenommen werden, dass beispielsweise ausschließlich exportierende Unternehmen einen relativ eingeschränkten Kontakt zu ausländischen Kunden, Zulieferern oder Regierungsinstitutionen haben (Schmid/Daniel, 2007a, S. 104-105), während Unternehmen, die mit Tochtergesellschaften in einem Auslandsmarkt präsent sind, einen vergleichsweise umfangreichen Wissensstock über fremde Märkte aufbauen können (Kutschker/Schmid, 2011, S. 920; Müller/Kornmeier, 2002, S. 123-124).

Neben den einfachen quantitativen Maßen werden in der Literatur auch multidimensionale Kennzahlen diskutiert (Fisch/Oesterle, 2003, S. 5-6; Hassel/Höpner/Kurdelbusch/Rehder/ Zugehör, 2000, S. 504-506). So stellen etwa der Transnationality-Index der United Nations Conference on Trade and Development (UNCTAD) (UNCTAD, 1999, S. 77-94) oder der „Degree of Internationalization" (DOI) von Sullivan (1994) den Versuch dar, Nachteile der Einzelindikatoren zu reduzieren und deren Stärken miteinander zu verbinden (Kutschker/Schmid, 2011, S. 268). Oesterle/Richta (2009, S. 73) halten fest, dass die multidimensionalen Internationalitätsmaße gegenüber den eindimensionalen Maßen bevorzugt werden sollten, um unter anderem die Validität des Konstrukts „Internationalität" zu erhöhen (Cook/Campbell, 1979, S. 65). Doch auch diese multidimensionalen Kennzahlen weisen Schwächen auf. So ist die Auswahl der Bestandteile eines Internationalisierungsindex meist willkürlich und theoretisch wenig fundiert (Hassel/Höpner/Kurdelbusch/Rehder/Zugehör, 2000, S. 506). Kutschker/Schmid (2011, S. 272) fragen beispielsweise, warum der Transnationality-Index der UNCTAD die drei Dimensionen Vermögen, Mitarbeiterzahl und Umsatz betrachtet, während andere wichtige Merkmale wie Investitionen im Ausland oder Auslandsgewinn vernachlässigt werden. Aggarwal/Berrill/Hutson/Kearney (2011, S. 559), Fisch/ Oesterle (2003, S. 5) und Kutschker/Schmid (2011, S. 272) weisen darauf hin, dass bei der Errechnung multidimensionaler Maße oftmals nicht begründet wird, warum einzelne Indexbestandteile gleich oder unterschiedlich gewichtet werden. Im Zusammenhang mit dem Messen von Internationalität anhand von quantitativen Maßen muss zudem immer eine Scheingenauigkeit in Kauf genommen werden: Ist ein Unternehmen mit einem Transnationality-Index von 58,2% wesentlich internationaler als ein Unternehmen mit einem Indexwert von 53,7% (Kutschker/Schmid, 2011, S. 273)? Letztlich bleibt fraglich, ob und inwiefern die Internationalität eines Unternehmens überhaupt in Zahlen, Quoten oder Indizes ausgedrückt werden kann.

(2) Qualitative Betrachtungen[67]

Die vorangegangenen Ausführungen haben gezeigt, dass quantitative Kennzahlen die tatsächliche Internationalität eines Unternehmens nur unvollständig erfassen können. Diese Problematik wird von den qualitativen Konzepten adressiert: Sie verzichten auf eine vereinfachte Einteilung in internationale und nicht internationale Unternehmen anhand quantitativer Größen. Vielmehr steht hier eine tiefere Analyse im Vordergrund, indem die mentale Einstellung des Top-Managements, die strategische Ausrichtung oder organisatorische Charakteristika betrachtet werden (Kutschker/Schmid, 2011, S. 286). Diese vertiefte Untersuchung stützt sich dabei sowohl auf konzeptionelle Überlegungen als auch auf Intensivfallstudien einzelner Unternehmen (Kutschker/Schmid, 2011, S. 326; Müller/Kornmeier, 2002, S. 334-335).

Als einer der populärsten qualitativen Ansätze gilt das Konzept von Perlmutter (Kutschker/Schmid, 2011, S. 287; Schmid, 1996, S. 23).[68] Laut Perlmutter wird die Internationalität eines Unternehmens durch die Werte und Einstellungen, Erfahrungen und Erlebnisse, Gewohnheiten und Vorurteile der Top-Manager beeinflusst. Dahinter steht die Annahme, dass die Führungskräfte maßgeblichen Einfluss auf die strategische Ausrichtung eines Unternehmens haben (Heenan, 1975, S. 7; Heenan/Perlmutter, 1979, S. 74; Perlmutter, 1969, S. 10-11). Die von Perlmutter klassifizierten ethno-, poly-, regio-, und geozentrischen Orientierungen des Top-Managements können als unterschiedliche Führungsphilosophien aufgefasst werden, die beispielsweise Aussagen darüber zulassen, wie das Verhältnis zwischen Muttergesellschaft und Tochtergesellschaften ausgestaltet wird (Kutschker/Schmid, 2011, S. 289).

Bereits an dieser Stelle wird deutlich, dass qualitative Betrachtungen eine wesentlich umfassendere und „dichtere" Beschreibung des Wesens eines internationalen Unternehmens liefern können (Redding, 2005). Mit dem Wissen um die Möglichkeiten und Vorteile der qualitativen Ansätze stellt sich also die Frage, warum viele Arbeiten dennoch auf eine quantitative Betrachtung zurückgreifen. Fisch/Oesterle (2003, S. 4) liefern eine Erklärung für diese Tatsache: „An extensive qualitative assessment might deliver the most meaningful result for an individual case. But qualitative assessments of individual cases can hardly be compared. Furthermore, an adequate but lengthy evaluation of internationalization cannot be fed directly into a numerical model as a variable, which is often the plan in empirical research." Mit anderen Worten: Die Anwendung qualitativer Betrachtungen scheitert in der Forschungspraxis häufig,

---

[67] Für eine weitaus umfassendere Darstellung der qualitativen Betrachtungen sowie eine Diskussion der Vor- und Nachteile dieser Konzepte vgl. Kutschker/Schmid (2011, S. 286-326).
[68] Eine umfassende Darstellung des Konzepts von Perlmutter findet sich bei Kutschker/Schmid (2011, S. 286-297), Machulik (2010) sowie Schmid/Machulik (2006).

weil wissenschaftliche Untersuchungen oft einem kritisch-rationalistischen Wissenschaftsverständnis folgen und vorwiegend großzahlige Forschungsdesigns implementieren. Diese Tatsache kann durchaus als problematisch angesehen werden (Kutschker/Bäurle/Schmid, 1997, S. 18-19; Schmid, 2003, S. 11-12; Schmid/Oesterle, 2009, S. 16-17). An dieser Stelle wird jedoch auf eine Bewertung kritisch-rationalistisch geprägter Forschung verzichtet. Es soll lediglich festgestellt werden, dass qualitative Ansätze die existierende quantitative Forschung durchaus bereichern können – als Analyseinstrument für strikt quantitativ ausgerichtete Untersuchungen jedoch nicht oder nur bedingt in Frage kommen.[69]

(3) Integratives Konzept

Kutschker (1994, S. 131-141) und Kutschker/Schmid (2011, S. 327-338) verfolgen mit ihrem integrativen Konzept das Ziel, einen Bezugsrahmen zu entwickeln, der mehrere Unternehmen abbilden kann und dabei sowohl quantitative als auch qualitative Merkmale der Internationalität berücksichtigt.[70] Dabei greifen die Autoren auf drei Dimensionen zurück: Die Anzahl und geografisch-kulturelle Distanz der bearbeiteten Länder, Art und Umfang der erzielten Wertschöpfung im Ausland sowie das Ausmaß der Integration (Kutschker/Schmid, 2011, S. 327). Diese Dimensionen münden schließlich in ein unternehmensspezifisches Internationalisierungsgebirge (Kutschker/Schmid, 2011, S. 332).

Durch die Verwendung quantitativer und qualitativer Merkmale ermöglicht das integrative Konzept eine relativ umfassende Betrachtung des Wesens eines internationalen Unternehmens. Darüber hinaus können durch das Internationalisierungsgebirge tatsächlich Realtypen internationaler Unternehmen abgebildet werden. Im Vergleich hierzu beschränkt sich das Konzept Perlmutters auf die Darstellung von vier idealtypischen Archetypen, die in „Reinform" höchstwahrscheinlich nicht existieren (Hassel/Höpner/Kurdelbusch/Rehder/Zugehör, 2000, S. 504; Kutschker/Schmid, 2011, S. 291; Machulik, 2010, S. 98-100; Schmid/Machulik, 2006). Nichtsdestotrotz muss auch bei dem integrativen Konzept erwähnt werden, dass eine Operationalisierung der Dimensionen – und damit eine Anwendung in der kritisch-rationalistisch geprägten Forschung – problematisch erscheint. Kutschker/Schmid weisen

---

[69] Die Arbeit von Machulik (2010) entwickelt im Rahmen einer Befragung von 364 Individuen ein Instrument zur Messung ethnozentrischer, polyzentrischer, regiozentrischer und geozentrischer Orientierungen des Top-Managements. Damit ist das Bestreben verbunden, die Perlmutter'schen Überlegungen auch für kritisch-rationalistisch geprägte Forschung nutzbar zu machen. Neben dem von Machulik gewählten Vorgehen existieren in der Literatur auch weitere, relativ unsystematische Versuche einer „Quantifizierung" des Perlmutter'schen Konzepts. So schlägt beispielsweise Sullivan (1994, S. 332) vor, die internationale Orientierung der Top-Manager ausschließlich durch die Dauer der individuellen beruflichen Auslandserfahrung einer Person zu operationalisieren.

[70] Zum Begriff „Bezugsrahmen" vgl. Kirsch (1984) und Wolf (2010, S. 37-42).

selbst auf diesen möglichen Kritikpunkt hin und machen zugleich deutlich, dass mit dem Konzept des Internationalisierungsgebirges nicht die Ermittlung des Internationalisierungsgrades eines Unternehmens verbunden ist (Kutschker/Schmid, 2011, S. 335).

2.4.3 Messung der unternehmensspezifischen Internationalität in der vorliegenden Arbeit

Einen Schwerpunkt dieser Arbeit stellt die Untersuchung des Zusammenhangs zwischen der Internationalität eines Top-Managers, der Internationalität der Unternehmensaktivitäten und dem finanziellen Erfolg eines Unternehmens dar. Dabei interessiert vor allem, ob Unternehmen, die stark grenzüberschreitend tätig sind, in besonderem Maße von der Benennung eines internationalen Top-Managers profitieren. Eine Variable, welche die Internationalität eines Unternehmens abbildet, muss daher Aussagen über die wirtschaftliche Bedeutung des Auslandsgeschäfts ermöglichen.[71]

Die Internationalität der Unternehmensaktivitäten wird in der vorliegenden Arbeit durch das Verhältnis des im Ausland erzielten Umsatzes zum Gesamtumsatz eines Unternehmens ermittelt. Für die Wahl dieses Internationalisierungsmaßes sprechen drei Gründe: Erstens erlaubt die Verhältniszahl Rückschlüsse darauf, wie „wichtig" ausländische Märkte für ein Unternehmen sind, da unmittelbar ersichtlich ist, welcher Anteil des gesamten Umsatzes durch internationale Geschäfte erzielt wird (Kutschker/Schmid, 2011, S. 264; Müller/Kornmeier, 2002, S. 104). Zweitens ermöglicht das FS/TS-Maß – insbesondere für deutsche Unternehmen – ein vergleichsweise realistisches Abbild der unternehmensspezifischen Internationalität. Die in diesem Forschungsvorhaben betrachteten DAX-30-Unternehmen weisen einerseits eine starke Außenhandelsorientierung auf (Holtbrügge/Welge, 2010, S. 22) und sind andererseits relativ stark mit ihrem Heimatstandort Deutschland verbunden (Holtbrügge/Welge, 2010, S. 22-23).[72] Diese Tatsache schlägt sich auch in ihren jeweiligen Auslandsquoten nieder: Die Quote des Auslandsumsatzes ist oftmals höher als etwa die Quoten der Mitarbeiter oder des Vermögens im Ausland (Holtbrügge/Welge, 2010, S. 22; Schmid/Daniel, 2007b, S. 24). Ein

---

[71] Oesterle/Richta (2009, S. 71-72) verweisen in diesem Zusammenhang auf die „Tiefe" der Internationalisierung eines Unternehmens.

[72] Holtbrügge/Welge (2010, S. 23) konstatieren: „Im Vergleich zu Unternehmungen aus vielen anderen Ländern sind deutsche Unternehmungen...durch eine vergleichsweise starke Standortbindung gekennzeichnet. Zwar haben viele deutsche Unternehmungen wie Siemens oder Volkswagen in der Vergangenheit damit gedroht, beträchtliche Teile der Produktion ins Ausland zu verlagern, nach Zugeständnissen der Gewerkschaften sind sie davon jedoch vielfach wieder abgerückt. Vor allem bei Unternehmungen aus kleinen und offenen Volkswirtschaften wie Kanada, den Niederlanden, Skandinavien oder der Schweiz ist dagegen eine weitaus größere Tendenz zur Auslagerung von Produktions- und Dienstleistungsprozessen (Outsourcing) zu beobachten,... ."

Internationalitätskonstrukt, welches beispielsweise die Auslandsanteile des Gesamtvermögens beziehungsweise der Mitarbeiter berücksichtigt, spiegelt die tatsächliche Internationalität der DAX-30-Unternehmen folglich nur unzureichend wider.[73] Drittens wird das FS/TS-Maß in vielen verwandten Arbeiten zur Messung der Unternehmensinternationalität eingesetzt – durch die Wahl dieser Kennzahl wird die Vergleichbarkeit der Ergebnisse mit existierenden und zukünftigen Untersuchungen erleichtert (Oesterle/Richta, 2011, S. 140; Ruigrok/Amann/ Wagner, 2007, S. 358; Sullivan, 1994, S. 328-329; Thomas/Eden, 2004, S. 93).

2.5 Zwischenfazit zu den zentralen Konzepten der vorliegenden Arbeit

Bei der Operationalisierung von Variablen stehen Wissenschaftler regelmäßig vor der Herausforderung, paradigmatische Überlegungen, theoretisch-konzeptionelle Argumente und forschungspraktische Gegebenheiten zu berücksichtigen und gegeneinander abzuwägen. Damit ist die Entscheidung für eine Kennzahl, einen Index oder ein qualitatives Konstrukt immer mit spezifischen Vor- und Nachteilen verbunden. Die Mehrheit der wissenschaftlichen Untersuchungen im Internationalen Management ist dem funktionalistischen Paradigma verhaftet und greift bei der Operationalisierung von Variablen auf quantitative Konzepte zurück (Burrell/Morgan, 1979; Kutschker/Schmid, 2011, S. 475; Schmid/Oesterle, 2009, S. 16). Diese Tatsache spiegelt sich beispielsweise auch in Aufsätzen wider, die sich mit der Frage nach der Messung von Internationalitätskonstrukten beschäftigen. So gehen etwa Fisch/Oesterle (2003, S. 4-6), Glaum (1996, S. 12-17), Glaum (2007, S. 14-15) und Oesterle/Richta (2009, S. 70-73) in ihren Ausführungen zur Messung der Internationalität eines Unternehmens ausschließlich auf quantitative Methoden ein.

Auch die vorliegende Arbeit folgt einem kritisch-rationalistisch geprägten Wissenschaftsverständnis und die Operationalisierung von Variablen orientiert sich an quantitativen Betrachtungen. Ein Ziel der vorangegangenen Ausführungen bestand unter anderem darin, die Hintergründe aufzuzeigen, die zur Auswahl bestimmter Konzepte geführt haben. Darüber hinaus wurden nicht immer nur die Vorteile der gewählten Variablen beleuchtet; es wurde auch kritisch auf die Grenzen bestimmter Kennzahlen und Indizes eingegangen. Damit soll deutlich

---

[73] Es ist unstrittig, dass die Internationalität der Unternehmensaktivitäten durch die gleichzeitige Berücksichtigung weiterer Maße (wie zum Beispiel dem Verhältnis des Vermögens im Ausland zum Gesamtvermögen eines Unternehmens oder dem Verhältnis der Mitarbeiter im Ausland zur gesamten Mitarbeiterzahl eines Unternehmens) noch umfassender und präziser ermittelt werden könnte. Leider werden jedoch nicht von allen in der vorliegenden Arbeit betrachteten Unternehmen entsprechende Daten veröffentlicht. Vgl. hierzu auch Kutschker/Schmid (2011, S. 265), Point/Tyson (1999).

werden, dass quantitative Zugänge keinesfalls als „Königsweg" bezeichnet werden können. Mehr noch: Qualitative oder integrative Betrachtungen versprechen an vielen Stellen sogar umfangreichere und relevantere Ergebnisse als quantitative Maße (Shenkar, 2004, S. 168). Wenn in der vorliegenden Arbeit die Konstrukte „Internationalität von Top-Managern", „Unternehmenserfolg" und „Internationalität von Unternehmen" dennoch quantitativ operationalisiert werden, so erfolgt dies keinesfalls ohne die notwendige kritische Distanz im Hinblick auf die Möglichkeiten und Grenzen der gewählten Herangehensweise.

3 Internationalität von Top-Managern in der Betriebswirtschafts- und Managementliteratur

Nachdem im vorangegangenen Kapitel die zentralen Konzepte dieser Arbeit erläutert wurden, folgt ein Überblick über den Stand der Forschung zur Internationalität von Top-Managern. Die Basis hierfür stellt eine Literaturrecherche dar, mit deren Hilfe bisher veröffentlichte Untersuchungen analysiert und kategorisiert werden können (Abschnitt 3.1). Den Abschluss dieses Kapitels bildet ein kritisches Fazit der Literaturanalyse, in dem unter anderem auch auf bestehende Forschungslücken eingegangen wird (Abschnitt 3.2).

3.1 Stand der Forschung zur Internationalität von Top-Managern

An die Erläuterung der Recherchemethode (Abschnitt 3.1.1) schließt eine überblicksartige Darstellung der Ergebnisse an (Abschnitt 3.1.2). Da das vorliegende Forschungsvorhaben den Einfluss der Internationalität von Top-Managern auf den Unternehmenserfolg untersucht, werden Beiträge, die sich explizit mit diesem Sachverhalt auseinandersetzen, in einem gesonderten Abschnitt näher betrachtet und diskutiert (Abschnitt 3.1.3).

3.1.1 Methodik der Literaturrecherche[74]

Um eine möglichst umfassende Darstellung des Forschungsstandes zu gewährleisten, wurde im Rahmen der Literaturanalyse sowohl das englischsprachige als auch das deutschsprachige Schrifttum berücksichtigt. Die Recherche erfolgte in drei Datenbanken. Dabei wurden alle bis zum 1. Oktober 2010 erschienenen Publikationen zugrunde gelegt.

(1) Die Identifikation der relevanten englischsprachigen Veröffentlichungen wurde mit Hilfe der Zeitschriftendatenbank *EBSCOhost Business Source® Complete* durchgeführt.[75] Zunächst wurden die Kurzzusammenfassungen (Abstracts) und Titel aller in der Datenbank enthaltenen Artikel nach Suchbegriffen aus zwei vorab definierten Kategorien durchsucht. Kategorie 1 enthielt die Suchbegriffe: *Top Manage*, TMT*, Upper Echelon*, Managerial Elite*, Board*, CEO** und *Chief Executive**. Kategorie 2 beinhaltete die Suchbegriffe: *International*, Multi-*

---

[74] Die Ausführungen dieses Abschnitts basieren auf Textauszügen der Veröffentlichung Schmid/Dauth (2011a).
[75] Die Datenbank EBSCOhost Business Source® Complete enthält über 4300 englischsprachige Fachzeitschriften aus den Wirtschaftswissenschaften und ist damit eine der umfangreichsten elektronischen Datenbanken in dieser Disziplin (Stand: August 2011).

national*, Transnational* und *Global**. Dabei musste der Abstract oder der Titel eines Artikels mindestens je einen Suchbegriff aus den beiden genannten Kategorien enthalten.

(2) Für die Recherche in der deutschsprachigen Literatur wurde auf die Datenbank *GBI-Genios WISO®* zurückgegriffen.[76] Dabei wurden auch hier – analog zur Recherche in angloamerikanischen Quellen – keine Einschränkungen hinsichtlich bestimmter wirtschaftswissenschaftlicher Zeitschriften vorgenommen, da die Thematik nicht nur einzelne betriebswirtschaftliche Teildisziplinen betrifft – wie zum Beispiel Personal, Strategie oder Organisation –, sondern übergreifender Natur ist (Becker, 2010, S. 79; Hamori/Koyuncu, 2011, S. 843; Hartmann, 1999, S. 115; Nishii/Özbilgin, 2007, S. 1883; Reuber/Fischer, 1997, S. 820). Die Abstracts und Titel aller in der Datenbank befindlichen Artikel wurden zunächst auf folgende, in der ersten Kategorie enthaltene Begriffe untersucht: *Top Manage*, TMT*, Upper Echelon*, Führungs*, Board*, CEO*, Vorst** und *Aufsichtsr**.[77] Die zweite Kategorie beinhaltete die Suchbegriffe: *International*, Multinational*, Transnational** und *Global**. Auch bei den deutschsprachigen Publikationen musste jeweils mindestens ein Stichwort aus den beiden Kategorien im Abstract oder Titel eines Artikels vorkommen.

(3) Ergänzend zu den Recherchen in *EBSCOhost Business Source® Complete* und *GBI-Genios WISO®* wurden Nachforschungen in der auf akademische Publikationen spezialisierte Internetsuchmaschine Google Scholar durchgeführt. Google Scholar ermöglicht eine breitere Suche, da diese Software nicht nur wissenschaftliche Fachzeitschriften, sondern auch Monographien, Herausgeberbände und Diskussionsbeiträge erfasst.[78] Für die Suche wurde ebenfalls auf die in Punkt (1) und (2) verwendete Begriffssyntax zurückgegriffen. Um den mit der Sichtung und Kategorisierung der Ergebnisse verbundenen Arbeitsaufwand auf ein praktikables Maß zu beschränken, wurden für jede Begriffsabfrage die ersten 50 Einträge überprüft.[79]

Anschließend wurden aus den Suchergebnissen alle Publikationen ermittelt, welche sich schwerpunktmäßig mit der Internationalität von Führungsgremien auseinandersetzen. Dazu

---

[76] Die Datenbank GBI-Genios WISO® enthält mehr als 5 Millionen Volltexte aus rund 340 wirtschafts- und sozialwissenschaftlichen Fachzeitschriften sowie mehr als 7 Millionen Literaturnachweise aus den Themengebieten Psychologie, Sozial- und Wirtschaftswissenschaften (Stand: August 2011).

[77] Da auch in der deutschsprachigen Literatur zunehmend englischsprachige Begriffe Verwendung finden, wurden diese neben den deutschsprachigen Begriffen bei der Recherche in der WISO-Datenbank ebenfalls zugrunde gelegt.

[78] Den Ausführungen von Schmid/Oesterle (2009, S. 20-21) folgend, spiegelt eine Literaturrecherche, welche sich lediglich auf Zeitschriftenpublikationen beschränkt, den Wissensstand eines Forschungsfeldes nur unvollständig wider.

[79] Die Präsentation der Suchergebnisse bei Google Scholar erfolgt in absteigender Reihenfolge entsprechend der Anzahl an Hyperlinks, die im Internet auf eine Webseite verweisen. Für jede Suchabfrage wurden jeweils die 50 Ergebnisse kontrolliert, auf die am häufigsten per Hyperlink verwiesen wird.

wurden bei sämtlichen Dokumenten jeweils der Titel, der Abstract sowie die im empirisch-methodischen Abschnitt verwendeten Variablen analysiert. So konnte eine Beurteilung hinsichtlich der inhaltlichen Relevanz eines jeden Beitrags vorgenommen werden.[80] Die beschriebene Vorgehensweise führte bei *EBSCOhost Business Source*® *Complete* und *GBI-Genios WISO*® zur Identifizierung von 62 Publikationen. Durch die ergänzende Suche in Google Scholar konnten zusätzlich die Zeitschriftenartikel von Santen/Donker (2009) und Seelhofer (2010), die Monographien von Becker (2010), Birkner (2005), Romer (2009) und Tasler (2001) sowie die Diskussionsbeiträge von How/Khoo/Ng/Verhoeven (2002) und Randøy/Thomsen/Oxelheim (2006) identifiziert werden.[81]

Insgesamt wurden somit 70 Veröffentlichungen analysiert, wobei es sich bei 66 Veröffentlichungen um empirische Studien und bei vier Veröffentlichungen um rein konzeptionelle Arbeiten handelt. Mit 66 von 70 Beiträgen wurden fast alle Beiträge in der angloamerikanischen Literatur veröffentlicht; nur vier Arbeiten sind der deutschsprachigen Forschung zuzurechnen.[82] Vor diesem Hintergrund ist es auch wenig überraschend, dass viele empirische Arbeiten (31 Studien) auf Untersuchungen angloamerikanischer Samples basieren. Datensätze, die auf Erhebungen in europäischen Ländern beruhen, bilden die empirische Grundlage für 22 der identifizierten Studien. In neun Publikationen werden – neben den Regionen Amerika und Europa – auch Ländermärkte in Asien analysiert. Drei Arbeiten untersuchen ausschließlich Unternehmen aus dem asiatischen Raum und eine Arbeit widmet sich der Internationalität von israelischen Führungskräften.

---

[80] Im Rahmen dieses Analyseschritts wurden Suchergebnisse entfernt, bei denen die Internationalität von Führungskräften eine untergeordnete Rolle spielt und etwa lediglich als Kontrollvariable in einem empirischen Modell betrachtet wurde. Ein Beispiel für solche Arbeiten stellt die Studie von Singh (2007) dar. Singh legt den Schwerpunkt seiner Untersuchung auf die Analyse von ethnischen Minderheiten. Die Nationalität von Individuen wird nur beiläufig erwähnt.

[81] Die Monographie von Tacheva (2007) wurde in der Literaturanalyse nicht berücksichtigt. Bei dieser Veröffentlichung handelt es sich um eine kumulative Dissertationsschrift, deren Inhalte sich teilweise mit den Zeitschriftenbeiträgen von Nielsen überschneiden (zum Beispiel Nielsen (2009), Nielsen (2010a)). Um doppelte Zählungen zu vermeiden, wurden ausschließlich die Zeitschriftenpublikationen von Nielsen betrachtet. Die Monographie von Seelhofer (2007) wurde ebenfalls nicht aufgenommen. Der in der Literaturanalyse berücksichtigte Zeitschriftenbeitrag von Seelhofer (2010) basiert inhaltlich auf seiner Monographie aus dem Jahr 2007. Die Arbeit von Wirtl (2006) wurde zum Zeitpunkt der Recherche in keiner der genannten Datenbanken aufgeführt. Sie ist daher – obwohl sie sich unter anderem auch mit der Internationalität von Führungskräften auseinandersetzt – nicht im Literaturüberblick enthalten.

[82] Vgl. hierzu auch die Ausführungen von Schmid/Oesterle (2009, S. 20-21), Schmid (2003, S. 10-13) und Shenkar (2004, S. 165), in denen die Dominanz angloamerikanischer Arbeiten kritisch betrachtet wird.

3.1.2 Ergebnisse der Literaturrecherche[83]

3.1.2.1 Veröffentlichungen im Zeitverlauf

Die Untersuchung zeigt, dass sich die betriebswirtschaftliche Forschung – trotz der eingangs erwähnten Forderung von Perlmutter/Heenan (1974) – erst seit rund 15 Jahren intensiver mit der Internationalität von Führungsgremien auseinandersetzt. So wurden etwa 93% aller durch die systematische Recherche identifizierten Artikel zwischen 1996 und 2010 veröffentlicht, nur 7% wurden 1995 oder früher publiziert.[84] Abbildung 6 verdeutlicht diese Entwicklung.

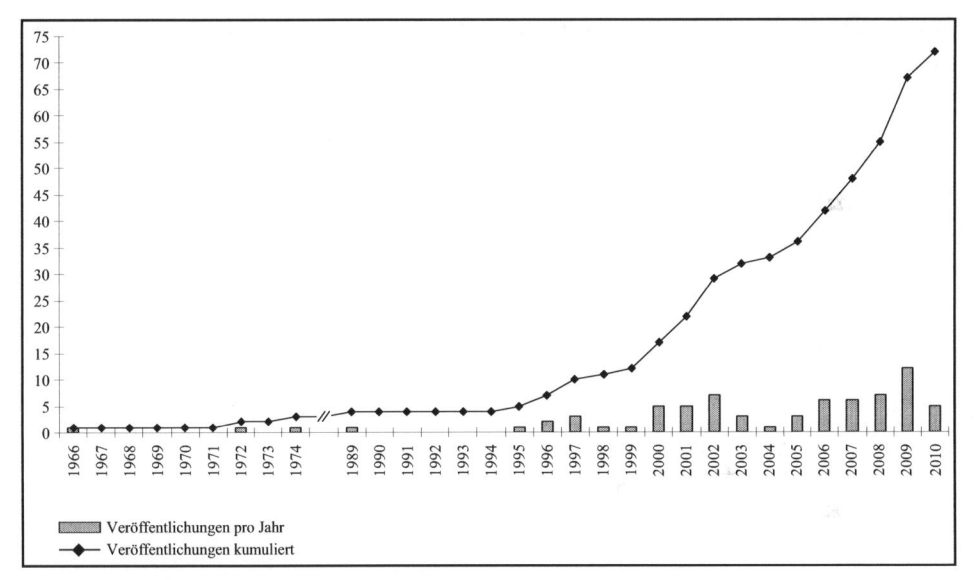

Abb. 6: Anzahl und Veröffentlichungszeitpunkt der Beiträge mit dem Schwerpunkt „Internationalität von Top-Managern"
Quelle: in Anlehnung an Schmid/Dauth (2011a, S. 7)

3.1.2.2 Das Verständnis von Internationalität in bisherigen Beiträgen

Wie bereits in Abschnitt 2.2 erwähnt, stellt die Internationalität einer Person ein facettenreiches Konstrukt dar. Doch was wird in der bisherigen Forschung unter der Internationalität von Führungskräften verstanden? Am häufigsten wird Internationalität – wie auch Abbildung 7 verdeutlicht – mit der Nationalität und/oder der beruflichen Auslandserfahrung von Top-

---

[83] Die Ausführungen dieses Abschnitts basieren auf Textauszügen der Veröffentlichung Schmid/Dauth (2011a).
[84] Dieses Ergebnis bestätigt die Aussage von Süß (2008, S. 407), wonach sich die betriebswirtschaftliche Forschung in Deutschland seit Mitte der 1990er Jahre mit der Diversität von Führungsgremien beschäftigt.

Managern gleichgesetzt. In 38 Studien (im Falle der Nationalität) beziehungsweise in 35 der 66 Studien (im Falle der beruflichen Auslandserfahrung) wird auf diese Indikatoren von Internationalität rekurriert. Auch internationale Ausbildung sowie Auslandsmarktverantwortung sind in den bisherigen Publikationen vertreten, allerdings deutlich seltener als berufliche Auslandserfahrung und Nationalität. Sprachgewandtheit und internationale Mandate wurden in der existierenden Literatur bisher vergleichsweise selten betrachtet.

Im Hinblick auf die Anzahl der verwendeten Dimensionen zeigt sich ebenfalls ein klares Bild. In 59 von 66 Arbeiten werden lediglich eine oder zwei Variablen zur Ermittlung der Internationalität des Top-Managements herangezogen. Nur sieben Arbeiten greifen auf umfassendere Operationalisierungen dieses Konstrukts zurück.

Verwendungshäufigkeit der Internationalitätsdimensionen (N = 66 Artikel, Mehrfachnennungen möglich)	Verteilung der Artikel nach der Anzahl der verwendeten Internationalitätsdimensionen (N = 66 Artikel)
Nationalität: 38	Eine Dimension: 39
Berufliche Auslandserfahrung: 35	Zwei Dimensionen: 20
Internationale Ausbildung: 14	Drei Dimensionen: 5
Auslandsmarktverantwortung: 7	Vier Dimensionen: 2
Sprachgewandtheit: 3	
Internationale Mandate: 1	
Nicht spezifiziert: 2	

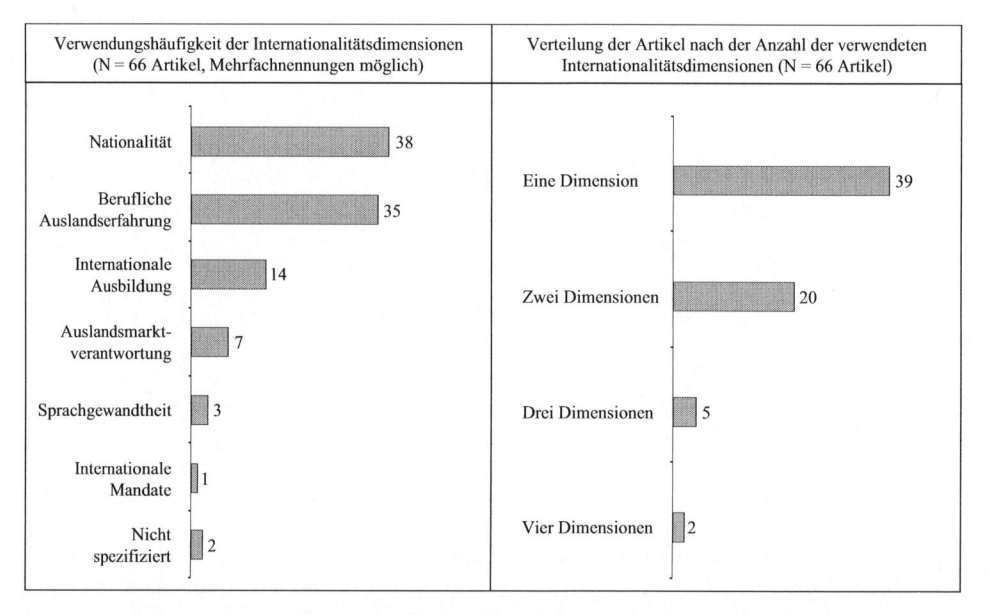

Abb. 7: Verwendungshäufigkeit der einzelnen Dimensionen zur Messung der Internationalität sowie Verteilung der Artikel nach Anzahl der verwendeten Dimensionen
Quelle: in Anlehnung an Schmid/Dauth (2011a, S. 8)

3.1.2.3 Thematische Schwerpunkte bisheriger Beiträge

Die 66 identifizierten empirischen Arbeiten können im Hinblick auf ihre thematischen Schwerpunkte in insgesamt sieben Gruppen eingeteilt werden.[85] Wie noch zu sehen sein wird, decken die genannten Gruppen alle bisherigen Forschungsarbeiten ab. Mit anderen Worten: Die Analyse zeigt, dass in der existierenden Literatur bisher keine weiteren Fragestellungen berücksichtigt wurden. Tabelle 2 veranschaulicht zunächst die Einordnung aller 66 Veröffentlichungen. Anschließend werden für jede Gruppe beispielhafte Arbeiten vorgestellt.

Gruppe	Untersuchungsgegenstand	Anzahl Studien	Autor(en)
1	Internationalität von Führungskräften	16	Simmonds (1966) Simmonds/Connell (1974) Norburn (1989) Gillies/Dickinson (1999) Mahoney (2000) Esser (2001) Tasler (2001) Heijltjes/Olie/Glunk (2003) Birkner (2005) Randøy/Thomsen/Oxelheim (2006) Staples (2007) Palmer/Varner (2007) Dyllik/Torgler (2007) van Veen/Marsman (2008) Sommer (2009) Arnegger/Hofmann/Pull/Vetter (2010)
2	Einfluss der Internationalität von Führungskräften auf die Internationalisierung eines Unternehmens	22	Sambharya (1996) Bloodgood/Sapienza/Almeida (1996) Reuber/Fischer (1997) Tihanyi/Ellstrand/Daily/Dalton (2000) Wally/Becerra (2001) Carpenter/Fredrickson (2001) Peyrefitte/Fadil/Thomas (2002) Herrmann/Datta (2002) Athanassiou/Nigh (2002 Carpenter/Pollock/Leary (2003) Caligiuri/Lazarova/Zehetbauer (2004) Birkner (2005) Herrmann/Datta (2005) Lee/Park (2006) Herrmann/Datta (2006) Randøy/Thomsen/Oxelheim (2006) Staples (2008) Lee/Park (2008) Rivas/Hamori/Mayo (2009) Fernández-Ortiz/Fuentes Lombardo (2009) Becker (2010) Nielsen (2010b)

---

[85] Dabei wurden Veröffentlichungen, die mehrere Wirkungszusammenhänge untersuchen, nicht nur einer, sondern gegebenenfalls auch zwei, drei oder vier Gruppen zugeteilt.

Gruppe	Untersuchungsgegenstand	Anzahl Studien	Autor(en)
3	Einfluss der Internationalität von Führungskräften auf den finanziellen Erfolg eines Unternehmens	15	Roth (1995) Elron (1997) Daily/Certo/Dalton (2000) Carpenter/Sanders/Gregersen (2001) Tasler (2001) Oxelheim/Randøy (2003) Randøy/Thomsen/Oxelheim (2006) Gong (2006) Nielsen/Nielsen (2008) Romer (2009) Slater/Dixon-Fowler (2009)[1] Santen/Donker (2009) Becker (2010) Nielsen (2010b) Seelhofer (2010)
4	Einfluss der Internationalität von Führungskräften auf Entscheidungsfindungs- und Austauschprozesse innerhalb des Top-Management-Teams	11	Roth (1995) Geletkanycz (1997) Elron (1997) Athanassiou/Nigh (2000) Athanassiou/Roth (2006) Ruigrok/Peck/Tacheva (2007) Taylor/Levy/Boyacigiller/Beechler (2008) Ayoun/Moreo (2008) Patzelt/zu Knyphausen-Aufseß/Fischer (2009) Julian/Wachter/Mueller (2009) Ayoun/Palakurthi/Moreo (2010)
5	Ursachen für die Internationalisierung von Führungskräften	10	Daily/Certo/Dalton (2000) Athanassiou/Nigh (2000) Tasler (2001) How/Khoo/Ng/Verhoeven (2002) van Veen/Elbertsen (2008) Staples (2008) Nielsen/Nielsen (2008) Nielsen (2009) Greve/Nielsen/Ruigrok (2009) Biemann/Wolf (2009)
6	Karrierewege internationaler Führungskräfte	5	Tasler (2001) O'Higgins (2002) Magnusson/Boggs (2006) Athanassiou/Roth (2006) Biemann/Wolf (2009)
7	Einfluss der Internationalität von Führungskräften auf deren Vergütung	3	Carpenter/Sanders/Gregersen (2001) Randøy/Nielsen (2002) Oxelheim/Randøy (2005)

[1] Die Arbeit von Slater/Dixon-Fowler (2009) analysiert hauptsächlich den Zusammenhang zwischen der Internationalität des CEOs und einem Konstrukt, welches als „Corporate Social Performance" bezeichnet wird. Damit berücksichtigt die Arbeit zwar ein Erfolgsmaß, sie betrachtet allerdings nicht den finanziellen Erfolg eines Unternehmens. Die Autoren weisen jedoch darauf hin, dass zwischen dem Konstrukt „Corporate Social Performance" und dem finanziellen Erfolg ein Zusammenhang besteht. Vgl. Slater/Dixon-Fowler (2009, S. 479). Aus diesem Grund wurde der Beitrag der Gruppe 3 zugeordnet.

Tab. 2: Übersicht der Studien zur Internationalität von Top-Managern
Quelle: in Anlehnung an Schmid/Dauth (2011a, S. 12-13)

(1) In einer ersten Gruppe werden deskriptive Untersuchungen zur Internationalität von Top-Management-Teams zusammengefasst (n=16 Studien). Im Folgenden sollen zwei „typische" Beiträge aus dieser Gruppe zur Illustration kurz skizziert werden. Beispielsweise attestiert die im Jahr 2005 erschienene Arbeit der Autoren van Veen/Marsman (2008) den Führungsgremien von 363 europäischen Unternehmen eine insgesamt niedrige nationale Diversität. Arnegger/Hofmann/Pull/Vetter (2010) analysieren primär die demographischen Merkmale und fachlichen Qualifikationen der Vorstände und Aufsichtsräte deutscher Aktiengesellschaften. Ihre Untersuchung basiert ebenfalls auf Daten des Jahres 2005; sie weist für die 151 betrachteten Unternehmen einen durchschnittlichen Ausländeranteil von rund 13% aus. Die beiden vorgestellten deskriptiven Arbeiten greifen auf eine sehr vereinfachende Definition von Internationalität zurück. Sowohl van Veen/Marsman (2008) als auch Arnegger/Hofmann/Pull/Vetter (2010) operationalisieren die Internationalität ausschließlich mit Hilfe der Nationalität einer Person.

(2) Ein weiterer Forschungsschwerpunkt bisheriger Studien bezieht sich auf die Relation zwischen der Internationalität von Führungskräften und der Internationalisierung eines Unternehmens (n=22 Studien). Nielsen (2010b) identifiziert im Rahmen einer Analyse von 165 Schweizer Unternehmen beispielsweise einen signifikant positiven Zusammenhang zwischen der internationalen Erfahrung des Top-Managements und der Anzahl der ausländischen Markteintritte eines Unternehmens. Den Ergebnissen von Herrmann/Datta (2006) zufolge hat die berufliche Auslandserfahrung eines CEOs einen Effekt auf die Wahl der Markteintritts- und Marktbearbeitungsstrategie eines Unternehmens. International erfahrene Führungskräfte bevorzugen demnach Markteintrittsformen, bei denen sich Unternehmen langfristig in einem ausländischen Markt engagieren und über ein relativ hohes Maß an Kontrolle verfügen (zum Beispiel Tochtergesellschaften durch Neugründung).

(3) Eine dritte Gruppe (n=15 Studien) widmet sich dem Einfluss der Internationalität von Führungskräften auf den wirtschaftlichen Erfolg eines Unternehmens. Carpenter/Sanders/Gregersen (2001) belegen für 245 Unternehmen aus den USA einen signifikant positiven Zusammenhang zwischen der beruflichen Auslandserfahrung des CEO und dem wirtschaftlichen Erfolg eines Unternehmens. Daily/Certo/Dalton (2000) analysieren in ihrer Arbeit unter anderem die internationale Verflechtung amerikanischer CEOs. Die Autoren identifizieren einen signifikant positiven Zusammenhang zwischen der Anzahl der internationalen Mandate einer Person und den Kennzahlen „Return on Assets" sowie „Return on Investment". Auf die Inhalte der Beiträge aus Gruppe 3 wird in Abschnitt 3.1.3 noch gesondert eingegangen.

(4) In einer vierten Gruppe (n=11 Studien) werden Arbeiten zusammengefasst, die sich mit der Internationalität von Führungskräften und deren Auswirkung auf Entscheidungsfindungs- und Kommunikationsprozesse innerhalb des Top-Management-Teams beschäftigen. So zeigen Athanassiou/Roth (2006) bei einer Untersuchung von 41 US-amerikanischen Unternehmen, dass international erfahrenen Top-Managern eine besondere Rolle innerhalb eines Unternehmens zukommt: Sie werden von ihren Kollegen häufiger zu internationalen betriebswirtschaftlichen Fragestellungen konsultiert als Führungskräfte, die über keine oder geringere berufliche Auslandserfahrung verfügen. Julian/Wachter/Mueller (2009) belegen für 88 Joint Ventures mit Sitz in Thailand einen signifikant negativen Zusammenhang zwischen der kulturellen Heterogenität im Top-Management und der Bereitschaft der Führungskräfte zum gegenseitigen Informations- und Wissensaustausch.

(5) Die Publikation von Staples (2008) repräsentiert eine fünfte Gruppe von Arbeiten (n=10 Studien), die der Frage nachgehen, welche Faktoren für eine zunehmende Internationalisierung von Führungskräften verantwortlich sind. Staples zeigt, dass beispielsweise länderübergreifende Unternehmenszusammenschlüsse („Cross-Border Mergers") zu einer Erhöhung des Ausländeranteils in den Corporate-Governance-Gremien eines Unternehmens führen. Von anderen Autoren werden Faktoren wie zum Beispiel die Internationalität der Unternehmensaktivitäten (Athanassiou/Nigh, 2000) oder die Konjunktur- und Wachstumsentwicklungen in bestimmten Märkten/Branchen als sogenannte „Antecedents" der Internationalität von Top-Managern betrachtet (Nielsen, 2009).

(6) Die sechste Gruppe analysiert die Karrierewege internationaler Top-Manager (n=5 Studien). So untersuchen die Autoren Magnusson/Boggs (2006) in ihrer Arbeit die Charakteristika von Führungskräften aus 200 amerikanischen Unternehmen. Sie verweisen dabei auf einen signifikant positiven Zusammenhang zwischen der internationalen Berufserfahrung einer Person und der Wahrscheinlichkeit, dass diese Person zum CEO eines Unternehmens berufen wird.

(7) In die siebte Gruppe sind Studien eingegliedert, die sich dem Zusammenhang zwischen der Internationalität des Top-Managements und der Vergütung von Führungspersonen widmen (n=3 Studien). Stellvertretend soll hier die Untersuchung von Oxelheim/Randøy (2005) erwähnt werden. Für ein Sample von 132 norwegischen und 120 schwedischen Unternehmen zeigen die beiden Autoren, dass die Präsenz angloamerikanischer Board-Mitglieder in einem Unternehmen einen positiven Einfluss auf die Vergütung des CEO hat. Die Autoren begründen diesen Zusammenhang unter anderem mit der Tatsache, dass sich angloamerikanische

Board-Mitglieder bei ihren Entscheidungen über die Kompensation des CEO von dem relativ hohen Vergütungsniveau amerikanischer CEOs beeinflussen lassen (Oxelheim/Randøy, 2005, S. 474).[86]

3.1.3 Beiträge mit dem Schwerpunkt: „Einfluss der Internationalität von Führungskräften auf den finanziellen Erfolg eines Unternehmens"

Nach einem Überblick über die Themenschwerpunkte aller 66 Veröffentlichungen widmet sich dieser Abschnitt einer gesonderten Betrachtung der 15 Veröffentlichungen aus Gruppe 3. Diese Arbeiten analysieren, ob und inwiefern die Internationalität von Führungskräften den finanziellen Erfolg eines Unternehmens beeinflusst. Zunächst wird dargestellt, auf welche Theorien die einzelnen Publikationen zurückgreifen (Abschnitt 3.1.3.1). Wie wird also ein Zusammenhang zwischen der Internationalität des Top-Managements und dem Unternehmenserfolg hergeleitet und begründet? Anschließend soll geklärt werden, welche Untersuchungsebenen die Arbeiten einnehmen (Abschnitt 3.1.3.2). Steht beispielsweise ein einzelner Top-Manager im Mittelpunkt der Analyse oder studieren die Publikationen das gesamte Führungsgremium eines Unternehmens? Ein weiterer Abschnitt zeigt, wie Wirkungszusammenhänge modelliert und operationalisiert werden (Abschnitt 3.1.3.3). Gehen die Beiträge zum Beispiel von einem direkten oder indirekten Einfluss der Internationalität auf den Unternehmenserfolg aus? Letztlich werden die Ergebnisse der Studien diskutiert und damit auch die Frage beantwortet, ob die Wirkungsbeziehung zwischen der Internationalität des Top-Managements und dem Unternehmenserfolg empirische Bestätigung findet (Abschnitt 3.1.3.4).

Im Anhang I der vorliegenden Arbeit befindet sich eine tabellarische Übersicht, die sämtliche Publikationen der Gruppe 3 aufführt und detaillierte Informationen über das Erhebungsdesign, die Stichproben, die Operationalisierung zentraler Variablen sowie über die wichtigsten Forschungsergebnisse beinhaltet. Die Ausführungen in Anhang I dienen somit als Ergänzung zu der überblicksartigen Diskussion in den folgenden Abschnitten.

---

[86] Zur Vergütung angloamerikanischer CEOs vgl. auch Conyon/Schwalbach (2000, S. 514), Lustgarten (2006, S. 55), Maug/Albrecht (2011, S. 860-861).

3.1.3.1 Theoretisch-konzeptionelle Basis bisheriger Beiträge

Die gewählten Vorgehensweisen zur theoretischen Begründung eines Zusammenhangs zwischen der Internationalität von Top-Managern und dem Unternehmenserfolg sind vielfältig. Eine deutliche Mehrheit (14 von 15 Publikationen) greift dabei gleichzeitig auf mehrere Theorien zurück. Im Folgenden soll daher unterschieden werden zwischen einer Arbeit, die (1) lediglich einen Ansatz berücksichtigt und (2) Beiträgen, die eklektisch vorgehen und die Aussagen mehrerer Konzepte miteinander verbinden.

(1) Die theoretisch-konzeptionelle Basis der Studie von Elron beruht – im Gegensatz zu allen anderen Arbeiten in Gruppe 3 – ausschließlich auf den Argumentationsfiguren des upper-echelons-Ansatzes (Elron, 1997, S. 394). Demnach geht Elron davon aus, dass Top-Manager strategische Entscheidungsprozesse in Unternehmen beeinflussen und damit für den Unternehmenserfolg mitverantwortlich sind (Elron, 1997, S. 394; Hambrick/Mason, 1984, S. 198). Seinen Ausführungen folgend, zeichnen sich internationale Führungskräfte unter anderem durch innovative Problemlösungsfähigkeiten aus. Sie können daher die Kreativität im Top-Management-Team erhöhen und Entscheidungsfindungsprozesse verbessern. Diese Tatsache wirkt sich schließlich positiv auf den Unternehmenserfolg aus (Elron, 1997, S. 395-396).

Die Begründungen Elrons erscheinen zwar nachvollziehbar, dennoch müssen Beiträge, deren theoretisch-konzeptionelle Basis lediglich auf dem Ansatz von Hambrick und Mason beruht, kritisch betrachtet werden. So weisen Carpenter/Sanders/Gregersen (2001, S. 494) darauf hin, dass die Verwendung der upper-echelons-Perspektive nicht ausreicht, um präzise Aussagen über den Einfluss der Internationalität einer Person auf den Unternehmenserfolg abzuleiten.[87] Ferner bleibt unklar, welche Wirkungsrichtung zwischen den Konstrukten „Internationalität des Top-Managers" und „Unternehmenserfolg" besteht (Nielsen, 2010a, S. 303). Den Argumenten von Carpenter/Sanders/Gregersen (2001) und Nielsen (2010a) folgend, basieren die Hypothesen Elrons auf einem unzureichenden theoretischen Fundament.

(2) Vor dem Hintergrund der von Carpenter/Sanders/Gregersen (2001, S. 494) hervorgehobenen Schwäche ist es wenig verwunderlich, dass viele Beiträge eine eklektische Vorgehensweise wählen, um so den Erklärungsbeitrag ihres konzeptionellen Bezugsrahmens zu erweitern. Sie kombinieren die upper-echelons-Perspektive

---

[87] Vgl. hierzu auch die Ausführungen in Abschnitt 4.2.2.

- mit ressourcenbasierten Ansätzen (Becker, 2010; Carpenter/Sanders/Gregersen, 2001; Daily/Certo/Dalton, 2000; Nielsen/Nielsen, 2008; Roth, 1995; Slater/Dixon-Fowler, 2009),[88]

- mit der Prinzipal-Agenten-Theorie (Becker, 2010; Romer, 2009),[89]

- mit der Resource-Dependence-Theorie (Becker, 2010; Romer, 2009),[90]

- mit neoinstitutionalistischen Konzepten (Gong, 2006),[91]

- mit dem Internationalisierungsmodell der Uppsala-Schule (Becker, 2010; Nielsen, 2010b),[92]

- mit der Rollentheorie (Tasler, 2001),[93]

- mit der Selbstkategorisierungstheorie (Seelhofer, 2010),[94]

- mit dem Stewardship-Ansatz (Becker, 2010)[95]

- und/oder mit dem Stakeholder-Ansatz (Becker, 2010).[96]

So nutzt beispielsweise Gong (2006) die upper-echelons-Perspektive, um auf die Macht und den Entscheidungsspielraum der Top-Manager eines Unternehmens aufmerksam zu machen. Die Argumentationsfiguren des Neoinstitutionalismus zieht er heran, um zu argumentieren, warum zwischen internationalen Führungskräften und dem Unternehmenserfolg eine positive Verbindung besteht. Demnach knüpfen internationale Top-Manager relativ schnell Kontakte zu den ausländischen Anspruchsgruppen eines Unternehmens (zum Beispiel zu Gewerkschaften, Regierungen oder Kunden) und sorgen so dafür, dass ein Unternehmen in fremden Märk-

---

[88] Zu den ressourcenbasierten Ansätzen vgl. Barney (1986), Wernerfelt (1984) sowie überblicksartig Schmid/Gouthier (1999, S. 12-19).
[89] Zur Prinzipal-Agenten-Theorie vgl. Eisenhardt (1989), Fama/Jensen (1983) sowie überblicksartig Ebers/Gotsch (2006, S. 258-277).
[90] Die Resource-Dependence-Theorie wird in Abschnitt 4.3 ausführlich vorgestellt.
[91] Zu den neoinstitutionalistischen Ansätzen vgl. DiMaggio/Powell (1983), Meyer/Rowan (1977) sowie überblicksartig Walgenbach (2006).
[92] Zur Internationalisierungsprozessforschung der Uppsala-Schule vgl. Johanson/Vahlne (1977), Johanson/Wiedersheim-Paul (1975) sowie überblicksartig Kutschker/Schmid (2011, S. 466-472).
[93] Zur Rollentheorie vgl. Biddle (1979), Biddle (1986) sowie überblicksartig Wiswede (2004).
[94] Zur Selbstkategorisierungstheorie vgl. Turner (1988), Turner (2000) sowie überblicksartig Fischer (2002, S. 381-384).
[95] Zum Stewardship-Ansatz vgl. Donaldson/Davis (1991), Muth/Donaldson (1998) sowie überblicksartig Sundaramurthy/Lewis (2003).
[96] Zum Stakeholder-Ansatz vgl. Freeman/Reed (1983) Hill/Jones (1992) sowie überblicksartig Wentges (2002, S. 87-102).

ten von wichtigen Stakeholdern akzeptiert wird und damit möglicherweise schneller seine „liability of foreigness" (Zaheer, 1995) überwinden kann.[97] Gong verzichtet allerdings auf eine grundlegende Auseinandersetzung mit der Frage, ob und inwiefern die von ihm gewählten theoretischen Perspektiven überhaupt miteinander vereinbar sind.

Die Autoren Carpenter/Sanders/Gregersen (2001), Daily/Certo/Dalton (2000), Nielsen/Nielsen (2008), Roth (1995) und Slater/Dixon-Fowler (2009) beziehen sich in ihren Arbeiten auf ressourcenbasierte Ansätze,[98] um zu argumentieren, warum internationale Top-Manager für Unternehmen von besonderer Bedeutung sind: Internationale Individuen besitzen einen breiten Erfahrungsschatz und können schnell und effektiv auf die Besonderheiten ausländischer Märkte eingehen. Sie stellen damit eine einzigartige Ressource dar, die einem Unternehmen zu Wettbewerbsvorteilen verhelfen kann und schließlich auch den Unternehmenserfolg positiv beeinflusst: „…unique bundles of skills obtained through international experience make these executives valuable organizational assets" (Daily/Certo/Dalton, 2000, S. 516-517). Doch damit Wettbewerbsvorteile im Sinne der ressourcenbasierten Ansätze entstehen können, müssen Ressourcen einen Wert besitzen, knapp beziehungsweise selten sein, nicht oder nur eingeschränkt imitierbar und nicht beziehungsweise schwer substituierbar sein (Gouthier/Schmid, 2001, S. 227). Die Arbeiten von Carpenter/Sanders/Gregersen (2001), Daily/Certo/Dalton (2000), Nielsen/Nielsen (2008), Roth (1995) und Slater/Dixon-Fowler (2009) vernachlässigen jedoch größtenteils eine Überprüfung dieser Bedingungen. Darüber hinaus ist fraglich, ob Wettbewerbsvorteile tatsächlich alleine aufgrund der Internationalität von Top-Managern entstehen können. Schließlich entwickeln sich Wettbewerbsvorteile üblicherweise durch das Zusammenspiel mehrerer Ressourcen im Unternehmen über einen längeren Zeitraum hinweg (Carpenter/Sanders/Gregersen, 2001, S. 493; Gouthier/Schmid, 2001, S. 233; Schmid, 2011, S. 167).

Die Studien von Oxelheim/Randøy (2003), Randøy/Thomsen/Oxelheim (2006) und Santen/Donker (2009) unterscheiden sich von den übrigen Beiträgen, da sie nicht auf den upper-echelons-Ansatz von Hambrick und Mason eingehen.[99] Randøy/Thomsen/Oxelheim (2006) und Santen/Donker (2009) verweisen auf die Resource-Dependence-Theorie und die Prinzipal-Agenten-Theorie, um die Frage nach der Erfolgswirkung eines internationalen Top-Managers zu beantworten. Internationale Top-Manager können aus Sicht des Resource-

---

[97] Zum Begriff „Stakeholder" vgl. Freeman/Reed (1983, S. 89), Macharzina/Wolf (2010, S. 11-12), Schierenbeck (2003, S. 527), Schmid (1998, S. 223).
[98] Die Arbeiten beziehen sich dabei insbesondere auf die Überlegungen von Barney (1991).
[99] So wird beispielsweise der im Jahr 1984 erschienene Aufsatz von Hambrick und Mason, der als „Grundlagenschrift" des upper-echelons-Ansatzes bezeichnet werden kann, in keinem der drei Beiträge zitiert.

Dependence-Ansatzes den Zugang zu kritischen Ressourcen und Anspruchsgruppen im Ausland sicherstellen und somit zum finanziellen Erfolg eines Unternehmens beitragen. Die Prinzipal-Agenten-Theorie wird herangezogen, um zu argumentieren, dass internationale Führungskräfte – insbesondere internationale Mitglieder von Aufsichtsratsorganen – ihre Überwachungsfunktion besser ausüben können als Personen, die nur über ein geringes Maß an Internationalität verfügen.[100] Oxelheim/Randøy (2003) führen ebenfalls Argumente der Prinzipal-Agenten-Theorie an, um zu zeigen, warum die Berufung einer internationalen Führungskraft in das Top-Management-Team eines Unternehmens zu einer Erhöhung des Unternehmenserfolges führt. Darüber hinaus verweisen Oxelheim/Randøy (2003) implizit auf die Signalwirkung,[101] welche mit der Benennung eines internationalen Top-Managers verbunden ist: Der Argumentation der Autoren folgend, zeigt die Erweiterung des Führungsgremiums um US-amerikanische Mitglieder, dass Unternehmen bereit sind, sich strengen amerikanischen Corporate-Governance-Regeln zu unterwerfen. Diese Tatsache wird von Aktionären positiv eingeschätzt und führt dazu, dass sich der Börsenwert eines Unternehmens erhöht (Oxelheim/Randøy, 2003, S. 2373).

Auch wenn alle drei genannten Beiträge die Argumentationsfiguren der upper-echelons-Perspektive unberücksichtigt lassen, so zeigen sich bei genauerer Betrachtung durchaus Überschneidungen mit dem Konzept von Hambrick und Mason. Die Arbeiten gehen zumindest implizit davon aus, dass zwischen den demographischen Merkmalen, dem Handeln der Führungskräfte und schließlich auch dem Unternehmenserfolg ein Zusammenhang besteht. Santen/Donker (2009, S. 24) argumentieren etwa: „… a female or a foreigner may bring additionally different perspectives, values, norms and understanding to the board. Therefore, a greater diversity is generally believed to be good for the company." Da Oxelheim/Randøy (2003), Randøy/Thomsen/Oxelheim (2006) und Santen/Donker (2009) aber auf eine explizite Beachtung des upper-echelons-Ansatzes verzichten, fehlt in ihren Arbeiten eine umfassende theoretische Begründung, die zeigt, warum gerade die demographischen Merkmale einer Person eine Auswirkung auf den Unternehmenserfolg haben können. Eine Erweiterung der konzeptionellen Basis dieser Arbeiten um das Konzept von Hambrick und Mason wäre daher vielversprechend und würde theoretisch fundierte Aussagen über den Einfluss der Internationalität des Top-Managements auf den Unternehmenserfolg ermöglichen.

---

[100] In Abschnitt 2.1.3 wurde bereits kurz auf die Überwachungsfunktion des Aufsichtsrats eingegangen. Vgl. hierzu auch ausführlich Dutzi (2005, S. 146-151), Grothe (2006), Kreitmeier (2001, S. 45-48).
[101] Vgl. hierzu auch Spence (1973), Spence (1974) sowie die Ausführungen in Abschnitt 4.4.

3.1.3.2 Untersuchungsebene bisheriger Beiträge

Zusätzlich zur Analyse der theoretischen Argumentationsbasis können weitere Merkmale der Beiträge betrachtet werden. So wird im Hinblick auf die Untersuchungsebene zwischen Publikationen unterschieden, die sich mit der (1) Internationalität einzelner Top-Manager auseinandersetzen oder (2) das gesamte Top-Management-Team beleuchten.

(1) Die Arbeiten von Carpenter/Sanders/Gregersen (2001), Daily/Certo/Dalton (2000), Roth (1995), Seelhofer (2010) und Slater/Dixon-Fowler (2009) weisen auf die exponierte Stellung des CEO im Top-Management-Team eines Unternehmens hin und legen den Fokus ihrer Untersuchungen auf diese Person.[102] Oxelheim/Randøy (2003) betrachten zwar ebenso die Wirkung eines einzelnen Top-Managers auf den Unternehmenserfolg, die Autoren beschränken sich dabei allerdings nicht auf den CEO. Oxelheim und Randøy gehen vielmehr der Frage nach, welche Konsequenzen die Aufnahme einer ausländischen Führungskraft hat – unabhängig von ihrer hierarchischen Stellung im Top-Management-Team.

Die genannten Studien sind zwar in der Lage, Aussagen über die Erfolgswirkung einzelner Personen zu treffen, sie sehen sich allerdings mit Kritik konfrontiert: Auch wenn CEOs beziehungsweise Vorstandsvorsitzenden/-sprechern regelmäßig eine herausgehobene Stellung innerhalb des Top-Management-Teams zukommt, handeln diese Führungskräfte in der Regel nicht völlig autark. Der Argumentation von Hambrick und Mason folgend, werden Entscheidungen im Unternehmen nicht durch den CEO alleine, sondern von einem Führungsgremium, bestehend aus mehreren Personen, getroffen: „…the chief executive shares tasks and, to some extent, power with other team members" (Hambrick/Mason, 1984, S. 196). Mit dem einseitigen Fokus auf bestimmte Personen verlieren diese Beiträge folglich an Erklärungskraft. Um dieser Kritik zu begegnen, ziehen Carpenter/Sanders/Gregersen (2001, S. 501) und Oxelheim/Randøy (2003, S. 2386) Kontrollvariablen heran, in denen die Charakteristika weiterer Top-Management-Team-Mitglieder berücksichtigt werden. Allerdings führen lediglich Carpenter/Sanders/Gregersen (2001, S. 501) eine Variable ein, welche die Internationalität des gesamten Führungsgremiums abbildet.

Im Hinblick auf die empirische Ermittlung der Internationalität von Personen greifen Oxelheim/Randøy (2003), Seelhofer (2010) und Slater/Dixon-Fowler (2009) auf Dummy-Variablen zurück. In diesen Studien wird folglich nur zwischen internationalen und nicht in-

---

[102] Zur besonderen Stellung des CEO innerhalb eines Unternehmens vgl. auch Crossland/Hambrick (2007, S. 767), Hambrick (2007, S. 341), Mackey (2008, S. 1364), O'Shannassy (2011, S. 57), Zimmermann (2010, S. 178).

ternationalen Individuen unterschieden. Die Autoren Carpenter/Sanders/Gregersen (2001), Daily/Certo/Dalton (2000) und Roth (1995) gehen hingegen über eine rein binäre Betrachtung des Internationalitätskonstrukts hinaus. So ermitteln beispielsweise Daily/Certo/Dalton (2000) die Anzahl und Dauer der beruflich bedingten Auslandsaufenthalte einer Person. Eine solche Vorgehensweise ermöglicht differenziertere Aussagen über die Wirkung von Internationalität auf den Unternehmenserfolg.

(2) Die Arbeiten von Carpenter/Sanders/Gregersen (2001), Romer (2009) und Tasler (2001) nehmen eine breitere Perspektive ein und untersuchen, ob und inwiefern sich die Internationalität aller Führungskräfte auf den Unternehmenserfolg auswirkt. Carpenter/Sanders/Gregersen (2001) stellen beispielsweise die Frage, ob Top-Management-Teams, deren Mitglieder über einen relativ langen Zeitraum Berufserfahrungen im Ausland sammeln konnten, einen positiveren Einfluss auf den Unternehmenserfolg haben als Führungsgremien, die insgesamt keine oder nur wenige Jahre an beruflicher Auslandserfahrung vorweisen können.[103]

Doch nicht bei allen Beiträgen steht tatsächlich die „Summe" der Internationalität sämtlicher Führungskräfte im Vordergrund. Becker (2010), Elron (1997), Gong (2006), Nielsen/Nielsen (2008), Nielsen (2010b), Randøy/Thomsen/Oxelheim (2006) und Santen/Donker (2009) betrachten vielmehr die internationale Diversität im Top-Management-Team. So ermittelt beispielsweise Gong (2006, S. 781) das Konstrukt „Top-Management-Team Nationality Heterogeneity" unter Rückgriff auf den Heterogenitätsindex von Blau (1977).[104] Diese Arbeiten untersuchen folglich nicht die Auswirkungen der kumulierten Internationalität des Top-Management-Teams, sie stellen vielmehr fest, ob die diverse Struktur des Führungsgremiums mit internationalen und nicht internationalen Individuen einen Einfluss auf den Unternehmenserfolg hat (Jackson/May/Whitney, 1995, S. 217; Nielsen, 2010a, S. 305-306).

Die Ausführungen dieses Abschnitts zeigen bereits, dass sich bestehende Arbeiten im Hinblick auf ihre Untersuchungsebene teilweise deutlich voneinander unterscheiden. Die Analyse von Einzelpersonen ist zwar sinnvoll – und wird beispielsweise von Carpenter/Geletkanycz/ Sanders (2004, S. 768) explizit gefordert – allerdings werden bei derartigen Studien bislang

---

[103] Carpenter/Sanders/Gregersen (2001) setzen sich in ihrem Beitrag sowohl mit dem CEO als auch mit der Ebene des gesamten Top-Management-Teams auseinander. Die Publikation wird daher in beiden Gruppen berücksichtigt.

[104] Der Index von Blau wird in der Top-Management-Team-Forschung häufig als Heterogenitätsmaß verwendet. Vgl. hierzu etwa Nielsen/Nielsen (2011, S. 189), Nielsen (2010a, S. 303), Richard/Barnett/Dwyer/ Chadwick (2004, S. 263). Die Kennzahl wird durch die Formel $B = [1 - \Sigma(p_i)^2]$ berechnet, wobei p den Prozentsatz der Führungskräfte in Gruppe i (zum Beispiel Nicht-Deutsche) bezeichnet. Je höher der Wert von B, desto höher ist die Heterogenität im Top-Management-Team in Bezug auf eine bestimmte Variable (zum Beispiel Nationalität).

noch zu selten Kontrollvariablen einbezogen, die das übrige Top-Management-Team betrachten. Bei Gruppenanalysen steht nur in wenigen Fällen tatsächlich die Gesamtsumme der Internationalität von Führungskräften im Vordergrund. Die Mehrzahl der Studien betrachtet die internationale Diversität im Top-Management-Team. Carpenter/Geletkanycz/ Sanders (2004, S. 768-769) weisen darauf hin, dass durch ein solches Vorgehen möglicherweise relevante Wirkungsgrößen unberücksichtigt bleiben.

Deutlich wird auch, dass die Operationalisierung des Konstrukts „Internationalität" in einem engen Zusammenhang mit der Wahl der Untersuchungsebene steht. Die Literaturanalyse veranschaulicht, dass die Mehrzahl der Studien aus Gruppe 3 dabei auf einfache (zum Beispiel binäre) Konstrukte zurückgreift. Diese Feststellung gilt unabhängig davon, ob Einzelpersonen oder gesamte Führungsgremien berücksichtigt werden. Die Verwendung komplexerer (wie etwa multidimensionaler und metrisch skalierter) Internationalitätsdimensionen könnte helfen, bestehende Erkenntnisse um die Konsequenzen von Internationalität in Top-Management-Teams zu verfeinern.

3.1.3.3 Modellierung des Wirkungszusammenhangs zwischen Internationalität und Unternehmenserfolg in bisherigen Beiträgen

Hinsichtlich der Wirkungsbeziehung zwischen Internationalität und Unternehmenserfolg existieren einerseits Arbeiten, die von einem (1) direkten Zusammenhang ausgehen, andererseits werden Studien unterschieden, die (2) Moderatoreffekte oder (3) Mediatoreffekte untersuchen.

(1) Bereits in Abschnitt 1.1 wurde aufgezeigt, dass Vertreter aus Wissenschaft und Unternehmenspraxis mehr Internationalität in den Führungsgremien von Unternehmen fordern. Daher ist es naheliegend, zu prüfen, ob die Internationalität einer Person den Unternehmenserfolg direkt beeinflusst. Die Arbeiten von Becker (2010), Carpenter/Sanders/Gregersen (2001), Daily/Certo/Dalton (2000), Gong (2006), Oxelheim/Randøy (2003), Randøy/ Thomsen/Oxelheim (2006), Romer (2009), Santen/Donker (2009) und Seelhofer (2010) verfolgen dieses Ziel. So weisen etwa Carpenter/Sanders/Gregersen (2001, S. 502) nach, dass der Zusammenhang zwischen dem Ausmaß der beruflich bedingten Auslandserfahrung eines CEO und den Erfolgsmaßen „Return on Assets" sowie der jährlichen Aktienrendite eines Unternehmens signifikant positiv ist. Um die Ursache-Wirkungs-Beziehung zwischen der Prädiktorvariable „Internationalität des CEO" und der abhängigen Variable „Unternehmenser-

folg" abzubilden, liegt zwischen der Erhebung der Daten zur Internationalität des CEO und den Kennzahlen zum Erfolg eines Unternehmens ein zeitlicher Abstand von mindestens einem Jahr.[105] Die Arbeit von Gong (2006) verzichtet dagegen auf die Berücksichtigung eines „time-lags" und geht davon aus, dass sich die Heterogenität eines Top-Management-Teams im Hinblick auf die Anzahl der Führungskräfte mit unterschiedlichen Nationalitäten unmittelbar und ohne zeitliche Verzögerung in der Erfolgskennzahl „Umsatz pro Mitarbeiter" niederschlägt (Gong, 2006, S. 783). An dieser Stelle wird bereits ein Hauptproblem sichtbar, welches viele Arbeiten betrifft, die einen direkten Einfluss der Charakteristika von Top-Managern auf den Unternehmenserfolg vermuten: Diese Beiträge begründen oftmals nur unzureichend, warum ein bestimmter zeitlicher Abstand zwischen der abhängigen Variable (Unternehmenserfolg) und den unabhängigen Variablen (unter anderem der Internationalität des Top-Managements) gewählt wurde. Ist anzunehmen, dass sich die Internationalität einer Person innerhalb eines Jahres auf ein Erfolgsmaß auswirkt? Oder muss hierfür vielleicht eine Zeitspanne von zwei, drei oder sogar vier Jahren gewählt werden? In den genannten Publikationen finden sich keine zufriedenstellenden Antworten auf diese Fragen.

Bereits Hambrick/Mason (1984, S. 197) und Pettigrew (1992, S. 174) weisen auf die oben genannten Probleme bei der Untersuchung unmittelbarer Wirkungszusammenhänge hin. Die Autoren vermuten, dass durch die Aufnahme von Moderator- oder Mediatorvariablen ein präziseres Bild vom Einfluss der Internationalität des Top-Managements auf unternehmensspezifische Erfolgsmaße gezeichnet werden kann.

(2) Die Arbeiten von Carpenter/Sanders/Gregersen (2001), Daily/Certo/Dalton (2000), Gong (2006), Nielsen/Nielsen (2008), Oxelheim/Randøy (2003), Romer (2009) und Roth (1995) gehen ebenfalls von einem Zusammenhang zwischen der Internationalität und dem Unternehmenserfolg aus.[106] Diese Beiträge berücksichtigen allerdings zusätzliche Moderationseffekte,[107] um zu prüfen, ob weitere Variablen existieren, welche die Beziehung zwischen diesen beiden Konstrukten stärken oder schwächen können. Erwähnenswert ist in diesem Zusammenhang die Arbeit von Carpenter/Sanders/Gregersen (2001). Sie untersucht, inwiefern

---

[105] Carpenter und Kollegen berichten in diesem Zusammenhang: „...independent,...variables [unter anderem die Internationalität des CEO; d. Verf.] were measured in 1993 and the dependent variables [Kennzahlen zum Unternehmenserfolg; d. Verf.] were measured over the period 1994-96. This chronology ensured that CEO international assignment experience preceded firm performance..." Vgl. Carpenter/Sanders/Gregersen (2001, S. 499).
[106] Die Beiträge von Daily/Certo/Dalton (2000), Carpenter/Sanders/Gregersen (2001), Oxelheim/Randøy (2003), Gong (2006) und Romer (2009) untersuchen sowohl direkte als auch moderierte Zusammenhänge. Daher werden diese Publikationen in beiden Gruppen erwähnt.
[107] Weiterführende Erläuterungen zu Moderationseffekten finden sich beispielsweise bei Baron/Kenny (1986) und Hair/Black/Babin/Anderson/Tatham (2006, S. 201-203).

die internationale Arbeitserfahrung sämtlicher Top-Management-Team-Mitglieder den Zusammenhang zwischen der internationalen Arbeitserfahrung des CEO und dem Unternehmenserfolg moderiert. Dahinter steht die Annahme, dass sich die Zusammenarbeit zwischen dem CEO eines Unternehmens und den restlichen Mitgliedern des Führungsgremiums erleichtert und verbessert, wenn beide über einen ähnlichen Erfahrungsschatz im Umgang mit fremden Kulturen und ausländischen Anspruchsgruppen verfügen. Je höher die Internationalität des CEO und der übrigen Top-Manager, desto besser ist das Verständnis für die Besonderheiten fremder Märkte; beide Seiten können daher leichter und schneller einen Konsens bezüglich geeigneter Verhaltensweisen und Strategien außerhalb des Heimatmarktes eines Unternehmens finden (Carpenter/Sanders/Gregersen, 2001, S. 497). Bei Gong (2006) wird auf den moderierenden Einfluss des Alters eines Unternehmens eingegangen. Er beschäftigt sich mit der Internationalität von Top-Management-Teams ausländischer Tochtergesellschaften und argumentiert, dass Tochtergesellschaften über den Zeitraum mehrerer Jahre hinweg eine Unternehmenskultur entwickeln, die unter anderem von den lokalen Besonderheiten ausländischer Märkte geprägt wird.[108] Je länger eine Tochtergesellschaft in einem ausländischen Markt aktiv ist, desto stärker spiegelt ihre Unternehmenskultur die gesellschaftlichen Werte dieses fremden Landes wider.[109] Internationalen Führungskräften erleichtert eine solche lokal geprägte Unternehmenskultur beispielsweise die Entwicklung von Strategien und Maßnahmen, welche die „liability of foreigness" einer ausländischen Tochtergesellschaft weiter reduzieren können (Gong, 2006, S. 778-779).[110]

(3) Beiträge, die Mediatoreffekte untersuchen, gehen davon aus, dass die Internationalität des Top-Managements keinen unmittelbaren Einfluss auf den Unternehmenserfolg hat. Der Zusammenhang zwischen diesen beiden Variablen wird vielmehr durch eine dritte Variable interveniert beziehungsweise unterbrochen.[111] Lediglich die Arbeiten von Elron (1997) und Nielsen (2010b) berücksichtigen Mediatoreffekte in ihren Analysen. Elron vermutet zunächst eine Verbindung zwischen der Heterogenität im Top-Management-Team (im Hinblick auf die Nationalität der Führungskräfte) und einem Konstrukt, welches er „issue-based conflict" nennt. Dieser „issue-based conflict" bezeichnet Unstimmigkeiten und Dissens zwischen den Top-Managern bezüglich der Ziele und Strategien, die ein Unternehmen verfolgen sollte (Ei-

---

[108] Zur Unternehmenskultur vgl. ausführlich Kutschker/Schmid (2011, S. 268-701), Schmid (1996, S. 115-227).
[109] Vgl. hierzu auch Kutschker/Schmid (2011, S. 695).
[110] Die Frage, ob und inwiefern die internationale Orientierung der Top-Manager einen moderierenden Einfluss auf den finanziellen Erfolg einer Tochtergesellschaft haben kann, wird von Gong nicht adressiert. Vgl. hierzu auch Kutschker/Schmid (2011, S. 287-297), Perlmutter (1969), Machulik (2010) und Schmid/Machulik (2006).
[111] Weiterführende Erläuterungen zu Mediatoreffekten finden sich beispielsweise bei Baron/Kenny (1986) und Urban/Mayerl (2011, S. 303-311).

senhardt/Bourgeois, 1988, S. 751). Die Aufnahme von Top-Managern unterschiedlicher Nationalitäten verursacht – so die Vermutung – eine Verstärkung des „issue-based conflict" im Führungsgremium. Die inhaltlichen Auseinandersetzungen wiederum führen zu besseren, ausgewogeneren Entscheidungen: „Conflictual decision processes result in more distinct points of view, leading to a thorough and creative elaboration on decisions. The outcome is better decisions and an increased understanding of the task" (Elron, 1997, S. 396). Die Internationalität der Top-Manager beeinflusst also indirekt – durch das Konstrukt „issue-based conflict" – den Unternehmenserfolg.

Nielsen (2010b) vermutet eine Verbindung zwischen der Internationalität des Top-Managements und den Timingstrategien eines Unternehmens.[112] In ihrem Beitrag postuliert sie, dass sich internationale Führungskräfte schneller und häufiger für den Eintritt in ausländische Märkte entscheiden, da sie bei der Auswahl potenziell geeigneter Ländermärkte auf umfangreiches Wissen zurückgreifen können und damit die Chancen und Risiken, die sich einem Unternehmen auf ausländischen Märkten bieten, schneller und besser beurteilen können. Die Anzahl und die Geschwindigkeit der Markteintritte stehen wiederum mit dem finanziellen Erfolg eines Unternehmens in positivem Zusammenhang (Nielsen, 2010b, S. 192-193). Demnach wirkt sich auch hier die Internationalität der Führungskräfte indirekt auf den finanziellen Erfolg aus.

3.1.3.4 Ergebnisse bisheriger Beiträge

Die vorangegangenen Ausführungen haben gezeigt, wie vielfältig die theoretisch-konzeptionelle Basis sowie die Untersuchungsdesigns existierender Publikationen sind. Bislang wurde allerdings noch nicht systematisch herausgearbeitet, ob ein positiver, negativer oder neutraler Zusammenhang zwischen der Internationalität des Top-Managements und dem Unternehmenserfolg besteht. Zu welchen Ergebnissen kommen also die Beiträge?

Insgesamt 11 von 15 Arbeiten weisen einen signifikant positiven Einfluss der Internationalität des Top-Managements auf den finanziellen Erfolg des Unternehmens nach. Dabei spielt es keine Rolle, ob zur Begründung des Zusammenhangs eine oder mehrere Theorien herangezogen werden, das gesamte Top-Management-Team beziehungsweise nur einzelne Führungskräfte im Fokus der Betrachtung stehen oder ob die Beiträge zwischen direkten und indirekten

---

[112] Zu den Timingstrategien eines Unternehmens vgl. ausführlich Kutschker/Schmid (2011, S. 986-997) und Holtbrügge/Welge (2010, S. 129-131).

Kausalzusammenhängen differenzieren. So wird beispielsweise von Roth (1995, S. 222-223) ein signifikant positiver Zusammenhang zwischen dem Grad der Internationalität von Einzelpersonen (dem CEO eines Unternehmens) und dem Unternehmenserfolg festgestellt; Nielsen (2010b, S. 199) und Romer (2009, S. 143) zeigen, dass auch die Internationalität des gesamten Führungsgremiums den finanziellen Erfolg eines Unternehmens signifikant positiv beeinflusst. Und nicht nur der Grad der Internationalität (Daily/Certo/Dalton, 2000, S. 520), sondern auch das Ausmaß der internationalen Heterogenität im Top-Management-Team zeigt einen signifikant positiven Effekt (Becker, 2010, S. 225 und S. 259; Gong, 2006, S. 583). Oxelheim/Randøy (2003, S. 2383) weisen nach, dass sich die Aufnahme eines angloamerikanischen Top-Managers in das Führungsgremium eines Unternehmens unmittelbar positiv auf den Unternehmenswert auswirkt. Daily/Certo/Dalton (2000, S. 520) und Romer (2009, S. 116 und S. 119) belegen einen signifikanten Moderatoreffekt – demnach wird der positive Einfluss eines internationalen Top-Managers auf den Unternehmenserfolg durch die Internationalität der Unternehmensaktivitäten verstärkt. Auch die Vermutungen Elrons, wonach sich die Heterogenität im Top-Management-Team indirekt über das moderierende Konstrukt „issuebased conflict" auf den Erfolg auswirkt, wird statistisch bestätigt (Elron, 1997, S. 404-405).

Drei Veröffentlichungen ermitteln negative Zusammenhänge. Roth (1995, S. 223) identifiziert eine negative Erfolgswirkung der Internationalität des CEO, wenn das Ausmaß der geografischen Streuung der Unternehmensaktivitäten gering und der Grad der Koordination zwischen Unternehmenseinheiten niedrig ist.[113] Seelhofer (2010, S. 521) stellt eine negative Aktienkursreaktion auf die Benennung von ausländischen CEOs fest. Die Autoren Santen/Donker (2009, S. 31) zeigen, dass Unternehmen, deren Aufsichtsgremium mit drei oder mehr ausländischen Top-Managern besetzt ist, häufiger Insolvenz beantragen als Unternehmen, bei denen dieses Corporate-Governance-Gremium (fast) ausschließlich aus Personen besteht, die nicht über eine fremde Nationalität verfügen.

---

[113] Im Beitrag von Roth (1995) werden sowohl positive als auch negative Effekte ermittelt.

Neutrale Wirkungszusammenhänge werden in zwei Beiträgen festgestellt. Randøy/Thomsen/ Oxelheim (2006, S. 22) kommen in ihrer Studie zu dem Schluss, dass sich der Anteil der Ausländer im Führungsgremium eines Unternehmens nicht messbar auf kapitalmarktbasierte und rechnungswesenbasierte Erfolgskennzahlen auswirkt. Auch Tasler merkt an: „Data analysis shows that organisations refuse to attribute successful performance to individual managers. Experts argue that an immediate comparison of national and non-national managers in certain positions is not possible which may explain why organisations...hesitate to appoint foreign nationals" (Tasler, 2001, S. 128). Zwischen den Charakteristika einzelner Personen und dem Unternehmenserfolg kann demnach kein Zusammenhang hergestellt werden.

Nachdem die Vorgehensweisen und Ergebnisse bestehender Arbeiten diskutiert wurden, fasst Tabelle 3 die Beiträge aus Gruppe 3 nochmals überblicksartig zusammen.

Studie	Theoretisch-konzeptionelle Basis		Untersuchungsebene		Modellierung des Kausalzusammenhangs			Untersuchungsergebnisse		
	Eine Theorie	Mehrere Theorien	Einzelperson	Führungsgremium	Direkt	Moderator	Mediator	Positiver Zusammenhang	Negativer Zusammenhang	Neutraler Zusammenhang
Roth (1995)		X	X					X	X	
Elron (1997)	X			X		X	X	X		
Daily/Certo/Dalton (2000)		X	X		X			X		
Carpenter/Sanders/Gregersen (2001)		X	X		X	X		X		
Tasler (2001)		X		X	wurde nicht untersucht					X
Oxelheim/Randøy (2003)		X	X		X	X		X		
Gong (2006)		X		X	X	X		X		
Randøy/Thomsen/Oxelheim (2006)		X		X	X					X
Nielsen/Nielsen (2008)		X		X		X		X		
Romer (2009)		X		X	X	X		X		
Santen/Donker (2009)		X		X	X				X	
Slater/Dixon-Fowler (2009)		X	X		X			X		
Becker (2010)		X		X	X			X		
Nielsen (2010b)		X		X			X	X		
Seelhofer (2010)		X	X		X				X	

Tab. 3: Zusammenfassende Darstellung der Beiträge mit dem Schwerpunkt: „Internationalität des Top-Managements und Unternehmenserfolg"

3.2 Fazit der Literaturanalyse und Forschungslücken

In den vorangegangenen Abschnitten wurden 66 empirische Veröffentlichungen analysiert, die sich vorwiegend mit der Internationalität von Top-Managern auseinandersetzen. Dabei wurden alle Beiträge einer (oder mehreren) von insgesamt sieben thematischen Gruppen zugeordnet. Eine gesonderte Betrachtung der Publikationen, welche sich der Internationalität von Führungsgremien und dem Unternehmenserfolg widmen, hat gezeigt, dass zwar bereits einige Erkenntnisse zu diesen beiden Konstrukten vorliegen – insgesamt wurde das Forschungsfeld allerdings erst in einem relativ geringen Umfang bearbeitet (Carpenter/Geletkanycz/Sanders, 2004, S. 771; Hartmann, 1999, S. 115; Nielsen/Nielsen, 2011, S. 191; Seelhofer, 2007, S. 47).[114]

Die Arbeiten aus Gruppe 3 liefern keinen eindeutigen theoretischen und empirischen Nachweis im Hinblick auf die Existenz eines Zusammenhangs zwischen den Konstrukten „Internationalität des Top-Managements" und „Unternehmenserfolg". Die Mehrheit der Untersuchungsergebnisse weist zwar einen positiven Einfluss nach, allerdings kann aufgrund der vergleichsweise geringen Anzahl an Studien, der unterschiedlichen theoretischen Konzepte sowie aufgrund der vielfältigen Untersuchungsebenen und Wirkungszusammenhänge noch nicht von einer „gesicherten Erkenntnis" (Poser, 2006, S. 113) gesprochen werden. Die Literaturanalyse bestätigt vielmehr die Argumentation von Carpenter/Geletkanycz/Sanders (2004) und Finkelstein/Hambrick/Cannella (2009), wonach die Arbeiten zur Internationalität von Top-Managern mit zahlreichen Theorien, Methoden und Operationalisierungsvarianten arbeiten und daher zu unterschiedlichen, teilweise auch widersprüchlichen Aussagen kommen. Aufgrund dieses wenig befriedigenden Ergebnisses erscheint es notwendig, die bisherige Vorgehensweise bei der Untersuchung des Zusammenhangs zwischen der Internationalität von Führungskräften und dem Unternehmenserfolg grundsätzlich zu hinterfragen, um dadurch Ansatzpunkte für eine verbesserte Analyse zu erhalten. Im Anschluss können möglicherweise präzisere Schlussfolgerungen über die Existenz oder Nicht-Existenz von Zusammenhängen gezogen werden.

Die gesamthafte Betrachtung aller 66 Publikationen sowie die detaillierte Analyse der Beiträge aus Gruppe 3 lieferten bereits erste Hinweise auf theoretische und/oder empirische Defizite

---

[114] Im Gegensatz hierzu wurden andere Themenfelder, wie beispielsweise die Standardisierungs- beziehungsweise Differenzierungsstrategien internationaler Unternehmen (vgl. Schmid/Kotulla (2011)) oder die Markteintrittsstrategien internationaler Unternehmen (vgl. Morschett/Schramm-Klein/Swoboda (2010)), bereits umfassend studiert.

bisher veröffentlichter Arbeiten. Diese können zu vier zentralen Forschungslücken zusammengefasst werden, an denen die vorliegende Arbeit unmittelbar anknüpft:

(1) Eine deutliche Mehrheit der Studien betrachtet ausschließlich US-amerikanische Unternehmen.

Zahlreiche Wissenschaftler konstatieren, dass die upper-echelons-Forschung im Allgemeinen (zu) stark auf die Analyse angloamerikanischer Top-Management-Teams fokussiert (Arnegger/Hofmann/Pull/Vetter, 2010, S. 254; Hambrick, 2007, S. 339; Nielsen, 2010b, S. 186; Randøy/Thomsen/Oxelheim, 2006, S. 3; Sambharya, 1996, S. 739). Diese Feststellung gilt auch für Arbeiten, die sich vorwiegend mit der Internationalität des Top-Managements auseinandersetzen (Schmid/Kretschmer, 2005, S. 2). Wie in Abschnitt 3.1.2 herausgearbeitet wurde, betrachtet fast die Hälfte der identifizierten Artikel (31 von 66 Arbeiten) US-amerikanische Unternehmen. Und auch bei den Beiträgen der Gruppe 3, die sich explizit mit dem Zusammenhang zwischen Internationalität und Unternehmenserfolg beschäftigen, offenbart sich ein ähnliches Bild: Hier widmen sich ebenfalls rund 50% der Publikationen (7 von 15 Arbeiten)[115] der Analyse von Unternehmen aus den USA. Die Dominanz angloamerikanischer Forschung wirft die Frage auf, inwiefern die bisherigen Forschungsergebnisse auf Unternehmen in anderen Ländern übertragbar sind (Eckert/Dittfeld/Muche/Rässler, 2010, S. 565; Wiersema/Bird, 1996, S. 2), zumal sich beispielsweise die länderspezifischen Corporate-Governance-Systeme – und damit auch die Größe und die Aufgaben des Top-Management-Teams – teilweise deutlich voneinander unterscheiden (Gerum, 1998; Goergen/Manjon/Renneboog, 2008, S. 184; Jungmann, 2006, S. 432-433; Kutschker/Schmid, 2011, S. 578-590; Segler/Wald/Weibler, 2007).

Es erscheint also notwendig, neben den USA weitere Länder (und damit auch unterschiedliche Corporate-Governance-Modelle) zu untersuchen. Einige der im Literaturüberblick aufgeführten Beiträge verfolgen dieses Ziel. So beschäftigen sich beispielsweise die Aufsätze von Oxelheim/Randøy (2003), Oxelheim/Randøy (2005) und Randøy/Thomsen/Oxelheim (2006) mit Top-Management-Teams in skandinavischen Unternehmen. Fernández-Ortiz/Fuentes Lombardo (2009) nehmen eine spanische Perspektive ein und Nielsen/Nielsen (2008), Nielsen (2009), Nielsen (2010b), Romer (2009) sowie Ruigrok/Peck/Tacheva (2007) beleuchten Un-

---

[115] Die Arbeit von Tasler (2001) untersucht neben US-amerikanischen Unternehmen auch Unternehmen aus Deutschland und der Schweiz. Becker (2010) widmet sich US-amerikanischen und europäischen Unternehmen. Die Beiträge von Carpenter/Sanders/Gregersen (2001), Daily/Certo/Dalton (2000), Elron (1997), Roth (1995) und Slater/Dixon-Fowler (2009) analysieren ausschließlich US-amerikanische Unternehmen (siehe auch Anhang I).

ternehmen aus der Schweiz. Diese Arbeiten leisten zweifellos einen wichtigen Beitrag zur Weiterentwicklung der upper-echelons-Forschung. Da sich die Spitzenverfassungen Norwegens (Norwegian Corporate Governance Board, 2010), Schwedens (Swedish Corporate Governance Board, 2010), Dänemarks (Danish Corporate Governance Committee, 2010) und der Schweiz (economiesuisse, 2007) allerdings deutlich vom deutschen Corporate-Governance-Modell unterscheiden, liefern diese Arbeiten noch keine eindeutige Antwort auf die Frage, ob und inwiefern sich die existierenden Theorien, Hypothesen und Ergebnisse auch auf deutsche Unternehmen übertragen lassen.

Unter den Arbeiten der Gruppe 3 studiert lediglich Becker (2010) die Internationalität deutscher Top-Manager. Er betrachtet in seiner Studie allerdings nur die Mitglieder des Aufsichtsrates eines Unternehmens und trifft keine Aussagen über die Internationalität deutscher Vorstandsmitglieder (Becker, 2010, S. 5). Die vorliegende Arbeit hat das Ziel, das gesamte Führungsgremium eines Unternehmens zu analysieren und damit die Top-Management-Team-Forschung um die Perspektive des dualistischen deutschen Vorstands-Aufsichtsrats-Systems zu erweitern.

(2) Existierende Beiträge besitzen oftmals nur ein unzureichendes theoretisches Fundament.

Die Ergebnisse der Literaturanalyse legen die Vermutung nahe, dass die Autoren den Theorieteil ihrer Beiträge oftmals eher als eine formelle Notwendigkeit betrachten und bei der Herleitung von Hypothesen nur oberflächlich auf konzeptionelle Bezugsrahmen zurückgreifen (Schmid/Oesterle, 2009, S. 18). So verweisen beispielsweise Elron (1997), Oxelheim/Randøy (2003), Randøy/Thomsen/Oxelheim (2006), Slater/Dixon-Fowler (2009), und Taylor/Levy/Boyacigiller/Beechler (2008) auf eine Reihe von Veröffentlichungen, um die in ihren Untersuchungen aufgestellten Hypothesen zu rechtfertigen.[116] Ein solches Vorgehen reicht allerdings nicht aus, um Wirkungsbeziehungen zwischen Variablen zu begründen (Schmid/Oesterle, 2009, S. 19). Es ist daher wenig überraschend, dass die Top-Management-Team-Forschung von einigen Autoren als „theorielos" und rein empiristisch bezeichnet wird (Carpenter/Reilly, 2006, S. 26; McIntyre/Murphy/Mitchell, 2007, S. 548-549).

Bereits Hambrick/Mason (1984, S. 203) sprechen sich dafür aus, die upper-echelons-Perspektive mit weiteren theoretischen Strömungen zu verbinden und so eine fundierte konzeptionelle Ausgangsbasis zu schaffen. Diese Forderung wird auch in jüngster Zeit immer

---

[116] Schmid/Oesterle (2009, S. 18-21) weisen darauf hin, dass dieses Problem für viele Bereiche des Internationalen Managements gilt.

wieder aufgegriffen (Carpenter/Geletkanycz/Sanders, 2004, S. 772-773; Cheng/Chan/Leung, 2010, S. 263; Nielsen, 2010a, S. 304). Nielsen (2010a, S. 304) weist darauf hin, dass inzwischen zahlreiche Arbeiten auf mehreren Theorien basieren. Und auch die Betrachtung der Beiträge aus Gruppe 3 bestätigt diese Entwicklung. Die Literaturanalyse hat allerdings auch gezeigt, dass mehrere Arbeiten zwar eklektisch vorgehen, oftmals jedoch nicht prüfen und diskutieren, ob und inwiefern die Argumentationsfiguren verschiedener Konzepte überhaupt miteinander vereinbar sind. Die ausschließliche „Aneinanderreihung" von theoretischen Ansätzen erweist sich damit ebenfalls als problematisch.

Die vorliegende Arbeit greift diese Kritikpunkte auf und entwickelt unter anderem einen konzeptionellen Bezugsrahmen, der präzise Aussagen über die Wirkungsrichtung der Internationalität eines Individuums auf den Unternehmenserfolg ermöglicht. Dabei werden die Aussagen der upper-echelons-Perspektive, der Resource-Dependence-Theorie und der Signaling-Theorie miteinander verbunden (Abschnitte 4.1 bis 4.5).

(3) Bei der Ermittlung des Konstrukts „Internationalität" wird oftmals auf eine (zu) einfache Operationalisierung zurückgegriffen.

Bereits durch die Ausführungen in Abschnitt 2.2.2 wird unmittelbar deutlich, dass sich die Internationalität einer Person in vielen Bereichen niederschlagen kann. Folglich sollte auch die Messung dieses Konstrukts in der Literatur durch die gleichzeitige Erhebung mehrerer Indikatoren erfolgen (Deilmann/Albrecht, 2010, S. 730-731; Hecker/Peters, 2010, S. 2255; Nielsen, 2010b, S. 202). Allerdings zeigt die Betrachtung der 66 Studien in Abschnitt 3.1.2.2, dass die Internationalität einer Führungskraft in mehr als der Hälfte aller empirischen Arbeiten lediglich auf der Analyse einer einzigen Variable basiert, in etwa einem Drittel der Beiträge werden immerhin zwei Dimensionen herangezogen. Nur sehr wenige Arbeiten betrachten drei oder gar vier Bereiche (vgl. Abbildung 7). Dieses Ergebnis wird auch durch die Betrachtung der Arbeiten aus Gruppe 3 bestätigt. Hier greifen die Arbeiten meist nur auf eine oder zwei Dimensionen von Internationalität zurück.[117] Die Auswirkungen dieser Vorgehensweise auf die Ergebnisse und ihre Interpretation sind offensichtlich. In vielen Publikationen entscheidet nur ein Kriterium – beispielsweise der Pass, der Geburtsort oder der Nachname eines Top-Managers – über dessen Internationalität. Es ist jedoch zweifelhaft, ob alleine durch die

---

[117] Die einzige Ausnahme stellt die Arbeit von Romer (2009, S. 75) dar. Er nutzt zur Operationalisierung der Internationalität insgesamt drei Dimensionen. Der Index von Romer orientiert sich dabei an dem von Schmid/Daniel (2006) entwickelten Maß; die Dimension „Internationale Mandate" wird jedoch nicht erhoben (siehe auch Anhang I).

Analyse dieser Charakteristika einer Person Rückschlüsse auf deren Einstellungen, Werte und Normen gezogen werden können.

Neben der Anzahl der betrachteten Dimensionen spielt auch die statistische Modellierung des Konstrukts „Internationalität" eine wichtige Rolle. In der Regel wird die Internationalität durch einfache Prozentwertangaben (etwa Anteil der Ausländer im Top-Management-Team) oder durch Verteilungsmaße (beispielsweise Heterogenität bezüglich der im Top-Management-Team vertretenen Nationalitäten) abgebildet (Nielsen, 2010a, S. 303; Wirtl, 2006, S. 41-42). Stehen Einzelpersonen (meist der CEO eines Unternehmens) im Vordergrund, so wird die Internationalität häufig mit Hilfe einer binären Variable in entsprechende statistische Analysen überführt. Dabei nimmt die Variable „Internationalität" beispielsweise den Wert 0 an, wenn ein Individuum über keine berufliche Auslandserfahrung verfügt; der Wert 1 signalisiert, dass ein Top-Manager berufliche Auslandserfahrung besitzt. Auch die in der Literaturrecherche analysierten Beiträge der Gruppe 3 greifen vorwiegend auf solche einfachen Operationalisierungsvarianten zurück (11 von 15 Arbeiten).[118]

Die Vor- und Nachteile dieser Vorgehensweise liegen auf der Hand: Die beschriebenen Untersuchungsdesigns können zwar leicht implementiert werden, die Berücksichtigung von Heterogenitätsmaßen oder die Analyse binärer Variablen führt allerdings auch zwangsläufig zu einer (zu starken) Vereinfachung des Zusammenhangs zwischen Internationalität und Unternehmenserfolg. Die Rolle und Wirkungsweise der Internationalität wird folglich nicht umfassend beleuchtet.

Die vorliegende Arbeit schließt diese Forschungslücke, indem sie auf den von Schmid/Daniel (2006) entwickelten Internationalitätsindex zurückgreift (siehe auch Abschnitt 2.2.4.1). Damit geht die vorliegende Arbeit weit über die Analyse von Heterogenitätsmaßen und binären Variablen hinaus. Der Index beinhaltet nicht nur die Variable „Nationalität", sondern auch die Dauer der internationalen Ausbildung, die Dauer der beruflichen Auslandserfahrung und die Anzahl der externen Mandate im Ausland. Damit können – etwa im Gegensatz zu den beschriebenen binären Analysen – differenziertere Aussagen getroffen werden. Ferner beleuchtet die Untersuchung nicht die Struktur des gesamten Führungsgremiums, sondern hat das Ziel, den Erfolgsbeitrag der Internationalität eines einzelnen Top-Managers gesondert zu ana-

---

[118] Lediglich die Publikationen von Carpenter/Sanders/Gregersen (2001), Daily/Certo/Dalton (2000), Romer (2009) und Roth (1995) verwenden in ihren statistischen Modellen komplexere Variablen, um die Internationalität einer Person abzubilden. So betrachtet Roth (1995, S. 216) beispielsweise die Berufserfahrung eines Top-Managers in einer Position mit internationaler Verantwortung (kumulierte Dauer in Jahren) sowie die beruflich bedingten Auslandsaufenthalte einer Person (kumulierte Dauer in Jahren). Detaillierte Angaben zu den einzelnen Studien finden sich auch in Anhang I.

lysieren. Damit werden Anmerkungen aus der upper-echelons-Forschung aufgegriffen, die eine stärkere Berücksichtigung der Individualperspektive fordern, um eine präzisere Beschreibung des Zusammenhangs zwischen Internationalität und Unternehmenserfolg zu ermöglichen (Bertrand/Schoar, 2003, S. 1170; Carpenter/Geletkanycz/Sanders, 2004, S. 768-769; Michl/Welpe/Spörrle/Picot, 2010, S. 83).[119]

(4) In vielen Publikationen wird der Wirkungszusammenhang zwischen den untersuchten Variablen nur unzureichend beleuchtet.

Nahezu alle Studien, die sich im Rahmen einer quantitativen Untersuchung mit der Internationalität von Top-Management-Teams auseinandersetzen, stehen vor der Herausforderung, statistische Wirkungszusammenhänge zu modellieren. Die Beiträge führen in der Regel den Nachweis, dass die exogene Variable „Internationalität" eine endogene Variable (zum Beispiel den Unternehmenserfolg) auf eine bestimmte Art und Weise beeinflusst. Dieses Vorhaben scheint zunächst einfach realisierbar. Schließlich kann die Internationalität einer Person, wie in Abschnitt 2.2.2 gezeigt, durch eine Vielzahl an Variablen operationalisiert werden. Und auch bei der Ermittlung des Unternehmenserfolgs stehen, wie in Abschnitt 2.3.2 erläutert, mehrere Kennzahlen und Konzepte zur Verfügung.

Gerade weil die Aufstellung des empirischen Modells unproblematisch erscheint, muss der internen Validität einer jeweiligen Untersuchung besondere Beachtung beigemessen werden. Interne Validität liegt dann vor, wenn eine Veränderung der abhängigen Variable eindeutig auf den Einfluss der unabhängigen Variable zurückzuführen ist beziehungsweise wenn neben dem postulierten Wirkungszusammenhang keine „besseren" Alternativerklärungen existieren (Bortz/Döring, 2006, S. 53). Die Arbeiten von Bresser (2010, S. 40), Carpenter/Reilly (2006, S. 26) und Nielsen (2010a, S. 309) weisen darauf hin, dass die Überprüfung und Sicherstellung interner Validität in vielen Arbeiten allerdings nur rudimentär diskutiert wird.

Wie bedeutend die Thematik ist, zeigt sich bei einer genaueren Betrachtung der Arbeiten aus Gruppe 3. So ist es beispielsweise intuitiv nachvollziehbar, dass für Veränderungen der Kennzahl „Umsatz je Mitarbeiter", die in der Studie von Gong (2006, S. 780) als abhängige Variable Verwendung findet, oder der Gesamtkapitalrentabilität, auf die bei Randøy/Thomsen/Oxelheim (2006, S. 23) zurückgegriffen wird, viele Alternativerklärungen existieren können. Damit stellt sich die Frage, inwiefern bei den Arbeiten der Gruppe 3 von

---

[119] Wie in Abschnitt 5.3.4 zu sehen ist, berücksichtigt die quantitativ-empirische Untersuchung darüber hinaus auch Kontrollvariablen, welche die Charakteristika sämtlicher Top-Management-Team-Mitglieder abbilden.

einer internen Validität ausgegangen werden kann. Diese Frage wird in der Regel nicht von den Autoren beantwortet; die Problematik der internen Validität wird nicht oder nur am Rande diskutiert (Wirtl, 2006, S. 53). Vielmehr verweisen die Autoren auf die Argumentation von Hambrick und Mason, in der eine „causal gap" zwischen den Charakteristika der Top-Manager einerseits und unternehmensspezifischen Erfolgsmaßen andererseits eingeräumt wird. Über die Wirkungsweise demographischer Merkmale können demnach keine eindeutigen Aussagen getroffen werden, „but given this weakness, if demographic data yield significant findings, then the upper echelons theory will have been put to a relatively stringent test" (Hambrick/Mason, 1984, S. 196). Mit anderen Worten: Sobald der Zusammenhang zwischen der Internationalität eines Top-Managers und dem finanziellen Erfolg eines Unternehmens statistisch signifikant ist, kann von interner Validität ausgegangen werden. Die Argumentation löst jedoch nicht das eigentliche Problem, denn die Auswirkungen demographischer Merkmale auf den Unternehmenserfolg bleiben weiterhin unklar.

Zukünftige Arbeiten sollten sich daher nicht nur von signifikanten Zusammenhängen leiten lassen, sondern kritisch hinterfragen, ob bestimmte Untersuchungsmethoden und Erfolgsgrößen tatsächlich zur Beantwortung der jeweilige Forschungsfragen herangezogen werden können (Milliken/Martins, 1996, S. 416-417; Priem/Lyon/Dess, 1999, S. 939). Die vorliegende Arbeit greift diese Kritik auf und nutzt mit der in Abschnitt 5.3.2 vorgestellten Ereignisstudie ein Untersuchungsinstrument, welches die interne Validität der Untersuchung erhöht und somit präzisere Ergebnisse im Hinblick auf die Wirkungsweise zwischen Internationalität und Unternehmenserfolg liefern kann.

Tabelle 4 fasst nochmals die in der Literaturanalyse identifizierten Forschungslücken zusammen. Darüber hinaus wird angedeutet, auf welche Art und Weise in der vorliegenden Arbeit die Defizite bisheriger Literatur adressiert werden.

Forschungslücke	Autor(en), die ebenfalls Forschungsbedarf in diesem Bereich hervorheben	Beitrag der vorliegenden Arbeit
Bestehende Publikationen widmen sich vorwiegend der Analyse US-amerikanischer Unternehmen und deren Top-Manager. Zur Internationalität deutscher Führungsgremien liegen bislang nur wenige Erkenntnisse vor.	Sambharya (1996, S. 739) Wiersema/Bird (1996, S. 2) Schmid/Kretschmer (2005, S. 2) Randøy/Thomsen/Oxelheim (2006, S. 3) Hambrick (2007, S. 339) Tacheva (2007, S. 42) Arnegger/Hofmann/Pull/Vetter (2010, S. 254) Becker (2010, S. 117) Nielsen (2010b, S. 186)	Diese Arbeit betrachtet die Vorstände und Aufsichtsräte deutscher DAX-30-Unternehmen. Sie führt eine umfassende Analyse der Erfolgswirkungen der Internationalität *deutscher* Corporate-Governance-Gremien durch.

Forschungslücke	Autor(en), die ebenfalls Forschungsbedarf in diesem Bereich hervorheben	Beitrag der vorliegenden Arbeit
Bisherige Arbeiten greifen oftmals nur oberflächlich auf Theorien zurück, um Wirkungszusammenhänge zwischen den untersuchten Variablen zu begründen.	Lawrence (1997, S. 20) Carpenter/Reilly (2006, S. 26) McIntyre/Murphy/Mitchell (2007, S. 548-549) Becker (2010, S. 118) Nielsen (2010a, S. 302)	Der konzeptionelle Bezugsrahmen dieser Arbeit verbindet die upper-echelons-Perspektive mit der Resource-Dependence-Theorie und der Signaling-Theorie. Dadurch können gerichtete Hypothesen über die Wirkung der Internationalität von Top-Managern abgeleitet werden.
Bei der Ermittlung des Konstrukts „Internationalität" wird oftmals auf eine (zu) einfache Operationalisierung zurückgegriffen.	Carpenter/Reilly (2006, S. 17) Maier (2008, S. 159) Greve/Nielsen/Ruigrok (2009, S. 217-218) Arnegger/Hofmann/Pull/Vetter (2010, S. 242) Hecker/Peters (2010, S. 2255) Nielsen (2010b, S. 202)	Der in der vorliegenden Arbeit vorgestellte Index ist umfassender als viele in der Literatur verwendete Internationalitätsdimensionen und ermöglicht eine detaillierte Darstellung der Internationalität von Top-Managern.
Die Richtung des Kausalzusammenhangs zwischen den untersuchten Variablen wird in bisherigen Arbeiten nicht oder nur unzureichend beleuchtet.	Pettigrew (1992, S. 175) Milliken/Martins (1996, S. 416-417) Priem/Lyon/Dess (1999, S. 939) Carpenter/Geletkanycz/Sanders (2004, S. 773) Carpenter/Reilly (2006, S. 27) Wirtl (2006, S. 53)	Mit Hilfe einer Ereignisstudie können die unmittelbaren Auswirkungen von Internationalität auf den Unternehmenserfolg isoliert werden. Kausalitätsprobleme, die beispielsweise bei der Verwendung von „time-lags" auftreten, werden damit reduziert.

Tab. 4: Existierende Forschungslücken in der Literatur zur Internationalität von Top-Managern

Im folgenden Kapitel wird der konzeptionelle Rahmen dieser Arbeit entwickelt, der die Ausgangsbasis für die empirisch-quantitative Untersuchung darstellt.

4 Theoretisch-konzeptionelle Basis zur Untersuchung der Kapitalmarktreaktionen auf die Benennung internationaler Top-Manager

4.1 Einführende Überlegungen

Die Ausführungen in Kapitel 2 veranschaulichen, welcher Personenkreis zum Top-Management-Team eines Unternehmens zählt, in welchen Dimensionen sich die Internationalität eines Individuums manifestieren kann, welche Kennzahlen den finanziellen Erfolg eines Unternehmens widerspiegeln und was unter dem Begriff „Internationalität der Unternehmensaktivitäten" verstanden werden kann. Theoretisch fundierte Aussagen zu den Wirkungszusammenhängen zwischen diesen einzelnen Konstrukten wurden bislang jedoch noch nicht formuliert. In diesem Kapitel wird daher ein konzeptioneller Bezugsrahmen entwickelt, mit dessen Hilfe Hypothesen über die Erfolgsauswirkungen der Benennung internationaler Top-Manager abgeleitet werden können.[120] Die Ausgangsbasis hierfür stellt eine intensive Beschäftigung mit folgenden Fragen dar:

1. Können Top-Manager den Erfolg eines Unternehmens tatsächlich beeinflussen (Abschnitt 4.2)?

2. Wenn ja, inwiefern wirkt sich die Internationalität einer Führungskraft auf den Erfolg eines Unternehmens aus? Warum ist zu vermuten, dass internationale Top-Manager den Unternehmenserfolg positiver beeinflussen als Führungskräfte, die über keine oder nur ein geringes Maß an Internationalität verfügen (Abschnitt 4.3)?

3. Weshalb ist bei der Benennung eines internationalen Top-Managers möglicherweise eine Aktienkursreaktion beobachtbar? Wieso berücksichtigen die Teilnehmer am Aktienmarkt bei ihren Investitionsentscheidungen die Charakteristika – und damit auch die Internationalität – von Top-Managern (Abschnitt 4.4)?

Die theoretischen Ansätze zur Beantwortung der Fragen werden anschließend in einen Bezugsrahmen überführt, der als Grundlage für die Herleitung der Hypothesen dieser Arbeit dient (Abschnitt 4.5).

---

[120] Vgl. hierzu auch Schmid/Dauth (2011b), dort insbesondere die Abschnitte 1 und 2.

4.2 Der upper-echelons-Ansatz

In diesem Abschnitt wird zunächst auf die Entstehungsgeschichte und die Grundannahmen der upper-echelons-Perspektive eingegangen (Abschnitt 4.2.1). Anschließend folgt die Übertragung der Argumentationsfiguren des Ansatzes auf die Fragestellungen der vorliegenden Arbeit (Abschnitt 4.2.2).

4.2.1 Entstehungsgeschichte und Grundannahmen des upper-echelons-Ansatzes

Der im Jahr 1984 erschienene Aufsatz „Upper Echelons: The Organization as a Reflection of Its Top Managers" von Hambrick und Mason gilt als die „Grundlagenschrift" der upper-echelons-Perspektive (Bresser, 2010, S. 36; Carpenter/Geletkanycz/Sanders, 2004, S. 750; Nielsen, 2010a, S. 301).[121] Die Überlegungen der beiden Autoren basieren wiederum auf der von Barnard (1938), Cyert/March (1963), March/Simon (1958) und Simon (1997, erstmals 1945) geprägten verhaltenswissenschaftlichen Entscheidungstheorie. Vor der Diskussion der upper-echelons-Perspektive muss daher kurz auf die Grundzüge der verhaltenswissenschaftlichen Entscheidungstheorie eingegangen werden (Abschnitt 4.2.1.1); erst im Anschluss daran folgt die Vorstellung des Konzepts von Hambrick und Mason (Abschnitt 4.2.1.2).

4.2.1.1 Die Verhaltenswissenschaftliche Entscheidungstheorie

Die verhaltenswissenschaftliche Entscheidungstheorie stellt eine Gegenbewegung zu den in den 1950er und 1960er Jahren vorherrschenden deterministischen Ansätzen der Organisationstheorien dar (Finkelstein/Hambrick/Cannella, 2009, S. 7-8; Wirtl, 2006, S. 24-25; Wolf, 2011, S. 234-235). Die Vertreter der Carnegie Schule um Richard M. Cyert, James G. March und Herbert A. Simon widmen sich vorwiegend der Frage, wie Unternehmen ihre Existenz in einer komplexen und dynamischen Umwelt sichern können (Becker, 2010, S. 40; Berger/Bernhard-Mehlich, 2006, S. 169; Kieser/Walgenbach, 2010, S. 37). Dabei gehen sie davon aus, dass Strategien und Strukturen in Unternehmen nicht ausschließlich externen Umweltbedingungen, sondern auch voluntaristischen Elementen unterliegen.[122] Demnach können

---

[121] Die Publikationen von Finkelstein/Hambrick (1996), Finkelstein/Hambrick/Cannella (2009), Hambrick (1994), Hambrick (2007) und Jackson (1992) sind weitere zentrale Schriften des upper-echelons-Ansatzes. Für Literaturüberblicke und kritische Auseinandersetzungen mit dem Konzept von Hambrick und Mason vgl. etwa Carpenter/Geletkanycz/Sanders (2004), Lawrence (1997) und Nielsen (2010a).

[122] Die Unterscheidung zwischen deterministischen und voluntaristischen Organisationstheorien wird in der Literatur häufig aufgegriffen – unter anderem auch in dem Systematisierungsvorschlag von Astley/van de

Individuen die Strategien und Ziele eines Unternehmens bestimmen und entscheiden somit letztlich über dessen Fortbestand (Berger/Bernhard-Mehlich, 2006, S. 169; Carter, 1971, S. 413-414; Cyert/March, 2006, S. 30-31; Schrader, 1995, S. 34-39). Das Entscheidungsverhalten einzelner Personen unterliegt dabei jedoch einer begrenzten Rationalität („bounded rationality"). Sie verfügen nur über ein unvollständiges Wissen in Bezug auf die Bedingungen und Konsequenzen von Entscheidungsalternativen und können die Auswirkungen zukünftiger Ereignisse nicht oder nur unzureichend in gegenwärtigen Entscheidungssituationen berücksichtigen (Berger/Bernhard-Mehlich, 2006, S. 177-178; Kieser/Walgenbach, 2010, S. 38).

Trotz dieser Einschränkungen ist es notwendig, Entschlüsse zu fassen. Individuen greifen daher auf Vereinfachungsmechanismen zurück. So werden üblicherweise nicht alle Aspekte und Facetten eines Problems beleuchtet; Entscheidungsträger begnügen sich vielmehr mit der einseitigen Deutung eines Sachverhalts (Berger/Bernhard-Mehlich, 2006, S. 179; Carter, 1971, S. 414). Bei ihren Entschlüssen verlassen sie sich auf subjektive Erfahrungen, Wertevorstellungen und erprobte Deutungsmuster. Zudem verfolgen Individuen das Prinzip des „Satisficing" und begnügen sich mit befriedigenden, oftmals jedoch suboptimalen Lösungen (Berger/Bernhard-Mehlich, 2006, S. 178; Carter, 1971, S. 414). Die langwierige und komplexe Suche nach dem optimalen Ergebnis findet nicht statt, da die begrenzte Rationalität der Individuen einen umfassenden Vergleich aller Entscheidungsalternativen nicht zulässt (Berger/Bernhard-Mehlich, 2006, S. 178).

Wie eingangs bereits deutlich wurde, räumt der verhaltenswissenschaftliche Ansatz Individuen zahlreiche Gestaltungsmöglichkeiten ein. Er liefert jedoch keine präzisen Aussagen darüber, welcher Personenkreis zu den Entscheidungsträgern im Unternehmen zählt. In diesem Zusammenhang verweisen Cyert/March (1963) lediglich auf das Konzept der „dominanten Koalition". Die Mitglieder dieser „dominanten Koalition" verfügen über ein besonderes Maß an Macht und sind somit auch in der Lage, die Strategie und den Erfolg eines Unternehmens zu beeinflussen. Präzisere Hinweise zur personellen Zusammensetzung des Führungsgremiums geben die Autoren jedoch nicht.[123]

Ven (1983, S. 247). In ihrem Beitrag spannen Astley und van de Ven eine Matrix mit zwei Dimensionen auf: In der ersten Dimension unterscheiden sie zwischen Organisationstheorien, die (1) einzelne Unternehmen analysieren oder sich mit (2) Gruppen von Unternehmen befassen. In der zweiten Dimension unterscheiden sie zwischen Organisationstheorien, denen eine (1) deterministische Sichtweise oder eine (2) voluntaristische Sichtweise zugrunde liegt. Die Publikationen von Kieser/Ebers (2006), Kieser/Walgenbach (2010) und Wolf (2011) fassen einige der populärsten Organisationstheorien zusammen.

[123] Child weist darauf hin: „...the term dominant coalition does not necessarily identify the formally designated holders of authority in an organization; rather it refers to those who collectively happen to hold most power

4.2.1.2 Grundzüge des upper-echelons-Ansatzes

Während die Carnegie Schule also eine relativ unspezifische Definition für die „dominante Koalition" eines Unternehmens wählt, legen Arbeiten, die in den frühen 1980er Jahren entstanden, erstmals explizit den Fokus auf die Analyse der Top-Manager im Unternehmen.[124] In seiner 1982 erschienenen Monographie studiert Kotter (1982) etwa, inwiefern Unterschiede im Verhalten einzelner Führungskräfte auf Unterschiede in ihren persönlichen Eigenschaften zurückzuführen sind. Nahezu zeitgleich entstanden ähnlich konzipierte Beiträge (Donaldson/Lorsch, 1983; Meindl/Ehrlich/Dukerich, 1985; Miller/Kets de Vries/Toulouse, 1982; Song, 1982; Wagner/Pfeffer/O'Reilly, 1984), die sich ebenfalls dem Top-Management widmen.[125]

Hambrick und Mason unternahmen 1984 den Versuch, die existierenden Erkenntnisse zu den Zusammenhängen zwischen den Top-Managern und der Strategie beziehungsweise dem Erfolg eines Unternehmens in formalisierten Wirkungsbeziehungen festzuhalten (Bresser, 2010, S. 36; Hambrick, 2005, S. 112, Hambrick, 2007, S. 334; Hambrick/Mason, 1984, S. 193).[126] In dem von Hambrick und Mason entwickelten Bezugsrahmen steht dabei das Verhalten beziehungsweise die Art und Weise der Informationsverarbeitung von Individuen im Mittelpunkt der Analyse.[127] Der Argumentation der Autoren folgend, weisen die Situationen, mit

---

over a particular period of time" vgl. Child (1972, S. 13). Die Übersicht von Tsui/Gutek (1999, S. 29) führt beispielhaft verschiedene Personengruppen auf, die in der Literatur als „dominante Koalition" aufgefasst werden.

[124] In Abschnitt 2.1 wurde gezeigt, dass in der Literatur kein einheitliches Verständnis des Begriffs „Top-Manager" vorherrscht. Die im Folgenden genannten Arbeiten greifen in der Regel auf Corporate-Governance-Richtlinien sowie auf die Organisations- und Führungsstruktur eines Unternehmens zurück, um die Top-Manager zu identifizieren.

[125] Hambrick und Mason waren damit nicht die einzigen – und auch nicht die ersten – Autoren, welche die Rolle des Top-Managements im Unternehmen beleuchteten. Vgl. hierzu auch Carpenter/Reilly (2006, S. 22). Doch warum wird der Aufsatz von Hambrick und Mason dennoch fortwährend als „Grundlagenschrift" des upper-echelons-Ansatzes bezeichnet? In der Literatur wird im Hinblick auf diese Frage darauf verwiesen, dass die Autoren einen Beitrag vorlegten, in dem die Zusammenhänge zwischen den Charakteristika des Top-Managements und der Strategie beziehungsweise dem Erfolg eines Unternehmens *erstmals* in formalisierten Wirkungsbeziehungen festgehalten wurden. Vgl. Bresser (2010, S. 36), Finkelstein/Hambrick/Cannella (2009, S. 8). Darüber hinaus hat die eingängige und leicht umsetzbare Operationalisierung des Ansatzes seine Akzeptanz in der wissenschaftlichen Literatur sicherlich zusätzlich erhöht. Vgl. Bresser (2010, S. 37), Evans/Butler (2011, S. 89-90), Oesterle (1999, S. 110).

[126] Schon zu Beginn ihres Aufsatzes betonen Hambrick und Mason den Stellenwert von Top-Managern in Unternehmen und weisen auf Schnittmengen zur verhaltenswissenschaftlichen Entscheidungstheorie hin: „The view taken here is that top executives matter. The contrary view – that large organizations are swept along by events or somehow run themselves has been argued...by the population ecologists" vgl. Hambrick/Mason (1984, S. 194). Auch in späteren Publikationen weisen Hambrick und Mason immer wieder in prägnanten Sätzen darauf hin, dass Top-Managern im Unternehmen eine besondere Rolle zukommt. In einem Aufsatz aus dem Jahr 2007 schreibt etwa Hambrick: „If we want to understand why organizations do the things they do, or why they perform the way they do, we must consider the biases and dispositions of their most powerful actors – their top executives" vgl. Hambrick (2007, S. 334).

[127] Hambrick (2005, S. 112) bezeichnet den upper-echelons-Ansatz in einer späteren Veröffentlichung auch als „Informationsverarbeitungstheorie". Vgl. ergänzend hierzu Wolf (2011, S. 301-332). Den Ausführungen

denen Führungskräfte konfrontiert werden, üblicherweise ein hohes Maß an Komplexität auf (Hambrick/Mason, 1984, S. 195). Unter Rückgriff auf das Konzept der „bounded Rationality" von Cyert/March (1963) argumentieren sie, dass es den Top-Managern unmöglich ist, alle relevanten Informationen und Vorgänge innerhalb und außerhalb des Unternehmens wahrzunehmen und zu beurteilen (Hambrick, 2005, S. 112; Hambrick/Mason, 1984, S. 195). Jede Führungskraft greift daher im Rahmen eines „Filtering Process" auf individuelle Erfahrungen, Werte und Normen zurück, um die Komplexität einer Entscheidungssituation zu reduzieren. Die psychologischen Charakteristika einer Person sind demnach ausschlaggebend dafür, wie ein Top-Manager eine Situation wahrnimmt, Informationen auswählt und interpretiert (Bresser, 2010, S. 37; Hambrick/Mason, 1984, S. 195). Nach der Beendigung des „Filtering Process" verfügt der Top-Manager über einen Einblick in den von seinen (subjektiven) Einstellungen, Werten und Normen geprägten Teil der (objektiven) Realität (Hambrick, 2005, S. 112). Dieser subjektive Ausschnitt der Realität dient anschließend als Ausgangsbasis für das Handeln der Führungskraft und das Treffen von strategischen Wahlentscheidungen, welche letztlich Auswirkungen auf den Unternehmenserfolg haben können. Abbildung 8 veranschaulicht den Argumentationsgang von Hambrick und Mason.

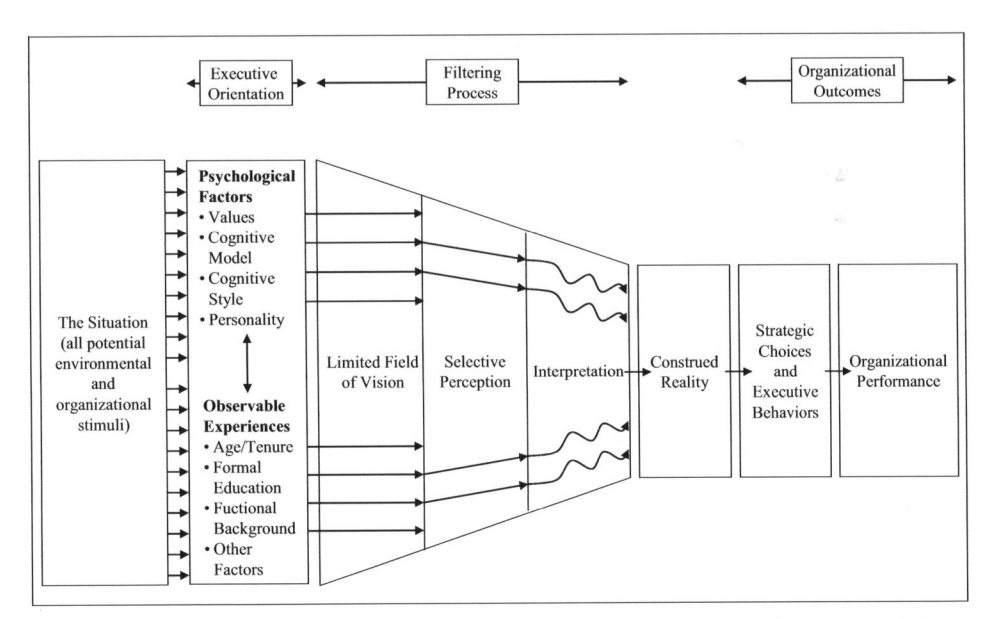

Abb. 8: Wahrnehmung und Handeln von Top-Managern im Rahmen des upper-echelons-Ansatzes
Quellen: Hambrick/Mason (1984, S. 195), Hambrick (2005, S. 113)

---

von Wolf (2011, S. 308-309) folgend, stellen die Arbeiten der Carnegie-Schule sowie der Ansatz von Hambrick und Mason eine individuenzentrierte Variante des Informationsverarbeitungsansatzes dar.

Die bisherigen Ausführungen zur upper-echelons-Perspektive weisen deutliche Schnittmengen mit den zentralen Konzepten der verhaltenswissenschaftlichen Entscheidungstheorie auf. Neu in dem von Hambrick und Mason propagierten Konzept ist neben dem Fokus auf das Top-Management allerdings die Annahme, dass sich die abstrakten psychologischen Charakteristika eines Individuums in direkt beobachtbaren demographischen Eigenschaften (zum Beispiel Alter, Berufserfahrung, Dauer und Art der Ausbildung) widerspiegeln können.[128] So lassen sich beispielsweise durch die Analyse des Ausbildungshintergrundes oder der Berufserfahrung einer Person Hinweise auf deren Werte, Einstellungen und Überzeugungen gewinnen.[129]

Die Begründer des upper-echelons-Ansatzes stellen folglich nicht nur einen konzeptionellen Rahmen zur Verfügung, mit dessen Hilfe die Führungskräfte in Unternehmen beleuchtet werden können, sie entwickeln auch eine Methode zur Operationalisierung der theoretischen Konstrukte. Die Aussagen von Hambrick und Mason lassen sich dabei in folgende grundlegende Thesen zusammenfassen (Finkelstein/Hambrick, 1996; Hambrick, 2005; Hambrick, 2007; Hambrick/Mason, 1984):

1. Top-Manager können durch ihr Verhalten und ihre Entscheidungen den Erfolg eines Unternehmens beeinflussen.

2. Das Verhalten und die Entscheidungen von Top-Managern wird von ihren psychologischen Charakteristika bestimmt.

3. Die psychologischen Charakteristika von Top-Managern können näherungsweise über demographische Variablen erfasst werden.

Diese Thesen fließen schließlich in das in Abbildung 9 dargestellte Modell ein, welches die zentralen Konstrukte und vermuteten Wirkungszusammenhänge des upper-echelons-Ansatzes

---

[128] Ähnliche Überlegungen hatte vor Hambrick/Mason (1984) bereits Pfeffer (1983) geäußert. In seinem Aufsatz „Organizational Demography" hebt er die Bedeutung demographischer Merkmale hervor und argumentiert, dass diese Variablen als Surrogat für abstrakte kognitive Prozesse dienen können. Vgl. auch Becker (2010, S. 42).

[129] So wird etwa eine Führungskraft, die lange Zeit ihres Berufslebens mit Marketingaufgaben betraut war, eine Entscheidungssituation auf andere Art und Weise interpretieren als ein Top-Manager, der vornehmlich im Bereich der Finanzierung und des Rechnungswesens Berufserfahrungen sammeln konnte. Vgl. Hambrick/Mason (1984, S. 199).

veranschaulicht.[130] Auf die in Klammern stehenden Zusammenhänge wird im Folgenden näher eingegangen.

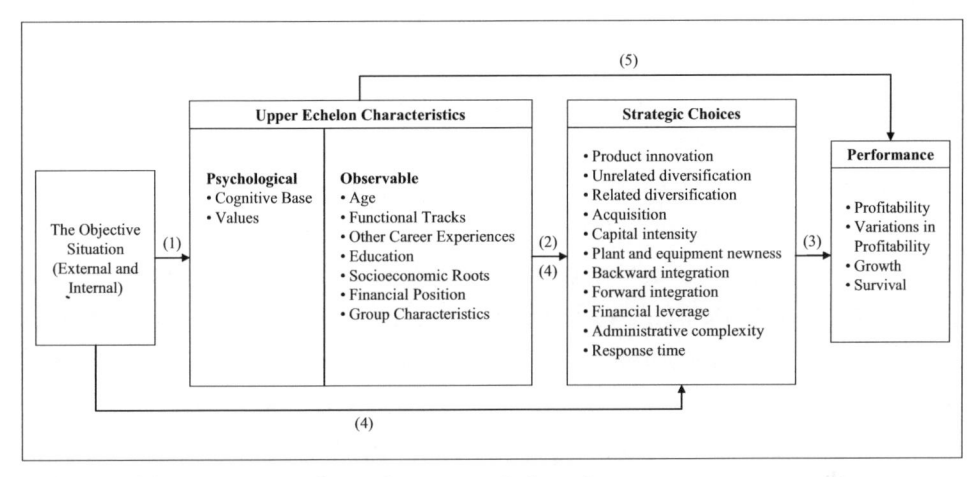

```
                                    (5)
        ┌─────────────────────────────────────────────────────────────────────┐
        │   Upper Echelon Characteristics      Strategic Choices              │
        │                                                                     │
        │                                  • Product innovation               │
        │   Psychological  Observable      • Unrelated diversification        │    Performance
        │   • Cognitive    • Age           • Related diversification          │
        │     Base         • Functional    • Acquisition                      │    • Profitability
The     │   • Values         Tracks        • Capital intensity                │    • Variations in
Objective (1)               • Other Career  (2) • Plant and equipment newness (3)   Profitability
Situation│                    Experiences  (4) • Backward integration         │    • Growth
(External│                  • Education        • Forward integration          │    • Survival
and      │                  • Socioeconomic    • Financial leverage           │
Internal)│                    Roots            • Administrative complexity    │
         │                  • Financial        • Response time                │
         │                    Position                                        │
         │                  • Group                                           │
         │                    Characteristics                                 │
                                    (4)
```

Abb. 9: Wirkungszusammenhänge im upper-echelons-Ansatz
Quellen: Finkelstein/Hambrick (1996, S. 42), Hambrick/Mason (1984, S. 198)

Hambrick und Mason postulieren zunächst, dass zwischen den externen Umweltbedingungen und der internen Situation des Unternehmens einerseits sowie den Charakteristika der Top-Manager andererseits eine Verknüpfung existiert (1). Die Situation, in der sich ein Unternehmen befindet, hat demnach einen Einfluss darauf, welche Personen in das Top-Management-Team berufen werden: „upper echelons characteristics are in part a reflection of the situation that the organization faces" (Hambrick/Mason, 1984, S. 197). In einem zweiten Kausalzusammenhang werden die Charakteristika der Top-Manager als Determinanten strategischer Entscheidungen gesehen, die in einem Unternehmen getroffen werden (2). Und diese strategischen Entscheidungen wirken sich wiederum auf den Unternehmenserfolg aus (3). Hambrick und Mason vermuten ferner, dass Entscheidungen im Unternehmen nicht ausschließlich von den Charakteristika der Top-Manager beeinflusst werden, sondern gleichzeitig auch von der Situation abhängig sind, in der sich ein Unternehmen befindet (4). Letztlich wird angenommen, dass zwischen den Charakteristika der Führungskräften und dem Unternehmenserfolg ein direkter Zusammenhang besteht (5).

---

[130] Die Wirkungszusammenhänge des upper-echelons-Ansatzes wurden von zahlreichen anderen Forschern ergänzt und erweitert. Vgl. hierzu beispielsweise Carpenter/Geletkanycz/Sanders (2004, S. 760) oder Michl/Welpe/Spörrle/Picot (2010, S. 86). In der vorliegenden Arbeit wird die ursprüngliche Systematik von Finkelstein/Hambrick (1996, S. 42) und Hambrick/Mason (1984, S. 195) zugrunde gelegt.

Der von Hambrick und Mason entwickelte Bezugsrahmen hat viele Wissenschaftler dazu bewegt, sich intensiv mit den Führungsgremien eines Unternehmens auseinanderzusetzen (Bresser, 2010, S. 38; Carpenter/Geletkanycz/Sanders, 2004, S. 750).[131] Die ersten Beiträge, welche der upper-echelons-Forschung zugerechnet werden können, analysieren dabei vorwiegend den direkten Einfluss demographischer Variablen (zum Beispiel Alter, Ausbildungshintergrund oder Berufserfahrung der Top-Manager) auf verschiedene abhängige Variablen wie etwa den finanziellen Erfolg eines Unternehmens (Miller, 1991; Norburn/Birley, 1988; Thomas/Litschert/Ramaswamy, 1991; Wiersema/Bantel, 1992) und konzentrieren sich damit auf Wirkungszusammenhang (5) in Abbildung 9.[132] Jüngere Studien widmen sich der Verbindung zwischen den Charakteristika des Top-Managements und weiteren Phänomenen wie etwa der Bildung von strategischen Allianzen (Eisenhardt/Schoonhoven, 1996), der Dynamik von Wettbewerbshandlungen (Ferrier, 2001) oder Internationalisierungsstrategien (Nielsen, 2010b) (Wirkungszusammenhang (2) in Abbildung 9). Darüber hinaus werden seit einigen Jahren auch moderierende Effekte berücksichtigt (Wirkungszusammenhang (4) in Abbildung 9). Die Beiträge von Crossland/Hambrick (2007) und Crossland/Hambrick (2011) studieren beispielsweise, inwieweit die „Managerial Discretion", der Grad der Entscheidungsfreiheit von Führungskräften, die Beziehung zwischen den Top-Management-Charakteristika und dem Unternehmenserfolg beeinflusst.

4.2.2 Anwendung des upper-echelons-Ansatzes in der vorliegenden Arbeit

Die prägnante Aussage „top executives matter" (Hambrick/Mason, 1984, S. 194) gibt bereits einen eindeutigen Hinweis darauf, welche Antwort der upper-echelons-Ansatz auf die erste in Abschnitt 4.1 gestellte Frage gibt. Basierend auf den Elementen der voluntaristischen Entscheidungstheorie sprechen Hambrick und Mason den Top-Managern weitreichende Möglichkeiten hinsichtlich der Beeinflussung von Unternehmensstrategie und Unternehmenserfolg zu. Führungskräfte verfügen über individuelle Wissensstände, Erfahrungen und Überzeugungen. Aus diesem Grund nehmen sie Situationen unterschiedlich wahr und reagieren in ähnlichen Entscheidungssituationen nicht einheitlich (Hambrick, 2007, S. 334; Hambrick/Mason, 1984, S. 200; Wirtl, 2006, S. 34). Der Unternehmenserfolg wird daher – neben anderen Fakto-

---

[131] Viele Studien betrachteten dabei – in Übereinstimmung mit der Empfehlung von Hambrick und Mason – hauptsächlich Top-Management-Teams und nicht Einzelpersonen im Unternehmen: „...study of an entire team increases the potential strength of the theory to predict, because the chief executive shares tasks and, to some extent, power with other team members" vgl. Hambrick/Mason (1984, S. 196).

[132] Literaturüberblicke zu frühen upper-echelons-Arbeiten finden sich auch bei Carpenter/Geletkanycz/Sanders (2004), Finkelstein/Hambrick (1996) und Finkelstein/Hambrick/Cannella (2009).

ren – auch von den individuellen Eigenschaften der Top-Manager bestimmt. Unklar bleibt jedoch, ob der Ansatz auch Aussagen über die Wirkungsweise einzelner demographischer Charakteristika der Führungskräfte zulässt und somit auch zur Klärung der zweiten, in Abschnitt 4.1 formulierten Fragestellung beitragen kann. Inwiefern wirkt sich also die Internationalität einer Person auf die Strategien und den Erfolg eines Unternehmens aus? Sind internationale Top-Manager möglicherweise in der Lage, zu einem höheren finanziellen Erfolg beizutragen und damit „wertvoller" als nicht internationale Top-Manager?

Die individuelle Internationalität wird in dem ursprünglichen Modell von Hambrick und Mason nicht als ein relevantes, beobachtbares Charakteristikum von Top-Managern angesehen (siehe auch Abbildung 9). Zahlreiche Wissenschaftler heben jedoch vor dem Hintergrund der zunehmenden internationalen Verflechtung von Unternehmen die Bedeutung dieser Eigenschaft hervor (Becker, 2010, S. 45; Carpenter/Geletkanycz/Sanders, 2004, S. 762; Hamori/Koyuncu, 2011, S. 843; Kanter, 2000, S. 18; Nielsen/Nielsen, 2010, S. 196; Rhee/Lee, 2008, S. 42; Süß, 2004, S. 71).[133] Es ist daher naheliegend, die Internationalität einer Führungskraft als zusätzliche Variable in das Kausalmodell von Hambrick und Mason zu übernehmen. In der Vergangenheit folgten bereits einige Autoren dieser Überlegung (Carpenter/Sanders/Gregersen, 2000; Carpenter/Sanders/Gregersen, 2001; Daily/Certo/Dalton, 2000; Elron, 1997).

Eine genauere Betrachtung der in den Abbildungen 8 und 9 veranschaulichten Modelle schürt jedoch Zweifel daran, dass die upper-echelons-Perspektive tatsächlich erklären kann, welche Konsequenzen mit der Internationalität von Top-Managern verbunden sind: „Upper echelons theory suggests that executives' backgrounds will impact organizations in some way..." (Carpenter/Sanders/Gregersen, 2001, S. 494). Demnach spielen psychologische Merkmale der Führungskräfte zwar eine wichtige Rolle, allerdings wird das Zusammenwirken zwischen diesen individuellen Eigenschaften und den (Entscheidungsfindungs-)Prozessen im Corporate-Governance-Gremium sowie dem Unternehmenserfolg (Hambrick, 2005, S. 122-123) nicht weiter präzisiert. Mit anderen Worten: Hambrick und Mason erklären zwar unter Rückgriff auf die selektive Wahrnehmung und Informationsverarbeitung einer Person, weshalb psychologische Eigenschaften die Perzeption und das Entscheidungsverhalten von Individuen und damit auch den Erfolg eines Unternehmens mitbestimmen können (Carpenter/Geletkanycz/Sanders, 2004, S. 770; Hambrick, 2005, S. 112; Nadkarni/Herrmann, 2010,

---

[133] Auch Hambrick/Mason (1984, S. 199) weisen darauf hin, dass neben den von ihnen erwähnten „Upper Echelon Characteristics" weitere demographische Eigenschaften existieren können, die ebenfalls Auswirkungen auf das Entscheidungsverhalten eines Individuums haben.

S. 1050), unklar bleibt jedoch, *warum* bestimmte Eigenschaften von Vorteil oder Nachteil sind (Hambrick, 2005, S. 122; Lawrence, 1997, S. 20; McIntyre/Murphy/Mitchell, 2007, S. 548-549; Pettigrew, 1992, S. 175).[134] Hambrick selbst fasst diese Erkenntnis prägnant zusammen: „We have done a poor job of getting inside the ‚black box'. For example, when we observe that long-tenured executives engage in strategic persistence, why is that? Are they committed to the status quo? Risk-averse? Tired? or What?" (Hambrick, 2005, S. 122). Damit bleibt auch offen, warum internationale Top-Manager den Unternehmenserfolg möglicherweise positiver beeinflussen als Führungskräfte, denen individuelle Internationalität fehlt. Die in Abschnitt 4.1 gestellte Frage (2) kann der upper-echelons-Ansatz folglich nicht beantworten.

Auch Frage (3), die sich mit den Auswirkungen der Internationalität einer Person auf den Aktienkurs eines Unternehmens beschäftigt, können Hambrick und Mason nicht klären. Wie Abbildung 9 zeigt, gehen Hambrick und Mason davon aus, dass die externe Situation, in der sich ein Unternehmens befindet, unter anderem auch die Zusammensetzung des Top-Management-Teams bestimmt. Unklar bleibt jedoch, ob und inwiefern sich die „Upper Echelon Characteristics" wiederum auf die Unternehmensumwelt auswirken. In dem Modell ist eine derartige Wirkungsbeziehung nicht vorgesehen (Bresser, 2010, S. 36; Hambrick/Mason, 1984, S. 198). Die upper-echelons-Perspektive erlaubt demnach keine Rückschlüsse darauf, welchen Effekt die Internationalität der Top-Manager auf die Wahrnehmung und das Handeln von Investoren haben kann. Ein konzeptioneller Bezugsrahmen zur Untersuchung der Kapitalmarktreaktionen auf die Benennung internationaler Top-Manager muss eine solche Verbindung zwischen dem Führungsgremium und den Kapitalmarktteilnehmern allerdings explizit berücksichtigen.

Zusammenfassend kann festgehalten werden: Die upper-echelons-Perspektive bejaht die in Abschnitt 4.1 formulierte Frage: Können Top-Manager die Strategie und den Erfolg eines Unternehmens tatsächlich beeinflussen? Damit liefert dieser Ansatz einen wichtigen konzeptionellen Beitrag für das vorliegende Forschungsvorhaben. Zusätzlich stellt die Arbeit von Hambrick und Mason das methodische Instrumentarium für eine empirische Untersuchung zur Verfügung. Durch den Rückgriff auf beobachtbare demographische Charakteristika einer

---

[134] Aus diesem Grund wird der upper-echelons-Ansatz von einigen Wissenschaftlern auch als theorielos oder als „schwache Theorie" bezeichnet. Vgl. hierzu etwa Carpenter/Reilly (2006, S. 26), Lawrence, (1997, S. 20), Nielsen (2010a, S. 303). Scherer (2006) und Wolf (2011, S. 13-18) beschäftigen sich intensiver mit den Mindestanforderungen, die an Theorien zu richten sind. Im Hinblick auf den upper-echelons-Ansatz kann beispielsweise argumentiert werden, dass dieses Konzept dem Präzisions- beziehungsweise Bestimmtheitspostulat (vgl. Wolf (2011, S. 15-16)) nicht oder nur unzureichend genügt.

Person ist es möglich, das Konstrukt „Internationalität" zu operationalisieren und Wirkungszusammenhänge zwischen der Internationalität des Top-Managements und dem Unternehmenserfolg zu modellieren (Carpenter, 2005, S. 244; Carpenter/Geletkanycz/Sanders, 2004, S. 750-752)[135]

Auf die in Abschnitt 4.1 gestellten Fragen (2) und (3) wird in dem Ansatz von Hambrick und Mason jedoch nicht eingegangen. So ist unklar, ob Top-Manager, die über ein relativ hohes Internationalitätsniveau verfügen, den Unternehmenserfolg positiver beeinflussen als Top-Manager, deren Internationalität niedrig ist. Ferner wird nicht argumentiert, warum Investoren die Charakteristika von Top-Managern in ihren Investitionsentscheidungen berücksichtigen sollten. Um die noch offenen Fragen zu klären, müssen daher weitere theoretische Ansätze herangezogen werden.[136]

4.3 Die Resource-Dependence-Theorie

Während sich das upper-echelons-Konzept schwerpunktmäßig mit den Top-Managern im Unternehmen beschäftigt („If we want to understand why organizations do the things they do, or why they perform the way they do, we must consider the biases and dispositions of their most powerful actors – their top executives" (Hambrick, 2007, S. 334)), legt die von Jeffrey Pfeffer und Gerald R. Salancik entwickelte Resource-Dependence-Theorie ihren Fokus auf die Beziehungen eines Unternehmens zu seiner Umwelt („To understand the behavior of an organization you must understand the context of that behavior – that is, the ecology of the organization" (Pfeffer/Salancik, 1978, S. 1)). Pfeffer und Salancik heben sich mit ihrem Ansatz also von Organisationstheorien ab, die vornehmlich die interne Perspektive eines Unternehmens betrachten und dem Top-Management eine große Bedeutung beimessen (zu Knyphausen-Aufseß, 2000, S. 454). Doch trotz dieser offenkundig unterschiedlichen Ausrichtung existieren Überschneidungspunkte zwischen den beiden Konzepten. Diese werden im folgenden Abschnitt zusammen mit den Grundzügen der Resource-Dependence-Theorie herausgearbeitet (Abschnitt 4.3.1). Anschließend wird Frage (2) aus Abschnitt 4.1 aufgegriffen und gezeigt, inwiefern internationale Top-Manager aus Sicht der Resource-Dependence-Theorie von besonderem „Wert" für ein Unternehmen sein können (Abschnitt 4.3.2).

---

[135] In Abschnitt 2.2.2 wurde bereits herausgearbeitet, dass die Internationalität einer Person üblicherweise mit Hilfe demographischer Variablen operationalisiert wird.
[136] Die Frage, ob und inwiefern die in der vorliegenden Arbeit diskutierten theoretischen Ansätze miteinander vereinbar sind, wird kurz in Abschnitt 7.2.2 aufgegriffen.

4.3.1 Entstehungsgeschichte und Grundannahmen der Resource-Dependence-Theorie

4.3.1.1 Abhängigkeitsbeziehungen zwischen Unternehmen und Umwelt

Die Vertreter der Resource-Dependence-Theorie gehen davon aus, dass ein Unternehmen nicht über sämtliche zur Leistungserstellung notwendigen Ressourcen verfügt (Becker, 2010, S. 60; Brunner, 2009, S. 32; Pfeffer/Salancik, 1978, S. 2-3, Salancik/Pfeffer, 1977, S. 9-10). Demzufolge kann kein Unternehmen seine Leistungen und seinen Fortbestand völlig unabhängig von der Außenwelt sichern und begibt sich notwendigerweise in Austauschbeziehungen mit seiner Umwelt (Pfeffer/Salancik, 1978, S. 3). Den Begriff „Ressource" konkretisieren Pfeffer und Salancik in ihrer 1978 erschienenen Monographie nicht weiter (zu Knyphausen-Aufseß, 2000, S. 463); erst im Jahr 1992 liefert Pfeffer eine sehr weit gefasste Definition: „Resources can be almost anything that is perceived as valuable – from building contracts to press exposure to control over systems and analysis" (Pfeffer, 1992, S. 87). Damit gelten nicht nur die zur unmittelbaren Leistungserstellung notwendigen Güter wie Rohmaterialien oder qualifiziertes Personal als Ressourcen; auch Informationen, der Kontakt zu Kunden sowie Technologien oder Dienstleistungen anderer Unternehmen können unter diesem Begriff subsumiert werden (Brunner, 2009, S. 32).

Durch die Austauschbeziehungen zwischen den Unternehmen und ihrer Umwelt entstehen Macht- und Abhängigkeitspositionen, die Pfeffer und Salancik unter Rückgriff auf die Machttheorie von Emerson (1962) erklären: Demnach kann ein Unternehmen „A" als abhängig von einem Unternehmen „B" bezeichnet werden, wenn „B" über Ressourcen verfügt, denen „A" einen besonderen Wert beimisst beziehungsweise die von „A" zur Leistungserstellung benötigt werden. Die Abhängigkeit ist dabei umso höher, je wichtiger die Ressourcen für „A" sind und je schwieriger diese Ressourcen außerhalb der A-B-Beziehung bezogen werden können (Becker, 2010, S. 60; Davis/Cobb, 2010, S. 23-24; Emerson, 1962, S. 32-33; Nienhüser, 2008, S. 12; Pfeffer/Salancik, 1974, S. 142; Pfeffer/Salancik/Leblebici, 1976, S. 230; Romer, 2009, S. 31).

Die Transaktionspartner, die im Rahmen einer solchen Austauschbeziehung Ressourcen zur Verfügung stellen, richten in der Regel Ansprüche an den Ressourcenempfänger (Romer, 2009, S. 35). So sind etwa Aktionäre, die einem Unternehmen Kapital überlassen, berechtigt, ein Mitsprache- beziehungsweise Stimmrecht auszuüben (Bea, 2009, S. 396; Pape, 2011, S. 79). Kunden, die für Produkte oder Dienstleistungen eines Unternehmens bezahlen, erwarten die Erfüllung ihrer Qualitäts- und Serviceansprüche (Jacob, 2009, S. 17; Schierenbeck,

2003, S. 265). Und Lieferanten streben verlässliche und gleichbleibende Vertragsbedingungen an (Romer, 2009, S. 35-36). Den Führungskräften im Unternehmen kommt die Aufgabe zu, diese Abhängigkeitsbeziehungen zu managen.[137] Sie sind dabei bestrebt, die Abhängigkeit von externen Ressourcenanbietern zu reduzieren und die Unsicherheit hinsichtlich der Verfügbarkeit externer Ressourcen zu minimieren (Hillman/Withers/Collins, 2009, S. 1404; Nienhüser, 2008, S. 15; Pfeffer/Salancik, 1978, S. 266-267). So soll der Fortbestand, das „Überleben" des Unternehmens gesichert werden (Kloyer, 1995, S. 11).

An dieser Stelle kann bereits festgehalten werden: Die Resource-Dependence-Theorie beschäftigt sich vorwiegend mit Beziehungen eines Unternehmens zu seiner Umwelt und stellt Machtaspekte sowie die Abhängigkeit von kritischen Ressourcen in den Vordergrund (Schreyögg, 2000, S. 481). In diesem Zusammenhang beschreibt Schreyögg ein Unternehmen treffend als Teil eines Input-Output-Modells: In der Resource-Dependence-Theorie gehe es hauptsächlich um die Bereitstellung des notwendigen Inputs sowie um den Abfluss des produzierten Outputs (Schreyögg, 2000, S. 481). Für die Sicherstellung dieser Input-Output-Funktionen sind Unternehmen unter anderem auf externe Ressourcenanbieter angewiesen.

4.3.1.2 Bedeutung und Gestaltungsmöglichkeiten des Top-Managements

Pfeffer und Salancik betrachten neben den Beziehungen eines fokalen Unternehmens zu seiner Umwelt auch dessen interne Organisationsstrukturen. Denn sie gehen davon aus, dass die Abhängigkeit von kritischen Ressourcen nicht nur die Machtverteilung außerhalb, sondern auch innerhalb des Unternehmens bestimmt: „(T)he most critical organizational function or the source of the most important organizational uncertainty determines power within the organization.[138] Those subunits most able to cope with the organization's critical problems acquire power in the organization" (Pfeffer/Salancik, 1978, S. 230).[139] Ist ein Unternehmen bei-

---

[137] Auch der Stakeholder-Ansatz geht davon aus, dass Führungskräfte die Abhängigkeitsbeziehungen zwischen Unternehmen und deren Anspruchsgruppen managen. Vgl. hierzu etwa Freeman/Reed (1983) und Schmid/Kretschmer (2005, S. 5).

[138] Hier zeigt sich ein Schnittpunkt zwischen der Resource-Dependence-Theorie und den Argumentationsfiguren der upper-echelons-Perspektive: In beiden Konzepten wird angenommen, dass sich die Situation, in der sich ein Unternehmen befindet, auf die Zusammensetzung des Top-Management-Teams auswirken kann. Vgl. Hambrick/Mason (1984, S. 197), Pfeffer (1972, S. 220). Damit gehen die Autoren beider Ansätze von einem Außendeterminismus aus, der die Struktur eines Unternehmens bestimmt. Im Gegensatz zur upper-echelons-Perspektive wird diesen „external constraints" in der Resource-Dependence-Theorie allerdings eine wesentlich größere Bedeutung beigemessen. Vgl. Becker (2010, S. 60), Nienhüser (2008, S. 12-13).

[139] Mächtige Personen(gruppen) nutzen wiederum ihren Einfluss, um auf die Auswahl von Top-Managern einzuwirken: „Those in power should tend to select individuals who are capable of coping with the critical problems facing the organization" vgl. Pfeffer/Salancik (1978, S. 236).

spielsweise in einem Markt aktiv, in dem Produkte über einen kurzen Lebenszyklus verfügen und kontinuierlich neuen, veränderten Kundenbedürfnissen angepasst werden müssen, ist es denkbar, dass der Marketingabteilung eine besonders einflussreiche Position zukommt (Nienhüser, 2008, S. 15-16; Pfeffer, 1981b, S. 97-98, Pfeffer, 1992, S. 154-155; Pfeffer/Salancik, 1978, S. 230-231). In Untenehmen, die grenzüberschreitend agieren, nehmen internationale Top-Manager eine hervorgehobene Stellung ein. Sie gelten als wichtige Ansprechpartner und werden von anderen Mitgliedern des Führungsgremiums, die ihrerseits über wenig Internationalität verfügen, häufig zu Fragen der internationalen Geschäftstätigkeit konsultiert (Athanassiou/Nigh, 2002, S. 173-174; Athanassiou/Roth, 2006, S. 765-766).[140]

Die Abhängigkeitsbeziehungen, in denen sich Unternehmen befinden, beschränken zwar die Einflussmöglichkeiten des Top-Managements (Pfeffer/Salancik, 1978, S. 10).[141] Dennoch bieten sich den Führungskräften zahlreiche Optionen, um gestaltend in die Unternehmensumwelt einzugreifen: „(T)here are many possibilities for managerial action, even given the external constraints on most organizations. Constraints are not predestined and irreversible" (Pfeffer/Salancik, 1978, S. 18). Insofern zeigen sich trotz der unterschiedlichen Ausrichtung von Resource-Dependence-Theorie und upper-echelons-Ansatz Gemeinsamkeiten zwischen den beiden Perspektiven. In beiden Konzepten haben Top-Manager die Möglichkeit, die Strategie und letztlich auch den Erfolg eines Unternehmens zu beeinflussen (Hambrick/Mason, 1984, S. 198; Pfeffer/Salancik, 1978, S. 19).

Im Gegensatz zu Hambrick und Mason präzisieren Pfeffer und Salancik die Handlungsmöglichkeiten von Individuen im Unternehmen und nennen in diesem Zusammenhang drei Rollen, welche Führungskräfte einnehmen können (Egglestonl/Bhagat, 1993, S. 1178-1179; Pfeffer/Salancik, 1978, S. 18-19): Demnach sind Top-Manager in der Lage eine (1) reaktive Rolle („responsive role") auszuüben und auf die Gegebenheiten der Unternehmensumwelt zu reagieren. Ferner können sie (2) eine proaktive Rolle („discretionary role") bekleiden und versuchen, die Unternehmensumwelt zu beeinflussen. Zusätzlich bleibt ihnen (3) eine symbolische Rolle („symbolic role"), in der die „Außenwirkung" der Führungskräfte in den Vordergrund rückt.

---

[140] Vgl. in diesem Zusammenhang auch die Ausführungen zu machttheoretischen Betrachtungen bei Wolf (2011, S. 265-291).

[141] Pfeffer und Salancik vermerken hierzu: „Finally, it is simply the case that many of the things that affected organizational results are not controlled by organizational participants" vgl. Pfeffer/Salancik (1978, S. 10). Bereits in einer früheren Publikation weist Pfeffer (1977, S. 107) ebenfalls auf die eingeschränkten Handlungsmöglichkeiten von Individuen im Unternehmen hin.

Auf die Gestaltungsmöglichkeiten, die sich dem Top-Management aus Sicht der Resource-Dependence-Theorie bieten, wird im Folgenden näher eingegangen. Zuvor veranschaulicht Abbildung 10 die Grundannahmen des Konzepts.

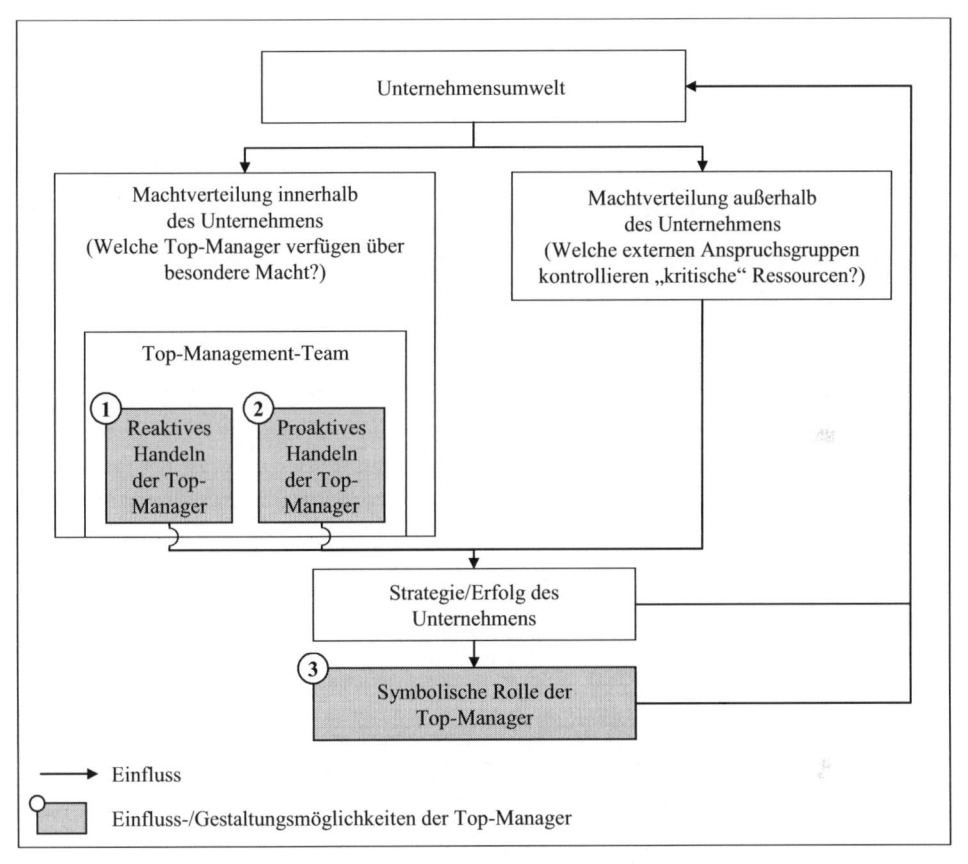

Abb. 10: Grundannahmen der Resource-Dependence-Theorie
Quellen: in Anlehnung an Nienhüser (2008, S. 11), Pfeffer (1981a, S. 21-22), Pfeffer/Salancik (1978, S. 229)

(1) Bei der Reaktion auf die Gegebenheiten der Unternehmensumwelt müssen Führungskräfte Abhängigkeitsbeziehungen zwischen dem fokalen Unternehmen und der Umwelt analysieren und festlegen, auf welche Art und Weise die Bedürfnisse externer Anspruchsgruppen befriedigt werden können (Pfeffer/Salancik, 1974, S. 137, Pfeffer/Salancik, 1978, S. 265). Pfeffer und Salancik zeichnen hier nicht das Bild von Top-Managern als „allmächtige Unternehmenslenker", die durch ihr Wissen und ihre Entscheidungsgewalt die strategische Ausrichtung eines Unternehmens bestimmen; Führungskräfte werden vielmehr als „assimilator and processor of demands" (Pfeffer/Salancik, 1978, S. 266) charakterisiert. Ihre Hauptaufgabe besteht

also in der Bewertung und Auswahl von Entscheidungsalternativen, bei der sie sich auf ihre durch individuelle Erfahrungen geprägte subjektive Wahrnehmung verlassen (Pfeffer/Salancik, 1978, S. 267).[142] Die Führung eines Unternehmens wird damit als ein von externen Zwängen geleiteter Prozess verstanden, in dem der Kreativität der Top-Manager eine geringe Bedeutung beigemessen wird (Brunner, 2009, S. 36; Hillman/Cannella/Paetzold, 2000, S. 1404; Pfeffer/Salancik, 1978, S. 266).

(2) Führungskräfte können nicht nur auf externe Einflüsse reagieren, sondern auch durch proaktives Handeln Veränderungen herbeiführen. Die Wahrnehmung der Gestaltungsfunktion erfordert dabei – ebenso wie die unter (1) beschriebene Reaktion auf externe Gegebenheiten – eine umfassende Analyse und Interpretation der Unternehmensumwelt durch das Top-Management. Denn nur wenn eine Führungskraft die Situation, in der sich ein Unternehmen befindet, adäquat erfasst und analysiert hat, kann sie sich für eine angemessene Strategie entscheiden.[143]

Das Handeln der Top-Manager ist auf die Sicherstellung des Ressourcenflusses im Input-Output-System ausgerichtet und zielt auf eine Abschwächung nachteiliger Wirkungen von Abhängigkeitsbeziehungen zu externen Ressourcenanbietern (Pfeffer/Salancik, 1978, S. 47; Romer, 2009, S. 36; Silver, 1993, S. 488). Als mögliche Gestaltungsoptionen nennen Pfeffer und Salancik etwa die Bildung von Joint Ventures oder das Durchführen von Akquisitionen.[144] Mit Hilfe dieser Marktbearbeitungsformen können Unternehmen versuchen, eine engere Bindung zu wichtigen externen Stakeholdern zu etablieren.[145] Auch durch Lobbying oder durch die gegenseitige Verflechtung von Mitgliedern verschiedener Top-Management-

---

[142] Beim Management der Abhängigkeitsbeziehungen eines Unternehmens spielen also auch die individuellen Eigenschaften eines Top-Managers eine Rolle. Jede Führungskraft entscheidet individuell, welche externen Verbindungen als besonders (überlebens-)wichtig für das Unternehmen eingestuft werden müssen und ergreift dann Maßnahmen zur Sicherung dieser Beziehungen. Vgl. Pfeffer/Salancik (1978, S. 72). An dieser Stelle wird ein Schnittpunkt mit der upper-echelons-Perspektive deutlich. Sowohl Pfeffer und Salancik als auch Hambrick weisen nahezu wortgleich darauf hin, dass Top-Manager nicht als „all-knowing" gelten können (vgl. Hambrick (2005, S. 123), Pfeffer/Salancik (1978, S. 265)), sondern nur über eine begrenzte Wahrnehmungs- und Informationsverarbeitungskapazität verfügen. Die Wahrnehmungs- und Interpretationsvorgänge sowie das Handeln der Top-Manager basieren demnach in beiden Ansätzen auf den Argumentationsfiguren der verhaltenswissenschaftlichen Entscheidungstheorie. Vgl. Hambrick/Mason (1984, S. 194), Nienhüser (2008, S. 13), Pfeffer/Salancik (1978, S. 19).

[143] Pfeffer und Salancik verweisen also auch hier auf die subjektive und beschränkte Wahrnehmung der Top-Manager.

[144] Für eine ausführliche Beschreibung der Marktbearbeitungsformen Joint Venture und Akquisition vgl. Kutschker/Schmid (2011, S. 887-897) (Joint Venture) und Kutschker/Schmid (2011, S. 912-923) (Akquisition).

[145] So können beispielsweise im Rahmen einer Akquisition Unternehmen erworben werden, welche aus einer anderen Branche stammen, und dabei vor- oder nachgelagerte Wertschöpfungsstufen durchführen. Hierdurch kann die Unsicherheit bezüglich des Ressourcenzu-/abflusses reduziert werden. Vgl. Kutschker/Schmid (2011, S. 915), Macharzina/Wolf (2010, S. 714).

Teams (sogenannte „interlocking directorships") kann die Unsicherheit in der Unternehmensumwelt reduziert werden (Pfeffer, 1972, S. 219, Pfeffer, 1987, S. 42-43). So erleichtern beispielsweise „interlocking directorships" die Kommunikation und den Informationsaustausch zwischen dem fokalen Unternehmen und seinen Stakeholdern. Zudem bietet die Mitarbeit in externen Aufsichts- und Kontrollgremien die Möglichkeit, unmittelbar die Strategien und Handlungen von fremden Unternehmen zu beeinflussen (Pfeffer/Salancik, 1978, S. 145; Ruigrok/Peck/Keller, 2006, S. 1202; Useem, 1984, S. 53).[146]

(3) In der von Pfeffer und Salancik beschriebenen symbolischen Rolle der Führungskräfte rückt nicht nur das Handeln, sondern auch die „Außenwirkung" von Individuen in den Fokus der Betrachtung (Pfeffer/Salancik, 1978, S. 263). Die symbolische Rolle der Führungskräfte geht dabei weit über eine reine Repräsentanzfunktion hinaus: Demnach verkörpern Top-Manager das Unternehmen nicht nur gegenüber externen Stakeholdern, viele Anspruchsgruppen verknüpfen auch Erfolg und Misserfolg eines Unternehmens mit dieser Personengruppe (Buß, 2009, S. 231-234; Higgins/Gulati, 2006, S. 3-4; Westphal/Zajac, 1998, S. 148, Zajac/Westphal, 1995, S. 300-301).[147]

Doch welchen Nutzen können Unternehmen aus der Symbolfunktion des Top-Managements ziehen? Pfeffer und Salancik betrachten Führungskräfte als „scapegoats" – also als Personen, die für Probleme und Misserfolge im Unternehmen verantwortlich gemacht werden können (Pfeffer/Salancik, 1978, S. 263).[148] Sieht sich ein Unternehmen mit unzufriedenen Stakeholdern konfrontiert (wie etwa Kunden, die die Qualität angebotener Produkte beanstanden), kann einem oder mehreren Top-Managern die Verantwortung für das zugrundeliegende Problem übertragen werden. „When problems emerge, the solution is simple – replace the manager" (Pfeffer/Salancik, 1978, S. 263). Die Zuweisung der Schuld sowie die Entlassung einer Führungskraft suggeriert den Stakeholdern die Lösung des Problems: „As long as all believe the administrator actually affects the organization, then replacement signals a change taken in

---

[146] Pfeffer/Salancik (1978, S. 267) weisen einschränkend darauf hin, dass nicht alle Unternehmen die notwendigen (zum Beispiel finanziellen und/oder personellen) Möglichkeiten besitzen, um gestaltend in ihre Umwelt einzugreifen. In vielen kleinen Unternehmen können Führungskräfte nicht zielgerichtet agieren; ihnen bleibt lediglich die unter (1) beschriebene Reaktion auf veränderte externe Gegebenheiten.

[147] Der bisherigen Argumentation der Resource-Dependence-Theorie folgend, sollte den Top-Managern eines Unternehmens allerdings keine derart exponierte Stellung zukommen. Denn schließlich wird der Gestaltungsspielraum einzelner Individuen im Unternehmen durch externe Umweltbedingungen teilweise stark eingeschränkt. Pfeffer und Salancik argumentieren, dass sich die externe Unternehmensumwelt dieser Beschränkungen und Einflüsse jedoch nicht bewusst ist: „In this sence, the symbolic role of management is critical whether or not the manager actually accounts for variance in organizational results" vgl. Pfeffer/Salancik (1978, S. 263). Mit anderen Worten: Die Umwelt geht davon aus, dass Top-Manager einen wesentlichen Teil zur Ausrichtung eines Unternehmens beitragen können – unabhängig davon, über welches Maß an Macht und Entscheidungsfreiheit einzelne Top-Manager tatsächlich verfügen.

[148] Der englischsprachige Begriff „scapegoat" kann umgangssprachlich mit „Sündenbock" übersetzt werden.

response to external demands" (Pfeffer/Salancik, 1978, S. 264). Das Unternehmen gewinnt dadurch Zeit und hat die Möglichkeit, unwirksame Strategien zu verwerfen und neue Maßnahmen zur Befriedigung der Ansprüche einzelner Stakeholder zu implementieren.

In einer späteren Veröffentlichung präzisiert Pfeffer die symbolische Rolle der Top-Manager und bezeichnet diese nicht nur als „scapegoats", sondern auch als wichtige „Schnittstelle" zwischen dem Unternehmen und seiner Umwelt (Pfeffer, 1981a, S. 5). Demnach besteht eine weitere Aufgabe der Führungskräfte darin, Kontakte zu den Anspruchsgruppen eines Unternehmens zu knüpfen und diesen Informationen über Strategien, Handlungen, Erfolge oder Misserfolge zu übermitteln. Dadurch sollen die Stakeholder beispielsweise von der Sinnhaftigkeit einzelner Entscheidungen überzeugt werden: „Management provides rationalizations or reasons that make sense of and thereby explain the organization's activities" (Pfeffer, 1981a, S. 5). In diesem Zusammenhang weist Pfeffer beispielsweise auf die besondere Bedeutung der rhetorischen Fähigkeiten von Top-Managern hin: „Language is a powerful tool of social influence, and political language is frequently vital in the exercise of power in organizations of all types. We perceive things according to how they are described in conversation and debate" (Pfeffer, 1992, S. 282-283). Führungskräfte können also durch die geschickte Nutzung rhetorischer Stilelemente die Wahrnehmung der Stakeholder beeinflussen und somit die Akzeptanz unternehmensspezifischer Entscheidungen erhöhen.[149]

4.3.2 Anwendung der Resource-Dependence-Theorie in der vorliegenden Arbeit

4.3.2.1 Überprüfung der Prämissen der Resource-Dependence-Theorie

Die Ausführungen des vorangegangenen Abschnitts haben gezeigt, dass Führungskräfte die Strategie und den Erfolg eines Unternehmens im Rahmen verschiedener Rollen beeinflussen können. Der in Abschnitt 4.1 gestellten ersten Frage wird also auch aus Sicht des Ansatzes von Pfeffer und Salancik zugestimmt. Um die anschließende Frage nach dem „Wert" internationaler Top-Manager beantworten zu können, müssen zunächst einige zentrale Aussagen und Konzepte der Resource-Dependence-Theorie auf den Untersuchungsgegenstand dieser Arbeit übertragen werden. So ist zu klären, (1) ob im vorliegenden Forschungsvorhaben überhaupt

---

[149] Beispiele für ein solches Vorgehen findet Pfeffer (1992, S. 282) unter anderem in der US-amerikanischen Politik. Im Rahmen ihrer symbolischen Rolle versuchen Politiker, die Akzeptanz bestimmter Gesetzesvorhaben in der Bevölkerung zu erhöhen. Unpopuläre Begriffe (wie etwa „tax increase") werden dabei durch neutrale Formulierungen (beispielsweise „revenue enhancement") ersetzt. Dadurch können Politiker eine positive „Außenwirkung" erzielen und negative Emotionen oder ablehnende Haltungen bei den Wählern vermeiden.

„kritische" Ressourcen im Sinne der Resource-Dependence-Theorie vorliegen. Und falls diese bestehen, welche Abhängigkeitsbeziehungen verursachen sie zwischen den betrachteten Unternehmen und ihren Stakeholdern? Hiernach kann überprüft werden, ob und inwiefern sich internationale Top-Manager beim Management dieser Abhängigkeitsbeziehungen von nicht internationalen Führungskräften unterscheiden. Existieren also Differenzen zwischen den beiden Personengruppen hinsichtlich (2) der Reaktion auf externe Gegebenheiten, (3) der aktiven Beeinflussung der Unternehmensumwelt oder (4) der Ausübung einer symbolischen Rolle?

(1) Wie bereits erwähnt, wird in der Resource-Dependence-Theorie von einer breiten und unspezifischen Definition des Begriffs „kritische Ressource" ausgegangen.[150] Pfeffer und Salancik liefern jedoch Anhaltspunkte, die bei der Identifizierung von bedeutenden, „kritischen" Ressourcen helfen: „Criticality measures the ability of the organization to continue functioning in the absence of the resource or in the absence of the market for the output" (Pfeffer/Salancik, 1978, S. 46). Würde das Fehlen oder die Nichtverfügbarkeit einer Ressource die Existenz eines Unternehmens bedrohen, so muss diese demzufolge als „kritisch" bezeichnet werden.

Die vorliegende Arbeit widmet sich der Frage, inwiefern internationale Unternehmen von der Benennung internationaler Top-Manager profitieren können. Es liegt daher nahe, zu prüfen, ob die Internationalität von Unternehmen als Quelle von „kritischen" Ressourcen betrachtet werden kann.[151]

Dass die größten börsennotierten deutschen Unternehmen der internationalen Geschäftstätigkeit einen hohen Stellenwert beimessen, wird schon bei der Betrachtung ihres Auslandsumsatzes oder des Anteils der Mitarbeiter im Ausland deutlich. Wie bereits erwähnt, erzielten die DAX-30-Unternehmen in den Jahren 2005 und 2008 im Ausland fast ausnahmslos höhere Umsätze als im Inland.[152] Und bei der Mehrheit der DAX-30-Unternehmen arbeiten inzwischen über die Hälfte der Mitarbeiter außerhalb Deutschlands (Schmid/Dauth, 2011a,

---

[150] Vgl. auch die Ausführungen in Abschnitt 4.3.2.1.
[151] Es ist durchaus nachvollziehbar, dass Unternehmen im Rahmen ihrer Leistungserstellung auf eine Vielzahl an kritischen Ressourcen angewiesen sein können. Da sich die vorliegende Arbeit schwerpunktmäßig mit den Erfolgsauswirkungen internationaler Top-Manager in internationalen Unternehmen befasst, wird ausschließlich die Internationalität der Unternehmung als Quelle möglicher kritischer Ressourcen betrachtet.
[152] Im Jahr 2005 erzielten nur fünf DAX-30-Unternehmen weniger als 50% ihres Umsatzes im Ausland: Deutsche Post (49,67%), Deutsche Telekom (42,60%), E.ON (40,50%), Hypo Real Estate (48,29%) und RWE (44,90%). Im Jahr 2008 lagen nur zwei DAX-30-Unternehmen unterhalb dieses Wertes: Deutsche Bank (40,15%) und RWE (37,30%). Bei Banken wurde nicht der Auslandsumsatz, sondern die Kennzahl „Operative Erträge im Ausland"/„Gesamte operative Erträge" berechnet. Bei Versicherungsunternehmen wurde ebenfalls nicht der Auslandsumsatz, sondern die Kennzahl „Bruttobeitragseinnahmen im Ausland"/„Gesamte Bruttobeitragseinnahmen" ermittelt.

S. 22).[153] Der Zugang zu ausländischen Absatz- und Personalmärkten stellt folglich eine „kritische" Ressource im Sinne der Resource-Dependence-Theorie dar. Schließlich ist davon auszugehen, dass etwa ein signifikanter Rückgang der Auslandsumsätze sämtliche DAX-30-Unternehmen in ihrem Fortbestand gefährden könnte.

Bei der Analyse der grenzüberschreitenden Aktivitäten von Unternehmen dürfen ausländische Märkte jedoch nicht nur unter absatz- und personalpolitischen Gesichtspunkten betrachtet werden. Die zunehmende internationale Verflechtung deutscher Unternehmen kann in vielen weiteren Feldern (beispielsweise beim Bezug von Rohstoffen durch ausländische Lieferanten oder bei der Gewinnung von politisch-rechtlichen Informationen über ausländische Märkte) zu Abhängigkeitsbeziehungen führen. Tabelle 5 fasst einige dieser Bereiche überblicksartig zusammen.

Unternehmensbereich	Zentrale Schlagworte im Hinblick auf die Internationalität des Unternehmens	Mögliche „kritische" Ressource(n)" im Sinne der Resource-Dependence-Theorie
Beschaffung	– Global Purchasing – Global Sourcing	– Beziehung/Zugang zu ausländischen Lieferanten
Forschung, Entwicklung	– Global Research – Global Development	– Beziehung/Zugang zu ausländischen Forschungseinrichtungen
Produktion	– Global Production – Global Operations Management	– Management internationaler Produktions- und Logistikprozesse
Marketing, Vertrieb	– Global Marketing – Global Products – Global Brands	– Zugang zu Informationen über ausländische Kunden
Personal	– Global Human Resource Management – Global (Virtual) Manager	– Gewinnung qualifizierter Mitarbeiter aus dem Ausland
Finanzierung	– Global Finance	– Zugang/Beziehungen zu internationalen Kapitalgebern
Organisation	– Global Organization – Global Structures – Global Systems	– Verfügbarkeit internationaler Kommunikations- und Netzwerksysteme

---

[153] Auch Vertreter von Expertengremien und der (Wirtschafts-)Presse heben die herausragende Bedeutung der internationalen Geschäftstätigkeit hervor. So stellt beispielsweise der Sachverständigenrat der deutschen Wirtschaft eine „starke internationale Orientierung" deutscher Unternehmen fest. Vgl. Sachverständigenrat zur Begutachtung der gesamtwirtschaftlichen Entwicklung (2009, S. 2). Und Martin Kannegiesser, Vorsitzender des Arbeitgeberverbandes Gesamtmetall, konstatiert im Handelsblatt: „Wenn mein Unternehmen nur für Deutschland produzieren würde, könnten wir den Betrieb jeden Dienstag um elf Uhr schließen" vgl. Sommer/Reuter (2010).

Unternehmensbereich	Zentrale Schlagworte im Hinblick auf die Internationalität des Unternehmens	Mögliche „kritische Ressource(n)" im Sinne der Resource-Dependence-Theorie
Strategie	– Global Strategy – Global Player	– Zugang zu Informationen über die strategische Ausrichtung des Wettbewerbs

Tab. 5: Objektbereiche der Internationalität von Unternehmen und mögliche Quellen „kritischer Ressourcen"
Quelle: in Anlehnung an Kutschker/Schmid (2011, S. 166)

Wie Tabelle 5 zeigt, sind die Abhängigkeitsbeziehungen, welche sich aus der internationalen Geschäftstätigkeit eines Unternehmens ergeben, vielfältig und stellen die Quelle für zahlreiche „kritische" Ressourcen dar (Davis/Cobb, 2010, S. 39-40).[154] Fraglich ist nun, ob und inwiefern internationale Führungskräfte diese Abhängigkeitsbeziehungen und die damit verbundenen „kritischen" Ressourcen besser managen können als Führungskräfte, die über keine persönliche Internationalität verfügen. Hierzu werden die Rollen der Top-Manager separat beleuchtet.

(2) In der von Pfeffer und Salancik beschriebenen „responsive role" obliegt es dem Top-Management, Informationen aus der Unternehmensumwelt aufzubereiten und zu interpretieren, um schließlich Entscheidungen treffen zu können. Dabei legen die beiden Autoren den Schwerpunkt nicht auf die eigentliche Beschlussfassung, sondern auf den ihr vorgelagerten Informationssammlungs- und verarbeitungsprozess: „Prior to the exercise of choice, information about the environment and possible consequences of alternative actions must be acquired and processed. Once this is done, the choice is usually obvious" (Pfeffer/Salancik, 1978, S. 266). Ausschlaggebend für „gute" Entscheidungen und letztlich auch den Erfolg eines Unternehmens sind demnach das Wissen der Führungskräfte sowie ihre analytischen Fähigkeiten (Hillman/Cannella/Paetzold, 2000, S. 240-241; Hillman/Withers/Collins, 2009, S. 1409). Um situationsadäquate Entscheidungen treffen zu können, muss ein „guter" Top-Manager nicht nur die Situation des fokalen Unternehmens berücksichtigen, sondern auch die Bedürfnisse und Wünsche externer Anspruchsgruppen in seine Überlegungen einbeziehen (Adler/Bartholomew, 1992, S. 54; Athanassiou/Nigh, 1999, S. 85-86). Im Hinblick auf die inter-

---

[154] Während einige Funktionen wie etwa die internationale Beschaffung (vgl. Möhl (2011)) oder die internationale Forschung und Entwicklung (vgl. Gerybadze (1997)) nur in Unternehmen bestimmter Branchen Abhängigkeitsbeziehungen verursachen, betreffen andere Bereiche wie etwa die internationale Rekrutierung von qualifiziertem Personal (vgl. Festing/Dowling/Weber/Engle (2011, S. 434), Gatermann/Werle (2008)) wiederum viele der im DAX-30 gelisteten Unternehmen.

nationale Geschäftstätigkeit von Unternehmen ist es nachvollziehbar, dass Personen, die selbst längere Zeit im Ausland verbracht haben, besser auf die Anforderungen fremder Anspruchsgruppen eingehen können (Bird, 2001, S. 30-31). So beherrschen Top-Manager, die im Ausland aufgewachsen sind, studiert oder gearbeitet haben, möglicherweise die Sprache des Gastlandes. Dadurch können sie schneller eine vertrauensvolle und verlässliche Beziehung zu ausländischen Lieferanten oder Regierungsvertretern aufbauen. Des Weiteren sind international erfahrene Führungskräfte in der Lage, sich in die Denkweise ausländischer Stakeholder hineinzuversetzen, ihr Wertesystem zu analysieren und dies bei der Entscheidungsfindung zu berücksichtigen (Adler/Bartholomew, 1992, S. 54; Hartmann, 1996, S. 110; Süß, 2004, S. 70-71).

Unabhängig davon, welcher der in Tabelle 5 aufgeführten Bereiche betrachtet wird – internationale Top-Manager sind von besonderem „Wert" für internationale Unternehmen, weil sie sich schneller in internationalen Kontexten zurechtfinden, komplexe Informationen umfassender analysieren können und dadurch ausgewogenere und bessere Entscheidungen treffen. Diese Argumentation spiegelt sich auch in der wissenschaftlichen Literatur wider. Nadkarni/Herrmann (2010, S. 1050) weisen darauf hin, dass internationale Unternehmen Führungskräfte benötigen, die schnell auf veränderte Umweltbedingungen einzugehen vermögen und dabei auch unkonventionelle Maßnahmen zur Sicherung des Unternehmenserfolges ergreifen. Gemäß Carter/Simkins/Simpson (2003, S. 36-37), Hillman/Dalziel (2003, S. 387) und Nielsen (2009, S. 295) finden insbesondere international erfahrene Top-Manager kreativere Lösungen für komplexe Probleme, die durch die grenzüberschreitende Tätigkeit eines Unternehmens entstehen (Robinson/Dechant, 1993, S. 27). Und Nielsen (2010b, S. 200) bestätigt, dass international erfahrene Führungskräfte durch ihr Wissen und ihre interkulturellen Fertigkeiten letztlich den finanziellen Erfolg eines Unternehmens positiv beeinflussen können.

(3) Im Rahmen der „discretionary role" ist eine Beeinflussung der Unternehmensumwelt durch das Top-Management möglich. Bevor jedoch proaktive Handlungen unternommen werden können, ist es – wie schon bei der unter (2) beschriebenen „responsive role" – notwendig, zahlreiche Informationen über die Umwelt zu sammeln und zu analysieren: „Whether one is going to respond to the environment or change it, effective action is more likely if the context is accurately perceived" (Pfeffer/Salancik, 1978, S. 267). Damit kann bereits an dieser Stelle argumentiert werden, dass internationale Top-Manager auch unter dem Gesichtspunkt der „discretionary role" einen besonderen „Wert" besitzen. Sie können mit ihrem Wissen über fremde Kulturen und Märkte sowie mit ihren interkulturellen Fähigkeiten die Situation, in der

sich ein Unternehmen befindet, umfassender und präziser analysieren und damit auch ihre gestalterische Aufgabe besser wahrnehmen als Führungskräfte, denen individuelle Internationalität fehlt.

Als konkrete Maßnahme zur Beeinflussung der Umwelt nennen Pfeffer und Salancik „interlocking directorships". Die Untersuchung der Auswirkungen solcher interorganisationalen Koppelungen steht bei vielen wissenschaftlichen Studien im Mittelpunkt des Interesses (Nienhüser, 2008, S. 15; Pfeffer, 1972, S. 220; Schoorman/Bazerman/Atkin, 1981, S. 244; Young/Charns/Shortell, 2001, S. 940; Zhang/Wiersema, 2009, S. 697-698).[155] Durch „interlocking directorships" werden einzelne Top-Manager zu einem wichtigen „Link" beziehungsweise Instrument zum Aufbau von Verbindungen zur externen Unternehmensumwelt (Kreitmeier, 2001, S. 51).[156] Wie bereits erwähnt, besteht damit die Möglichkeit, Beziehungen zu wichtigen Stakeholdern, wie etwa Banken oder Zuliefererunternehmen, zu intensivieren (Boyd, 1990, S. 420-421; Hillman/Cannella/Paetzold, 2000, S. 245-246). Ferner kann das fokale Unternehmen Zugang zu wichtigen Informationen erhalten oder strategische Entscheidungen bei verbundenen Unternehmen beeinflussen (Schmid/Kretschmer, 2005, S. 4; Zhang/Wiersema, 2009, S. 697-698). Eine derartige Kooptation reduziert damit auch die Unsicherheit hinsichtlich der Verfügbarkeit „kritischer" Ressourcen (Nienhüser, 2008, S. 21).[157]

„Interlocking directorships" haben für international tätige Unternehmen eine besondere Bedeutung (Schmid/Kretschmer, 2005, S. 5). Top-Manager mit externen Mandaten im Ausland sind „wertvoll", da sie vergleichsweise leicht Kontakte zu ausländischen Unternehmen aufbauen und relevante Informationen über Wettbewerbsverhalten und Konsumentenpräferenzen außerhalb des Heimatmarktes gewinnen können (Matthaei, 2010, S. 130; Ruigrok/Peck/ Keller, 2006, S. 1202; Useem, 1984, S. 53). Sie ermöglichen also einerseits den Zugang zu internationalen Netzwerken und bringen darüber hinaus auch ihr Humankapital (zum Beispiel interkulturelle Kompetenz, Wissen über kulturelle Besonderheiten in ausländischen Märkten) in das Führungsgremium ein (Hillman/Dalziel, 2003, S. 385-386).

(4) Führungskräfte stehen im Rahmen ihrer Symbolfunktion in engem Kontakt mit den Stakeholdern eines Unternehmens. Sie übermitteln unter anderem Informationen über dessen strategische Ausrichtung und werben bei den einzelnen Anspruchsgruppen um Verständnis für

---

[155] Eine ausführliche Übersicht zur Forschung im Bereich der „interlocking directorships" findet sich unter anderem bei Pettigrew (1992, S. 165-169) sowie bei Finkelstein/Hambrick/Cannella (2009, S. 234-236).
[156] Kreitmeier (2001, S. 50-52) spricht in diesem Zusammenhang auch von der „Linking Role" des Top-Managements.
[157] Kreitmeier (2001, S. 50) weist darauf hin, dass der Begriff „Kooptation" der soziologischen Terminologie zuzuordnen ist und Koppelungen zwischen Angehörigen sozialer Gefüge beschreibt.

unternehmensspezifische Handlungen (Pfeffer, 1981a, S. 21). Zusätzlich sollen die Top-Manager auch die Mitarbeiter von der Sinnhaftigkeit einzelner Maßnahmen überzeugen und somit die Akzeptanz und Motivation unter den Beschäftigten sicherstellen (Pfeffer, 1981a, S. 34). Internationale Führungskräfte erweisen sich in diesem Zusammenhang als „wertvoll", da sie die sozialen Normen fremder Kulturen kennen und besser einzuschätzen vermögen, welche Maßnahmen notwendig sind, um die Akzeptanz und Anerkennung unternehmensspezifischer Handlungen bei Vertretern von Politik, Gesellschaft oder Kunden im Ausland sicherzustellen (Adler/Gundersen, 2008, S. 169-170; Luo, 2005, S. 33; Robinson/Dechant, 1993, S. 26).

Der Argumentation von (Pfeffer, 1981a, S. 24-25) folgend, hängt eine erfolgreiche Ausübung der symbolischen Rolle auch davon ab, ob zwischen dem fokalen Unternehmen und seinen Stakeholdern eine „gemeinsame Sprache" existiert. Damit bezieht sich Pfeffer einerseits auf die linguistische Ebene: Top-Manager sollten in der Lage sein, sich mit ausländischen Stakeholdern in ihrer jeweiligen Muttersprache zu verständigen (Piekkari/Tietze, 2011, S. 267; Usunier, 2011, S. 316). Von besonderer Bedeutung ist allerdings auch die Schaffung eines gemeinsamen Wertesystems, auf welches sich ein Unternehmen und seine Anspruchsgruppen berufen können (Adler/Gundersen, 2008, S. 145-146; Pfeffer, 1992, S. 284). Welche Beziehungen pflegen wir zu unseren Lieferanten im In- und Ausland? Auf welchen ethischen Grundsätzen basiert der Umgang mit Mitarbeitern ausländischer Zuliefererbetriebe? Internationale Top-Manager sind „wertvoll", da sie aufgrund ihres Wissens und ihrer Fertigkeiten sowohl die linguistischen Anforderungen als auch die Herausforderungen bei der Schaffung einer gemeinsamen Wertebasis schneller und besser zu meistern vermögen (Adler/Gundersen, 2008, S. 88-89).

Internationale Führungskräfte können zudem gewisse Entscheidungen eines Unternehmens glaubwürdiger vertreten als Top-Manager, die über keine Internationalität verfügen. Wie in Abschnitt 2.4.1 gezeigt, arbeiten in allen DAX-30-Unternehmen mehr als die Hälfte der Mitarbeiter außerhalb Deutschlands.[158] Maßnahmen zur Ausgestaltung der internationalen Personalpolitik dieser Unternehmen können von internationalen Führungskräften möglicherweise authentischer und glaubwürdiger erläutert werden (Adler/Bartholomew, 1992, S. 56-57). Die Tatsache, dass ausländische Top-Manager in der Führungsspitze eines Unternehmens vertreten sind, dient zudem als Motivationssignal für ausländische Mitarbeiter: Den Arbeitnehmern eines Unternehmens – und auch potenziellen Bewerbern – wird verdeutlicht, dass bestimmte

---

[158] Vgl. hierzu bereits Schmid/Daniel (2007b, S. 24) und Schmid/Kretschmer (2005, S. 18).

Karrierewege nicht nur von Managern aus dem Heimatland beschritten werden können (Aretz, 2006, S. 65; Ely, 1994, S. 228-229; Festing/Dowling/Weber/Engle, 2011, S. 215-225; Milliken/Martins, 1996, S. 417). Durch solche glaubwürdige Symbole wecken Unternehmen das Interesse hochqualifizierter Fachkräfte aus dem Ausland und erhöhen gleichfalls die Loyalität unter den Mitarbeitern (Adler/Bartholomew, 1992, S. 61).

4.3.2.2 Kritisches Fazit: Worin liegt der „Wert" internationaler Top-Manager?

Die grenzüberschreitende Geschäftstätigkeit besitzt für die deutschen DAX-30-Unternehmen – ebenso wie für viele andere Unternehmen auch – eine herausragende Bedeutung. Dabei geht es nicht nur um den Verkauf von Produkten und Dienstleistungen an ausländische Kunden. Die Internationalität der Unternehmen betrifft auch andere Funktionen, wie beispielsweise Beschaffung, Forschung und Entwicklung oder Finanzierung. Die in dieser Arbeit analysierten Unternehmen betrachten ihre Internationalität folglich in vielfältiger Art und Weise als Quelle für „kritische Ressourcen" im Sinne der Resource-Dependence-Theorie. Ohne den Zugang zu ausländischen Absatzmärkten oder ohne den Zufluss wichtiger Rohstoffe aus dem Ausland wären alle Unternehmen – zumindest mittel- bis langfristig – in ihrer Existenz gefährdet. Daher gehen sie im Rahmen ihrer internationalen Tätigkeit notwendigerweise Abhängigkeitsbeziehungen mit ausländischen Akteuren ein.

Internationale Top-Manager können die Abhängigkeitsbeziehungen zu ausländischen Stakeholdern besser pflegen als Führungskräfte, denen Internationalität fehlt. Der „Wert" internationaler Top-Manager ergibt sich dabei unter anderem aus ihrem Wissen um die Besonderheiten fremder Kulturen. Dieses Wissen ermöglicht es Unternehmen, Strategien und Maßnahmen auf lokale Bedürfnisse anzupassen. Er ergibt sich gleichfalls aus ihren interkulturellen Fähigkeiten, die den Umhang mit ausländischen Stakeholdern erleichtern, ihren Kontakten zu internationalen Netzwerken, die den Austausch von Informationen vereinfachen und ihrer Authentizität und Glaubwürdigkeit, welche die Beziehung zu ausländischen Stakeholdern fördern und festigen kann.

Die Resource-Dependence-Theorie gibt damit nicht nur eine positive Antwort auf die in Abschnitt 4.1 gestellte Frage: „Können Top-Manager den Erfolg eines Unternehmens tatsächlich beeinflussen?". Sie liefert auch Hinweise darauf, dass internationale Top-Manager für international tätige Unternehmen einen besonderen „Wert" besitzen und den Unternehmenserfolg möglicherweise positiver beeinflussen als Führungskräfte, die über keine oder nur ein geringes Maß an Internationalität verfügen.

Offen bleibt, ob das Konzept von Pfeffer und Salancik auch zur Beantwortung der dritten in Abschnitt 4.1 formulierten Frage herangezogen werden kann. Gibt es also Anhaltspunkte, die vermuten lassen, dass die Resource-Dependence-Theorie eine Reaktion des Aktienkurses auf die Benennung internationaler Top-Manager erklären kann?

An dieser Stelle ist es sinnvoll, die drei unterschiedlichen Rollen des Top-Managements noch einmal gesondert zu analysieren. Führungskräfte, die eine „responsive role" und/oder eine „discretionary role" ausüben, können zwar den Unternehmenserfolg beeinflussen, es gibt jedoch keine Hinweise darauf, ob und inwiefern das Reagieren oder das proaktive Handeln der Top-Manager auch von Investoren wahrgenommen wird und somit als ursächlich für Aktienkursreaktionen gilt. Diese Argumentation spiegelt sich bereits in den in Abbildung 10 vorgestellten Grundannahmen der Resource-Dependence-Theorie wider. Hier wird deutlich, dass sich die Handlungen des Top-Managements nur indirekt – über die Strategien und den Erfolg eines Unternehmens – auf die Unternehmensumwelt auswirken können. Die Resource-Dependence-Theorie stellt demnach keinen direkten Zusammenhang zwischen der „responsive role" beziehungsweise der „discretionary role" des Top-Managements und der Unternehmensumwelt (zum Beispiel dem Aktienmarkt) her. Eine solche Verknüpfung ist jedoch notwendig, um der in Abschnitt 4.1 gestellten Frage (3) nachgehen zu können.

Die „symbolic role" scheint zur Beantwortung dieser Frage besser geeignet zu sein. Schließlich wird hier den Top-Managern eine gewisse „Außenwirkung" attestiert, die sich in einer direkten Verbindung zwischen den Führungskräften und der Unternehmensumwelt abzeichnet (vgl. nochmals Abbildung 10). Pfeffer und Salancik fassen unter der symbolischen Rolle der Führungskräfte jedoch Fähigkeiten und Handlungen zusammen, welche zwar die Beziehung zwischen Unternehmen und ihren Stakeholdern beeinflussen, sich aber nicht in direkt beobachtbaren, „substantive outcomes" niederschlagen (Egglestonl/Bhagat, 1993, S. 1182-1183; Pfeffer, 1981a, S. 7; Pfeffer/Salancik, 1978, S. 264):[159] Durch symbolische Handlungen ist es beispielsweise möglich, die Beziehung zwischen Stakeholdern und Unternehmen zu verbessern (Pfeffer, 1981a, S. 8); die Entlassung eines erfolglosen Top-Managers kann als „Geste" verstanden werden, die zeigen soll, dass ein Unternehmen auf die Kritik unzufriedener Stakeholder reagiert (Pfeffer, 1981a, S. 36). Gemäß der Resource-Dependence-Theorie manifestie-

---

[159] Pfeffer (1981a, S. 6-7) spricht sich konsequenterweise für eine strikte Trennung zwischen der symbolischen Rolle des Top-Managements und den sogenannten „substantive outcomes" aus.

ren sich derartige symbolische Handlungen allerdings nicht unmittelbar im (finanziellen)Erfolg eines Unternehmens (Pfeffer, 1981a, S. 6). Eine konzeptionelle Verbindung zwischen der „symbolic role" des Top-Managements und dem Unternehmenserfolg ist jedoch notwendig, um Frage (3) zu adressieren.

Zusammenfassend kann festgehalten werden, dass weder die upper-echelons-Perspektive noch die Resource-Dependence-Theorie klären können, ob und inwiefern sich die Benennung einer internationalen Führungskraft zu Kapitalmarktreaktionen führt. Um diese Frage zu beantworten, wird im folgenden Abschnitt auf die Signaling-Theorie zurückgegriffen.

4.4 Die Signaling-Theorie

Die Signaling-Theorie erlaubt Aussagen darüber, ob und inwiefern die Eigenschaften einer Person von Investoren wahrgenommen werden und somit auch Auswirkungen auf den Aktienkurs eines Unternehmens haben können (Gimmon/Levie, 2010, S. 1215). Zunächst wird auf die Entstehungsgeschichte und die Grundannahmen der Theorie eingegangen (Abschnitt 4.4.1), bevor gezeigt wird, auf welche Art und Weise der Ansatz im vorliegenden Forschungsvorhaben Verwendung findet (Abschnitt 4.4.2).

4.4.1 Entstehungsgeschichte und Grundannahmen der Signaling-Theorie

Die Signaling-Theorie kann dem Forschungsprogramm der Neuen Institutionenökonomik zugerechnet werden (Göbel, 2002, S. 275-276; Kaas, 1991, S. 359; Richter/Furubotn/ Streissler, 2003, S. 294; Schmidtke, 2002, S. 60-61).[160] Ihr Begründer Andrew M. Spence formuliert die Leitgedanken dieses Ansatzes in seinem im Jahr 1973 erschienenen Aufsatz „Job Market Signaling" und in seiner 1974 publizierten Dissertationsschrift „Market Signaling: Informational Transfer in Hiring and Related Screening Processes".[161] Die Titel der beiden Veröffentlichungen machen bereits deutlich, dass die Signaling-Theorie zunächst im Rahmen der Analyse von Arbeitsmärkten Verwendung fand. Spence weist in seinen Beiträgen

---

[160] Morris (1987) und Richter/Furubotn/Streissler (2003, S. 294) weisen dabei insbesondere auf die Schnittmengen zwischen der Signaling-Theorie und der Prinzipal-Agenten-Theorie hin.
[161] Bereits Spence verwendet für den von ihm entwickelten Ansatz sowohl die Schreibweisen *Signalling* als auch *Signaling*. Vgl. Schmidtke (2002, S. 64). Auch in den Veröffentlichungen anderer Autoren kommen beide Schreibweisen zum Einsatz. In der vorliegenden Arbeit wird die in den späteren Publikationen von Spence gebräuchliche Notation *Signaling* verwendet. Vgl. Spence (1973), Spence (1974).

aber darauf hin, dass der Ansatz prinzipiell auch in vielen anderen Märkten eingesetzt werden kann (Spence, 1973, S. 356).[162]

Die Signaling-Theorie geht davon aus, dass zwischen Arbeitgebern und Arbeitnehmern Informationsasymmetrien herrschen (Spence, 1974, S. 6-7). Unternehmen, die auf der Suche nach Arbeitskräften sind, können im Vorfeld – also vor der Einstellung eines neuen Mitarbeiters – nicht mit absoluter Sicherheit einschätzen, ob ein Bewerber tatsächlich die an ihn gestellten Anforderungen erfüllt. Während der potenzielle Mitarbeiter seine aufgabenrelevanten Qualifikationsmerkmale kennt, sind diese dem möglichen Arbeitgeber verborgen (Süß, 2004, S. 83). Beide Marktteilnehmer – das Unternehmen und der potenzielle Mitarbeiter – sind bestrebt, diese Informationsasymmetrien zu reduzieren. So haben Individuen, die sich um einen Arbeitsplatz bewerben, ein Interesse daran, sich von anderen (möglicherweise ungeeigneten) Personen zu differenzieren, um so ihre Einstellungschancen zu erhöhen. Sie übermitteln Informationen über ihre Qualifikationen an den Arbeitgeber und betreiben damit das sogenannte „Signaling". Unternehmen wiederum sind bestrebt, aus allen Bewerbern diejenigen Individuen zu identifizieren, welche die Voraussetzungen für eine bestimmte Position erfüllen. Sie versuchen also, möglichst viele Informationen über die jeweiligen (potenziellen) Mitarbeiter zu gewinnen und prüfen in diesem Zusammenhang, ob ein Bewerber vorab definierte Einstellungskriterien erfüllt. Dieses Vorgehen wird von Spence als „Screening" bezeichnet (Alewell, 1992; Göbel, 2002, S. 293; Spence, 1974, S. 6; Stiglitz, 1975, S. 284; Weiss, 1995, S. 133-134).

Sowohl bezüglich der Informationsübermittlung (Signaling) als auch der Informationssuche (Screening) wird die Auffassung vertreten, dass die vorherrschenden Informationsasymmetrien mit Hilfe von Signalen abgebaut werden können. Bei diesen Signalen handelt es sich um beobachtbare Eigenschaften des Signalsenders, die es dem Signalempfänger erlauben, Rückschlüsse auf nicht beobachtbare Eigenschaften wie etwa das Wissen, die Ziele, Eigenschaften,

---

[162] In seiner Dissertationsschrift bemerkt Spence: „Although job markets are the focus of attention, they are intended to be illustrative of a certain kind of market signaling structure which appears in other markets and quasimarkets. They can be viewed through the same conceptual lens" vgl. Spence (1974, S. 4). Folgende Arbeiten veranschaulichen beispielhaft die vielfältigen Anwendungsbereiche der Signaling-Theorie: Firth/Leung/Rui (2010) (Signalwirkung von Aktienrückkäufen), Clark/Cornwell/Pruitt (2002) (Signalwirkung von Sponsoringaktivitäten), Schmid/Wilken/Dammer-Henselmann (2012) (Signalwirkung von MBA-Abschlüssen), Schmidtke (2002) (Signalwirkung von Personalmarketingmaßnahmen), Schnoor (2000) (Signalwirkung von Produkt-Vorankündigungen).

Fähigkeiten und Verhaltensweisen des Senders zu ziehen (Göbel, 2002, S. 294; Sanders/Boivie, 2004, S. 168-169; Schmidtke, 2002, S. 74-75; Süß, 2004, S. 83).[163]

Der Zusammenhang zwischen Signaling und Screening wird in Abbildung 11 verdeutlicht.

```
                              ARBEITSMARKT
┌─────────────────┐   Informationsübermittlung (Signaling)    ┌─────────────────┐
│                 │ ─────────────────────────────────────────►│                 │
│                 │   (potenzielle) Mitarbeiter versuchen,    │                 │
│                 │   sich von anderen – ungeeigneten –       │                 │
│                 │   Kandidaten zu differenzieren            │                 │
│  Arbeitnehmer   │                                           │   Arbeitgeber   │
│                 │   Informationssuche (Screening)           │                 │
│                 │ ◄─────────────────────────────────────────│                 │
│                 │   Arbeitgeber versuchen, geeignete        │                 │
│                 │   Mitarbeiter zu identifizieren           │                 │
└─────────────────┘                                           └─────────────────┘
```

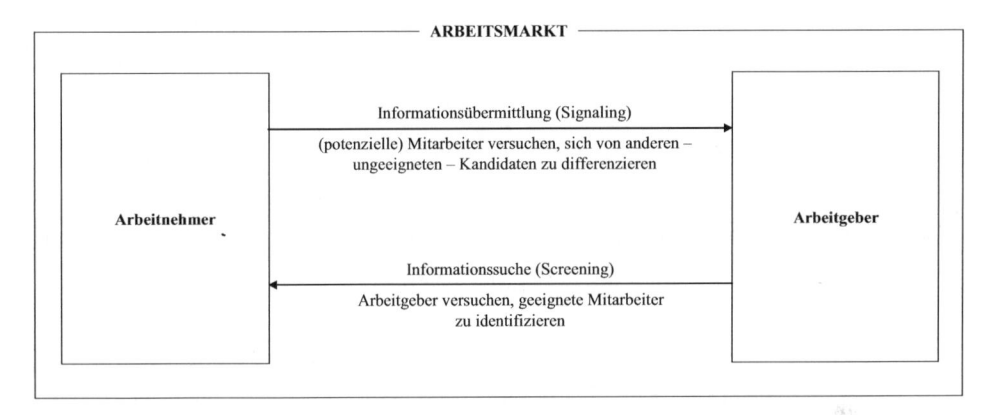

Abb. 11: Signaling und Screening zwischen Arbeitgeber und Arbeitnehmer

Spence formuliert vier zentrale Bedingungen, die erfüllt sein müssen, bevor die Argumentationslogik der Signaling-Theorie Anwendung finden kann. Diese können wie folgt zusammengefasst werden:

1. Zwischen dem Signalsender und dem Signalempfänger müssen Informationsasymmetrien vorherrschen. Der Signalsender (der potenzielle Mitarbeiter) verfügt über umfangreichere Informationen als der Signalempfänger (das Unternehmen). Beide Parteien sind bestrebt, die Informationsasymmetrien zu reduzieren (Spence, 1974, S. 2).

2. Der Signalempfänger muss in der Lage sein, ein Signal wahrzunehmen. So müssen beispielsweise die Signale eines potenziellen Mitarbeiters (wie etwa seine Schulabschlüsse, Fremdsprachenkenntnisse oder Auslandsaufenthalte) in Zeugnissen oder in seinem Le-

---

[163] Hier zeigt sich eine Gemeinsamkeit mit den Argumentationsfiguren von Hambrick und Mason. Sowohl die Signaling-Theorie als auch die upper-echelons-Perspektive gehen davon aus, dass die beobachtbaren Eigenschaften eines Individuums als Surrogat für abstrakte Konstrukte wie dessen Einstellungen, Werte, Überzeugungen und Wissen dienen können. Vgl. Hambrick (2007, S. 334), Hambrick/Mason (1984, S. 195), Spence (1974, S. 3). Während der upper-echelons-Ansatz der Frage nachgeht, inwiefern sich die beobachtbaren Eigenschaften der Top-Manager auf ihr Verhalten – und letztlich auf den Unternehmenserfolg – auswirken, untersucht die Signaling-Theorie die unmittelbare „Außenwirkung" dieser beobachtbaren Charakteristika. Das Verhalten von Individuen steht bei der Signaling-Theorie nicht im Mittelpunkt des Interesses. Vgl. Zhang/Wiersema (2009, S. 706).

benslauf vermerkt sein. Nur so hat der Arbeitgeber die Möglichkeit, diese Signale zu erkennen und zu bewerten (Spence, 1974, S. 3).

3. Das Senden eines Signals muss mit Kosten verbunden sein. Andernfalls wären alle Bewerber in der Lage, völlig übereinstimmende Signale zu senden und für den Arbeitgeber bestünde keine Möglichkeit, auf Basis dieser Signale mehr oder weniger geeignete Personen zu identifizieren.[164] Es muss also für objektiv schlechtere Kandidaten schwieriger beziehungsweise kostspieliger sein, bestimmte Signale zu senden. In den Arbeiten von Spence wird der Begriff „Kosten" bewusst weit gefasst. „Kosten" umfassen demnach nicht nur monetäre Elemente, sondern können beispielsweise auch in Form von Zeit entstehen (Schnoor, 2000, S. 27; Spence, 1973, S. 359; Spence, 1974, S. 15).[165]

4. Ein Signal muss durch den Signalsender beeinflusst werden können. Spence geht etwa davon aus, dass sich potenzielle Mitarbeiter bewusst dazu entschließen, einen bestimmten Schulabschluss anzustreben oder Fremdsprachenkenntnisse zu erwerben. Beobachtbare Eigenschaften einer Person, die nicht verändert werden können (wie etwa ihr Geschlecht), gelten nicht als Signale, sondern werden als Indizes bezeichnet (Spence, 1973, S. 357; Spence, 1974, S. 10).[166]

Welche Aussagen werden nun von der Signaling-Theorie getroffen? Zur Klärung dieser Fragestellung wird die Grundlogik des Ansatzes in Abbildung 12 veranschaulicht. Die einzelnen, in Klammern aufgeführten Zusammenhänge werden anschließend ausführlicher erläutert.

---

[164] Wären beispielsweise intelligente und weniger intelligente Individuen gleichermaßen in der Lage, einen bestimmten Schulabschluss zu erlangen, könnte dieser Schulabschluss nicht als Signal herangezogen werden, um geeignete von weniger geeigneten Bewerbern zu unterscheiden.
[165] Es ist anzunehmen, dass es weniger intelligente Bewerber beispielsweise mehr Zeit „kostet", einen bestimmten Studienabschluss zu erreichen.
[166] Spence (1974, S. 31-32) weist allerdings darauf hin, dass auch Indizes die Wahrnehmung der Arbeitgeber beeinflussen können.

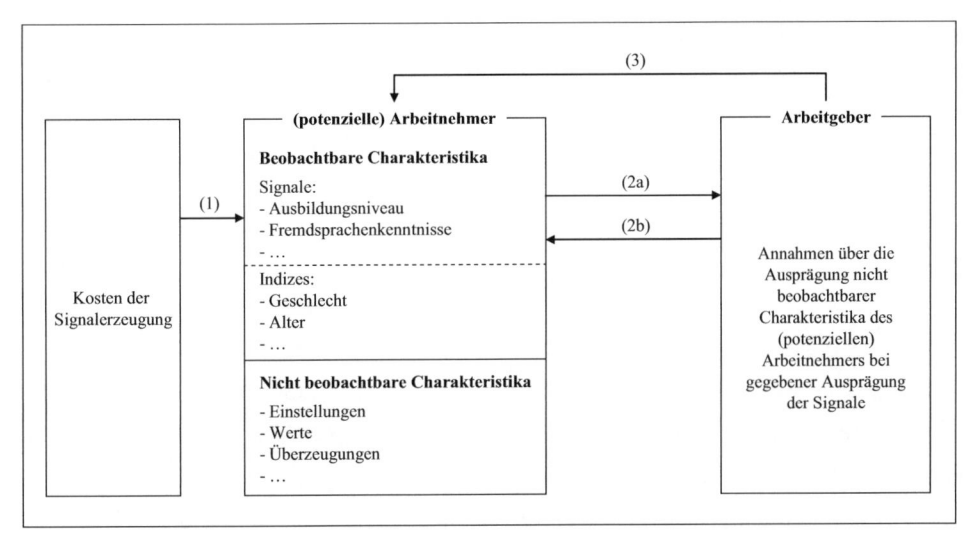

Abb. 12: Grundannahmen der Signaling-Theorie

Da sich die einzelnen potenziellen Arbeitnehmer hinsichtlich ihrer Fähigkeiten, Einstellungen und Werte voneinander unterscheiden, differieren auch die Kosten der Signalerzeugung zwischen ihnen (Schmidtke, 2002, S. 76; Spence, 1973, S. 358; Süß, 2004, S. 83). Aufgrund dieser unterschiedlichen Kosten entschließen sich einige Individuen, bestimmte Signale (etwa durch das Erlangen eines Bildungsabschlusses) zu erzeugen. Andere wiederum verzichten darauf (1) (Spence, 1973, S. 358). Individuen, die über einen höheren Bildungsabschluss verfügen, sind bestrebt, sich von anderen potenziellen Arbeitnehmern mit einem niedrigeren Ausbildungsniveau abzuheben (Spence, 1973, S. 358; Spence, 1974, S. 3). Sie übermitteln Signale (Informationen über einen erreichten Bildungsabschluss) an den Arbeitgeber (2a). Da der Arbeitgeber die Eignung eines Bewerbers nicht umfassend bewerten kann, verlässt er sich bei seiner Suche nach geeigneten Kandidaten ebenfalls auf Signale (2b). Dabei geht er davon aus, dass beispielsweise der Bildungsabschluss eines Bewerbers Rückschlüsse auf dessen Fähigkeiten, Werte und Einstellungen zulässt (Spence, 1973, S. 357; Spence, 1974, S. 8). Durch die Analyse des Bildungsabschlusses ist der Arbeitgeber demzufolge in der Lage, die Eignung eines Bewerbers für einen bestimmten Arbeitsplatz festzustellen. Der Arbeitgeber interpretiert anschließend die an ihn übermittelten beziehungsweise die von ihm identifizierten Signale und schließt somit seine Informationslücken (Spence, 1973, S. 357).[167] Anschließend entscheidet er, welcher Bewerber eingestellt wird (3).

4.4.2 Anwendung der Signaling-Theorie in der vorliegenden Arbeit

4.4.2.1 Überprüfung der Prämissen der Signaling-Theorie

Bevor die Argumentationsfiguren der Signaling-Theorie auf die Forschungsfragen dieser Arbeit übertragen werden können, muss zunächst geklärt werden, ob die vier von Spence genannten Grundannahmen mit der vorliegenden Untersuchung vereinbar sind. Demnach ist zu prüfen, ob (1) zwischen einem Unternehmen und Top-Managern einerseits sowie den Teilnehmern auf dem Aktienmarkt andererseits Informationsasymmetrien bestehen. Ferner ist unklar, ob (2) Investoren Zugang zu Informationen über die Führungskräfte eines Unternehmens und deren Internationalität haben. Es muss ebenfalls aufgezeigt werden, inwiefern (3) die Benennung eines internationalen Top-Managers „Kosten" im Sinne der Signaling-Theorie verursacht. Und letztlich ist fraglich, ob (4) Unternehmen bei der Auswahl ihrer Top-Manager tatsächlich ungebunden sind und somit „gestaltend" tätig sein können.

(1) Informationsasymmetrien auf dem Aktienmarkt

Bei den Akteuren auf einem Aktienmarkt kann vereinfachend zwischen Unternehmen und Investoren unterschieden werden (Franke/Hax, 2009, S. 73; Pape, 2011, S. 77-79; Perridon/Steiner/Rathgeber, 2009, S. 162).[168] Unternehmen fungieren als „Anbieter", die durch die Ausgabe von Aktien bestrebt sind, an externes Eigenkapital zu gelangen (Pape, 2011, S. 77).

---

[167] Bei der Interpretation von Signalen greifen Signalempfänger auf ihr individuelles Wissen und auf ihre vergangenen Erfahrungen zurück. Vgl. Spence (1974, S. 8). Demnach nimmt jeder Signalempfänger die Signale eines Signalsenders unterschiedlich wahr. Hier zeigt sich ein Schnittpunkt zwischen der Signaling-Theorie, der Resource-Dependence-Theorie und der upper-echelons-Perspektive. Jeder dieser Ansätze geht davon aus, dass Individuen über eine subjektive (beschränkte) Wahrnehmung der Realität verfügen. Vgl. Aharoni/Tihanyi/Connelly (2011, S. 137), Hambrick/Mason (1984, S. 194-195), Pfeffer/Salancik (1978, S. 72-73), Spence (1974, S. 8).

[168] Selbstverständlich ist die Realität wesentlich komplexer (für eine umfassendere Darstellung der Strukturen und der Teilnehmer auf dem Aktienmarkt vgl. etwa Madura (2006), dort insbesondere Kapitel 1 sowie Elton/Gruber (1995, S. 25-42)). Viele Beiträge, die sich mit den Charakteristika von Top-Management-Teams und deren Auswirkungen auf den Aktienkurs eines Unternehmens auseinandersetzen, beschränken sich jedoch ebenfalls auf die Betrachtung der beiden Akteure „Unternehmen" und „Investoren". Vgl. Certo (2003), Certo/Daily/Dalton (2001), D'Aveni (1990), Higgins/Gulati (2006), Kang (2008), Rhee/Lee (2008), Sanders/Boivie (2004), Zimmerman (2008).

Investoren treten als „Nachfrager" auf und erwerben Aktien, um an dem künftigen Erfolg von Unternehmen zu partizipieren (Glaum, 1996, S. 151).[169]

Vor dem Kauf einer Aktie beurteilen Investoren das Ertragspotenzial des Wertpapiers (Pape, 2011, S. 88-89). Dabei verschaffen sie sich ein Bild von den zukünftig zu erwartenden Einzahlungen in Form von Kursgewinnen oder Dividenden (Glaum, 1996, S. 152). Im Rahmen ihrer Analyse greifen Investoren auf quantitative Informationen (zum Beispiel Kurs-Gewinn-Verhältnis einer Aktie) oder auf qualitative Informationen (zum Beispiel Experteneinschätzung zur zukünftigen Entwicklung eines Unternehmens) zurück (Franke/Hax, 2009, S. 439; Madura, 2006, S. 168-169; Pape, 2011, S. 94-95; Perridon/Steiner/Rathgeber, 2009, S. 209-210; Sanders/Boivie, 2004, S. 167). Sie haben üblicherweise jedoch nicht immer die Möglichkeit, direkte persönliche Kontakte zum Top-Management eines Unternehmens zu knüpfen, um Informationen mit diesem Personenkreis auszutauschen. Das Top-Management entscheidet aber – wie bereits in Abschnitt 2.1.1 argumentiert wurde – maßgeblich über die strategische Ausrichtung eines Unternehmens. Es ist daher anzunehmen, dass Investoren bei ihrer Beurteilung wichtige Angaben über die zukünftigen Handlungen des Unternehmens fehlen (D'Aveni, 1990, S. 123-124; Franke/Hax, 2009, S. 73; Pape, 2011, S. 88-89; Perridon/Steiner/Rathgeber, 2009, S. 25). Zwischen den Unternehmen und ihren Top-Management-Teams einerseits sowie den Investoren andererseits bestehen folglich Informationsasymmetrien (Franke, 1987, S. 809; Grothe, 2006, S. 86-87).[170]

(2) Verfügbare Informationen über das Top-Management und dessen Internationalität

Die Finanzkommunikation (Investor Relations) von Unternehmen hat in den vergangenen Jahren einen großen Stellenwert erlangt (Eckert, 2004, S. 2-3; Macharzina/Wolf, 2010, S. 31; Perridon/Steiner/Rathgeber, 2009, S. 555-556). Unternehmen sind bestrebt, Investoren möglichst umfassend und transparent über die aktuelle und zukünftige Geschäftsentwicklung zu informieren.[171] Im Rahmen der Investor Relations werden dabei nicht nur quantitative Finanzinformationen veröffentlicht; Unternehmen berichten ebenso über die Zusammensetzung ihres

---

[169] Es sind auch andere Motive der Investoren denkbar. So spekuliert ein Investor beispielsweise bei dem sogenannten „Short Selling" auf fallende Kurse eines Wertpapiers. Vgl. Madura (2006, S. 217-218). In der vorliegenden Arbeit werden derartige Handelsformen nicht berücksichtigt.
[170] Eine vergleichbare Argumentation findet sich in zahlreichen wissenschaftlichen Arbeiten. Vgl. etwa D'Aveni (1990), Graf/Stiglbauer (2008, S. 604), Higgins/Gulati (2006, S. 3), Myers/Majluf (1984), Rhee/Lee (2008, S. 41), Schmidt-Tank (2005, S. 24).
[171] Unternehmen können (und wollen) die unter (1) beschriebenen Informationsasymmetrien durch eine umfassende und weitreichende Finanzkommunikation jedoch nicht vollständig beseitigen.

Top-Management-Teams sowie über die individuellen Charakteristika ihrer Führungskräfte.[172]

Eine Analyse der Vorstands- und Aufsichtsratsmitglieder der DAX-30-Unternehmen zeigt jedoch, dass sich die Art und der Umfang der verfügbaren Informationen zwischen den Mitgliedern der einzelnen Führungsgremien deutlich voneinander unterscheiden. So waren im Jahr 2008 für rund 99% der Vorstandsmitglieder und für rund 93% der Anteilseignervertreter im Aufsichtsrat detaillierte biographische Angaben verfügbar. Auch die in Abschnitt 2.2.4.1 erwähnten Internationalitätsdimensionen können für diesen Personenkreis ermittelt werden (Schmid/Dauth, 2011a, S. 18-19). Die Internationalität von Vorständen und Anteilseignervertretern im Aufsichtsrat deutscher DAX-30-Unternehmen kann damit als „sichtbar" im Sinne der Signaling-Theorie bezeichnet werden. Investoren haben die Möglichkeit, für nahezu alle Mitglieder dieser Corporate-Governance-Gremien entsprechende Angaben auf der Unternehmenswebseite, im Geschäftsbericht oder in einschlägigen Datenbanken zu recherchieren.[173]

Bei den Arbeitnehmervertretern im Aufsichtsrat offenbart sich jedoch ein anderes Bild. Diese Personen zeigen eine relativ geringe Bereitschaft, Informationen über ihren persönlichen Werdegang zu veröffentlichen (Becker, 2010, S. 161; Schmid/Daniel, 2006, S. 18; Staples, 2007, S. 315). So sind nur für rund 39% aller Individuen vergleichbare Auskünfte verfügbar (Schmid/Dauth, 2011a, S. 18-19). Da nahezu zwei Drittel aller Arbeitnehmervertreter im Aufsichtsrat keine Angaben über ihre individuelle Internationalität veröffentlichen, muss bezweifelt werden, dass die Internationalität dieses Personenkreises als „sichtbar" im Sinne von Spence gelten kann.

(3) Die „Kosten" der Benennung internationaler Top-Manager

Bei einem – wie von Spence propagierten – weiten Verständnis des Kostenbegriffs ist es durchaus nachvollziehbar, dass die Berufung eines Top-Managers in den Vorstand oder Aufsichtsrat mit „Kosten" verbunden sein kann. Schließlich müssen Unternehmen geeignete Kandidaten suchen und bewerten (Khurana, 2002, S. 118-119). Dafür müssen in der Regel nicht nur finanzielle Mittel aufgewendet werden, der Such- und Auswahlprozess „kostet" die

---

[172] Als ein Beispiel (unter vielen) sei hier das Versicherungsunternehmen Allianz genannt. Auf der Unternehmenswebseite stellt die Allianz detaillierte Lebensläufe aller Vorstände und Aufsichtsratsmitglieder zur Verfügung. Vgl. Allianz (2011).

[173] Detaillierte biographische Informationen über die Top-Manager deutscher Unternehmen sind beispielsweise in Kompendien wie dem „Who is Who" enthalten. Vgl. Beleke (2004), Hübner (2003), Hübner (2008). Aber auch elektronische Datenbanken (zum Beispiel „Thomson ONE Banker") oder Webseiten (wie etwa „Köpfe der Wirtschaft") enthalten vielfältige Angaben über die Werdegänge deutscher Führungskräfte. Vgl. o.V. (2011), Oehmichen/Rapp/Wolff (2010, S. 515), Schmid/Daniel (2006, S. 18), Thomas (1993, S. 84).

Unternehmen auch Zeit (Higgins/Gulati, 2006, S. 4). Und natürlich fordert die neue Führungskraft eine angemessene (monetäre) Vergütung (Lustgarten, 2006, S. 55).[174]

Aber auch für die Top-Manager entstehen bei dem Eintritt in ein Führungsgremium „Kosten" im Sinne der Signaling-Theorie. In diesem Zusammenhang werden in der Literatur häufig sogenannte „reputational costs" erwähnt (Deutsch/Ross, 2003, S. 1006; Higgins/Gulati, 2006, S. 4; Sanders/Boivie, 2004, S. 173). So kann sich beispielsweise die Mitgliedschaft im Top-Management-Team eines Unternehmens, welches fortwährend Gewinn- und Umsatzrückgänge verzeichnet, negativ auf die Karriereperspektiven einer Führungskraft auswirken. Es ist daher zu vermuten, dass Top-Manager grundsätzlich bestrebt sind, nur dann ein Mandat im Vorstand oder Aufsichtsrat eines Unternehmens anzunehmen, wenn sie zu der Einschätzung gelangen, dass dieses Unternehmen in Zukunft erfolgreich sein kann (Sanders/Boivie, 2004, S. 173). Diese Aussage gilt insbesondere für hochqualifizierte und international versierte Führungskräfte. Schließlich stehen bei international vernetzten Top-Managern besonders hohe „reputational costs" auf dem Spiel. Ein schlechter Ruf könnte sich nicht nur auf die nationalen, sondern auch auf die internationalen Netzwerkkontakte und Mandate auswirken und somit die Karriereperspektiven im Heimatland und im Ausland negativ beeinflussen (Deutsch/Ross, 2003, S. 1006; Sanders/Boivie, 2004, S. 173). Wenn hochqualifizierte internationale Führungskräfte also bestrebt sind, das Risiko von „reputational costs" zu minimieren, dann sollte es erfolgreichen Unternehmen – ceteris paribus – leichter fallen, internationale Top-Manager in ihr Führungsgremium zu berufen als weniger erfolgreichen Unternehmen (Deutsch/Ross, 2003, S. 1010). Oder wie Sanders und Boivie argumentieren: „Good talent will therefore migrate toward the less-risky, high-quality…firms" (Sanders/Boivie, 2004, S. 173).[175]

(4) Wahlfreiheit bei der Benennung der Top-Manager eines Unternehmens

Im Folgenden werden die Regelungen des Deutschen Corporate Governance Kodex sowie die Rechtsnormen der Mitbestimmungsgesetzgebung herangezogen, um zu erörtern, inwiefern Unternehmen – beziehungsweise deren Eigentümer – über die Berufung von Führungskräften

---

[174] Allerdings argumentieren jüngere Veröffentlichungen, dass das Erzeugen von Signalen nicht zwangsläufig mit Kosten verbunden sein muss. Vgl. Certo (2003, S. 434). So zeigen etwa die Arbeiten von Crawford/Sobel (1982) und Franke (1987), dass Investoren auch auf sogenannte „costless signals" reagieren.

[175] Viele Arbeiten, die sich mit der Signalwirkung von Top-Management-Teams auseinandersetzen, verzichten auf eine Diskussion, in der aufgezeigt wird, ob und inwiefern die „Kosten" der Signalerzeugung tatsächlich negativ mit der „Qualität" des Signalsenders korrelieren. In diesen Beiträgen wird lediglich argumentiert, dass die Benennung eines Top-Managers mit „Kosten" verbunden ist. Vgl. Gimmon/Levie (2010, S. 1215), Higgins/Gulati (2006, S. 4), Musteen/Datta/Kemmerer (2009, S. 499-500), Zhang/Wiersema (2009, S. 696-697).

frei entscheiden können. Damit verbunden ist die Klärung der Frage, ob die Benennung von Top-Managern als „gestaltbar" im Sinne von Spence bezeichnet werden kann.

– Anteilseignervertreter im Aufsichtsrat: Die Mitglieder dieser Personengruppe werden in der Hauptversammlung von den Eigentümern eines Unternehmens – den Aktionären – bestimmt (Regierungskommission Deutscher Corporate Governance Kodex, 2010, S. 3; Schmid/Kretschmer, 2004, S. 3).[176] Im Hinblick auf die Selektion der Anteilseignervertreter formuliert der Gesetzgeber lediglich allgemeine Regelungen und Hinweise.[177] Die tatsächliche personelle Auswahl bleibt eine freie unternehmerische Entscheidung, die nicht durch entsprechende Rechtsnormen reglementiert wird (Gerum/Mölls, 2009, S. 234-235).[178] Insofern gilt die Benennung von Anteilseignervertretern im Aufsichtsrat als „gestaltbar".

– Arbeitnehmervertreter im Aufsichtsrat: Über die Berufung der Arbeitnehmervertreter in den Aufsichtsrat entscheiden nicht die Aktionäre, sondern die Mitarbeiter eines Unternehmens (Schmid, 2010, S. 608; Schmid/Kretschmer, 2004, S. 11-12).[179] Den Eigentümern bietet sich demnach keine Möglichkeit, die Auswahl dieser Personen aktiv zu beeinflussen. Damit wird bereits an dieser Stelle deutlich, dass die Benennung von Arbeitnehmervertretern im Aufsichtsrat nicht als „gestaltbares" Signal interpretiert werden kann.

– Vorstandsmitglieder: Die Mitglieder des Vorstands werden vom Aufsichtsrat bestimmt (Regierungskommission Deutscher Corporate Governance Kodex, 2010, S. 9).[180] Die konkrete Selektion einzelner Personen erfolgt durch einen Wahlentscheid, bei dem die Stimmen der Arbeitnehmervertreter und der Anteilseignervertreter das gleiche Gewicht besitzen. Können sich die Vertreter des Aufsichtsrats allerdings nicht auf die Benennung der Vorstandsmitglieder einigen, steht dem Aufsichtsratsvorsitzenden ein Zweitstimm-

---

[176] Vgl. auch die einschlägigen Rechtsnormen der §§ 30, 101 und 119 AktG.
[177] Der Deutsche Corporate Governance Kodex empfiehlt im Hinblick auf die Struktur des Aufsichtsrats: „Der Aufsichtsrat ist so zusammenzusetzen, dass seine Mitglieder insgesamt über die zur ordnungsgemäßen Wahrnehmung der Aufgaben erforderlichen Kenntnisse, Fähigkeiten und fachlichen Erfahrungen verfügen. Der Aufsichtsrat soll für seine Zusammensetzung konkrete Ziele benennen, die unter Beachtung der unternehmensspezifischen Situation die internationale Tätigkeit des Unternehmens, potentielle Interessenskonflikte, eine festzulegende Altergrenze für Aufsichtsratsmitglieder und Vielfalt (Diversity) berücksichtigen" vgl. Regierungskommission Deutscher Corporate Governance Kodex (2010, S. 10).
[178] Vgl. auch die Ausführungen zu den Rechten der Hauptversammlung in § 119 AktG.
[179] Die Wahl der Aufsichtsratsmitglieder deutscher Unternehmen erfolgt bislang ausschließlich durch die Stimmen der Arbeitnehmer in Deutschland. Vgl. Schmidt (2004, S. 896), von Werder (2006, S. 287). Die Normen des Aktiengesetzes und die Regelungen zur Mitbestimmung vernachlässigen dabei die Tatsache, dass viele DAX-30-Unternehmen, wie in Abschnitt 2.4.1 bereits erwähnt, mittlerweile mehr Mitarbeiter in ausländischen Märkten beschäftigen als in ihrem Heimatland. Vgl. Schmidt (2004, S. 896), Theisen (2002, S. 1056), von Werder (2005, S. 287).
[180] Vgl. auch die einschlägigen Rechtsnormen des § 84 AktG.

recht zu. Da der Aufsichtsratsvorsitzende gemäß § 27 MitbestG faktisch ein Vertreter der Anteilseigner ist, können die Anteilseigner im Konfliktfall immer ihre Interessen vor denen der Arbeitnehmervertreter zur Geltung bringen (Gerum/Mölls, 2009, S. 276; Schierenbeck, 2003, S. 69).[181] Letztlich können also die Eigentümer eines Unternehmens „gestaltend" in die Auswahl von Vorstandsmitgliedern eingreifen. Damit sind auch in diesem Fall die Anforderungen an ein Signal im Sinne von Spence erfüllt (Spence, 1974, S. 10). Die Auswahl geeigneter Personen für den Vorstand wird dabei nicht durch gesetzliche Regelungen eingeschränkt. Der Aufsichtsrat muss lediglich allgemeine Regelungen und Hinweise beachten.[182]

4.4.2.2 Die Signalwirkung der Internationalität von Top-Managern

Im vorangegangenen Abschnitt wurde erörtert, inwieweit die vorliegende Untersuchung die Grundvoraussetzungen der Signaling-Theorie erfüllt. Dabei wurde gezeigt, dass (1) zwischen Unternehmen und Investoren Informationsasymmetrien vorherrschen, (2) die Internationalität der Vorstände und Anteilseignervertreter im Aufsichtsrat als „sichtbar" bezeichnet werden kann, (3) die Benennung internationaler Führungskräfte mit Kosten verbunden ist und (4) Unternehmen im Hinblick auf die Auswahl der Führungskräfte – zumindest bei den Vorständen und Anteilseignervertretern im Aufsichtsrat – ungebunden sind. Die Benennung von Arbeitnehmervertretern im Aufsichtsrat darf hingegen nicht als Signal bezeichnet werden, da in diesem Fall die von Spence formulierten Annahmen der „Sichtbarkeit" (2) und der „Gestaltbarkeit" (4) verletzt sind. Eine Übertragung der Argumentationsfiguren der Signaling-Theorie auf diese Personengruppe ist folglich nicht möglich.

---

[181] Bei Unternehmen, deren Mitbestimmung durch das Montanmitbestimmungsgesetz geregelt ist, wird in Pattsituationen auf den sogenannten „Neutralen" zurückgegriffen. Vgl. Gerum/Mölls (2009, S. 276). Dabei handelt es sich um eine Person, die auf gemeinsamen Vorschlag aller Aufsichtsratsmitglieder gewählt wird. Gemäß § 8 Montan-MitbestG entscheiden allerdings letztlich die Vertreter der Anteilseigner über die Wahl des „Neutralen". Damit kann auch hier von einer faktischen Dominanz der Anteilseignervertreter ausgegangen werden. Ist die Mitbestimmung in einem Unternehmen nach dem Drittelbeteiligungsgesetz geregelt, kommt den Anteilseignervertretern qua Gesetz eine Vormachtstellung zu, da sie zwei Drittel der Sitze im Aufsichtsrat einnehmen. Vgl. Gerum/Mölls (2009, S. 273-275).

[182] Zu nennen sind hier etwa die Bestimmungen des § 105 AktG, in denen die Unvereinbarkeit der Zugehörigkeit zum Vorstand und zum Aufsichtsrat eines Unternehmens geregelt wird. Im Hinblick auf die Zusammensetzung des Vorstands formuliert der Deutsche Corporate Governance Kodex folgende Empfehlung: „Bei der Zusammensetzung des Vorstands soll der Aufsichtsrat auch auf Vielfalt (Diversity) achten und dabei insbesondere eine angemessene Berücksichtigung von Frauen anstreben" vgl. Regierungskommission Deutscher Corporate Governance Kodex (2010, S. 9). An dieser Stelle ist jedoch kritisch anzumerken, dass in der Unternehmenspraxis regelmäßig Situationen auftreten, in denen Unternehmen – beziehungsweise deren Anteilseigner – bei der Auswahl von Vorstandsmitgliedern nicht völlig ungebunden sind. So verdeutlicht die aktuelle Diskussion um eine Erhöhung des Frauenanteils in den Führungsgremien der DAX-30-Unternehmen beispielsweise den Einfluss der Politik auf die Auswahl von Top-Managern. Vgl. hierzu auch Oehmichen (2010) und Roßbach (2011).

Eine Überprüfung der oben genannten Bedingungen liefert jedoch noch keine Hinweise darauf, weshalb davon ausgegangen werden kann, dass die Benennung eines internationalen Top-Managers am Aktienmarkt wahrgenommen wird und sich auf das Handeln von Investoren auswirkt. Zur Beantwortung dieser Fragestellung wird nochmals auf das Grundmodell der Signaling-Theorie zurückgegriffen. Abbildung 13 zeigt eine modifizierte Variante, die einige zentrale Elemente des vorliegenden Forschungsvorhabens veranschaulicht. Auf die in Klammern genannten Zusammenhänge wird im Folgenden näher eingegangen.

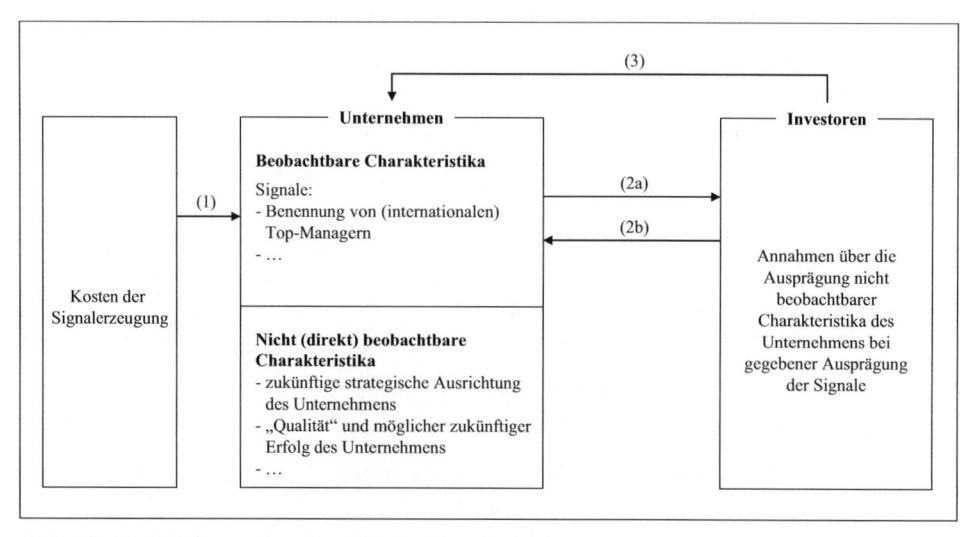

Abb. 13: Modifiziertes Grundmodell der Signaling-Theorie

Einige der am Aktienmarkt vertretenen Unternehmen entschließen sich – unter Akzeptanz der damit verbundenen Kosten –, Signale zu erzeugen (1). Dadurch sind sie in der Lage, sich von anderen Unternehmen zu differenzieren (2a). Als ein mögliches Signal dient die Benennung internationaler Vorstandsmitglieder oder internationaler Anteilseignervertreter im Aufsichtsrat. Gemäß den Argumenten der Resource-Dependence-Theorie signalisiert die Berufung dieser Führungskräfte beispielsweise, dass ein Unternehmen fähig ist, schnell und umfassend auf die Bedürfnisse ausländischer Stakeholder einzugehen (Miller/del Carmen Triana, 2009, S. 763).[183] Eine vergleichbare Argumentationslogik findet sich in den Arbeiten von Daily/Dalton (2003), D'Aveni (1990), Oxelheim/Randøy (2003) und Higgins/Gulati (2006). Laut D'Aveni stärkt die Benennung einer Führungskraft, die viele externe Mandate wahrnimmt, das Vertrauen der Investoren in die Kompetenzen des Top-Management-Teams (D'Aveni,

---

[183] Vgl. auch die Ausführungen in Abschnitt 4.3.2.2.

1990, S. 124). Die Bereitschaft der Investoren zum Kauf der Aktien eines Unternehmens steigt (D'Aveni, 1990, S. 124-125). Higgins/Gulati (2006, S. 5) folgend, stärken das umfangreiche Wissen und die interkulturellen Fähigkeiten internationaler Top-Manager das Vertrauen der Investoren in die Leistungsfähigkeit eines Unternehmens. Und gemäß Oxelheim/Randøy (2003) signalisieren Unternehmen durch die Aufnahme ausländischer Top-Manager die hohe Qualität ihrer Corporate-Governance-Standards. Oxelheim/Randøy beschränken ihre Analyse auf die Benennung angloamerikanischer Top-Manager und argumentieren: „By having at least one foreign board member…representing the Anglo-American system, the firm is signaling its willingness to be monitored by the rules of a more demanding corporate governance system" (Oxelheim/Randøy, 2003, S. 2373).[184] Dieses Signal senkt das wahrgenommene Risiko der Investoren und führt schließlich zu einer Erhöhung des Aktienkurses des jeweiligen Unternehmens (Oxelheim/Randøy, 2003, S. 2373).[185]

Doch nicht nur Unternehmen, sondern auch Investoren greifen auf Signale zurück (2b). Aufgrund der auf dem Aktienmarkt herrschenden Informationsasymmetrien sind Investoren nicht in der Lage, sich einen umfassenden und präzisen Eindruck von der „Qualität" eines Unternehmens zu machen (D'Aveni, 1990, S. 123-124).[186] Sie verlassen sich daher bei der Bewertung unter anderem auf Signale, die ihnen Anhaltspunkte für das mit einem Investment verbundene Risiko und die zu erwartenden Gewinne geben können (Pape, 2011, S. 391-393). Dabei sind sie auf der Suche nach bestimmten beobachtbaren unternehmensspezifischen Charakteristika, die Rückschlüsse auf die – nicht beobachtbare – strategische Ausrichtung eines Unternehmens und seinen zukünftigen Erfolg erlauben. Die Benennung eines Top-Managers dient Investoren als solches Signal (Datta/Musteen/Herrmann, 2009, S. 501; Gimmon/Levie,

---

[184] Die Autoren nehmen an, dass ein angloamerikanischer Top-Manager sein umfangreiches Wissen über die US-amerikanischen Corporate-Governance-Regelungen in das Führungsgremium eines Unternehmens einbringt und damit zu einer Professionalisierung und Verbesserung der Corporate-Governance-Standards eines Unternehmens beiträgt. Sie argumentieren: „(T)he presence of outsider Anglo-American board members signals a commitment to shareholder rights, something which appeals to investors" vgl. Oxelheim/Randøy (2003, S. 2374). Es ist intuitiv nachvollziehbar, dass die Argumentationslogik der Autoren nicht nur auf Benennungen angloamerikanischer Top-Manager beschränkt sein muss, sondern grundsätzlich für alle internationale Führungskräfte gelten kann.
[185] Der Zusammenhang zwischen dem wahrgenommenen Risiko der Investoren und dem Kurs einer Aktie wurde bereits in Formel (2) illustriert.
[186] Die „Qualität" eines Unternehmens kann dabei durch viele für einen Investor relevante Kriterien (zum Beispiel Investitionsrisiko, Wachstumschancen, Marktposition, Kompetenz des Top-Management-Teams) beeinflusst werden.

2010, S. 1215; Oesterle, 1999, S. 118-119; Rhee/Lee, 2008, S. 41; Zimmerman, 2008, S. 405).[187]

Verfügt ein berufener Top-Manager über ein gewisses Maß an Internationalität, können Investoren davon ausgehen, dass das Wissen und die Kompetenzen dieser Person dazu beitragen, den Erfolg eines Unternehmens in ausländischen Märkten zu sichern (Walters/Kroll/Wright, 2008, S. 262). Ferner liefert seine Internationalität den Investoren mögliche Anhaltspunkte über die künftige strategische Ausrichtung des Unternehmens. So entscheiden sich internationale Top-Manager häufig für internationale Expansionsstrategien (Carpenter/Fredrickson, 2001, S. 541) und präferieren dabei bestimmte internationale Markteintrittsformen wie Joint Ventures (Nielsen/Nielsen, 2011, S. 191). Grundsätzlich gilt, dass internationale Führungskräfte die Internationalisierung eines Unternehmens schneller und besser vorantreiben als nicht internationale Top-Manager (Nielsen, 2010b, S. 192). Diese Anhaltspunkte können Investoren helfen, die künftigen Erfolge eines Unternehmens und damit auch die Ertragspotenziale einer Aktie besser zu bewerten.

Die Benennung eines internationalen Top-Managers wirkt sich also auf die Wahrnehmung der Investoren aus – unabhängig davon, ob eine „Signaling-Perspektive" (Informationsübermittlung vom Unternehmen zu den Investoren) oder eine „Screening-Perspektive" (Informationssuche von Investoren) eingenommen wird. Die Informationen über die Charakteristika der Top-Manager und damit auch über deren Internationalität dienen Investoren zur Reduktion ihrer Informationsasymmetrien und beeinflussen somit ihre Entscheidung für oder gegen den Kauf einer Aktie (3).

4.5 Überführung der theoretischen Ansätze in einen konzeptionellen Bezugsrahmen und Ableitung der Hypothesen

Im Folgenden werden die Aussagen der bisher vorgestellten theoretischen Ansätze zusammengefasst und in einen Bezugsrahmen überführt (Abschnitt 4.4.1). Es schließt sich die Ableitung der Hypothesen an, die im Rahmen der empirischen Untersuchung überprüft werden sollen (Abschnitt 4.4.2).

---

[187] Investoren verlassen sich bei der Bewertung von Unternehmen nicht nur auf quantitative Informationen. Qualitative Informationen, wie beispielsweise Angaben über die Eigenschaften der Top-Manager, haben in der Vergangenheit an Bedeutung gewonnen. Vgl. Lev/Zarowin (1999, S. 383), Liedtka (2002, S. 1105).

4.5.1 Konzeptioneller Bezugsrahmen

Im vorliegenden Forschungsvorhaben werden die Aussagen der upper-echelons-Perspektive herangezogen, um die Einflussmöglichkeiten der Top-Manager eines Unternehmens zu beleuchten. Demnach bestimmen Führungskräfte maßgeblich über die Formulierung der Unternehmensstrategie (Hambrick, 2007, S. 334-335). Und sie sind darüber hinaus in der Lage, auf den finanziellen Erfolg eines Unternehmens einzuwirken (Hambrick/Mason, 1984, S. 198). Die Entscheidungen und Handlungen der Top-Manager, welche die Unternehmensstrategie und somit den Erfolg beeinflussen, basieren dabei auf ihren individuellen Einstellungen, Werten, Normen und Überzeugungen. Diese abstrakten Konstrukte können durch beobachtbare Charakteristika einer Person approximativ erfasst werden (Hambrick, 2007, S. 334; Hambrick/Mason, 1984, S. 195-196). Die upper-echelons-Perspektive konstatiert also: „Top-Managers do matter" (Carpenter/Geletkanycz/Sanders, 2004, S. 770) und liefert zugleich das methodische Instrumentarium zur Überprüfung dieses Postulats. Sie erklärt jedoch nicht, warum sich bestimmte Charakteristika einer Person positiv oder negativ auf den Unternehmenserfolg auswirken.

Die Resource-Dependence-Theorie erweitert diese Argumentationsbasis, indem sie Unternehmen (und deren Top-Manager) mit der Umwelt in Verbindung bringt (Brunner, 2009, S. 32-33; Hillman/Withers/Collins, 2009, S. 1408). Der Ansatz von Pfeffer und Salancik zeigt dadurch nicht nur auf, welche Aufgaben den Führungskräften beim Management der Abhängigkeitsbeziehungen eines Unternehmens zukommen, sondern erlaubt zudem, Rückschlüsse hinsichtlich der Wirkungsweise beobachtbarer Charakteristika des Top-Managements zu ziehen. So wird deutlich, inwiefern bestimmte individuelle Eigenschaften bei der Ausübung einer reaktiven Rolle, einer proaktiven Rolle und einer symbolischen Rolle hilfreich sein können.

Im Rahmen der symbolischen Rolle des Top-Managements geht die Resource-Dependence-Theorie ferner davon aus, dass Führungskräfte auch die Wahrnehmung und das Verhalten externer Anspruchsgruppen beeinflussen können. Sie stellt jedoch keine Verknüpfung zwischen den beobachtbaren Charakteristika einer Person und spezifischen finanziellen Erfolgsmaßen her (Pfeffer, 1981a, S. 6-7) (vgl. Abschnitt 4.3.2.2).

Die Signaling-Theorie schließt diese argumentative Lücke. In Anlehnung an die Ausführungen von Spence gilt: Investoren stützen sich bei ihren Entscheidungen für oder gegen den Kauf eines Wertpapiers unter anderem auf Signale, die von Unternehmen ausgesandt werden

(Spence, 1973, S. 357; Spence, 1974, S. 8). Die Berufung eines internationalen Top-Managers in das Führungsgremium eines Unternehmens gilt, wie in Abschnitt 4.4.2.2 gezeigt wurde, als ein solches Signal. Investoren analysieren die beobachtbaren Charakteristika von Individuen, um Rückschlüsse auf deren Fähigkeiten und Kompetenzen zu ziehen und letztlich das mit einer Investition verbundene Risiko abzuschätzen (Berry, 2006, S. 1126-1127; Carter/Simkins/Simpson, 2003, S. 34; Walters/Kroll/Wright, 2008, S. 262; Ziegenbalg/Vater, 2008, S. 84). Die Argumentationsfiguren der Signaling-Theorie erlauben demnach eine Abbildung des Zusammenhangs zwischen der Internationalität der Führungskräfte und dem Entscheidungsverhalten von Investoren. Dadurch wird auch eine Verbindung zwischen der Internationalität der Top-Manager und dem Aktienkurs eines Unternehmens ermöglicht.

Die Aussagen der upper-echelons-Perspektive, der Resource-Dependence-Theorie und der Signaling-Theorie werden in Abbildung 14 nochmals veranschaulicht.

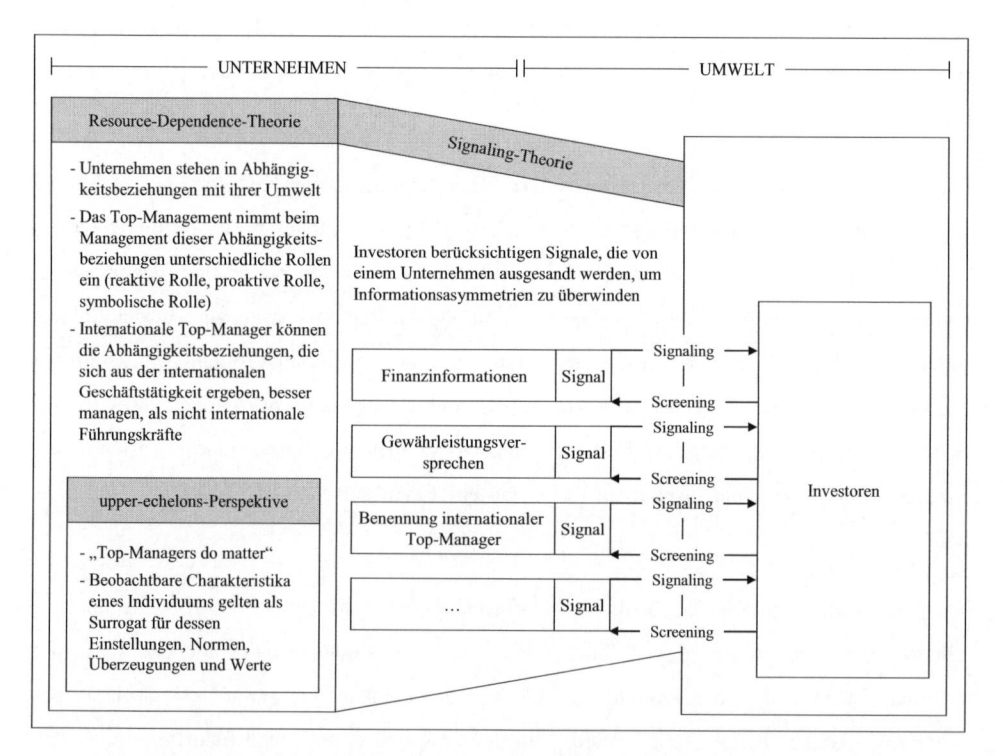

Abb. 14: Konzeptioneller Bezugsrahmen der vorliegenden Arbeit

4.5.2 Hypothesen

Der in Abschnitt 4.5.1 entwickelte Bezugsrahmen sowie die vorgebrachten Erkenntnisse der upper-echelons-Perspektive, der Resource-Dependence-Theorie und der Signaling-Theorie dienen als Grundlage für die folgende Formulierung der Hypothesen. Die Reihenfolge der Hypothesen orientiert sich dabei an der Abfolge der Forschungsfragen in Abschnitt 1.2. Dementsprechend wird zunächst eine Hypothese gebildet, welche (1) den Einfluss der Internationalität eines Top-Managers auf den Aktienkurs eines Unternehmens thematisiert. Die folgende Hypothese berücksichtigt das (2) Zusammenspiel zwischen der Internationalität des Top-Managers, der Internationalität der Unternehmensaktivitäten und dem Aktienkurs eines Unternehmens. Die dritte Hypothesengruppe widmet sich dem deutschen Corporate-Governance-System und greift die Frage auf, (3) ob die Benennung von Führungskräften aus verschiedenen Corporate-Governance-Gremien zu unterschiedlichen Aktienkursreaktionen führt.

(1) Einfluss der individuellen Internationalität des Top-Managers auf den Aktienkurs eines Unternehmens:

Internationale Top-Manager können Unternehmen helfen, den Herausforderungen grenzüberschreitender Geschäftstätigkeit zu begegnen (Hamori/Koyuncu, 2011, S. 843; Miller/del Carmen Triana, 2009, S. 759; Pennings/Wezel, 2010, S. 452). Im Zusammenhang mit dem vorliegenden Forschungsvorhaben liefert die Resource-Dependence-Theorie konkrete Hinweise darauf, warum internationale Top-Manager die Abhängigkeitsbeziehungen mit ausländischen Stakeholdern besser managen können als nicht internationale Führungskräfte (Nielsen/Nielsen, 2011, S. 191; Nielsen, 2009, S. 281; Süß, 2004, S. 71): Internationale Top-Manager verfügen über umfangreiches Wissen um die Besonderheiten fremder Kulturen, besitzen interkulturelle Fähigkeiten, die den Umhang mit ausländischen Stakeholdern erleichtern, können den Zugang zu internationalen Netzwerken sicherstellen und weisen ein hohes Maß an Authentizität und Glaubwürdigkeit auf, wodurch die Verbindungen zu ausländischen Anspruchsgruppen gefördert und gefestigt werden können.

Die Signaling-Theorie zeigt, dass die individuelle Internationalität der Führungskräfte auch von Investoren berücksichtigt wird (D'Aveni, 1990, S. 122; Higgins/Gulati, 2006, S. 19; Zhang/Wiersema, 2009, S. 696-697). Die Benennung eines internationalen Top-Managers veranlasst Investoren daher möglicherweise dazu, eine Neubewertung des künftig zu erwartenden Unternehmenserfolgs vorzunehmen, was schließlich zu einer Reaktion des Aktienkurses führt (Carter/Simkins/Simpson, 2003, S. 39; Glaum, 1996, S. 151-152; Lee/James, 2007,

S. 237). Basierend auf der Argumentation der Resource-Depencence-Theorie sowie unter Berücksichtigung aktueller Forderungen aus der Unternehmenspraxis ist davon auszugehen, dass Investoren die Benennung eines internationalen Top-Managers positiv bewerten (Bernardi/Bean/Weippert, 2005, S. 1022; Deilmann/Albrecht, 2010, S. 730-731; Magnusson/Boggs, 2006, S. 112; Schmid/Kretschmer, 2005, S. 2). Genauer: Je internationaler eine Person, desto mehr internationales Wissen und interkulturelle Kompetenzen bringt sie in das Top-Management-Team ein und desto positiver sollte – ceteris paribus – die Reaktion der Investoren auf ihre Benennung sein. Diese Überlegungen führen zu folgender Hypothese:

Hypothese 1: *Je höher das individuelle Internationalitätsniveau einer Person, desto positiver ist die Reaktion des Aktienkurses bei der Berufung dieser Person in einen Vorstands- oder Aufsichtsratsposten.*

(2) Zusammenspiel zwischen der Internationalität der Top-Manager und der Internationalität der Unternehmensaktivitäten:

Je intensiver ein Unternehmen außerhalb seines Heimatlandes tätig ist, desto bedeutender wird die Stellung der internationalen Führungskräfte innerhalb der Corporate-Governance-Gremien (Athanassiou/Nigh, 2002, S. 174; Carpenter/Sanders/Gregersen, 2000, S. 280). In Anlehnung an die Resource-Dependence-Theorie gilt: Je höher die Internationalität eines Unternehmen ist, desto wichtiger wird das Management von Abhängigkeitsbeziehungen mit ausländischen Stakeholdern und damit auch das Wissen und die Kompetenzen eines internationalen Top-Managers (Athanassiou/Nigh, 1999, S. 86; Nadkarni/Herrmann, 2010, S. 1050; Nielsen/Nielsen, 2010, S. 197).[188]

Investoren berücksichtigen im Rahmen ihrer Investitionsentscheidungen nicht nur die Internationalität einer Person, sondern auch die Internationalität der Unternehmensaktivitäten (Glaum, 1996, S. 154-155; Oesterle/Richta, 2011, S. 133). Daher sollte – ceteris paribus – bei

---

[188] Dieser Argumentationsfigur liegt die Annahme zugrunde, dass die Internationalisierung der Unternehmensaktivitäten einer Internationalisierung der Führungsgremien vorausgeht. Unternehmen internationalisieren demnach zunächst ihre Oberflächenstruktur und anschließend ihre Tiefenstruktur. Vgl. hierzu auch Schmid/Daniel (2007b, S. 8) sowie weiterführend Kutschker/Bäurle (1997, S. 115-116) und Kutschker/Schmid (2011, S. 692-694). Denkbar ist jedoch auch der entgegengesetzte Fall einer proaktiven Internationalisierung, bei dem die Internationalität der Führungskräfte der internationalen Unternehmenstätigkeit nicht nachfolgt, sondern diese vorwegnimmt. Schmid/Daniel (2007b, S. 8) vermerken in diesem Zusammenhang: „Internationalisierung muss bei den Persönlichkeiten [eines Unternehmens; d. Verf.] und ‚in deren Köpfen' beginnen. Dies kann sich beispielsweise auch darin äußern, dass Manager aus oder mit Kontakten zu Zukunftsmärkten – etwa wie China, Brasilien, Indien oder Russland – stärker in deutsche Führungsetagen Einzug halten".

einer höheren Internationalität der Unternehmensaktivitäten eine positivere Reaktion des Aktienkurses auf die Benennung eines internationalen Top-Managers zu beobachten sein.

Hypothese 2: *Die Internationalität der Unternehmensaktivitäten moderiert den Zusammenhang zwischen der Benennung eines internationalen Top-Managers und der Reaktion des Aktienkurses bei der Berufung dieser Person in einen Vorstands- oder Aufsichtsratsposten. Es gilt: Je internationaler die Aktivitäten eines Unternehmens, desto positiver reagiert der Aktienkurs dieses Unternehmens auf die Berufung eines internationalen Vorstands- oder Aufsichtsratsmitglieds.*

(3) Berücksichtigung der deutschen Corporate-Governance-Struktur:

Wie bereits in Abschnitt 2.1.3 gezeigt, wird in dieser Arbeit das Top-Management-Team mit dem Vorstand und dem Aufsichtsrat eines Unternehmens gleichgesetzt. Um die Auswirkungen der Benennungen von Personen aus unterschiedlichen Corporate-Governance-Gremien zu untersuchen, wird dabei zwischen den Vorstandsvorsitzenden/-sprechern, (allen anderen) Vorstandsmitgliedern, den Aufsichtsratsvorsitzenden und (allen anderen) Aufsichtsratsmitgliedern differenziert.[189]

Auch wenn der Gesetzgeber explizit herausstellt, dass alle Vorstandsmitglieder eines Unternehmens gleichermaßen mit der Aufgabe der Unternehmensführung betraut sind, nimmt der Vorstandsvorsitzende/-sprecher eines Unternehmens regelmäßig eine exponierte Stellung ein (Greve/Mitsuhashi, 2007, S. 1201). Oesterle spricht in diesem Zusammenhang gar von einer faktischen Machtkonzentration beim Vorstandsvorsitzenden/-sprecher (Oesterle, 1999, S. 97-98). Aufgrund dieser Tatsache liegt die Vermutung nahe, dass Investoren der Benennung eines Vorstandsvorsitzenden/-sprechers eine besondere Bedeutung beimessen:

Hypothese 3-1a: Bei der Benennung eines Vorstandsvorsitzenden/-sprechers ist eine höhere Aktienkursreaktion zu beobachten als bei der Benennung eines Vorstandsmitglieds, welches keine Vorsitzenden-/Sprecherfunktion ausübt.

Da sich die vorliegende Arbeit schwerpunktmäßig mit der Internationalität von Top-Managern beschäftigt, soll dieses Konstrukt auch bei der gesonderten Betrachtung einzelner Corporate-Governance-Gremien berücksichtigt werden. Damit ist es möglich, zu prüfen, ob

---

[189] In den folgenden Abschnitten werden Vorstandsmitglieder, die keine Vorsitzenden-/Sprecherfunktion ausüben auch als „einfache" Vorstandsmitglieder bezeichnet. Analog gelten Aufsichtsratsmitglieder, die keine Vorsitzendenfunktion ausüben als „einfache" Aufsichtsratsmitglieder.

die von Oesterle erwähnte Machtkonzentration explizit auch bei internationalen Top-Managern beobachtet werden kann. Es ergibt sich folgende Hypothese:[190]

Hypothese 3-1b: Bei der Benennung eines internationalen Vorstandsvorsitzenden/-sprechers ist eine höhere Aktienkursreaktion zu beobachten als bei der Benennung eines internationalen Vorstandsmitglieds, welches keine Vorsitzenden/-sprecherfunktion ausübt.

Dem Aufsichtsratsvorsitzenden eines Unternehmens kommt ebenfalls eine besondere Stellung innerhalb des Top-Management-Teams zu. Er verantwortet unter anderem die Koordination der Aufsichtsratsarbeit, bereitet die Inhalte von Aufsichtsratssitzungen vor und fungiert als „Verbindungsperson" zum Vorstand eines Unternehmens (Köhler, 2005; Regierungskommission Deutscher Corporate Governance Kodex, 2010, S. 9). Es wird vermutet, dass sich die Bedeutung des Aufsichtsratsvorsitzenden auch in den Aktienkursreaktionen widerspiegelt:

Hypothese 3-2a: Bei der Benennung eines Aufsichtsratsvorsitzenden ist eine höhere Aktienkursreaktion zu beobachten als bei der Benennung eines Aufsichtsratsmitglieds, welches keine Vorsitzendenfunktion ausübt.

Hinsichtlich der Internationalität von Aufsichtsratsmitgliedern gilt:[191]

Hypothese 3-2b: Bei der Benennung eines internationalen Aufsichtsratsvorsitzenden ist eine höhere Aktienkursreaktion zu beobachten als bei der Benennung eines internationalen Aufsichtsratsmitglieds, welches keine Vorsitzendenfunktion ausübt.

Nach der Aufstellung der Hypothesen sind die Ausgangspunkte für die empirische Analyse dieser Arbeit definiert. Mit Hilfe einer Ereignisstudie, die in den folgenden Abschnitten ausführlich dargestellt wird, werden diese Hypothesen untersucht, um Rückschlüsse auf die Erfolgswirkungen der Internationalität von Top-Managern zu ziehen.

---

[190] Auf eine gesonderte Hypothese, die zwischen internationalen Vorstandsvorsitzenden/-sprechern und nicht internationalen Vorstandsvorsitzenden/-sprechern beziehungsweise zwischen „einfachen" internationalen Vorstandsmitgliedern und „einfachen" nicht internationalen Vorstandsmitgliedern unterscheidet, wurde aus mehreren Gründen verzichtet. Erstens wird bereits in Hypothese 1 geprüft, ob sich die Aktienkursreaktionen zwischen internationalen Top-Managern und nicht internationalen Top-Managern unterscheiden. Zweitens würde eine entsprechende Aufteilung, wie noch zu sehen sein wird, zu vergleichsweise kleinen Stichprobengrößen führen und somit keine sinnvolle Interpretation der statistischen Ergebnisse ermöglichen. Vgl. hierzu auch die Ausführungen in Abschnitt 6.3.4.

[191] Auf eine gesonderte Hypothese, die zwischen internationalen Aufsichtsratsvorsitzenden und nicht internationalen Aufsichtsratsvorsitzenden beziehungsweise zwischen „einfachen" internationalen Aufsichtsratsmitgliedern und „einfachen" nicht internationalen Aufsichtsratsmitgliedern unterscheidet, wurde aus den bereits erwähnten Gründen ebenfalls verzichtet.

5 Konzeption der quantitativen Untersuchung

In den vorangegangenen Kapiteln stand die Erarbeitung der theoretisch-konzeptionellen Ausgangsbasis dieser Arbeit im Vordergrund. Im Folgenden sollen nun die Ansätze zur Prüfung der aufgestellten Hypothesen beleuchtet werden. Dazu wird vorab auf das Design der empirischen Untersuchung eingegangen (Abschnitt 5.1). Hieran schließen Erläuterungen zur Datenerhebung an (Abschnitt 5.2). In einem letzten Teil folgt die Darstellung der für die Datenauswertung verwendeten Methoden (Abschnitt 5.3).

5.1 Merkmale des Untersuchungsdesigns

Die theoriebasierte Diskussion in Kapitel 4 sowie der aktuelle Stand der Forschung zu Top-Management-Teams lassen die Annahme begründet erscheinen, dass die Benennung internationaler Führungskräfte einen maßgeblichen Einfluss auf den Erfolg beziehungsweise die Entwicklung des Aktienkurses eines Unternehmens haben kann.[192] Die diesbezüglich vermuteten Wirkungszusammenhänge wurden in Abschnitt 4.5.2 festgehalten.

Für eine Überprüfung dieser Zusammenhänge stehen grundsätzlich qualitative und quantitative Methoden zur Verfügung. Während quantitative Forschungsmethoden die Entwicklung möglichst allgemeingültiger, nomothetischer Erklärungen zum Ziel haben, folgt die qualitative Forschung einem idiographischen Vorgehen (Lamnek, 2010, S. 218-220). Qualitative Methoden gehen im Gegensatz zu quantitativen Methoden davon aus, dass die Realität nicht objektiv erkennbar ist, sondern durch eine subjektive Interpretation des Einzelfalls erschlossen wird (Baumgarth/Eisend/Evanschitzky, 2009, S. 18; Schmid, 1994, S. 40; Wrona, 2009, S. 227-229).[193]

Die nähere Untersuchung der im vorliegenden Forschungsvorhaben postulierten Zusammenhänge basiert auf einer quantitativen, hypothesenprüfenden Vorgehensweise. Zwei Gründe sind hierfür entscheidend: Zum einen implizieren alle Forschungsfragen dieser Arbeit eine Verallgemeinerung der Ergebnisse. Hierzu wird eine umfangreiche Stichprobe benötigt – auf

---

[192] Inwiefern der Aktienkurs als Surrogat für den finanziellen Erfolg eines Unternehmens betrachtet werden kann, wurde bereits in den Abschnitten 2.3.3 und 4.4.2.2 herausgearbeitet.
[193] Eckert (2004, S. 13) weist darauf hin, dass die unterschiedlichen methodischen Ansätze empirischer Forschung üblicherweise in die Gegenpositionen „qualitative" und „quantitative" Forschung eingeteilt werden. Aufgrund der Vielzahl an Methoden gilt eine solche dichotome Einteilung jedoch als unpräzise. Hinter der Terminologie verbirgt sich vielmehr ein breites Spektrum unterschiedlicher methodologischer Positionen. Vgl. hierzu auch Morgan/Smirchich (1980, S. 492).

Basis einiger (weniger) qualitativer Interviews wäre beispielsweise keine verallgemeinernde Aussage möglich (Bortz/Döring, 2006, S. 50-51). Darüber hinaus existieren bereits Theorien, Konzepte sowie ein umfassender Wissensstand aus angrenzenden Forschungsfeldern,[194] die es ermöglichen, präzise Hypothesen für die vorliegende Untersuchung abzuleiten (Baumgarth/Eisend/Evanschitzky, 2009, S. 18; Bortz/Döring, 2006, S. 490-491). Eine – wie in der qualitativen Forschung beabsichtigte – Generierung von Hypothesen, Bezugsrahmen und gegenstandsbezogenen Theorien ist in der vorliegenden Arbeit nicht vorgesehen (Wrona, 2009, S. 231).[195]

Die quantitative Hypothesenprüfung in der vorliegenden Arbeit kann schemenhaft in fünf Schritte untergliedert werden. Zunächst ist es notwendig, die Datenbasis der Untersuchung festzulegen. Es gilt also, innerhalb eines bestimmten Betrachtungszeitraums sämtliche Neubesetzungen von Top-Managern im Vorstand und Aufsichtsrat eines Unternehmens zu identifizieren. In einem zweiten Schritt erfolgt dann die Ermittlung der Internationalität dieser Personen. Hierbei wird auf den in Abschnitt 2.2.4.1 vorgestellten Internationalitätsindex zurückgegriffen. Drittens ist es erforderlich, den genauen Zeitpunkt der öffentlichen Verkündung einer jeweiligen Neubesetzung festzustellen. Anschließend kann in einem vierten Schritt die Reaktion des Kapitalmarkts auf die Benennung eines neuen Vorstands- oder Aufsichtsratsmitglieds untersucht werden. Mit Hilfe der Ereignisstudienmethodik werden hierzu die Renditen einer Aktie zum Zeitpunkt der Benennung untersucht. Ein fünfter Schritt beschäftigt sich mit der statistischen Überprüfung der Ergebnisse. Durch den Einsatz von Signifikanztests kann bei-

---

[194] Für Forschungsergebnisse aus angrenzenden Disziplinen vgl. beispielsweise Reinganum (1985), Lubatkin/Chung/Rogers/Owers (1989) und Tian/Haleblian/Rajagopalan (2011). Diese Beiträge untersuchen Kapitalmarktreaktionen im Zusammenhang mit Führungswechseln im Top-Management. Campbell/Minguez Vera (2010), Cook/Glass (2011), Kang/Ding/Charoenwong (2010) und Lee/James (2007) widmen sich explizit den Aktienkursreaktionen auf die Benennung von Frauen in Führungspositionen und Bergh/Gibbons (2011) studieren die Finanzmarktimplikationen, welche sich durch die Aufnahme von Unternehmensberatern in das Führungsgremium ergeben.

[195] In ihrem Literaturüberblick konstatiert Nielsen (2010a, S. 308): „...(T)here is still a clear dominance of quantitative studies in the upper echelons research stream". Mit der Wahl eines quantitativen Designs folgt die vorliegende Untersuchung also dem „Mainstream" der upper-echelons-Forschung. Es gibt jedoch auch Gründe, die für eine Verwendung qualitativer Methoden sprechen. Diese zeigen sich beispielsweise bei einer erneuten Betrachtung der Grundpositionen der upper-echelons-Perspektive, der Resource-Dependence-Theorie und der Signaling-Theorie (Abschnitte 4.2 bis 4.4). Alle drei Konzepte gehen davon aus, dass die Realität nicht objektiv erfassbar ist, sondern von Individuen konstruiert und interpretiert wird. Vgl. Hambrick/Mason (1984, S. 195), Pfeffer/Salancik (1978, S. 234), Spence (1974, S. 3). Quantitative Methoden greifen an dieser Stelle zu kurz, da sie die subjektive Realitätskonstruktion und -interpretation eines Individuums nicht angemessen berücksichtigen. Vgl. Schmid (1994, S. 41-42). Mit Hilfe von qualitativen Methoden wäre es hingegen möglich, die Positionen der upper-echelons-Perspektive, der Resource-Dependence-Theorie und der Signaling-Theorie auch empirisch abzubilden. Dadurch könnten nicht nur umfassendere Beschreibungen hinsichtlich der Wirkungsweise von Internationalität gewonnen werden. Die Verwendung von qualitativen Methoden könnte auch dazu beitragen, die von Hambrick (2005, S. 122) beschriebene „black box" der upper-echelons-Forschung zu öffnen. Vgl. Bresser (2010, S. 40), Lawrence (1997, S. 20), Nadkarni/Herrmann (2010, S. 1052).

spielsweise festgestellt werden, ob sich Aktienrenditen, die bei der Benennung internationaler Top-Manager entstehen, signifikant von den Renditen unterscheiden, welche sich bei der Benennung von nicht internationalen Führungskräften beobachten lassen. Schließlich analysiert eine Regressionsanalyse die Bestimmungsgrößen der beobachteten Renditen. Dabei wird auch überprüft, ob und inwiefern sich die Internationalität eines Top-Managers auf die Höhe der Aktienkursreaktion auswirkt.

Abbildung 15 fasst das beschriebene Vorgehen zusammen und zeigt zudem, welche der folgenden Abschnitte sich mit den genannten Schritten auseinandersetzen.

1	2	3	4	5
Identifikation der Neuzugänge im Vorstand und Aufsichtsrat der betrachteten Unternehmen	Ermittlung der individuellen Internationalität der Top-Manager	Bestimmung des ersten öffentlichen Ankündigungszeitpunkts einer Neubesetzung	Ermittlung der Renditen, die bei der Verkündung einer Neubesetzung beobachtet werden können	Analyse der Renditen mit Hilfe statistischer Verfahren

Methodik der Datenerhebung (Abschnitt 5.2) — Methodik der Datenauswertung (Abschnitt 5.3)

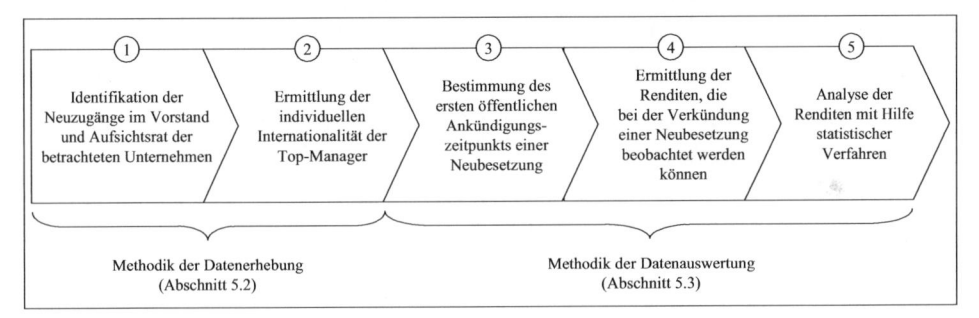

Abb. 15: Vorgehensschritte im Rahmen der quantitativen Hypothesenprüfung

5.2 Methodik der Datenerhebung

5.2.1 Identifizierung der Neubesetzungen im Vorstand und Aufsichtsrat

In der vorliegenden Studie werden die Führungsgremien aller Unternehmen analysiert, deren Aktien an zwei Stichtagen (31. Dezember 2005 und 31. Dezember 2008) im deutschen Aktienindex DAX-30 gelistet waren.[196] Die Identifizierung von Neubesetzungen erfolgt dabei zunächst durch den Vergleich der jeweiligen Geschäftsberichte aus den Jahren 2005 und 2008

---

[196] Die Zusammensetzung des DAX-30 hat sich zwischen den beiden Erhebungszeitpunkten (31.12.2005 und 31.12.2008) mehrfach geändert: (1) Im Jahr 2006 akquirierte Bayer das Unternehmen Schering. Schering wurde daher bei der zweiten Erhebung am 31.12.2008 nicht berücksichtigt. (2) Aus dem Unternehmen DaimlerChrysler gingen im Jahr 2007 die beiden selbstständigen Unternehmen Daimler und Chrysler hervor. Bei der zweiten Erhebung am 31.12.2008 wurde ausschließlich das Unternehmen Daimler berücksichtigt. (3) Das Unternehmen Adidas-Salomon trennte sich im Jahr 2005 von Salomon. Bei der zweiten Erhebung am 31.12.2008 wurde ausschließlich das Unternehmen Adidas berücksichtigt. (4) Die Aktien der vier Unternehmen Altana, Continental, Hypo Real Estate und TUI schieden zwischen den beiden Erhebungszeitpunkten aus der Gruppe der DAX30-Unternehmen aus. Trotz des Ausscheidens der Wertpapiere aus dem DAX30-Index wurden diese Unternehmen bei der zweiten Erhebung am 31.12.2008 berücksichtigt. Das Unternehmen Fresenius Medical Care stellt eine weitere Ausnahme dar. Fresenius Medical Care ist eine Geschäftseinheit der Fresenius SE & Co. KGaA. Da in allen anderen DAX-30 Unternehmen die Muttergesellschaften betrachtet werden, wird in der vorliegenden Untersuchung die Fresenius SE & Co. KGaA statt der Fresenius Medical Care analysiert.

und den darin aufgeführten Namen und Positionen der Vorstands- und Aufsichtsratsmitglieder eines Unternehmens. Um eine lückenlose Datenerhebung sicherzustellen, werden anschließend zusätzlich die Angaben in den Geschäftsberichten der Jahre 2006 und 2007 analysiert. So kann sichergestellt werden, dass Top-Manager, die 2006 oder 2007 in den Vorstand oder Aufsichtsrat eines Unternehmens berufen wurden und vor dem 31. Dezember 2008 wieder aus dem jeweiligen Corporate-Governance-Gremium ausgeschieden waren, ebenfalls in die Untersuchung einfließen.[197]

Als Neubesetzung im Sinne dieses Forschungsvorhabens zählen dabei folgende Ereignisse:

- Interne Neubesetzung (VM→AR): Eine Person, die im Jahr 2005 dem Vorstand (Vorstandsmitglied oder Vorstandsvorsitzender/-sprecher) eines Unternehmens angehörte, war im Jahr 2008 ein Mitglied des Aufsichtsrats (Anteilseignervertreter oder Arbeitnehmervertreter) dieses Unternehmens.

- Interne Neubesetzung (AR→VM): Eine Person, die im Jahr 2005 dem Aufsichtsrat (Anteilseignervertreter oder Arbeitnehmervertreter) eines Unternehmens angehörte, war im Jahr 2008 ein Mitglied des Vorstands (Vorstandsmitglied oder Vorstandsvorsitzender/-sprecher) dieses Unternehmens.[198]

- Interne Neubesetzung (VM→VV): Eine Person, die im Jahr 2005 im Vorstand (kein Vorstandsvorsitz/-sprecher) eines Unternehmens aktiv war, übte im Jahr 2008 die Funktion des Vorstandsvorsitzenden/-sprechers dieses Unternehmens aus.[199]

- Interne Neubesetzung (Nicht-TMT→AR): Eine Person, die im Jahr 2005 nicht dem Vorstand oder Aufsichtsrat angehörte – aber in dem jeweiligen Unternehmen angestellt war – zählte im Jahr 2008 zu den Aufsichtsratsmitgliedern (Anteilseignervertreter oder Arbeitnehmervertreter) dieses Unternehmens.

- Interne Neubesetzung (Nicht-TMT→VM): Eine Person, die im Jahr 2005 nicht dem Vorstand oder Aufsichtsrat angehörte – aber in dem jeweiligen Unternehmen angestellt war –

---

[197] Für die Wahl eines Untersuchungszeitraums von drei Jahren waren mehrere Kriterien ausschlaggebend. Zum einen musste die Zahl der Neubesetzungen eine Größe erreichen, die ausreichend ist, um statistische Methoden bei der Analyse einzusetzen. Andererseits galt es aus forschungspraktischen Gründen die Zahl der zu analysierenden Top-Manager zu begrenzen. Die Länge des in der vorliegenden Arbeit betrachteten Analysezeitraums sowie die Anzahl der Neubesetzungen sind vergleichbar mit Arbeiten der Führungswechselforschung. Vgl. beispielsweise Grigoleit (2011, S. 135), Oesterle (1999, S. 227), Struß (2003, S. 179).

[198] Diese Variante wurde nur in einem Fall beobachtet. Karl-Ludwig Kley, der 2005 dem Aufsichtsrat von Merck angehörte, hatte 2008 den Vorstandsvorsitz dieses Unternehmens inne.

[199] Der entgegengesetzte Fall (ein Vorstandsvorsitzender/-sprecher des Jahres 2005 war zum Zeitpunkt der zweiten Erhebung 2008 ein „einfaches" Vorstandsmitglied) wurde nicht beobachtet.

zählte im Jahr 2008 zum Vorstand (Vorstandsmitglied oder Vorstandsvorsitzender/-sprecher) dieses Unternehmens.

- Externe Neubesetzung (Extern→AR): Eine Person, die im Jahr 2005 nicht in dem jeweiligen Unternehmen angestellt war und auch nicht Mitglied des Aufsichtsrats war, zählte im Jahr 2008 zum Aufsichtsrat (Anteilseignervertreter oder Arbeitnehmervertreter) dieses Unternehmens.

- Externe Neubesetzung (Extern→VM): Eine Person, die im Jahr 2005 nicht in dem jeweiligen Unternehmen angestellt war und auch nicht Mitglied des Aufsichtsrats war, zählte im Jahr 2008 zum Vorstand (Vorstandsmitglied oder Vorstandsvorsitzender/-sprecher) dieses Unternehmens.

Abbildung 16 fasst die genannten Varianten einer Neubesetzung nochmals zusammen.

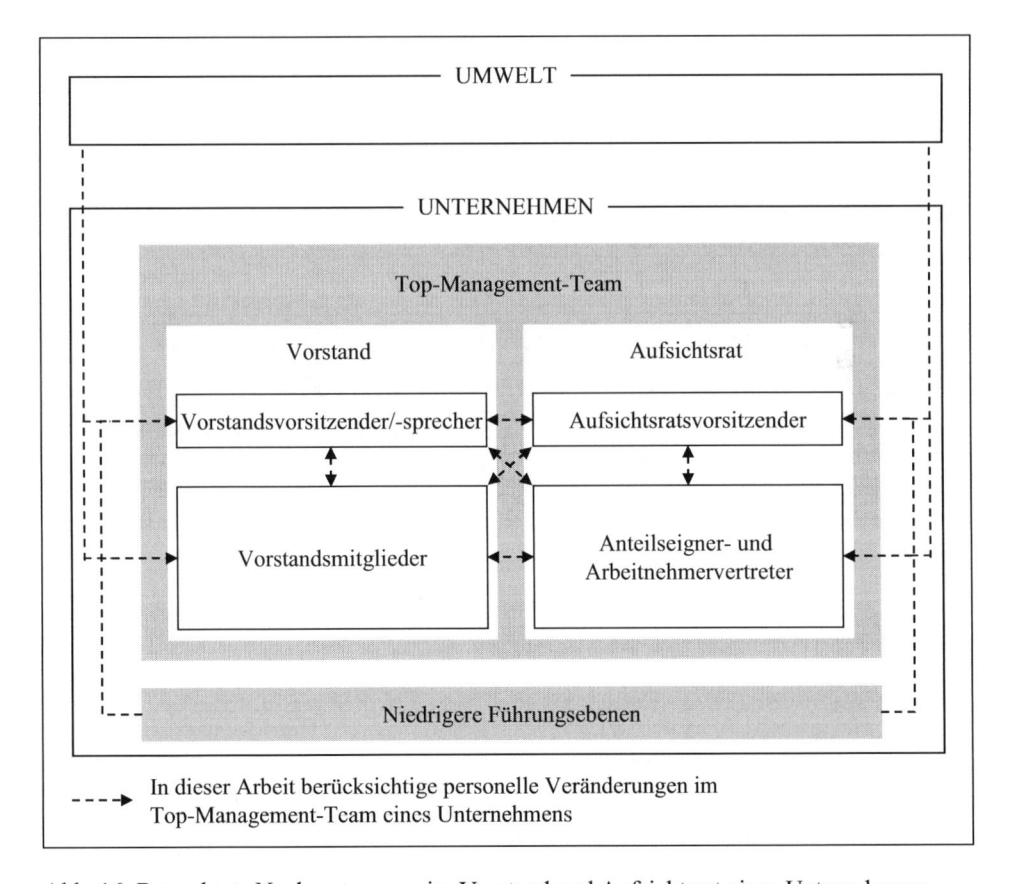

Abb. 16: Betrachtete Neubesetzungen im Vorstand und Aufsichtsrat eines Unternehmens

Zwischen den Erhebungszeitpunkten 2005 und 2008 kam es bei den analysierten Unternehmen zu insgesamt 444 Neubesetzungen.[200] In den Vorständen und Aufsichtsräten der Unternehmen, die im Jahr 2008 betrachtet wurden, befanden sich demnach 444 Personen, die zum Zeitpunkt der ersten Erhebung im Jahr 2005 noch nicht in dieser Position tätig waren. Bei insgesamt 150 der 444 Fälle handelt es sich um Neuzugänge von Arbeitnehmervertretern im Aufsichtsrat eines Unternehmens. Diese werden – den Ausführungen in Abschnitt 4.4.2.1 folgend – in dieser Untersuchung nicht betrachtet. Für die weitere Analyse stehen somit 294 Fälle zur Verfügung.

5.2.2 Ermittlung der individuellen Internationalität der Top-Manager

Für die Untersuchung der Internationalität der 294 Vorstände und Aufsichtsräte sind detaillierte Informationen über die beruflichen und privaten Werdegänge der Top-Manager erforderlich.[201] In der vorliegenden empirischen Studie wurden diese Angaben gemäß der Tradition der upper-echelons-Forschung vorwiegend aus den Lebensläufen der jeweiligen Personen entnommen.[202]

Um die öffentlichen Informationen zu ergänzen und die Zahl der auswertbaren Personen zu erhöhen, wurden entsprechende biographische Unterlagen zusätzlich durch schriftliche Anfragen bei den Investor-Relations-Abteilungen oder durch direkte Kontaktaufnahme mit den Vorstands- und Aufsichtsratsmitgliedern (beziehungsweise ihren Sekretariaten und Assistenzen) angefordert. Die personalisierten Anschreiben wurden per Post oder E-Mail versendet.[203] Auch auf biographische Kompendien wie etwa das „Who is Who?" (Beleke, 2004; Hübner, 2003; Hübner, 2008), Presseberichterstattungen und weitere Quellen (zum Beispiel Lebensläufe in veröffentlichten Dissertationen) wurde zurückgegriffen. Die Zahl der ausländischen Mandate wurde den Geschäftsberichten entnommen, da diese Dokumente gemäß § 285 Abs. 10 HGB und § 125 Abs. 1 Satz 5 AktG Informationen zu in- und ausländischen Mandaten einer Person beinhalten müssen. Insgesamt ermöglichte dieses Vorgehen die vollständige Ermittlung aller Internationalitätsdimensionen für 260 der 294 Individuen.

---

[200] Die Stichprobe stellt ebenfalls die Basis für die empirische Untersuchung bei Schmid/Dauth (2011b) dar.
[201] Die Internationalität umfasst, wie in Abschnitt 2.2.4.1 dargestellt, die Nationalität, die internationale Ausbildung, die internationale Berufserfahrung sowie die ausländischen Mandate einer Person.
[202] Zur Anwendung der Lebenslaufanalyse in der upper-echelons-Forschung vgl. auch Hambrick/Mason (1984, S. 203), Nielsen (2010b, S. 193) sowie Thomas (1993, S. 84). Laut Staples (2007, S. 315) ist eine direkte Befragung der relevanten Personen als Datenerhebungsmethode ungeeignet, da Führungskräfte aufgrund hoher Arbeitsbelastungen und zeitlicher Restriktionen oftmals die Teilnahme an Primärerhebungen und die Bereitstellung von umfassenden persönlichen Informationen ablehnen.
[203] Anhang II enthält ein beispielhaftes Anschreiben an die Investor-Relations-Abteilung eines Unternehmens.

Tabelle 6 stellt die wichtigsten Informationen zu den betrachteten Neuzugängen und den analysierbaren Personen überblicksartig dar.

	Vorstands-vorsitzende[1]		Vorstands-mitglieder		Aufsichtsrats-vorsitzende[1]		Aufsichtsrats-mitglieder		Gesamtzahl	
	2005	2008	2005	2008	2005	2008	2005	2008	2005	2008
Gesamtzahl Personen	30	34	157	145	30	34	249	230	466	443
Neuzugänge	19		111		9		155		294	
Analysierbare Personen[2]	19 (100%)		103 (93%)		9 (100%)		129 (83%)		260 (88%)	

[1] Da sich die Zusammensetzung des DAX-30 im Erhebungszeitraum mehrfach geändert hat, (vgl. hierzu auch die Ausführungen in Abschnitt 5.2.1) werden im Jahr 2008 insgesamt 34 Unternehmen und damit auch 34 Vorstandsvorsitzende und Aufsichtsratsvorsitzende analysiert.
[2] Für diese Personen waren individuelle Angaben über Nationalität, internationale Ausbildung, internationale Berufserfahrung und Mandate in ausländischen Unternehmen öffentlich verfügbar.

Tab. 6: Neuzugänge und analysierbare Personen im Erhebungszeitraum 2005 bis 2008

Für die Überprüfung der formulierten Hypothesen steht folglich ein Datensatz von insgesamt 260 Neubesetzungen im Vorstand und Aufsichtsrat der DAX-30-Unternehmen zur Verfügung. Für jeden der 260 Top-Manager errechnet sich der individuelle Internationalitätsindex nach Formel (1).

5.3 Methodik der Datenauswertung

Wie bereits erwähnt, soll die Überprüfung der aufgestellten Hypothesen mit Hilfe einer Ereignisstudie erfolgen. Zunächst ist jedoch zu klären, ob dieses Instrument für das vorliegende Forschungsvorhaben grundsätzlich geeignet ist (Abschnitt 5.3.1). Im Anschluss daran wird der Aufbau und Ablauf einer Ereignisstudie diskutiert (Abschnitt 5.3.2). Es folgt eine Darstellung der Testverfahren, mit deren Hilfe Aktienrenditen auf statistische Signifikanz geprüft werden können (Abschnitt 5.3.3). Die Darstellung der multivariaten Regressionsanalyse, die zur Analyse der Bestimmungsfaktoren von Aktienkursreaktionen herangezogen wird, schließt die Ausführungen zur Datenauswertung ab (Abschnitt 5.3.4).

5.3.1 Einführende Überlegungen

Die Arbeiten von Ball/Brown (1968) und Fama/Fisher/Jensen/Roll (1969) gelten gemeinhin als bedeutende Beiträge der Kapitalmarktforschung. Die Autoren entwickeln darin das grundlegende methodische Vorgehen, welches für moderne Ereignisstudien charakteristisch ist (Gerpott, 2009, S. 205-206; Jahn, 2007, S. 2; Röder, 1999, S. 1).[204] Untersuchungsgegenstand einer Ereignisstudie ist die Reaktion des Kapitalmarkts auf ein Phänomen, welches qua Hypothese auf den Wert eines Unternehmens beeinflusst (Jahn, 2007, S. 1; Röder, 1999, S. 1). Unter der Prämisse informationseffizienter Kapitalmärkte wird davon ausgegangen, dass sich die Auswirkungen eines Ereignisses unmittelbar in den Aktienpreisen eines betroffenen Unternehmens widerspiegeln (Jahn, 2007, S. 3-4; Röder, 1999, S. 4-5).[205] Eine Ereignisstudie vergleicht daher die Aktienrendite, die zum Zeitpunkt des untersuchten Phänomens auftritt (tatsächliche Rendite) mit der Rendite, die ohne das Auftreten des Ereignisses zu erwarten gewesen wäre (normale Rendite). Der Effekt eines Ereignisses manifestiert sich in der Differenz zwischen tatsächlicher Rendite und normaler Rendite und wird auch als Überrendite oder abnormale Rendite („Abnormal Return") bezeichnet.[206]

Bevor die Ereignisstudienmethodik in der vorliegenden Arbeit Verwendung finden kann, muss die Erfüllung ihrer Grundvoraussetzungen überprüft werden. Offen ist, (1) inwiefern ein ursprünglich in der Finanzwissenschaft entwickeltes Verfahren problemlos auf Fragen des Internationalen Managements angewandt werden kann. Fraglich ist zudem, (2) ob von einer Informationseffizienz auf dem deutschen Kapitalmarkt auszugehen ist.

(1) Anwendung der Ereignisstudienmethodik im Internationalen Management

Die Ereignisstudie kommt heute in vielen unterschiedlichen Wissenschaftsdisziplinen zum Einsatz. So erwähnt Oesterle (1999, S. 119-120) beispielsweise, dass die Methode in der Führungswechselforschung Anwendung findet, um die unmittelbaren Folgen eines Neuzugangs im Top-Management-Team zu untersuchen. Gadringer (2011) untersucht die Wirkung von politischen Ereignissen auf die Kapitalmarktbewertung von Unternehmen. Die Arbeiten von

---

[204] Campbell/Lo/MacKinlay (1997, S. 149) und Gerpott (2009, S. 205) nennen Dolley (1933) als eigentlichen Begründer der Ereignisstudie. Die Arbeiten von Ball/Brown (1968) und Fama/Fisher/Jensen/Roll (1969) führten jedoch zu wesentlichen Verbesserungen und Präzisierungen der ursprünglichen Methode und gelten deshalb als richtungweisend für die Entwicklung „neuerer" Ereignisstudien, wie sie heute eingesetzt werden.
[205] Röder (1999, S. 6) betont, dass die Informationseffizienz der Märkte eine zwingende Grundvoraussetzung für die Anwendung einer Ereignisstudie ist.
[206] Im weiteren Verlauf wird ausschließlich der Begriff „abnormale Rendite" (beziehungsweise „Abnormal Return") verwendet. Die Bezeichnung „Überrendite" impliziert das Vorliegen von positiven abnormalen Renditen und kann daher nicht mit dem Begriff „abnormale Rendite" gleichgesetzt werden.

Campbell/Minguez Vera (2010), Cook/Glass (2011), Kang/Ding/Charoenwong (2010) und Lee/James (2007) welche sich mit der Diversität in den „Chefetagen" auseinandersetzen, nutzen Ereignisstudien, um der Frage nachzugehen, ob bestimmte Charakteristika von Top-Managern – in diesen Fällen das Geschlecht – einen Einfluss auf den Aktienkurs eines Unternehmens haben.

Die Tatsache, dass Ereignisstudien mittlerweile häufig in unterschiedlichen Bereichen Gebrauch finden, ist zwar ein leicht zu beobachtendes Indiz, aber noch kein überzeugendes Argument hinsichtlich der Übertragbarkeit der Methode auf die vorliegende Arbeit.[207] Bromiley/Govekar/Marcus (1988), Lubatkin/Shrieves (1986) und McWilliams/Siegel (1997) beschäftigen sich systematischer mit der Frage, ob Ereignisstudien auch in Untersuchungen des Strategischen Managements und des Internationalen Managements angewandt werden können. Die Autoren gelangen zu dem Schluss, dass eine Übertragung prinzipiell möglich ist (Bromiley/Govekar/Marcus, 1988, S. 36; Lubatkin/Shrieves, 1986, S. 508-509; McWilliams/Siegel, 1997, S. 650-651). Sie nennen allerdings Regeln und Empfehlungen, die beachtet werden müssen, um die Reliabilität von Ereignisstudien sicherzustellen (Bromiley/Govekar/Marcus, 1988, S. 36; Lubatkin/Shrieves, 1986, S. 508-509; McWilliams/Siegel, 1997, S. 652). Zu berücksichtigen sind dabei insbesondere die folgenden Punkte:

– Der Zeitpunkt des zu untersuchenden Ereignisses muss tagesgenau festgelegt werden können. Lubatkin und Kollegen merken an, dass viele Fragestellungen des Strategischen Managements und des Internationalen Managements typischerweise Ereignisse betrachten, die sich über einen längeren Zeitraum hinweg manifestieren (zum Beispiel die Entscheidung eines Unternehmens, eine Diversifikationsstrategie zu verfolgen). Für die Untersuchung derartiger Phänomene ist die Methode ungeeignet (Lubatkin/Shrieves, 1986, S. 500).

– Es muss sichergestellt werden, dass zum Zeitpunkt des Ereignisses keine weiteren Unternehmensinformationen die Wahrnehmung der Investoren beeinflussen konnten. Bei Vorkommnissen, die durch sogenannte „Confounding Events" verzerrt werden, ist der Einsatz einer Ereignisstudie nicht sinnvoll (McWilliams/Siegel, 1997, S. 637-638).

---

[207] Vgl. für weitere Studien aus der Disziplin Internationales Management, die auf Ereignisstudien zurückgreifen: Aybar/Ficici (2009), Gubbi/Aulakh/Ray/Sarkar/Chittoor (2010), Markides/Ittner (1994), Merchant/Schendel (2000), Meschi (2004).

- Das Zeitintervall (Event Window), welches für die Ermittlung abnormaler Renditen herangezogen wird, sollte möglichst kurz sein.[208] Durch ein kurzes Zeitfenster wird der verzerrende Effekt, welcher von anderen – möglicherweise auch unbekannten oder unternehmensübergreifenden – Ereignissen auf den Aktienkurs ausgeht, minimiert (McWilliams/Siegel, 1997, S. 636).

Grundsätzlich ist die Anwendung der Ereignisstudienmethodik auf die in der vorliegenden Arbeit formulierten Forschungsfragen also zulässig. Dass in der vorliegenden Untersuchung auch den von Bromiley/Govekar/Marcus (1988), Lubatkin/Shrieves (1986) und McWilliams/Siegel (1997) geäußerten Forderungen Rechnung getragen wird, verdeutlichen die detaillierten Ausführungen zur Konzeption der Ereignisstudie in Abschnitt 5.3.2.

(2) Informationseffizienz auf dem deutschen Kapitalmarkt

In Ereignisstudien wird den Kapitalmärkten eine effiziente Informationsverarbeitung unterstellt. Demzufolge reflektiert der Kurs einer Aktie zu jeder Zeit den Gegenwartswert der von den Investoren erwarteten Einnahmeüberschüsse. Verändert sich die Informationslage auf dem Kapitalmarkt – ein Unternehmen kündigt beispielsweise eine Dividendenerhöhung an –, reagieren die Investoren sofort und nehmen eine Neubewertung vor. Diese Neubewertung führt wiederum zu einer unmittelbaren Anpassung des Aktienkurses. Der neue Kurs, der sich sofort nach dem Eintritt eines Ereignisses einstellt, spiegelt dann abermals jegliche den Marktteilnehmern bekannten kursrelevanten Informationen wider (Grigoleit, 2011, S. 136; McWilliams/Siegel, 1997, S. 630; zu Putlitz, 2000, S. 178).

Vor diesem Hintergrund unterscheidet Fama (1970, S. 383) zwischen drei Formen der Informationseffizienz:

- Die schwache Form der Markteffizienz setzt voraus, dass der aktuelle Preis einer Aktie alle Informationen reflektiert, die sich aus historischen Kursentwicklungen (also aus Aktienkursen und -renditen der Vergangenheit) ergeben (Fama, 1970, S. 388; Röder, 1999, S. 6; Schmidt-Tank, 2005, S. 17). Investoren können folglich durch die technische Analyse vergangener Kursdaten keine zusätzlichen Gewinne erzielen (Röder, 1999, S. 6).[209]

---

[208] Siehe hierzu die Ausführungen in Abschnitt 5.3.2.3.
[209] Die technische Analyse basiert auf der Annahme, dass die Kursentwicklung einer Aktie im Zeitverlauf gewisse Muster aufweist. Ein Erkennen dieser Muster erlaubt es, die Kursentwicklung in die Zukunft zu extrapolieren. Vgl. Franke/Hax (2009, S. 439-441).

– Die mittelstrenge Form der Markteffizienz besagt, dass – ergänzend zu den Annahmen der schwachen Form der Informationseffizienz – im Kurs eines Wertpapiers alle öffentlich verfügbaren Informationen abgebildet werden. Es ist also nicht möglich, durch eine Fundamentalanalyse von Unternehmensdaten zusätzliche Gewinne zu erzielen, denn alle aktuellen (und vergangenen) Informationen über ein Unternehmen werden bereits im Aktienkurs reflektiert.[210] Um Ereignisstudien durchführen zu können, muss die mittelstrenge Form der Markteffizienz gegeben sein (Fama, 1991, S. 1601-1602; Röder, 1999, S. 6).

– Zusätzlich zu den Bedingungen der schwachen und mittelstrengen Form wird im Zusammenhang mit der strengen Variante der Markteffizienz angenommen, dass selbst durch die Verwendung privater, nicht öffentlich verfügbarer Informationen (sogenannter Insiderinformationen) keine zusätzlichen Gewinne erwirtschaftet werden können (Röder, 1999, S. 6; Schmidt-Tank, 2005, S. 17).[211]

Die Ergebnisse zahlreicher empirischer Arbeiten sprechen dagegen, dass Kapitalmärkte in strenger Form informationseffizient sind, denn durch Insiderhandel können durchaus Überrenditen erzielt werden (Jahn, 2007, S. 4; Röder, 1999, S. 8; Seifert, 2006, S. 108). Die Existenz mittelstrenger Informationseffizienz wird jedoch für viele Kapitalmärkte bestätigt. Auch der deutsche Aktienmarkt gilt als informationseffizient in mittelstrenger Form (Möller, 1985; Röder, 1999, S. 8; Schmidt/May, 1993, S. 83; Schmidt-Tank, 2005, S. 20). Das vorliegende Forschungsvorhaben, welches sich der Analyse der deutschen DAX-30-Unternehmen widmet, betrachtet also einen Kapitalmarkt, der eine zentrale Prämisse für die Durchführung von Ereignisstudien erfüllt.[212]

---

[210] Eine Fundamentalanalyse widmet sich der Sammlung und Auswertung von Informationen über ein Unternehmen und dessen gesamtwirtschaftliches Umfeld. Damit soll die künftige Entwicklung und das Erfolgspotenzial eines Unternehmens beurteilt werden. Vgl. Franke/Hax (2009, S. 439).
[211] Zum Begriff der Insiderinformation vgl. auch §13 WpHG.
[212] Die Hypothese effizienter Kapitalmärkte wird in der wissenschaftlichen Literatur durchaus kontrovers diskutiert. Vgl. hierzu beispielsweise Moser (1981). So äußern Engelhard/Schmidl (1999, S. 349) grundsätzliche Zweifel an der Existenz vollkommen rationaler Investoren und effizienter Aktienmärkte. Darüber hinaus führen Kritiker an, dass die Kapitalmarkteffizienz nicht direkt empirisch überprüft werden kann und immer mit Modellannahmen hinsichtlich der Funktionsweise des Kapitalmarkts sowie der Preisbildung auf dem Kapitalmarkt verbunden ist. Wenn abnormale Renditen festgestellt werden, ist es nicht möglich zu klären, ob diese aufgrund eines ineffizienten Kapitalmarkts oder aufgrund eines falsch spezifizierten Gleichgewichtsmodells des Kapitalmarkts auftreten. Fama (1991, S. 1576) bezeichnet diese Problematik auch als „Joint-Hypothesis Problem". Vgl. hierzu auch Gadringer (2011, S. 135), Röder (1999, S. 4-5), Schmidt-Tank (2005, S. 21-22), zu Putlitz (2000, S. 186). Ferner sprechen Überreaktionen auf Kapitalmärkten (wie etwa sogenannte „Spekulationsblasen") gegen streng informationseffiziente Kapitalmärkte. Vgl. Röder (1999, S. 8). Und es zeigt sich – zumindest bei der strengen Form der Markteffizienz – ein weiteres Problem. Wird davon ausgegangen, dass der Erwerb von Informationen am Kapitalmarkt mit Kosten verbunden ist, tritt ein Paradoxon auf: Wenn die Annahmen der Markteffizienzhypothese gelten und Aktienkurse alle öffentlichen und privaten Informationen reflektieren, ist der Erwerb kostenpflichtiger Informationen nicht nötig. Investoren können sich auf die Beobachtung der Kursentwicklung beschränken – denn in den Kursen

5.3.2 Konzeption der Ereignisstudie

Der Ablauf einer Ereignisstudie kann unabhängig von dem betrachteten Ereignis in verschiedene Stufen aufgeteilt werden. Den Ausführungen von Röder und Gerpott folgend, müssen dabei folgende Punkte beachtet werden (Gerpott, 2009, S. 212-213; Röder, 1999, S. 17):[213]

1. Festlegung des zu untersuchenden Ereignisses und der erwarteten Wirkungen des Ereignisses auf den Erfolg (Aktienkurs) des betroffenen Unternehmens.

2. Ermittlung des Ankündigungszeitpunkts des Ereignisses.

3. Festlegung eines Zeitfensters, in dem die Auswirkungen des Ereignisses auf den Erfolg des betroffenen Unternehmens betrachtet werden sollen (Betrachtungszeitfenster).

4. Schätzung der normalen, zu erwartenden Rendite einer Aktie.

5. Ermittlung der abnormalen Renditen innerhalb des Betrachtungszeitfensters.

6. Aggregation der abnormalen Renditen.

Im Anschluss an die genannten Schritte erfolgt die statistische Überprüfung der Ergebnisse. Dabei werden die abnormalen Renditen üblicherweise hinsichtlich ihrer Signifikanz untersucht und mit Hilfe multivariater Methoden analysiert. Diese Verfahrensschritte sind jedoch nicht mehr Teil der Ereignisstudie im engeren Sinne und werden daher gesondert in den Abschnitten 5.3.3 und 5.3.4 behandelt.

5.3.2.1 Festlegung des zu untersuchenden Ereignisses und der erwarteten Wirkungen auf den Unternehmenserfolg

Diese Arbeit betrachtet die Neuzugänge von Top-Managern in den Vorstand und den Aufsichtsrat eines Unternehmens als „Ereignis". Die dabei zu erwartenden Auswirkungen auf den

---

sind alle Informationen enthalten. Wenn aber die Investoren keine Informationen erwerben, dann können diese sich auch nicht in den Aktienkursen widerspiegeln. Die strenge Markteffizienz ist folglich nur bei kostenloser Informationsverteilung am Markt möglich. Vgl. Gerke (2005, S. 260), Jahn (2007, S. 4), Schmidt-Tank (2005, S. 21). Trotz der Kritik, die sich vorwiegend an die strenge Form der Kapitalmarkteffizienz richtet, haben sich Ereignisstudien als ein wichtiges Instrument der Kapitalmarktforschung etabliert. Vgl. Binder (1998, S. 111), Campbell/Lo/MacKinlay (1997, S. 149-150), Gerpott (2009, S. 207), Röder (1999, S. 1). Fama (1991, S. 1577) weist darauf hin: „Moreover, I argue that, because they come closest to allowing a break between market efficiency and equilibrium-pricing issues, event studies give the most direct evidence on efficiency. And the evidence is mostly supportive".

[213] Ähnliche Abläufe finden sich zum Beispiel auch bei Bowman (1983, S. 563), Goerke (2009), MacKinlay (1997, S. 14-15) und McWilliams/Siegel (1997, S. 652).

Aktienkurs eines Unternehmens finden sich in den in Abschnitt 4.5.2 formulierten Hypothesen. Den vorausgegangenen Ausführungen folgend und in Anlehnung an vergleichbare Arbeiten (Gerpott, 2009, S. 211; Grigoleit, 2011; Röder, 1999, S. 138-139; Seelhofer, 2010) wird davon ausgegangen, dass die Erfolgswirkung der Neuzugänge von internationalen Führungskräften grundsätzlich durch Ereignisstudien ermittelt werden kann.

5.3.2.2 Bestimmung des Ereigniszeitpunkts

Die Reliabilität der Ergebnisse des vorliegenden Forschungsvorhabens ist maßgeblich von der präzisen Identifizierung des Ankündigungszeitpunkts einer Neubesetzung abhängig.[214] Es gilt also den Zeitpunkt zu bestimmen, ab dem Marktteilnehmern *erstmals* Informationen über personelle Veränderungen im Führungsgremium eines Unternehmen zur Verfügung standen.[215] Eine umfassende und verlässliche Recherche sollte dabei mehrere, voneinander unabhängige Informationsquellen berücksichtigen (Gerpott, 2009, S. 213).[216] Vor diesem Hintergrund erscheint die Datenbank Factiva® besonders geeignet, da sie neben der Suche in elektronischen Medien (zum Beispiel in „Tickermeldungen" von Nachrichtenagenturen, Veröffentlichungen auf Onlineportalen einschlägiger Wirtschaftsmagazine und -zeitungen) auch die Recherche in Printmedien sowie unternehmensspezifischen Pressemitteilungen und Ad-hoc-Meldungen ermöglicht.[217]

Jede der 260 Neubesetzungen wird in zwei Schritten überprüft. Zunächst werden Fälle eliminiert, bei denen die eindeutige Identifizierung der Mitteilung, in welcher *erstmals* über den bevorstehenden Neuzugang einer Person berichtet wurde, nicht möglich ist. Das im Ge-

---

[214] Henderson (1990, S. 286-287) weist darauf hin, dass die präzise Bestimmung des Ereigniszeitpunkts eine entscheidende und nicht triviale Aufgabe im Zusammenhang mit der Durchführung von Ereignisstudien darstellt.

[215] Diese scheinbar einfache und eindeutige Auswahllogik kann jedoch nicht immer trennscharf auf alle Fälle in der Stichprobe angewandt werden. So wird über manche Neubesetzung in der (Wirtschafts-)Presse spekuliert; es werden zu unterschiedlichen Zeitpunkten verschiedene Personen als mögliche „Kandidaten" für einen Platz im Führungsgremium eines Unternehmens genannt. Eine solch vielfältige – und teilweise auch widersprüchliche – Berichterstattung macht eine präzise Identifizierung des Ereigniszeitpunkts unmöglich. Derartige Fälle flossen daher nicht in die Untersuchung ein. Mitteilungen, in denen sich die Spekulationen über Neubesetzungen im Top-Management-Team eines Unternehmens ausschließlich auf eine einzige Person beziehen (zum Beispiel: „Frau X wird möglicherweise Vorstandsvorsitzende des Unternehmens Y"), wurden hingegen berücksichtigt.

[216] Laut Röder (1999, S. 19) verlassen sich insbesondere angloamerikanische Studien bei der Identifikation von Ankündigungszeitpunkten ausschließlich auf den Termin der Veröffentlichung einer Mitteilung im „Wall Street Journal". Dass diese Vorgehensweise allerdings mit erheblichen Ungenauigkeiten behaftet ist, verdeutlicht bereits die Untersuchung von Abdel-Khalik (1984, S. 759). Demnach stimmt nur in 1,6% aller Fälle der Tag der Veröffentlichung im „Wall Street Journal" mit dem tatsächlichen Ankündigungszeitpunkt überein.

[217] Insgesamt ermöglicht die Datenbank Facitva® den Zugriff auf mehr als 28000 Nachrichten- und Informationsquellen aus 159 Ländern.

schäftsbericht genannte Eintrittsdatum einer Person in den Vorstand oder Aufsichtsrat stellt dabei den Ausgangspunkt für die Recherche in der Factiva®-Datenbank dar. In der anschließenden rückwärtsgewandten Suche werden alle Meldungen analysiert, die (1) den Namen und Vornamen der gesuchten Person sowie (2) den Namen des jeweiligen Unternehmens enthalten und (3) *vor* dem im Geschäftsbericht erwähnten Eintrittstermin veröffentlicht wurden.[218] Auf diese Weise kann für insgesamt 253 Fälle jeweils eine Meldung identifiziert werden, der keine Nachricht über den bevorstehenden Neuzugang einer Person *vorausgeht*. Folglich wird diese Veröffentlichung jeweils als „die erste" Ankündigung eines Neuzugangs betrachtet.[219] Bei sieben Neubesetzungen ist eine solch eindeutige Bestimmung aufgrund fehlender Presseberichterstattung nicht möglich; in einigen Fällen erfolgte die Veröffentlichung der Mitteilung zudem erst nach dem im Geschäftsbericht genannten Eintrittstermin einer Person.

In der zweiten Selektionsstufe werden die unternehmensspezifischen Neuzugänge auf mögliche Verzerrungen durch andere, ebenfalls kapitalmarktrelevante Vorkommnisse (sogenannte „Confounding Events") überprüft.[220] Wird beispielsweise zwei Tage vor der Ankündigung einer personellen Veränderung im Top-Management-Team eines Unternehmens eine Gewinnwarnung desselben Unternehmens veröffentlicht, kann die Reaktion des Kapitalmarks nicht eindeutig der Neuordnung im Vorstand oder Aufsichtsrat zugerechnet werden (Bowman, 1983, S. 564-565). Zur Durchführung dieses Prüfschritts wurde zunächst ein Kriterienkatalog erarbeitet, in dem alle als „Confounding Events" eingestuften Ereignisse beschrieben wurden. Die Zusammenstellung des Kriterienkatalogs orientiert sich dabei an sachlogischen Überlegungen und an existierender Literatur (Bergh/Gibbons, 2011, S. 551; Campbell/Minguez Vera, 2010, S. 46; Mahajan/Lummer, 1993, S. 397; McWilliams/Siegel, 1997, S. 637-638; Zhang/Wiersema, 2009, S. 700).[221]

Tabelle 7 listet die in der vorliegenden Arbeit berücksichtigten „Confounding Events" auf.

---

[218] Die rückwärtsgewandte Recherche in der Factiva®-Datenbank erfolgte ohne Zeitbeschränkung.
[219] Fällt die erste öffentliche Ankündigung eines Neuzugangs nicht auf einen Handelstag an der Börse (also auf einen Feiertag oder Wochenendtag), wird der nächstfolgende Börsenhandelstag als Ereigniszeitpunkt betrachtet.
[220] Siehe auch die Anmerkungen in Abschnitt 5.3.1.
[221] Zum Begriff „Confounding Event" vgl. Campbell/Minguez Vera (2010, S. 46), Mahajan/Lummer (1993, S. 397), Zhang/Wiersema (2009, S. 700). Zahlreiche Autoren von Ereignisstudien berufen sich bei der Definition von „Confounding Events" auf die Arbeit von McWilliams/Siegel (1997, S. 637-638). Auch Röder (1999, S. 33-37) weist auf die Problematik überlappender Ereignisse hin. In seiner Arbeit werden „Confounding Events" jedoch nicht genauer benannt.

Kapitalmarktrelevante Ereignisse („Confounding Events")	
Eintritt in neue Märkte (Produkt- und Ländermärkte)	Verkündung von Restrukturierungsstrategien und -maßnahmen
Unternehmenszusammenschlüsse (wie etwa Joint Ventures, Fusionen)	Diverse Prognosen (wie etwa Umsatz-, Gewinn-, Wachstumsprognosen)
Neuproduktankündigungen	Gewinn-/Verlustankündigungen
Patentanmeldungen	Dividendenankündigungen
Aufnahme juristischer Verfahren (zum Beispiel Aktionärsklagen)	Kapitalerhöhungen
Mitarbeiterstreiks	Aktiensplits

Tab. 7: Übersicht der berücksichtigten „Confounding Events"

Die Stichprobe, nunmehr bestehend aus 253 Fällen, wurde anschließend mit Hilfe einer Factiva®-Recherche auf die in Tabelle 7 genannten „Confounding Events" überprüft. Es galt, alle Neuzugänge zu identifizieren, bei denen in einem Zeitraum von t=-15 bis t=+5 weitere kapitalmarktrelevante Nachrichten veröffentlicht wurden.[222] Im Rahmen der Überprüfung erwiesen sich insgesamt 146 Ereignisse als „möglicherweise ungeeignet", da im Zeitraum (-15;5) „Confounding Events" auftraten.[223] Damit ergibt sich eine finale Stichprobe von 107 Fällen.[224]

Der Argumentation von Seelhofer folgend, kann jedoch davon ausgegangen werden, dass nicht jedes „Confounding Event" die Wahrnehmung der Marktakteure und somit auch den Aktienkurs des jeweiligen Unternehmens beeinflusst (Seelhofer, 2007, S. 107). Mit der Definition einer (1) „strengen" Stichprobe und einer (2) „erweiterten" Stichprobe wird die Selektion der Fälle im Rahmen dieses zweiten Prüfschritts verfeinert.

---

[222] Im weiteren Verlauf gilt für die Darstellung von Zeiträumen folgende Notation: $(\hat{T};T)$ mit $\hat{T}$ als erstem und T als letztem Tag des Zeitintervalls. Für einzelne Tage innerhalb des Zeitintervalls gilt die Bezeichnung t. Lesebeispiel: (-10;5) bezeichnet einen Zeitraum von 16 Tagen, wobei t=0 den Tag der Verkündung eines Neuzugangs in den Vorstand oder Aufsichtsrat eines Unternehmens repräsentiert.

[223] Der Zeitraum, in dem eine Überprüfung auf „Confounding Events" stattfindet, orientiert sich an der Länge der Betrachtungszeitfenster einer Untersuchung (siehe Abschnitt 5.3.2.3). Das Prüfintervall muss dabei lange genug sein, um auch im längsten Betrachtungszeitfenster (in der vorliegenden Arbeit ist dies der Zeitraum (-10;2)) „Confounding Events" ausschließen zu können.

[224] Ein Vergleich mit der Literatur zeigt, dass diese „Filterquote" vergleichsweise hoch ist. Im vorliegenden Forschungsprojekt werden rund 58% der Fälle (n=146) aufgrund von „Confounding Events" ausgeschlossen. In der Studie von Campbell/Minguez Vera (2010) werden rund 45%, bei Kang/Ding/Charoenwong (2010) rund 24% und bei Mahajan/Lummer (1993) rund 23% der Fälle aufgrund von „Confounding Events" eliminiert.

(1) „Strenge" Stichprobe A (N=107)

In dieser Stichprobe befinden sich ausschließlich Ereignisse, bei denen im Zeitraum (-15;5) keine „Confounding Events" auftraten.

(2) „Erweiterte" Stichprobe B (N=130)

Diese Gruppe beinhaltet neben den 107 Ereignissen aus der „strengen" Stichprobe A auch 23 Fälle, deren Einfluss auf den Aktienkurs des jeweiligen Unternehmens durch das Auftreten von „Confounding Events" verzerrt sein könnte. Die Factiva®-Recherche legt jedoch die Vermutung nahe, dass die Marktakteure in diesen 23 Fällen bereits über die „Confounding Events" informiert waren, da bereits *vor* dem Untersuchungszeitraum (-15;5) über dieses kapitalmarktrelevante Ereignis berichtet wurde. Ein verfälschender Effekt durch das „Confounding Event" ist demnach nicht zu erwarten. Abbildung 17 soll diesen Sachverhalt verdeutlichen.

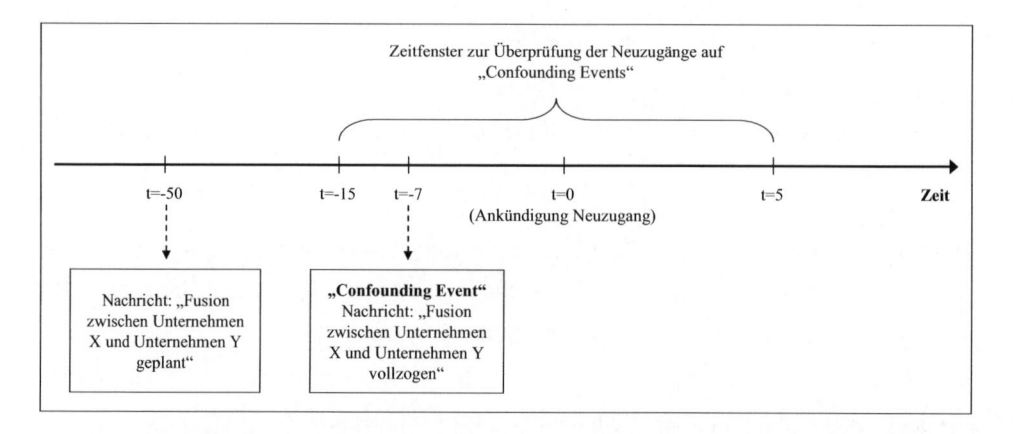

Abb. 17: Umgang mit „Confounding Events" im Zusammenhang mit der Bestimmung der Untersuchungsstichprobe B

Abbildung 18 bietet einen Überblick über die einzelnen Schritte zur Eingrenzung der Stichprobe. Ergänzend hierzu werden in Anhang III alle Neuzugänge der beiden Stichproben aufgeführt. Diese Übersicht beinhaltet Angaben zum betroffenen Unternehmen, dem Namen, Vornamen und der Position einer neu ernannten Person sowie zum ersten öffentlichen Verkündungszeitpunkt der Neubesetzung.

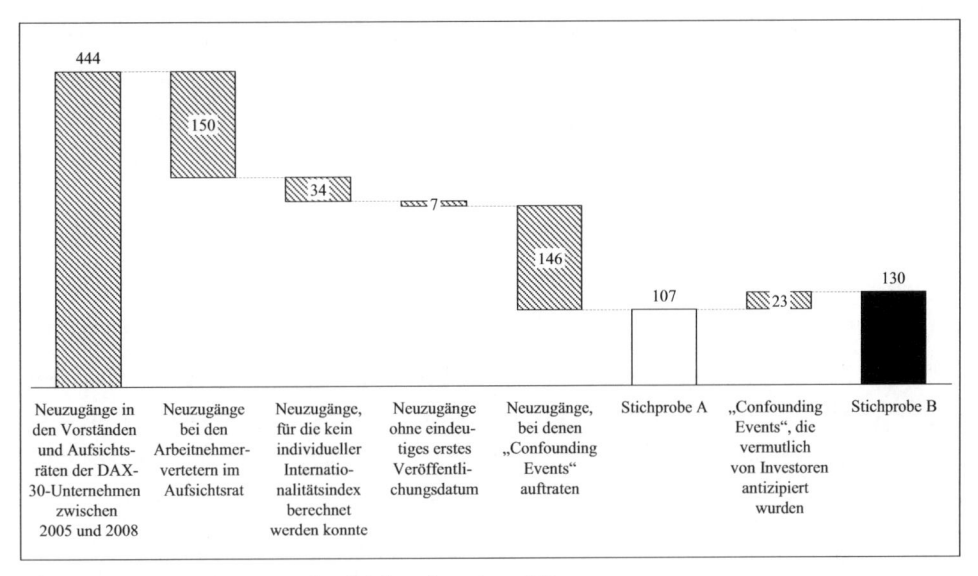

Abb. 18: Zusammensetzung der Stichproben A und B

5.3.2.3 Festlegung des Betrachtungszeitfensters

Das Betrachtungszeitfenster ist der Zeitraum, in dem die Auswirkung eines Ereignisses (Ankündigung des Neueintritts eines Top-Managers in den Vorstand oder Aufsichtsrat eines Unternehmens) untersucht werden soll. Die Länge eines Betrachtungszeitfensters orientiert sich dabei in der Regel an Börsentagen und nicht an Kalendertagen, um eine Vergleichbarkeit zwischen den einzelnen zu untersuchenden Fällen sicherzustellen (Campbell/Lo/MacKinlay, 1997, S. 151; Gerpott, 2009, S. 214). Bisher veröffentlichte Arbeiten definieren oftmals Intervalle, die neben dem eigentlichen Ereignistag (t=0) auch eine Periode vor (und gegebenenfalls auch nach) dem Ereignistag berücksichtigen. Damit soll einer eventuellen Antizipation der Marktteilnehmer (und/oder einer verspäteten Reaktion des Marktes) Rechnung getragen werden (Campbell/Lo/MacKinlay, 1997, S. 151; Elton/Gruber, 1995, S. 428; McWilliams/Siegel, 1997, S. 636; Röder, 1999, S. 22).[225]

Bei der Auswahl der Länge des Betrachtungszeitfensters gilt es, einen Zielkonflikt zu lösen. Einerseits ermöglichen lange Zeiträume die Berücksichtigung von Antizipationseffekten im Markt, andererseits steigt durch ausgedehnte Zeitfenster das Risiko von „Confounding

---

[225] Wenn das Betrachtungszeitfenster auch einen Zeitraum nach dem Ereignis beinhaltet, ist es zudem möglich, potenzielle Gegenreaktionen des Kapitalmarkts zu beobachten. Diese können beispielsweise entstehen, wenn die Informationen eines Ereignisses von den Marktteilnehmern zum Zeitpunkt t=0 überbewertet wurden. Vgl. de Bondt/Thaler (1985), Goerke (2009, S. 475).

Events".[226] Wird hingegen ein Betrachtungszeitraum gewählt, der lediglich den Ereignistag (t=0) umfasst, so wird die Auswirkung eines Ereignisses auf den Aktienkurs möglicherweise unterschätzt und fälschlicherweise als nicht signifikant eingestuft (Gerpott, 2009, S. 214-215; Goerke, 2009, S. 475; Oler/Harrison/Allen, 2008, S. 170-171).

Die Literaturanalyse von McWilliams und Siegel zeigt, dass weder im finanzwissenschaftlichen Schrifttum noch in den Arbeiten des Strategischen Managements ein Konsens hinsichtlich der „idealen Länge" eines Betrachtungszeitfensters herrscht. Vielmehr schwanken die gewählten Betrachtungszeitfenster zwischen sehr langen (-90;90) und sehr kurzen (-1;1) Zeiträumen (McWilliams/Siegel, 1997, S. 631-633). Diese Tatsache wird von zahlreichen weiteren Autoren bestätigt (Bromiley/Govekar/Marcus, 1988, S. 34; Cuthbertson/Nitzsche, 2005, S. 208; Oler/Harrison/Allen, 2008, S. 155; Röder, 1999, S. 22).

In der vorliegenden Arbeit werden zwei Betrachtungszeitfenster untersucht. Ein längeres (-10;2), um Antizipationseffekte im Markt zu berücksichtigen, und ein kurzes Zeitfenster (-1;1), um möglichst präzise Schätzungen zu ermöglichen. Die Länge der gewählten Betrachtungszeitfenster ist dabei vergleichbar mit den Intervallen in bisherigen Arbeiten (Grigoleit, 2011, S. 137; Jacobson, 1994, S. 445; Lee/James, 2007, S. 234; Worrell/Davidson, 1993, S. 392).

5.3.2.4 Ermittlung der abnormalen Renditen im Betrachtungszeitfenster

Aktienrenditen können grundsätzlich als stetige oder diskrete Renditen ausgewiesen werden. Den Berechnungen in der vorliegenden Arbeit liegen diskrete Renditen ($R_{i,t}$) gemäß der Formel

$$R_{i,t} = \frac{P_{i,t} + K_{i,t} - P_{i,t-1}}{P_{i,t}} \tag{3}$$

zugrunde,[227] wobei gilt:

---

[226] Ein zu langes Betrachtungszeitfenster widerspricht zudem der Annahme informationseffizienter Märkte. Schließlich lautet eine zentrale Prämisse von Ereignisstudien, dass Investoren innerhalb kurzer Zeit auf neue Informationen reagieren. Vgl. Elton/Gruber (1995, S. 406-409), McWilliams/Siegel (1997, S. 630).

[227] Zu den Vorteilen bei der Verwendung diskreter Renditen im Rahmen von Ereignisstudien vgl. Röder (1999, S. 13-14).

P_{i,t} = Kurs der Aktie i zum Zeitpunkt t

K_{i,t} = kursbeeinflussende Tatsachen, die eine Bereinigung erforderlich machen (Dividenden, Aktiensplits, Bezugsrechte und Ausgabe von Gratisaktien)

Die abnormale Rendite einer Aktie i an einem Tag t im Betrachtungszeitfenster ($AR_{i,t}$) ergibt sich durch die Subtraktion der erwarteten Rendite $E(R_{i,t})$ von der tatsächlich beobachteten Rendite ($R_{i,t}$):

$$AR_{i,t} = R_{i,t} - E(R_{i,t}) \tag{4}$$

Die tatsächlich beobachteten Renditen ($R_{i,t}$) werden im vorliegenden Forschungsvorhaben gemäß Formel (3) auf Basis von tagesaktuellen Schlusskursen einer Aktie ermittelt.[228] Die Aktienkurse entstammen der Datenbank „Thomson Reuters Datastream".[229]

Für die Berechnung der zu erwartenden, normalen Renditen $E(R_{i,t})$ stehen unterschiedliche Methoden zur Verfügung, die jeweils auf verschiedenen statistischen und finanztheoretischen Annahmen basieren.[230] Röder unterscheidet dabei zwischen Einfaktorenmodellen, Mehrfaktorenmodellen und faktorlosen Modellen (Röder, 1999, S. 22-33). Einfaktorenmodelle gehen davon aus, dass die Rendite eines Wertpapiers statistisch durch eine Variable (wie etwa die Rendite eines Marktportfolios) erklärt werden kann. Mehrfaktorenmodelle greifen dementsprechend auf mehrere Einflussfaktoren zurück. Faktorlose Modelle verzichten auf die statistische Erklärung von Renditen durch eine oder mehrere Variablen. Sie nutzen Vergleichswerte, anhand derer sie den „Grad der Normalität" beobachteter Renditen ermitteln (so ergibt sich etwa eine abnormale Rendite aus der Differenz zwischen der beobachteten Rendite einer Aktie und der zum gleichen Zeitpunkt gemessenen Rendite eines Marktportfolios) (Gerpott, 2009, S. 216; Röder, 1999, S. 31).

In der wissenschaftlichen Literatur hat sich ein Einfaktorenmodell – das sogenannte Marktmodell – als Standard zur Berechnung normaler Renditen etabliert (Agrawal/Kishore/Rao,

---

[228] Die Verwendung von Schlusskursen zur Renditeberechnung gilt in vielen wissenschaftlichen Ereignisstudien als Standard. Vgl. hierzu etwa Goerke (2009, S. 472).

[229] Die Datenbank „Thomson Reuters Datastream" bietet Zugriff auf tagesaktuelle (und historische) Zeitreihen von über 8 Millionen Finanzinstrumenten, Wertpapieren und Indizes. „Thomson Reuters Datastream" wird auch in zahlreichen anderen wissenschaftlichen Studien als Datenquelle für Aktienkurse genutzt. Vgl. Gerpott (2009, S. 216), Langmann (2007, S. 95), Schmidt-Tank (2005, S. 155), Seifert (2006, S. 125), zu Putlitz (2000, S. 183). Die Datenbank ermöglicht zudem eine Bereinigung der jeweiligen Aktienkurse um kursbeeinflussende Tatsachen (wie etwa Dividenden, Aktiensplits, Bezugsrechte und die Ausgabe von Gratisaktien). Vgl. Langmann (2007, S. 95), Röder (1999, S. 13).

[230] Für eine Übersicht gängiger Berechnungsmethoden vgl. etwa Campbell/Lo/MacKinlay (1997, S. 153-156), Gerpott (2009, S. 216), Lubatkin/Shrieves (1986, S. 506-507), Röder (1999, S. 23-33).

2006, S. 866; Campbell/Lo/MacKinlay, 1997, S. 155; Gerpott, 2009, S. 216; Langmann, 2007, S. 95; Park, 2004, S. 656; Röder, 1999, S. 23). Diese Arbeit greift ebenfalls auf das Marktmodell zurück. Es gilt:

$$E(R_{i,t}) = \alpha_i + \beta_i * R_{m,t} + \varepsilon_{i,t} \tag{5}$$

wobei:

α_i = die durch die normale Geschäftstätigkeit des Unternehmens erzielte Rendite einer Aktie i

β_i = die Abhängigkeit der Rendite einer Aktie i von der Renditeentwicklung eines Marktindex

$R_{m,t}$ = Rendite eines Marktindex zum Zeitpunkt t im Betrachtungszeitfenster

$\varepsilon_{i,t}$ = Störgröße

Für die Berechnung der normalen Rendite $E(R_{i,t})$ ist also zunächst die Bestimmung der Variablen α_i, β_i und $R_{m,t}$ erforderlich. Die Daten zur Rendite eines Marktindex ($R_{m,t}$) entstammen dabei in der Regel öffentlich verfügbaren Datenbanken. Die Variablen α_i und β_i müssen hingegen mit Hilfe einer linearen Regression nach der Methode der kleinsten Quadrate (sogenannte KQ-Regression) ermittelt werden.[231] Im Marktmodell gilt dabei folgender Zusammenhang:

$$R_{i,t} = \alpha_i + \beta_i * R_{m,t} + u_{i,t} \tag{6}$$

In das Regressionsmodell fließen also die Renditen der Aktie eines Unternehmens i ($R_{i,t}$) sowie die Renditen eines frei wählbaren Marktindex ($R_{m,t}$) ein.[232] Für eine präzise Schätzung

---

[231] Gerpott (2009, S. 217) weist darauf hin, dass für die Schätzung des Marktmodells noch weitere, komplexere statistische Verfahren zur Verfügung stehen. In der Forschungspraxis wird jedoch vorwiegend auf die KQ-Regression zurückgegriffen.

[232] Wie aus Formel (6) ersichtlich, muss dem Marktindex bei der Kalkulation der normalen Renditen (und damit auch bei der Berechnung der abnormalen Renditen) eine bedeutende Rolle beigemessen werden. Grundsätzlich sollte ein Index gewählt werden, der möglichst viele unterschiedliche Unternehmen und Branchen abdeckt. Ein solch breit gestreuter Index wird nur in geringem Maße von einem einzelnen Event beeinflusst. Vgl. Goerke (2009, S. 473-474). Ein Gegenbeispiel: Würde die vorliegende Untersuchung den DAX-30 als Marktindex für die Berechnung der normalen Renditen heranziehen, könnten Autokorrelationen zwischen den einzelnen Aktienkursen und dem Indexstand des DAX-30 nicht ausgeschlossen werden. Die mögliche Folge wäre eine Unterschätzung der jeweiligen abnormalen Renditen und eine Fehlinterpretation der statistischen Signifikanz. In diesem Forschungsprojekt wurden zu Vergleichszwecken mehrere Marktindizes eingesetzt: Der Dow Jones EuroSTOXX 50 (dieser Index beinhaltet 50 Aktiengesellschaften aus dem Euro-Währungsgebiet), der CDAX (dieser Index bildet alle deutschen Unternehmen des Prime Standard und des General Standard ab), der S&P Europe 350 (der Index besteht aus 350 Aktiengesellschaften aus 17 Ländern

der Parameter α_i und β_i müssen möglichst viele Beobachtungen von $(R_{i,t})$ und $(R_{m,t})$ vorliegen (Goerke, 2009, S. 474). Es gilt also, ein entsprechend langes Zeitintervall (die sogenannte Schätzperiode) zu wählen, um eine ausreichende Zahl von tagesgenauen Renditen zu erhalten. Darüber hinaus sollte die Schätzperiode deutlich vor dem Betrachtungszeitfenster liegen, um mögliche Verzerrungen zu vermeiden (Gerpott, 2009, S. 219; Goerke, 2009, S. 474-475).[233] Die folgende Abbildung verdeutlicht den Zusammenhang zwischen Schätzperiode und Betrachtungszeitfenster in der Ereignisstudie.

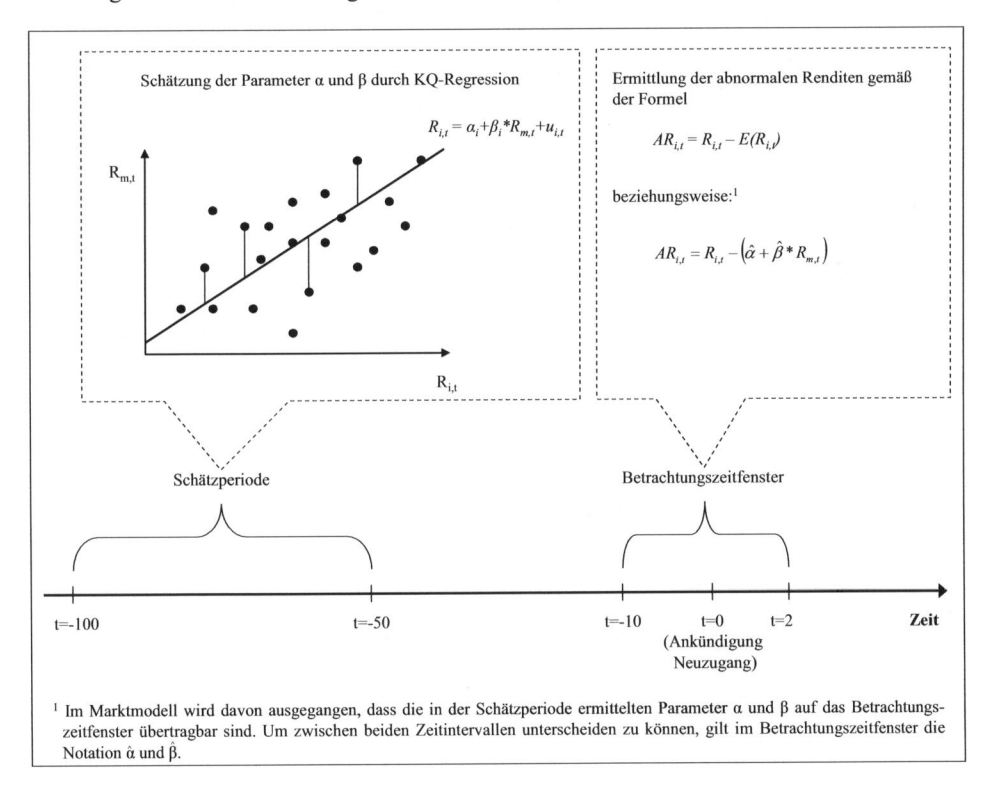

```
┌─────────────────────────────────────┐  ┌─────────────────────────────────────┐
│ Schätzung der Parameter α und β     │  │ Ermittlung der abnormalen Renditen  │
│ durch KQ-Regression                 │  │ gemäß der Formel                    │
│                                     │  │                                     │
│   R_{i,t} = α_i + β_i*R_{m,t} + u_{i,t} │  │      AR_{i,t} = R_{i,t} - E(R_{i,t}) │
│                                     │  │                                     │
│                                     │  │ beziehungsweise:¹                   │
│                                     │  │                                     │
│                                     │  │   AR_{i,t} = R_{i,t} - (α̂ + β̂*R_{m,t}) │
└─────────────────────────────────────┘  └─────────────────────────────────────┘
```

Schätzperiode .... Betrachtungszeitfenster

t=-100 .... t=-50 .... t=-10 t=0 t=2   Zeit
                                    (Ankündigung
                                     Neuzugang)

¹ Im Marktmodell wird davon ausgegangen, dass die in der Schätzperiode ermittelten Parameter α und β auf das Betrachtungszeitfenster übertragbar sind. Um zwischen beiden Zeitintervallen unterscheiden zu können, gilt im Betrachtungszeitfenster die Notation α̂ und β̂.

Abb. 19: Schätzperiode und Betrachtungszeitfenster in der Ereignisstudie

---

der EU) und der STOXX Europe 600 (dieser Index beinhaltet 600 Aktiengesellschaften aus 18 Ländern der EU). Bei einem Vergleich der Ergebnisse der Ereignisstudie werden keine wesentlichen Unterschiede zwischen den hier vorgestellten Indizes deutlich. Im Folgenden beziehen sich alle Ergebnisse auf Berechnungen, die unter Einbeziehung des STOXX Europe 600 vorgenommen wurden. Der STOXX Europe 600 ist ein vergleichsweise breit gestreuter Index. Die Wahrscheinlichkeit, dass bei der Verwendung dieses Index verzerrende Effekte in Form von Autokorrelationen auftreten, ist daher gering. Für weitere Informationen zum STOXX Europe 600 vgl. STOXX (2012).

[233] Bei einer Überschneidung von Schätzperiode und Betrachtungszeitfenster werden ein und dieselben Renditen einer Aktie in zweierlei Hinsicht verwendet. Sie dienen nicht nur zur Schätzung der normalen Rendite (während der Schätzperiode), sondern auch zur Errechnung der abnormalen Rendite (im Betrachtungszeitfenster). Dies hat Autokorrelationen zur Folge. Die Aussagekraft statistischer Analysen wird dadurch stark eingeschränkt.

In der wissenschaftlichen Literatur existieren zahlreiche Empfehlungen hinsichtlich der optimalen Länge der Schätzperiode. Allerdings gilt es auch hier, einen Zielkonflikt zu lösen: Die beliebige Verlängerung des Zeitintervalls für alle Unternehmen einer Stichprobe ist oftmals nicht möglich, da der Handel mit Aktien des jeweiligen Unternehmens Unterbrechungen ausgesetzt sein kann. Die Renditeberechnung kann dann nicht durchgängig erfolgen; das Ergebnis der KQ-Schätzung wird verfälscht. In anderen Fällen stellt der Termin des Börsengangs eines Unternehmens die Restriktion für die Ausdehnung des Zeitintervalls dar.[234] Gerpott erwähnt als Untergrenze einen Zeitraum von 30 Handelstagen (Gerpott, 2009, S. 217). In der vorliegenden Untersuchung wird eine Schätzperiode von 50 Handelstagen (-100;-50) gewählt.[235]

Nach der Ermittlung der Parameter α_i, β_i durch die KQ-Regression kann die abnormale Rendite einer Aktie i am Tag t des Betrachtungszeitfensters schließlich wie folgt berechnet werden:

$$AR_{i,t} = R_{i,t} - \left(\hat{\alpha} + \hat{\beta} * R_{m,t}\right) \tag{7}$$

Liegt kein kursrelevantes Ereignis vor, hat die Variable $AR_{i,t}$ den Erwartungswert 0. Kommt es allerdings zu einem Ereignis, welches den Aktienkurs beeinflusst, entstehen abnormale Renditen, die sowohl positiv (Überrenditen) als auch negativ (Unterrenditen) sein können.

5.3.3 Testverfahren zur statistischen Überprüfung abnormaler Renditen

5.3.3.1 Aggregation abnormaler Renditen

Mit Hilfe von Signifikanztests soll festgestellt werden, ob die ermittelten abnormalen Renditen tatsächlich auf ein Ereignis zurückzuführen sind oder aus einer zufälligen Schwankung des Aktienkurses resultieren (Goerke, 2009, S. 476; Schmidt-Tank, 2005, S. 162-163). Üblicherweise werden dabei nicht einzelne, sondern aggregierte abnormale Renditen betrachtet. Die Aggregation kann sowohl über sämtliche Aktien einer Stichprobe (Querschnitt) als auch über eine bestimmte Anzahl an Tagen (Längsschnitt) erfolgen (Campbell/Lo/MacKinlay,

---

[234] Dies trifft jedoch nur in Ausnahmefällen zu und ist im vorliegenden Forschungsprojekt nur bei der Postbank der Fall. Der Börsengang erfolgte am 23. Juni 2004.

[235] Eine vergleichbare Vorgehensweise findet sich unter anderem bei Schmidt-Tank (2005, S. 147-148). In der vorliegenden Arbeit wurden neben der erwähnten Schätzperiode (-100;-50) auch weitere, längere Intervalle berücksichtigt. Beispielsweise erfolgte die KQ-Schätzung auch auf Basis der Zeiträume (-150;-50) und (-200;-100). Da sich die Ergebnisse der Regressionen nur unwesentlich voneinander unterscheiden, wird im weiteren Verlauf ausschließlich auf das Intervall (-100;-50) eingegangen.

1997, S. 160). Ist eine Querschnittsaggregation gewünscht, so müssen für einen bestimmten Zeitpunkt t im Betrachtungszeitfenster die abnormalen Renditen aller Aktien in der Stichprobe addiert werden (Gerpott, 2009, S. 218; Schmidt-Tank, 2005, S. 161). Es ergibt sich die durchschnittliche abnormale Rendite („Average Abnormal Return", AAR) aller Ereignisse zum Zeitpunkt t im Betrachtungszeitfenster:

$$AAR_t = \frac{1}{N} \sum_{i=1}^{N} AR_{i,t} \qquad (8)$$

wobei N die Anzahl der betrachteten Ereignisse repräsentiert.

Bei einer Längsschnittaggregation werden für eine Aktie i die abnormalen Renditen des gesamten Betrachtungszeitfensters analysiert. Damit ist es möglich, das volle Ausmaß eines Ereigniseffekts auf den Aktienkurs zu ermitteln (Jahn, 2007, S. 17; Röder, 1999, S. 46). Durch Addition der tagesgenauen abnormalen Renditen über den Betrachtungszeitraum ergibt sich die kumulierte abnormale Rendite einer Aktie i („Cumulative Abnormal Return", CAR_i):

$$CAR_i = \sum_{t=1}^{T} AR_{i,t} \qquad (9)$$

wobei t=1 den ersten Tag im Betrachtungszeitfenster und T den letzten Tag im Betrachtungszeitfenster bezeichnet.

Sollen Längsschnittdaten für mehrere Aktien auf Signifikanz geprüft werden, müssen die durchschnittlichen kumulierten abnormalen Renditen („Cumulative Average Abnormal Return", CAAR) der Ereignisse in der Stichprobe berechnet werden (Campbell/Lo/MacKinlay, 1997, S. 161). Hier gilt:

$$CAAR = \frac{1}{N} \sum_{i=1}^{N} CAR_i \qquad (10)$$

wobei N die Anzahl der betrachteten Ereignisse repräsentiert.

Abbildung 20 fasst die Möglichkeiten der Aggregation nochmals zusammen.

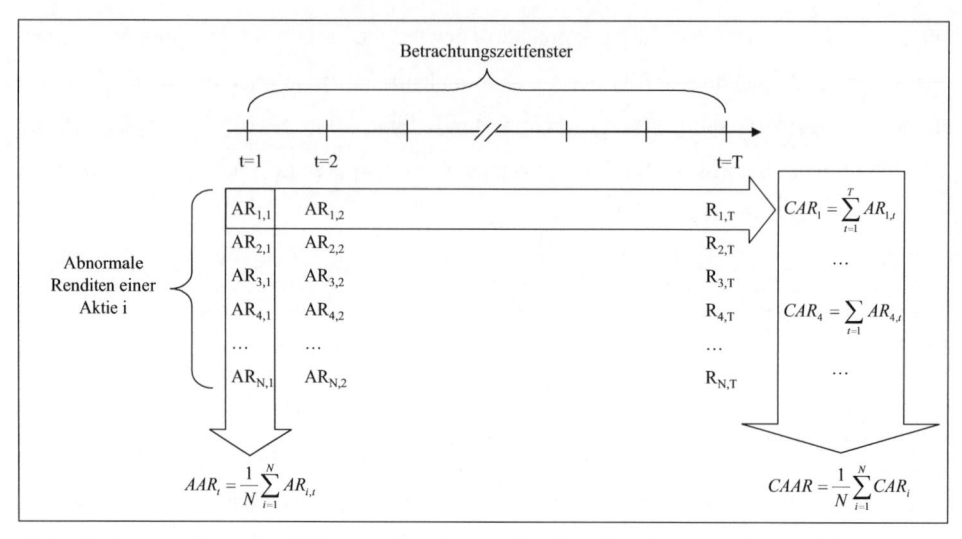

Abb. 20: Aggregationsmöglichkeiten der abnormalen Renditen im Betrachtungszeitfenster

5.3.3.2 Signifikanztests

Im Anschluss an die Aggregation der Renditen erfolgt die Formulierung einer Nullhypothese H_0. Im vorliegenden Forschungsprojekt besagt eine Nullhypothese beispielsweise, dass die Benennung einer internationalen Führungskraft zu keinen abnormalen Renditen führt. Die zugehörige Alternativhypothese H_1 geht davon aus, dass der Wert der abnormalen Renditen zum Zeitpunkt der Benennung eines internationalen Top-Managers ungleich null ist. H_1 vermutet also einen Einfluss der Internationalität auf die Renditen einer Aktie. Es gilt folglich:

$$H_0: AAR_t = 0 \quad \text{beziehungsweise} \quad H_0: CAAR = 0$$

$$H_1: AAR_t \neq 0 \quad \text{beziehungsweise} \quad H_1: CAAR \neq 0$$

Signifikanztests untersuchen nun, mit welcher Wahrscheinlichkeit die Nullhypothese abgelehnt werden kann – wie sicher also davon auszugehen ist, dass der Wert abnormaler Renditen tatsächlich ungleich null ist.[236] Der Ablehnungsbereich von H_0 wird dabei durch das Signifikanzniveau α bestimmt.[237] Je geringer der Wert von α, desto höher ist die Wahrscheinlichkeit,

---

[236] Vgl. für eine kritische Auseinandersetzung mit der Logik des Hypothesentestens Biemann (2009b).
[237] In der vorliegenden Arbeit werden Signifikanzniveaus mit $\alpha=1\%$, $\alpha=5\%$, und $\alpha=10\%$ verwendet.

dass die Nullhypothese H_0 nicht zutrifft und stattdessen die Alternativhypothese H_1 gilt (Bortz/Döring, 2006, S. 496-497; Schmidt-Tank, 2005, S. 163).[238]

Die Überprüfung der Nullhypothesen ist bei Ereignisstudien sowohl durch parametrische Tests als auch durch nichtparametrische Tests möglich. In vielen wissenschaftlichen Beiträgen werden parametrische Verfahren – unter anderem aufgrund ihrer relativ hohen Teststärke – bevorzugt (Bowman, 1983, S. 573; Brown/Warner, 1980, S. 215, Brown/Warner, 1985, S. 25; Goerke, 2009, S. 476; King/Soule, 2007, S. 430; Röder, 1999, S. 48; Schmidt-Tank, 2005, S. 166; Serra, 2002, S. 3). Für die Anwendung parametrischer Tests (wie etwa dem t-Test) wird die Normalverteilung der zu untersuchenden Variable vorausgesetzt.[239] Aktienrenditen sind in der Regel jedoch nicht normalverteilt (Bowman, 1983, S. 571-572; Röder, 1999, S. 46). Brown und Warner weisen allerdings darauf hin, dass diese Tatsache mit zunehmender Stichprobengröße vernachlässigbar ist: „The non-normality of daily returns has no obvious impact on event study methodologies. Although daily excess returns are also highly nonnormal, there is evidence that the mean excess return in a cross-section of securities converges to normality as the number of sample securities increases. Standard parametric tests for significance of the mean excess return are well-specified. (Brown/Warner, 1985, S. 25). Den Ausführungen von Brown/Warner folgend, reicht bereits eine Stichprobengröße von fünf untersuchten Aktien für eine korrekte Spezifikation des t-Tests aus (Brown/Warner, 1985, S. 25; Schmidt-Tank, 2005, S. 166).

James M. Patell veröffentlichte 1976 eine Variante des parametrischen t-Tests, in der die statistischen Eigenschaften von Aktienkursen explizit Berücksichtigung finden (Patell, 1976, S. 254-258; Röder, 1999, S. 47-48). In dem Testverfahren wird die Standardabweichung der Stichprobe mit einem Faktor $C_{i,t}$ multipliziert, welcher die Varianz der Renditen einer Aktie im Betrachtungszeitfenster repräsentiert (Röder, 1999, S. 47). Affleck-Graves und Kollegen vergleichen in ihrer Arbeit mehrere für Ereignisstudien geeignete Testverfahren (unter anderem auch den „klassischen" t-Test sowie den Patell-Test) und verweisen dabei auf die hohe

---

[238] Bei einem nicht signifikanten Ergebnis (α-Wert übersteigt eine kritische Grenze) kann jedoch nicht davon ausgegangen werden, dass die Nullhypothese H_0 „richtig" ist. Ein solches Resultat besagt lediglich, dass die Annahme von H_1 mit einer über das akzeptierte Signifikanznivau hinausgehenden Irrtumswahrscheinlichkeit verbunden ist. Vgl. Bortz/Döring (2006, S. 497).

[239] Den nichtparametrischen Tests liegt keine Normalverteilungsannahme zugrunde. Sie werden in der Literatur daher häufig auch als „weniger streng" bezeichnet. Vgl. Gerpott (2009, S. 219). Als Beispiele sind hier der Wilcoxon-Rangsummentest und das Rangplatzverfahren nach Corrado zu nennen. Vgl. Gerpott (2009, S. 220-221), Röder (1999, S. 51-51), Serra (2002, S. 7-9). Nichtparametrische Tests sind insbesondere bei niedrigen Fallzahlen und bei langen Ereigniszeitfenstern den parametrischen Verfahren vorzuziehen. Vgl. Karafiath/Spencer (1991).

Teststärke der Patell-Variante Affleck-Graves/Callahan/Ramanan (2000).[240] Die Signifikanzprüfungen der vorliegenden Arbeit werden unter Verwendung des Patell-Tests durchgeführt.

Die Patell-Teststatistik kann sowohl für Längsschnitt- als auch für Querschnittsdaten berechnet werden. Für Querschnittsdaten (AAR_t), die sich auf die abnormalen Renditen von N Aktien zum Zeitpunkt t im Betrachtungszeitfenster beziehen, berechnet sich die Teststatistik z_t wie folgt (Patell, 1976, S. 256-258; Röder, 1999, S. 47):

$$z_t = \sum_{i=1}^{N} \frac{AR_{i,t}}{s_i * \sqrt{C_{i,t}}} * \frac{1}{\sqrt{\sum_{i=1}^{N} \frac{\tau_i - 2}{\tau_i - 4}}} \qquad (11)$$

wobei τ_i die Zahl der Tage in der Schätzperiode eines Ereignisses bezeichnet.[241] Die Variable s_i repräsentiert die Stichprobenstandardabweichung der Aktienrendite für das Ereignis i und wird mit Hilfe des sogenannten Schätzfehlers ($u_{i,t}$) für den Zeitraum der Schätzperiode (im vorliegenden Forschungsprojekt ist dies das Intervall (-100;-50)) berechnet. Die Schätzfehler für jeden Tag $\hat{t}$ der Schätzperiode τ werden analog zu den abnormalen Renditen gemäß der Formel (7) ermittelt:

$$u_{i,\hat{t}} = R_{i,\hat{t}} - \alpha_i + \beta_i * R_{m,\hat{t}} \qquad (12)$$

Damit kann die Variable s_i berechnet werden:

$$s_i = \sqrt{\frac{1}{\tau_i - 2} * \sum_{t=1}^{\tau_i} u_{i,\hat{t}}^2} \qquad (13)$$

Die Variable $C_{i,t}$ in Formel (11) wird wie folgt ermittelt:

---

[240] Für weitere Veröffentlichungen, welche die Vorteile des Patell-Tests hervorheben, vgl. Binder (1998, S. 115), King/Soule (2007, S. 430), Langmann (2007, S. 96), MacKinlay (1997, S. 24).
[241] Da in der vorliegenden Untersuchung die Länge der Schätzperiode für alle Ereignisse gleich ist, könnte auf den Index i verzichtet werden. In den folgenden Ausführungen wird der Index jedoch aus Gründen der formalen Korrektheit beibehalten.

$$C_{i,t} = 1 + \frac{1}{\tau_i} + \frac{(R_{m,t} - \overline{R}_m)^2}{\sum_{\hat{t}=1}^{\tau}(R_{m,\hat{t}} - \overline{R}_m)^2} \tag{14}$$

wobei gilt:

$R_{m,t}$ = Rendite eines Marktindex zu einem Zeitpunkt t im Betrachtungszeitfenster

$R_{m,\hat{t}}$ = Rendite eines Marktindex zu einem Zeitpunkt $\hat{t}$ in der Schätzperiode

$\overline{R}_m$ = Durchschnittliche Rendite eines Marktindex während der Schätzperiode

Für Längsschnittsdaten (CAAR) von N Aktien ergibt sich folgende Teststatistik:

$$z_T = \left(\sum_{i=1}^{N} \sum_{t=1}^{T} \frac{AR_{i,t}}{s_i * \sqrt{T * C_{i,t}}} \right) * \frac{1}{\sqrt{\sum_{i=1}^{N} \frac{\tau_i - 2}{\tau_i - 4}}} \tag{15}$$

wobei T die Zahl der Tage im Betrachtungszeitfenster repräsentiert. Die Variable τ_i bezeichnet die Zahl der Tage in der Schätzperiode (Patell, 1976, S. 256-258; Röder, 1999, S. 48).

Die Patell-Teststatistik folgt einer t-Student-Verteilung (Röder, 1999, S. 47). Folglich können die kritischen Werte für die 90%, 95% und 99% Konfidenzintervalle einer t-Verteilungstabelle entnommen werden.

5.3.4 Analyse der Bestimmungsfaktoren abnormaler Renditen mit Hilfe multivariater Regressionsmodelle

Mit Hilfe von Patell-Tests kann zwar geklärt werden, ob ein Ereignis signifikante abnormale Renditen verursacht, für eine umfassende Analyse ist es jedoch notwendig, zusätzlich nach den Gründen für die Entstehung von abnormalen Renditen zu suchen. Warum kommt es also bei der Benennung einer Führungskraft zu abnormalen Renditen und welche Rolle spielt dabei die Internationalität dieser Person? Zur Beantwortung dieser Fragen reichen die in Abschnitt 5.3.3.2 beschriebenen Signifikanztests nicht aus. Eine weitere kausalanalytische Untersuchung erfordert den Einsatz ergänzender statistischer Methoden.

In der Forschungspraxis wird bei der Suche nach den Bestimmungsfaktoren für Kapitalmarktreaktionen häufig auf die multivariate Regressionsanalyse zurückgegriffen (Gerpott, 2009, S. 222; Goerke, 2009, S. 477; McWilliams/Siegel, 1997, S. 638; Nielsen, 2010a, S. 308). Dabei wird die kumulierte abnormale Rendite (CAR), die im Betrachtungszeitfenster eines Ereignisses ermittelt wurde, üblicherweise als abhängige Variable definiert (Bergh/Gibbons, 2011, S. 556; Gerpott, 2009, S. 222; Kroll/Walters/Wright, 2008, S. 370-371; Tian/Haleblian/Rajagopalan, 2011, S. 737). Die auf Basis theoriegeleiteter Überlegungen postulierten Wirkungsbeziehungen können anschließend durch die Aufnahme von unabhängigen Variablen modelliert werden. In der vorliegenden Arbeit wird zunächst ein Regressionsmodell der Form

$$Y_{CAR(i)} = b_0 + b_1 X_1 + b_2 X_2 + b_3 X_3 + \ldots + b_n X_n + \varepsilon \qquad (16)$$

betrachtet (Backhaus, 2008, S. 72). Dabei gilt:

$Y_{CAR(i)}$	=	abhängige Variable (kumulierte abnormale Rendite einer Aktie i im Betrachtungszeitfenster)
b_0	=	konstantes Glied
$b_{1\ldots n}$	=	Regressionskoeffizienten
$X_{1\ldots n}$	=	Schätzwerte der unabhängigen Variablen
ε	=	Störgröße

Die abhängige Variable im Regressionsmodell ist die kumulierte abnormale Renditen einer Aktie, die in den beiden Betrachtungszeitfenstern (-10;2) und (-1;1) ermittelt wurde. Für die beiden Zeiträume werden jeweils separate Regressionsmodelle (mit den abhängigen Variablen CAR $_{(-10;2)}$ beziehungsweise CAR $_{(-1;1)}$) aufgestellt. Die unabhängigen Variablen setzen sich aus dem individuellen Internationalitätsindex einer Person und der Internationalität der Unternehmensaktivitäten zusammen. Auf diese Bestandteile des Regressionsmodells wird im Folgenden näher eingegangen:

- *Individueller Internationalitätsindex einer Person (INT)*: Mit der Aufnahme dieser Variable in das Regressionsmodell wird eine Untersuchung der Hypothese 1 des Forschungsprojekts ermöglicht. Einerseits kann durch den t-Test des Regressionskoeffizienten geklärt werden, ob die Internationalität einer Person einen signifikanten Einfluss auf die kumulierte abnormale Rendite ausübt (Backhaus, 2008, S. 76-77), andererseits erlaubt die Regression die Prüfung der Frage, inwiefern mit steigenden Internationalitätswerten ein Anstieg der kumulierten abnormalen Renditen einhergeht (zum Beispiel durch Analyse des Vorzeichens des Regressionskoeffizienten oder durch eine grafische Darstellung der Regressionsgeraden).

Da in der vorliegenden Arbeit die Reaktion des Aktienkurses zum Zeitpunkt der Verkündung eines Neuzugangs in den Vorstand oder den Aufsichtsrat eines Unternehmens untersucht wird, muss die Variable INT die Internationalität einer Person zum Zeitpunkt der ersten öffentlichen Bekanntmachung widerspiegeln. Im vorliegenden Forschungsvorhaben wurde die individuelle Internationalität einer Person jedoch nicht tagesgenau ermittelt; der Indexwert bezieht sich auf den 31. Dezember des Jahres, in dem die jeweilige Neubesetzung veröffentlicht wurde.[242]

- *Internationalität des Unternehmens vor der Ankündigung des Neueintritts (PRE_DOI)*: Hypothese 2 der vorliegenden Arbeit besagt, dass die Reaktion des Kapitalmarkts auf die Benennung internationaler Top-Manager auch von der Internationalität des jeweiligen Unternehmens abhängt. Zu diesem Zweck wird die Variable PRE_DOI eingeführt, welche die durchschnittliche Auslandsquote des Umsatzes eines Unternehmens in den letzten zwei Jahren vor der Benennung einer Person abbildet.[243] Die Informationen zur Kennzahl „Auslandsumsatz/Gesamtumsatz" wurden der Datenbank „Thomson Reuters Datastream" entnommen.

Des Weiteren werden – in Anlehnung an bisherige Arbeiten aus der Führungswechsel- und Top-Management-Team-Forschung – folgende „typische" Kontrollvariablen im Regressionsmodell berücksichtigt (vgl. beispielsweise Adams/Almeida/Ferreira, 2005, S. 1418; Campbell/Minguez Vera, 2010, S. 48; Jaw/Lin, 2009, S. 227; Kor, 2003, S. 713; Yermack, 1996, S. 195):

- *Unternehmensgröße (ASSET):* Die Kontrollvariable „Unternehmensgröße" wird in Übereinstimmung mit Campbell/Minguez Vera (2010, S. 48), Lee/James (2007, S. 232) und Seelhofer (2007, S. 124) durch den Logarithmus des Aktivvermögens eines Unternehmens operationalisiert. Berücksichtigt wurden dabei die letzten beiden Jahreswerte vor der Be-

---

[242] Eine solche Vereinfachung ist angemessen, da davon auszugehen ist, dass die Nationalität und die Dauer der internationalen Ausbildung eines Vorstands- oder Aufsichtsratsmitglieds konstante Werte darstellen. Bei den Dimensionen „internationale Berufserfahrung" und „internationale Mandate" erscheint eine jährliche Überprüfung auf mögliche Veränderungen als ausreichend.

[243] Für eine kritische Auseinandersetzung mit der Kennzahl „Auslandsumsatz/Gesamtumsatz" siehe Abschnitt 2.4.3.

nennung eines Neuzugangs. Die Daten wurden aus „Thomson Reuters Datastream" entnommen.

- *Vorangegangener Unternehmenserfolg (PPERF$_{ROA/ROE}$; PPERF$_{TSR}$)*: Neubesetzungen im Vorstand oder Aufsichtsrat müssen immer vor dem Hintergrund des bisherigen finanziellen Erfolgs eines Unternehmens interpretiert werden (Finkelstein/Hambrick/Cannella, 2009, S. 168-169; Graffin/Carpenter/Boivie, 2011, S. 755; Wagner/Pfeffer/O'Reilly Charles A., 1984, S. 78). So gehen etwa zahlreiche Arbeiten davon aus, dass der Unternehmenserfolg negativ mit der Wahrscheinlichkeit eines Führungswechsels korreliert.[244] Je niedriger also der finanzielle Erfolg eines Unternehmens ausfällt, desto höher ist die Wahrscheinlichkeit für eine Neubesetzung an der Spitze des Managements. Und laut Friedman/Singh (1989, S. 737) reagieren Investoren allgemein positiv auf Neubesetzungen im Vorstand oder Aufsichtsrat, wenn der bisherige finanzielle Erfolg eines Unternehmens niedrig war.

Die Variable „vorangegangener Unternehmenserfolg" muss auch in der vorliegenden Arbeit als eine relevante Einflussgröße auf die kumulierten abnormalen Renditen betrachtet werden. Fraglich ist aber, auf welche Art und Weise die Operationalisierung dieser Kontrollvariable erfolgen kann. Nielsen berücksichtigt hierzu beispielsweise die Umsatzrendite aller Unternehmen einer Stichprobe (Nielsen, 2009, S. 289). Diese Vorgehensweise scheint jedoch ungeeignet, da eine einmalige Messung der Umsatzrendite keine präzisen Aussagen über den Erfolg eines Unternehmens vor der Benennung eines Top-Managers zulässt. Darüber hinaus ist eine Ermittlung des „Umsatzes" für die im DAX-30 gelisteten Finanzdienstleistungsunternehmen problematisch.

Der vorangegangene Unternehmenserfolg wird daher auf zwei unterschiedliche Weisen gemessen: In Anlehnung an Richard wird für Finanzdienstleistungsunternehmen der Durchschnitt der Eigenkapitalrentabilität („Return on Equity") erhoben. Als Berechnungsgrundlage dienen dabei die letzten beiden Jahre vor der öffentlichen Verkündung einer Neubesetzung im Führungsgremium eines Unternehmens. Diese Vorgehensweise berücksichtigt die Argumentation von Richard, wonach die Eigenkapitalrentabilität als „the ultimate measure for the strength of any financial institution" (Richard, 2000, S. 169) gilt. Für alle anderen Unternehmen der Stichprobe wird in Anlehnung an Seelhofer (2007, S. 113) der Zwei-Jahres-Durchschnitt der Gesamtkapitalrendite („Return on Assets") be-

---

[244] Eine Übersicht der Beiträge findet sich bei Finkelstein/Hambrick/Cannella (2009, S. 168-171).

rücksichtigt. Die Angaben zur Gesamtkapitalrendite und zur Eigenkapitalrendite entstammen der Datenbank „Thomson Financial Datastream".

Zusätzlich zur Gesamtkapitalrentabilität beziehungsweise zur Eigenkapitalrentabilität wird der vorangegangene Unternehmenserfolg durch die Kennzahl „Total Shareholder Return" operationalisiert. Damit steht für alle Unternehmen in der Stichprobe eine einheitliche, vergleichbare Größe zur Verfügung (Hillman/Shropshire/Cannella, 2007, S. 946). „Total Shareholder Return" misst den gesamten Gewinn/Verlust eines Aktionärs innerhalb einer bestimmten Zeitperiode (üblicherweise ein Jahr). Hierzu wird die Kursveränderung einer Aktie (Aktienkurs am letzten Handelstag eines Jahres abzüglich dem Aktienkurs am ersten Handelstag eines Jahres) sowie die während eines Zeitraums ausgezahlten Renditen mit dem Anfangskurs einer Aktie (am ersten Handelstag des Jahres) verglichen (Richard/Devinney/Yip/Johnson, 2009, S. 731). Um verzerrende Einflüsse durch allgemeine Marktschwankungen auszugleichen, wird der zweijährige Durchschnitt des „Total Shareholder Return" vor der Benennung eines Vorstands- oder Aufsichtsratsmitglieds errechnet und in der Regression verwendet. Die Daten für die Errechnung dieser Variable entstammen der Datenbank „Thomson Financial Datastream".

— *Größe des Top-Management Teams (TMTSIZE)*: Einige Vertreter der upper-echelons-Forschung vertreten die Auffassung, dass Unternehmen mit zahlenmäßig großen Führungsgremien erfolgreicher sind als Unternehmen, deren Corporate-Governance-Gremien nur aus einigen wenigen Individuen bestehen (Alexander/Fennell/Halpern, 1993; Certo/Lester/Dalton/Dalton, 2006; Dalton/Daily/Johnson/Ellstrand, 1999). Diese Arbeiten konstatieren, dass große Top-Management-Teams über einen relativ umfangreichen Wissensstock verfügen, welcher durch die unterschiedlichen Erfahrungen und Fähigkeiten vieler Individuen gespeist wird. Durch dieses umfangreiche Wissen im Führungsgremium ist es möglich, Entscheidungssituationen umfassender zu bewerten und damit auch den Unternehmenserfolg zu sichern. Andere Autoren wie beispielsweise O'Connell/Cramer (2010) und Yermack (1996) vermuten hingegen einen negativen Zusammenhang zwischen der Größe der Corporate-Governance-Gremien und dem Unternehmenserfolg. Ihrer Argumentation zufolge erfordert eine große Anzahl an Top-Managern die Einhaltung umfangreicher Koordinations- und Abstimmungsprozesse, welche die Entscheidungsfindung im Führungsgremium verlangsamen. Ein großes Top-Management-Team ist demnach weniger „schlagkräftig" und flexibel.

Unabhängig davon, ob nun ein positiver oder negativer Zusammenhang zwischen der Größe des Top-Management-Teams und dem Unternehmenserfolg vermutet wird – Untersuchungen zu den Erfolgsauswirkungen der Charakteristika von Führungskräften sollten die Kontrollvariable „Größe des Top-Management-Teams" berücksichtigen (Nielsen/Nielsen, 2011, S. 189). Im vorliegenden Forschungsvorhaben bezeichnet „TMTSIZE" die Gesamtzahl aller im Vorstand und Aufsichtsrat tätigen Personen eines Unternehmens. Die Angaben entstammen den Geschäftsberichten der jeweiligen Unternehmen und beziehen sich auf das Jahr der Ankündigung einer Neubesetzung.

- *Alter der benannten Person (AGE)*: Einige Studien befassen sich explizit mit dem Alter von Top-Managern und untersuchen dessen Einfluss auf das Verhalten der Führungskräfte. Der Argumentation von Barker/Mueller (2002, S. 785) und Datta/Rajagopalan/Zhang (2003, S. 103-104) folgend, steigt mit zunehmendem Alter einer Person beispielsweise ihre Risikoaversität. Dies führt dazu, dass ältere Top-Manager eher geneigt sind, die Konsequenzen und Erfolgsaussichten von unternehmensspezifischen Entscheidungen kritischer zu analysieren als jüngere Top-Manager. Durch diese kritischere und umfassendere Prüfung sinkt das Risiko von Fehlentscheidungen. Damit wird nicht nur zur Sicherung des Unternehmenserfolgs, sondern auch zur Erhaltung des Vermögens der Investoren beigetragen (Ehrhardt, 2010, S. 2; Graffin/Carpenter/Boivie, 2011, S. 755).

Da das Alter einer Führungskraft also offensichtlich ihre Risikoneigung und letztlich auch die strategische Ausrichtung eines Unternehmens beeinflussen kann, ist davon auszugehen, dass auch Investoren diese Variable in ihren Investitionsentscheidungen berücksichtigen (Zhang/Wiersema, 2009, S. 706). Die Angaben bezüglich des Alters einer Führungskraft zum Zeitpunkt ihrer Benennung in den Vorstand oder Aufsichtsrat entstammen den Lebensläufen der untersuchten Personen.

Neben diesen „typischen" Kontrollvariablen fließen in das Regressionsmodell zusätzlich weitere untersuchungsspezifische Parameter ein. Die folgenden Kontrollvariablen wurden im Rahmen einer Analyse verwandter Arbeiten identifiziert (vgl. beispielsweise Campbell/Minguez Vera, 2010, S. 50-52; Combs/Ketchen/Perryman/Donahue, 2007, S. 1312-1314; Friedman/Singh, 1989, S. 737; Jaw/Lin, 2009, S. 226-227; Kang/Ding/Charoenwong, 2010, S. 891-892; Kiel/Nicholson, 2003, S. 196-197; Kor, 2003, S. 713; Lee/James, 2007, S. 232; Lubatkin/Chung/Rogers/Owers, 1989, S. 54-55; Nielsen/Nielsen, 2011, S. 189; Rhee/Lee, 2008, S. 44).

– *Jahr der Ankündigung (AY):* Die Vielfalt in deutschen Führungsgremien wurde nicht zuletzt aufgrund politischer Debatten der vergangenen Jahre und der Aufnahme entsprechender Empfehlungen in den Deutschen Corporate Governance Kodex kontrovers diskutiert (Deilmann/Albrecht, 2010, S. 730-731; Fockenbrock, 2011, S. 22; Potthoff/Trescher, 2003, S. 206-207). Mit der Kontrollvariable „Jahr der Ankündigung" soll der Vermutung Rechnung getragen werden, dass Unternehmen dem Thema „Internationalität" insbesondere in jüngster Vergangenheit besondere Bedeutung beigemessen haben. So wird beispielsweise vermutet, dass der durchschnittliche Internationalitätsindex von Personen, die im Jahr 2008 in Führungsgremien berufen wurden, über dem durchschnittlichen Indexwert von Neubesetzungen aus dem Jahr 2005 liegt.

– *Geschlecht (GEN)*: Die Arbeiten von Campbell/Minguez Vera (2010), Cook/Glass (2011), Kang/Ding/Charoenwong (2010) und Lee/James (2007) konstatieren, dass Investoren das Geschlecht eines Top-Managers in ihren Investitionsentscheidungen berücksichtigen. Folglich wird in die Regressionsanalyse eine Dummy-Variable einbezogen, die zwischen Männern (Wert=0) und Frauen (Wert=1) unterscheidet. Die Angaben zum Geschlecht der Führungskräfte entstammen den Lebensläufen der untersuchten Personen.

– *Branchen- und Unternehmenserfahrung (EXP)*: Die Autoren Kor (2003, S. 710-711) und Rhee/Lee (2008, S. 44) argumentieren, dass Investoren bei der Beurteilung des Unternehmens auch die Branchenerfahrung der Führungskräfte einbeziehen. Verfügt ein neu ernannter Vorstand oder Aufsichtsrat beispielsweise über relevantes Wissen hinsichtlich der Wettbewerber oder der zukünftigen Herausforderungen in einem Wirtschaftszweig, steigt das Vertrauen der Investoren in die Kompetenzen und Fähigkeiten dieser Person. Es ist daher anzunehmen, dass die Benennung von „Brancheninsidern" zu positiveren abnormalen Renditen führt als die Benennung einer Führungskraft, die nicht über entsprechende Erfahrungen verfügt.[245]

Eine vergleichbare Argumentation gilt für Top-Manager, die vor ihrer Benennung in den Vorstand oder Aufsichtsrat bereits im jeweiligen Unternehmen angestellt waren. Sie besitzen ein umfangreiches Wissen hinsichtlich unternehmensspezifischer Strukturen und Prozesse (Kor, 2003, S. 708; Lee/James, 2007, S. 236) und deshalb ist davon auszugehen, dass Investoren positiv auf derartige Neubesetzungen reagieren. Schließlich können sich

---

[245] Aber auch eine entgegengesetzte Argumentation ist denkbar. So lassen beispielsweise die Ausführungen von Nielsen/Nielsen (2011, S. 189) vermuten, dass Personen, die keine Berufserfahrungen in der für das Unternehmen relevanten Branche sammeln konnten, leichter etablierte Denkmuster im Führungsgremium aufbrechen können und Entscheidungsfindungsprozesse mit Kreativität bereichern.

„Unternehmensinsider" schneller im Top-Management-Team zurechtfinden und bereits kurz nach dem Eintritt in den Vorstand oder Aufsichtsrat effizient arbeiten.[246]

Die Variable „Branchen- und Unternehmenserfahrung" nimmt den Wert 0 an, wenn ein Top-Manager weder über relevante Branchen- noch über Unternehmenserfahrung verfügt. Der Wert 1 signalisiert, dass eine Person bereits in einem der beiden Bereiche Erfahrungen vorweisen kann und der Wert 2 kennzeichnet Personen, die sowohl über Branchen- als auch über Unternehmenserfahrungen verfügen. Die Angaben zu den Branchenerfahrungen und den Beschäftigungsverhältnissen wurden den Lebensläufen der jeweiligen Personen entnommen.[247]

– *Internationalität der restlichen Top-Management-Team-Mitglieder (INT$_{TOAL}$):* Es ist davon auszugehen, dass die Reaktion des Kapitalmarkts auf die Benennung eines internationalen Führungsmitglieds auch von der Internationalität der restlichen Top-Manager im Vorstand und Aufsichtsrat beeinflusst wird (Higgins/Gulati, 2006, S. 19; Tacheva, 2007, S. 49-50). Wenn ein Unternehmen bereits über ein internationales Führungsgremium verfügt, ist die zu beobachtende abnormale Rendite bei der Benennung vermutlich relativ gering. Ist hingegen der neu ernannte Top-Manager eine von wenigen internationalen Personen im Vorstand oder Aufsichtsrat, so fällt die Reaktion des Aktienmarkts wahrscheinlich stärker aus (Adler/Gundersen, 2008, S. 144; Dahlin/Wiengart/Hinds, 2005, S. 1119). Die Variable INT$_{TOTAL}$ misst die durchschnittliche Internationalität aller Vorstands- und Aufsichtsratsmitglieder und wurde gemäß Formel (1) jeweils für die Stichtage 31. Dezember 2005 und 31. Dezember 2008 errechnet. Das Datum der Ankündigung eines Neueintritts diente dabei als Auswahlkriterium für einen der beiden Werte.[248]

– *Amtszeit der Top-Management-Team-Mitglieder (TENDIV)*: Die Autoren Jaw/Lin (2009, S. 226) gehen in ihrer Untersuchung davon aus, dass die Aktienkursreaktionen auf die Benennung eines neuen Top-Managers auch von der Amtszeit der bisherigen Mitglieder im

---

[246] In diesem Fall ist ebenfalls eine umgekehrte Argumentation denkbar. Miller/del Carmen Triana (2009, S. 760) legen dar, dass Führungskräfte, die vor ihrer Benennung in den Vorstand oder Aufsichtsrat keine Erfahrungen in dem jeweiligen Unternehmen sammeln konnten, neue Sicht- und Denkweisen in das Top-Management-Team einbringen und damit zu einer kreativeren (und besseren) Entscheidungsfindung beitragen.
[247] In einer früheren Veröffentlichung wurden die Kontrollvariablen „Brancheninsider" und „Unternehmensinsider" gesondert betrachtet. Aufgrund der relativ hohen paarweisen Korrelation zwischen diesen Variablen mussten jedoch separate Regressionsmodelle berechnet werden. Vgl. Schmid/Dauth (2011b, S. 24). Mit der oben vorgestellten Variante ist eine gesonderte Modellschätzung nicht mehr nötig.
[248] Beispiel: Bei der Ankündigung einer Neubesetzung am 20.03.2006 wurde für die Variable INT$_{TOTAL}$ der Wert des Jahres 2005 gewählt. Bei einer Ankündigung am 15.10.2007 wurden die Berechnungen des Jahres 2008 zugrunde gelegt.

Vorstand und Aufsichtsrat beeinflusst wird. So müssen sich Neuzugänge, die auf eine homogene Gruppe aus langjährig tätigen Top-Managern treffen, zu Beginn ihrer Amtszeit möglicherweise mit etablierten unternehmensinternen Netzwerken auseinandersetzen; sie können demzufolge eigene Anregungen und (internationales) Wissen nicht oder nur begrenzt einbringen (Fredrickson/Davis-Blake/Sanders, 2010, S. 1037; Hambrick/Davison/ Snell/Snow, 1998, S. 199). In Gruppen, die eine gewisse Heterogenität hinsichtlich der Amtszeit von Top-Managern aufweisen, kann dieser Sachverhalt weniger stark ausgeprägt sein. Zur Ermittlung der Kontrollvariable wird die Standardabweichung der Amtszeit aller Führungskräfte durch die durchschnittliche Amtszeit aller Top-Manager geteilt.[249] Informationen über die Dauer der Beschäftigungsverhältnisse wurden den Geschäftsberichten der Unternehmen entnommen.

- *Anteil institutioneller Investoren (INVEST$_{INST}$):*[250] Oesterle/Richta (2011, S. 132) bezeichnen Aktionäre als „oberste Gewalt" in Kapitalgesellschaften. Damit machen die Autoren deutlich, dass Investoren einen maßgeblichen Einfluss auf die strategische Ausrichtung eines Unternehmens ausüben können (Glaum, 1999, S. 314-315). Wie bereits in Abschnitt 4.4.2.1 argumentiert, bestimmen die Eigentümer unter anderem auch über die Zusammensetzung des Top-Management-Teams eines Unternehmens. Und in jüngerer Vergangenheit mehren sich Hinweise, die darauf hindeuten, dass insbesondere institutionelle Investoren bestrebt sind, die Vielfalt in den Führungsgremien zu erhöhen (Carleton/Nelson/Weisbach, 1998, S. 1343; Carter/Simkins/Simpson, 2003, S. 34; Farrell/Hersch, 2005, S. 88; Randøy/Thomsen/Oxelheim, 2006, S. 2).[251] Daily/Dalton (2003, S. 9) argumentieren sogar, dass einige institutionelle Anleger nur dann Aktien eines Unternehmens erwerben, wenn dessen Top-Management-Team gewisse Diversitätskriterien (zum Beispiel die Einhaltung einer zuvor definierten Frauenquote im Führungsgremium) erfüllt.

Je höher die Zahl der institutionellen Investoren, desto größer ist vermutlich auch der Druck auf die Unternehmen, bestimmte Corporate-Governance-Regeln und Diversitätskri-

---

[249] Hohe Werte der Variable TENDIV weisen somit auf Heterogenität hin. Niedrige Werte signalisieren eine relative Homogenität im Vorstand und Aufsichtsrat eines Unternehmens.
[250] Die OECD fasst unter dem Begriff „Institutionelle Investoren" große Versicherungen sowie Investment- und Pensionsfonds zusammen. Aber auch Private-Equity-Firmen, Hedge- und Dachfonds werden als institutionelle Anleger bezeichnet. Vgl. Gonnard/Kim/Ynesta (2008, S. 300). In der vorliegenden Arbeit werden als institutionelle Anleger alle Kapitalmarktteilnehmer verstanden, die keine Privatanleger sind. Vgl. für eine vergleichbare Definition Engelhard/Schmid (1999, S. 349), Ernst/Gassen/Pellens (2009, S. 70).
[251] Für allgemeinere Ausführungen zum Investitionsverhalten institutioneller Investoren vgl. etwa Schmidl (1997, S. 300-306) und Singh/Point (2004, S. 299).

terien zu erfüllen (Graf/Stiglbauer, 2008, S. 599). Es ist also denkbar, dass Unternehmen, die über einen relativ hohen Anteil an institutionellen Investoren verfügen, internationalere Top-Management-Teams besitzen als Unternehmen, bei denen diese Investorengruppe nur einen geringen Teil der Eigentümerstruktur ausmacht. Die Kontrollvariable „INVEST$_{INST}$" bezeichnet den Anteil der von institutionellen Investoren gehaltenen Aktien eines Unternehmens. Die Daten entstammen dem „Factbook" des Deutschen Aktieninstituts und wurden jeweils zum 31. Dezember eines Jahres erhoben, in dem eine Neubesetzung erstmals verkündet wurde.

Da die Daten zum Anteil der institutionellen Investoren nicht für alle Unternehmen in der Stichprobe verfügbar sind, reduziert sich die Anzahl der analysierbaren Fälle (Stichprobe A enthält nunmehr 72 Fälle, Stichprobe B umfasst 89 Fälle). Aufgrund dieser Tatsache werden die Regressionsmodelle, welche die Kontrollvariable INVEST$_{INST}$ berücksichtigen, gesondert aufgeführt.[252]

Tabelle 8 enthält alle in den Regressionsmodellen berücksichtigten Komponenten.

---

[252] Vgl. Abschnitt 6.3.3.4.

Variablen	Abkürzung	Operationalisierung	Beispielhafte Studien, die vergleichbare Variablen verwenden
Abhängige Variable			
Kumulierte abnormale Rendite	$CAR_{(-10;2)}$ $CAR_{(-1;1)}$	Berechnung der abnormalen Renditen mit Hilfe einer Ereignisstudie (Marktmodell)	– Jacobson (1994) – Cook/Glass (2011)
Unabhängige Variablen			
Individueller Internationalitätsindex einer Person	INT	Ermittlung der vier Internationalitätsdimensionen gemäß Formel (1)	– Romer (2009) – Nielsen (2010b)
Internationalität des Unternehmens vor der Ankündigung des Neueintritts	PRE_DOI	Anteil des Auslandsumsatzes am Gesamtumsatz	– Seelhofer (2007)
Kontrollvariablen			
Unternehmensgröße	ASSET	Logarithmus des Aktivvermögens	– Seelhofer (2007) – Campbell/Minguez Vera (2010)
Vorangegangener Unternehmenserfolg	$PPERF_{ROA/ROE}$	Ø Gesamt-/Eigenkapitalrentabilität (zwei Jahre vor Benennung)	– Graffin/Carpenter/Boivie (2011) – Hillman/Shropshire/Cannella (2007)
	$PPERF_{TSR}$	Ø „Total Shareholder Return" (zwei Jahre vor Benennung)	
Größe des Top-Management-Teams	TMTSIZE	Anzahl der Mitglieder im Vorstand und Aufsichtsrat	– Alexander/Fennell/Halpern (1993) – O'Connell/Cramer (2010)
Alter der benannten Person	AGE	Alter einer Person in Jahren	– Barker/Mueller (2002) – Datta/Rajagopalan/Zhang (2003)
Jahr der Ankündigung	AY	Kalenderjahr der Ankündigung einer Neubesetzung	– Bergh/Gibbons (2011)
Geschlecht	GEN	0 = männlich 1 = weiblich	– Kang/Ding/Charoenwong (2010) – Cook/Glass (2011)
Branchen- und Unternehmenserfahrung	EXP	0= keine Erfahrung 1= Erfahrung in einem Bereich 2= Erfahrung in beiden Bereichen	– Lee/James (2007) – Kor (2003)
Internationalität der übrigen Führungskräfte	INT_{TOTAL}	Internationalitätsindex gemäß Formel (1) für Vorstand und Aufsichtsrat	– Romer (2009)
Amtszeit der Führungskräfte	TENDIV	Standardabweichung Amtszeit/ Ø Dauer der Amtszeit	– Jaw/Lin (2009)
Institutionelle Investoren	$INVEST_{INST}$	Anteil institutioneller Investoren an allen ausgegebenen Aktien eines Unternehmens	– Lee/James (2007) – Oesterle/Richta (2011)

Tab. 8: Variablen des Regressionsmodells

6 Empirische Ergebnisse der quantitativen Untersuchung

In diesem Kapitel erfolgt die Darstellung der Ergebnisse der empirischen Untersuchung. Im ersten Abschnitt werden hierzu die zentralen Eigenschaften der Stichproben beleuchtet (Abschnitt 6.1). Im Anschluss daran wird geprüft, ob die Daten aus Stichprobe A und Stichprobe B für die weitere regressionsanalytische Untersuchung geeignet sind (Abschnitt 6.2). Die Ergebnisse der Signifikanztests und der multivariaten Regression (Abschnitt 6.3) sowie die zusammenfassende Darstellung der Hypothesenprüfung (Abschnitt 6.4) schließen die Ausführungen dieses Kapitels ab.[253]

6.1 Beschreibung der Daten

6.1.1 Art der untersuchten Neubesetzungen

Im Analysezeitraum zwischen den Jahren 2005 und 2008 wurden insgesamt 107 (Stichprobe A) beziehungsweise 130 Neubesetzungen (Stichprobe B) untersucht. Wie aus Tabelle 9 ersichtlich ist, verteilen sich die Fälle beiden Stichproben nahezu gleichmäßig auf interne beziehungsweise externe Neubesetzungen. Bei den internen Neuzugängen beziehen sich die meisten personellen Veränderungen auf die Gruppe der Vorstandsmitglieder. So wurden in Stichprobe A insgesamt 12 Fälle (Stichprobe B: 14 Fälle) identifiziert, in denen ein früheres Vorstandsmitglied den Vorstandsvorsitz/die Sprecherfunktion im Vorstand eines Unternehmens übernahm. In 28 Fällen (Stichprobe B: 37 Fälle) wurden Personen aus niedrigeren Führungsebenen in den Vorstand eines Unternehmens berufen. Bei den externen Neubesetzungen betreffen die meisten Zugänge den Aufsichtsrat (Stichprobe A: 31 Fälle, Stichprobe B: 37 Fälle). Und auch die externe Neubesetzung von Vorstandsmitgliedern kommt relativ häufig vor (Stichprobe A: 19 Fälle, Stichprobe B: 24 Fälle).

---

[253] Die folgenden statistischen Analysen wurden unter Verwendung der Programme STATA (Version 11.0) und SPSS (Version 16.0) durchgeführt.

Art der Neubesetzung		Fallzahl Stichprobe A (N=107)	Fallzahl Stichprobe B (N=130)
Interne Neubesetzungen		**50**	**62**
Vorstandsvorsitzender/-sprecher	– Vom Vorstandsvorsitzenden/-sprecher zum „einfachen" Vorstandsmitglied	0	0
	– Vom Vorstandsvorsitzenden zum Aufsichtsratsvorsitzenden	2	2
	– Vom Vorstandsvorsitzenden zum „einfachen" Aufsichtsratsmitglied	1	1
„Einfaches" Vorstandsmitglied	– Vom „einfachen" Vorstandsmitglied zum Vorstandsvorsitzenden/-sprecher	12	14
	– Vom „einfachen" Vorstandsmitglied zum Aufsichtsratsvorsitzenden	1	1
	– Vom „einfachen" Vorstandsmitglied zum „einfachen" Aufsichtsratsmitglied	0	0
Aufsichtsratsvorsitzender	– Vom Aufsichtsratsvorsitzenden zum Vorstandsvorsitzenden/-sprecher	1	1
	– Vom Aufsichtsratsvorsitzenden zum „einfachen" Vorstandsmitglied	0	0
	– Vom Aufsichtsratsvorsitzenden zum „einfachen" Aufsichtsratsmitglied	0	0
„Einfaches" Aufsichtsratsmitglied	– Vom „einfachen" Aufsichtsratsmitglied zum Vorstandsvorsitzenden/-sprecher	1	1
	– Vom „einfachen" Aufsichtsratsmitglied zum „einfachen" Vorstandsmitglied	0	0
	– Vom „einfachen" Aufsichtsratsmitglied zum Aufsichtsratsvorsitzenden	0	0
Niedrigere Führungsebenen	– von niedrigeren Führungsebenen zum Vorstandsvorsitzenden/-sprecher	0	0
	– von niedrigeren Führungsebenen zum „einfachen" Vorstandsmitglied	28	37
	– von niedrigeren Führungsebenen zum Aufsichtsratsvorsitzenden	1	1
	– von niedrigeren Führungsebenen zum „einfachen" Aufsichtsratsmitglied	3	4
Externe Neubesetzungen		**57**	**68**
– externe Neubesetzung des Vorstandsvorsitzenden/-sprechers		2	2
– Externe Neubesetzung eines „einfachen" Vorstandsmitglieds		19	24
– Externe Neubesetzung des Aufsichtsratsvorsitzenden		5	5
– Externe Neubesetzung eines „einfachen" Aufsichtsratsmitglieds		31	37

Tab. 9: Übersicht der betrachteten personellen Veränderungen in den einzelnen Corporate-Governance-Gremien

Erwähnenswert ist an dieser Stelle, dass ein Wechsel von Vorstandsmitgliedern in den Aufsichtsrat eines Unternehmens relativ selten beobachtet wird. Lediglich in vier Fällen fand ein derartiges Ereignis statt; dabei nahm zwei Mal ein Vorstandsvorsitzender/-sprecher den Posten des Aufsichtsratsvorsitzenden ein. Damit wird die Forderung des Deutschen Corporate Governance Kodex (Ziffer 5.4.4), die einen derartigen Wechsel erst nach Ablauf einer zweijährigen Karenzzeit vorsieht, nur in wenigen Fällen verletzt.[254]

6.1.2 Demographische Merkmale der analysierten Führungskräfte

Nachdem im vorangegangenen Abschnitt die Art der beobachteten Neubesetzungen untersucht wurde, folgt die Analyse wichtiger demographischer Merkmale der benannten Führungskräfte. Das durchschnittliche Alter der Top-Manager beträgt in Stichprobe A rund 55 Jahre, für Stichprobe B werden rund 54 Jahre ermittelt. Der durchschnittliche Internationalitätsindex aller Personen in Stichprobe A liegt bei einem Wert von 0,31; für Stichprobe B ergibt sich ein Durchschnittswert von 0,34. Unter den neu ernannten Top-Managern sind fast ausschließlich männliche Führungskräfte vertreten. Zwischen 2005 und 2008 wurden lediglich zwei (Stichprobe A) beziehungsweise drei (Stichprobe B) Neubesetzungen weiblicher Top-Manager beobachtet.

Die Betrachtung der Kontrollvariable „Unternehmensinsider" verdeutlicht nochmals die gleichmäßige Aufteilung zwischen unternehmensinternen und -externen Neuzugängen: Rund 47% (Stichprobe B: rund 48%) aller Neuzugänge waren vor ihrer Benennung in den Vorstand oder Aufsichtsrat bereits in dem jeweiligen Unternehmen tätig. Eine Analyse der Kontrollvariablen „Brancheninsider" offenbart, dass in rund 70% aller Fälle (Stichprobe B: rund 72%) die neu ernannten Führungskräfte bereits über Berufserfahrungen in der jeweiligen Branche verfügten.

Tabelle 10 fasst die demographischen Merkmale der Personen in Stichprobe A und Stichprobe B überblicksartig zusammen.

---

[254] Die Autoren Fey/Royé (2011) gelangen in ihrer Untersuchung zu einem vergleichbaren Ergebnis.

Merkmal/Variable	Stichprobe A (N=107)		Stichprobe B (N=130)	
	Mittelwert	Standard-abweichung	Mittelwert	Standard-abweichung
Alter des neu benannten Top-Managers (AGE)	54,53	7,59	53,99	7,64
Individueller Internationalitätsindex (INT)	0,31	0,26	0,34	0,28
	Anzahl	in Prozent	Anzahl	in Prozent
Neubesetzungen mit männlichen Top-Managern (GEN=0)	105	98,13	127	97,69
Neubesetzungen mit weiblichen Top-Managern (GEN=1)	2	1,87	3	2,31
„Unternehmensinsider" (FINS=1)	50	46,73	62	47,69
„Brancheninsider" (IINS=1)	75	70,10	93	71,54

Tab. 10: Demographische Merkmale der Neuzugänge in Stichprobe A und Stichprobe B

6.1.3 Detaillierte Betrachtung der Internationalität der Top-Manager

Die in Tabelle 10 aufgeführten arithmetischen Mittelwerte der Variable „INT" ermöglichen noch keine differenzierten Aussagen über die Internationalität der Top-Manager. Eine genauere Betrachtung ermöglicht zunächst die (1) Darstellung der Häufigkeitsverteilungen einzelner Indexwerte für beide Stichproben. Anschließend folgt eine (2) Betrachtung der durchschnittlichen Internationalität für verschiedene, nach demographischen Merkmalen eingeteilte Gruppen sowie (3) für die Mitglieder der einzelnen Corporate-Governance-Gremien. Abschließend werden die (4) Dimensionen des Internationalitätsindex einzeln beleuchtet.

(1) Häufigkeitsverteilung der Indexwerte

Abbildung 21 zeigt, dass bei relativ wenigen Personen in den einzelnen Stichproben der individuelle Internationalitätsindex den Wert 0 annimmt. Insgesamt können nur 15 von 107 Personen (Stichprobe A) beziehungsweise 20 von 130 Individuen (Stichprobe B) als „nicht international" bezeichnet werden. Für die Mehrheit der Top-Manager weist der individuelle Internationalitätsindex einen Wert zwischen 0,1 und 0,4 auf (Stichprobe A: 64 Personen; Stichprobe B: 67 Personen). Insgesamt 12 Personen (Stichprobe B: 21 Individuen) verfügen über eine besonders hohe Internationalität – ihr individueller Indexwert liegt zwischen 0,8 und dem Maximalwert 1,0.[255]

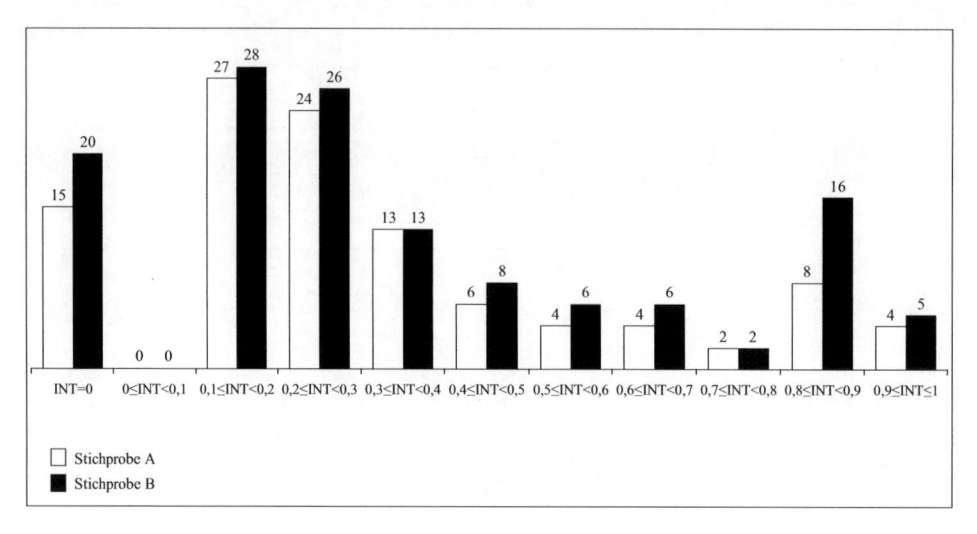

Abb. 21: Häufigkeitsverteilung der Werte des Internationalitätsindex

Abbildung 21 verdeutlicht zudem, dass die in den Stichproben enthaltenen Fälle nahezu alle Wertebereiche des Internationalitätsindex abdecken. Insofern widerlegt die Untersuchung Aussagen der (Wirtschafts-)Presse, wonach viele Top-Manager als „gleichförmige Gruppe" von Individuen bezeichnet werden, die sich nicht oder nur unwesentlich voneinander unterscheiden (o.V., 2008; Öchsner, 2011, S. 2). Zumindest im Hinblick auf die Internationalität der Top-Manager lässt sich eine gewisse Variationsbreite erkennen.

(2) Durchschnittliche Internationalität für verschiedene, nach demographischen Merkmalen eingeteilte Gruppen

Eine nähere Untersuchung der in Tabelle 10 erwähnten demographischen Merkmale zeigt, dass Personen, deren Alter unter dem Durchschnittswert der Stichproben (rund 54 Jahre) liegt, über eine leicht niedrigere durchschnittliche Internationalität verfügen als Top-Manager mit

---

[255] Die vorgenommene Einteilung, die Personen mit einem Indexwert zwischen 0,8 und 1,0 eine „hohe" Internationalität attestiert, ist subjektiv. Mit einer fiktiven Berechnung soll gezeigt werden, welche Voraussetzungen erfüllt sein müssen, damit eine Person über eine „hohe" Internationalität verfügt. So erreicht beispielsweise ein Top-Manager, der seine „prägenden Jahre" außerhalb Deutschlands verbrachte, zwei Jahre im Ausland studierte, zwölf Jahre Berufserfahrung im Ausland sammeln konnte und zwei internationale Mandate ausübt, einen individuellen Indexwert von 0,81 und liegt damit am unteren Ende des Intervalls. Eine Person, die derartige Erfahrungen vorweist, kann gemeinhin als „sehr international" bezeichnet werden. Vgl. Pohlmann (2009, S. 519-520), Schmergal/Tönnesmann (2009), Weber-Rey (2011).

einem Alter von/über 54 Jahren. „Ältere" Führungskräfte sind demnach geringfügig internationaler als „jüngere" Top-Manager.[256] Die Frage, inwiefern sich die Internationalität von Frauen und Männern in der Stichprobe unterscheidet, kann aufgrund der wenigen Neubesetzungen von weiblichen Führungskräften nur eingeschränkt beantwortet werden. So zeigt sich etwa in Stichprobe A ein deutlicher Unterschied zwischen den Geschlechtergruppen (durchschnittliche Internationalität der männlichen Top-Manager: 0,31; durchschnittliche Internationalität der weiblichen Führungskräfte: 0,51), die Mittelwerte basieren bei den Frauen allerdings lediglich auf zwei Fällen. Die Betrachtung der Kontrollvariable „Unternehmensinsider" offenbart, dass Personen ohne vorangegangene Arbeitserfahrung im Unternehmen geringfügig internationaler sind als Individuen, die vor ihrer Benennung in den Vorstand oder Aufsichtsrat bereits im jeweiligen Unternehmen angestellt waren. Die Internationalität der „Brancheninsider" liegt deutlich über dem Indexwert von Personen, welche vor ihrem Neuzugang in das Führungsgremium in einer fremden Branche tätig waren.

Abbildung 22 fasst die Ergebnisse der gruppenspezifischen Analyse zusammen.[257]

---

[256] Existierende Arbeiten gelangen hier zu unterschiedlichen, teilweise auch widersprüchlichen Ergebnissen. So konstatieren Hamori/Koyuncu (2011, S. 858) etwa jüngeren CEOs eine höhere Internationalität als älteren CEOs, während Hartmann (2002, S. 189) keinen Unterschied zwischen der Internationalität einzelner Altersgruppen feststellt. Dabei ist es intuitiv nachvollziehbar, dass die Analyseergebnisse maßgeblich von der Operationalisierung der Konstrukte „Internationalität" und „Top-Management" beeinflusst werden und daher nur beschränkt miteinander vergleichbar sind.

[257] Mit Ausnahme der Variable „Geschlecht" folgen alle in Abbildung 22 dargestellten Gruppeneinteilungen einer spezifischen Auswahllogik. Für die Variable „Alter" dient der Mittelwert beider Stichproben A und B (rund 54 Jahre) als Differenzierungsmerkmal zwischen „jüngeren" und „älteren" Top-Managern. Es muss kritisch angemerkt werden, dass auch andere Altersaufteilungen zulässig sind (und möglicherweise zu abweichenden Ergebnissen führen). Für die Angaben zum Kriterium „Unternehmenserfahrung" gilt: War eine Person zu einem beliebigen Zeitpunkt *vor* ihrer Benennung in den Vorstand oder Aufsichtsrat eines DAX-30-Unternehmens für ebendieses Unternehmen tätig, wird sie der Gruppe „Person mit Unternehmenserfahrung" zugeordnet. In allen anderen Fällen erfolgt die Einteilung zur Gruppe „Person ohne Unternehmenserfahrung". Die Unterscheidung hinsichtlich der Variable „Branchenerfahrung" wird auf vergleichbare Art und Weise getroffen. Top-Manager, die neu in den Vorstand oder Aufsichtsrat eines Unternehmens benannt wurden und deren Werdegang Positionen bei Unternehmen aus derselben Branche oder verwandten Branchen aufweist, werden der Kategorie „Person mit Branchenerfahrung" zugeordnet. Führungskräfte, deren Lebensläufe keine derartigen Positionen enthalten, werden als „Person ohne Branchenerfahrung" deklariert. Auch an dieser Stelle muss kritisch vermerkt werden, dass die Identifikation relevanter Branchenerfahrungen durch eine subjektive Analyse der jeweiligen Lebensläufe erfolgte.

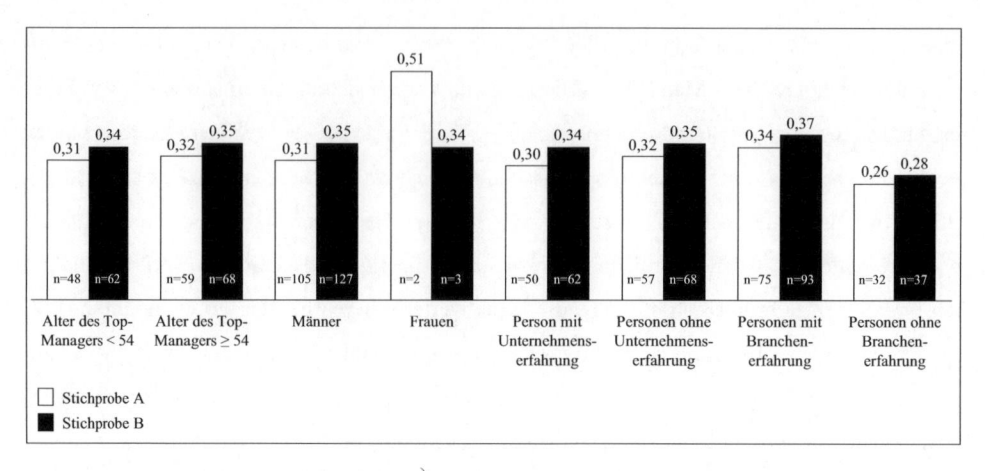

Abb. 22: Durchschnittliche Internationalität für verschiedene, nach demographischen Merkmalen eingeteilte Gruppen

(3) Durchschnittliche Internationalität der Corporate-Governance-Gremien

Neben den absoluten Häufigkeiten der Indexwerte für alle Personen sowie den Ausprägungen für einzelne demographische Gruppen interessiert die Internationalität der jeweiligen Corporate-Governance-Gremien. Abbildung 23 zeigt daher die durchschnittliche Internationalität der Mitglieder von Vorstand und Aufsichtsrat. Erwähnenswert ist hierbei die Tatsache, dass „einfache" Vorstandsmitglieder in beiden Stichproben über die höchste Internationalität verfügen. Die Aufsichtsratsvorsitzenden hingegen weisen in Stichprobe A und Stichprobe B die niedrigsten Indexwerte auf.[258] Zwischen diesen beiden Gruppen besteht ein Unterschied von INT=0,05 (Stichprobe A) beziehungsweise INT=0,10 (Stichprobe B) Punkten. Zwischen allen anderen Gruppen sind die Differenzen hinsichtlich der durchschnittlichen Internationalität vergleichsweise gering.

---

[258] Der Durchschnittswert für die Aufsichtsratsvorsitzenden basiert auf den individuellen Indexwerten von neun Top-Managern und muss daher immer vor dem Hintergrund der relativ niedrigen Fallzahl interpretiert werden. Ein Beispiel: Wäre Rainer Thieme, Aufsichtsratsvorsitzender von Salzgitter, nicht in den Stichproben A und B vertreten, so läge der durchschnittliche Indexwert bei 0,31 (Herr Thieme besitzt als einziger Aufsichtsratsvorsitzender einen individuellen Internationalitätsindex von 0).

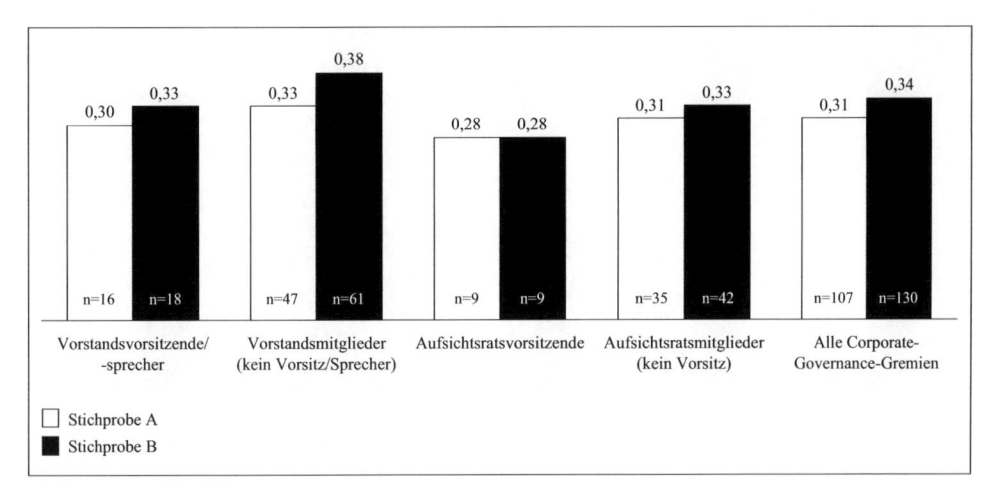

Abb. 23: Durchschnittliche Internationalität der einzelnen Corporate-Governance-Gremien

(4) Gesonderte Betrachtung der einzelnen Internationalitätsdimensionen

Eine nähere Betrachtung der einzelnen Indexbestandteile soll klären, welche Dimensionen die durchschnittliche Internationalität der Top-Manager in besonderem Maße beeinflussen. Abbildung 24 zeigt zunächst, wie viele Personen in den beiden Stichproben über eine fremde (nicht deutsche) Nationalität verfügen, eine internationale Ausbildung absolvierten, internationale Berufserfahrung sammeln konnten und/oder internationale Mandate ausüben. Dabei wird deutlich, dass eine Mehrheit der analysierten Neuzugänge die deutsche Nationalität besitzt. Lediglich bei 16% der Top-Manager (Stichprobe A) beziehungsweise bei 22% (Stichprobe B) handelt es sich um Personen, die ihre „prägenden Jahre" außerhalb Deutschlands verbrachten. Für die Dimension „internationale Ausbildung" gilt eine vergleichbare Aufteilung: Die Mehrzahl der Führungskräfte (65% in Stichprobe A und 60% in Stichprobe B) hat ihre Schul- und Studienzeit in Deutschland verlebt. Bei der internationalen Berufserfahrung sowie den internationalen Mandaten zeigt sich jedoch ein anderes Bild. Die Mehrheit der analysierten Personen hat internationale Berufserfahrungen gesammelt (58% in Stichprobe A, 60% in Stichprobe B) beziehungsweise übt internationale Mandate aus (57% in Stichprobe A, 58% in Stichprobe B).[259]

---

[259] In ihrer Untersuchung gelangen Schmid/Daniel (2007b, S. 18) zu vergleichbaren Ergebnissen.

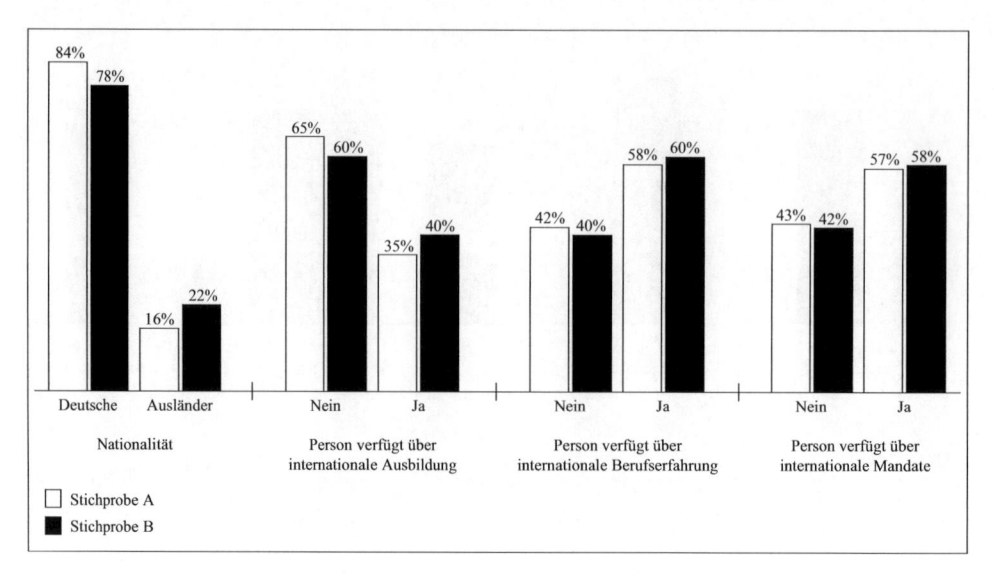

Abb. 24: Gesonderte Betrachtung der Internationalitätsdimensionen

An dieser Stelle wird erkennbar, wie problematisch und unzureichend die Interpretation der Variable „Internationalität" sein kann, wenn die Operationalisierung dieses Konstrukts nur anhand von einer oder zwei Dimensionen erfolgt (Greve/Nielsen/Ruigrok, 2009, S. 217-218; Maier, 2008, S. 159; Nielsen, 2010b, S. 189).[260] Würde die vorliegende Untersuchung – wie viele andere Studien – lediglich die Nationalität einer Person erheben, so müssten etwa 80% aller Neuzugänge als nicht international eingestuft werden. Ein Blick auf die weiteren Dimensionen des Internationalitätsindex zeigt jedoch, dass eine solche Schlussfolgerung verzerrend und ungenau wäre. Schließlich ist zu vermuten, dass viele Individuen mit deutscher Nationalität durchaus über eine gewisse Internationalität verfügen. Um diese Annahme zu prüfen, wird in Abbildung 25 die Gruppe deutscher Top-Manager separat betrachtet.

---

[260] Vgl. zusätzlich die Ausführungen in Abschnitt 3.1.2.2.

Stichprobe A: 90 Top-Manager mit deutscher Nationalität...

- ... davon Personen mit internationaler Ausbildung: 22%
- ... davon Personen mit internationaler Berufserfahrung: 51%
- ...davon Personen mit internationalen Mandaten: 53%

Stichprobe B: 102 Top-Manager mit deutscher Nationalität...

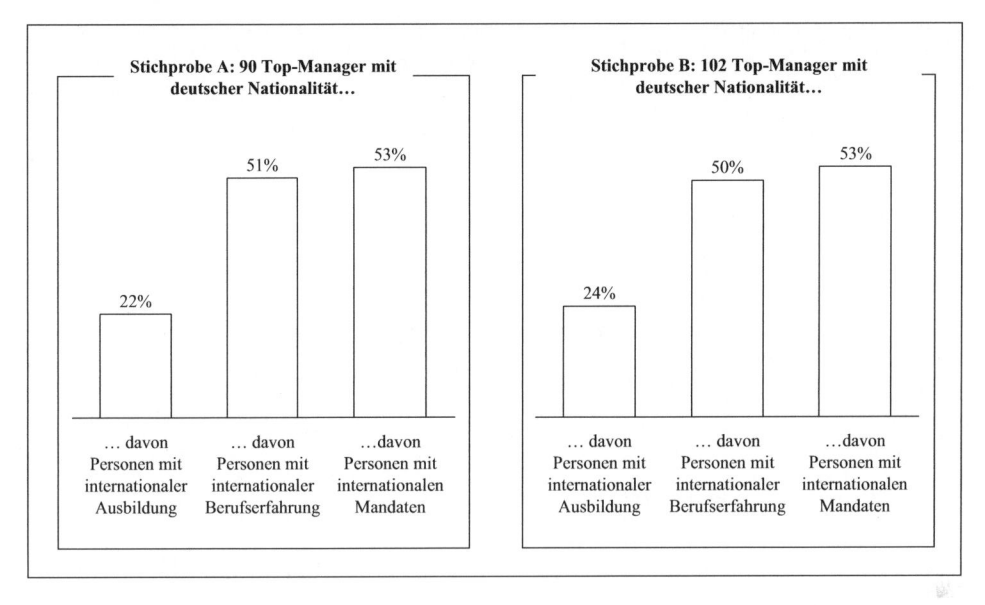

- ... davon Personen mit internationaler Ausbildung: 24%
- ... davon Personen mit internationaler Berufserfahrung: 50%
- ...davon Personen mit internationalen Mandaten: 53%

Abb. 25: Internationalitätsdimensionen der deutschen Top-Manager in Stichprobe A und Stichprobe B

Wie aus der Darstellung hervorgeht, verfügen zwar nur 22% (Stichprobe A) beziehungsweise 24% (Stichprobe B) der deutschen Führungskräfte über eine internationale Ausbildung, allerdings weisen in beiden Stichproben rund 50% der Top-Manager internationale Berufserfahrung und/oder internationale Mandate auf. Diese Personen können somit zweifellos als international bezeichnet werden.

Tabelle 11 fasst die wichtigsten Ergebnisse der deskriptiven Statistik überblicksartig zusammen.

Untersuchungsgegenstand	Ergebnisse der deskriptiven Statistik
Art der Neubesetzung	– Die Zahl der internen Neubesetzungen ist nahezu identisch mit der Anzahl der externen Neubesetzungen. – Die meisten Neubesetzungen wurden bei „einfachen" Vorstandsmitgliedern und bei „einfachen Aufsichtsratsmitgliedern beobachtet. – Ein Wechsel vom Vorstand in den Aufsichtsrat eines Unternehmens fand nur in vier Fällen statt.

Untersuchungs-gegenstand	Ergebnisse der deskriptiven Statistik
Demographische Eigenschaften der Top-Manager	– In Stichprobe A befinden sich lediglich zwei weibliche Top-Manager; Stichprobe B enthält 3 weibliche Führungskräfte. – Nur 15 (Stichprobe A) beziehungsweise 20 (Stichprobe B) Personen verfügen über einen individuellen Internationalitätsindex von 0. Die Mehrzahl der analysierten Top-Manager weist Indexwerte zwischen 0,1 und 0,4 auf. – In beiden Stichproben sind relativ viele Top-Manager vertreten, die ihre „prägenden Jahre" in Deutschland verbracht haben. Diese Personengruppe kann dennoch als international bezeichnet werden: Rund 50% der deutschen Führungskräfte verfügt über internationale Berufserfahrung und/oder internationale Mandate.

Tab. 11: Ergebnisse der deskriptiven Statistik

6.2 Eignungsprüfung der Daten

Wie bereits erwähnt, soll die Überprüfung der formulierten Hypothesen mit Hilfe von Signifikanztests und multivariaten Regressionsanalysen erfolgen. Die Anwendbarkeit statistischer Testverfahren im Allgemeinen und der Regressionsanalyse im Speziellen ist allerdings an bestimmte Prämissen gebunden, die im Folgenden diskutiert werden. Die Vorgehensweise orientiert sich dabei an den von Backhaus (2008, S. 79-91), Kohler/Kreuter (2008, S. 208-243) und Urban/Mayerl (2011, S. 177-273) erwähnten Schritten: Zunächst werden die Stichproben auf einflussreiche Fälle überprüft. Die anschließende Betrachtung der Störgrößen widmet sich ihrer Verteilung, ihrer Homoskedastizität und ihrer Unabhängigkeit. Letztlich wird kontrolliert, ob die exogenen Variablen linear unabhängig voneinander sind.

6.2.1 Einflussreiche Beobachtungen

Einflussreiche Beobachtungen können sich stark auf die Ergebnisse statistischer Analysen auswirken. Es gilt daher, derartige Fälle zu ermitteln und anschließend zu prüfen, ob sachlogische Gründe existieren, die für oder gegen die Aufnahme dieser Beobachtungen in das Regressionsmodell sprechen. Die Ermittlung der Kennzahl DFBETA stellt eine Möglichkeit dar, sogenannte „Ausreißer" zu identifizieren (Horton/Serafeim, 2010, S. 743; Kohler/Kreuter, 2008, S. 216). DFBETA errechnet sich dabei wie folgt: Zunächst wird ein Regressionsmodell unter Einbezug aller interessierenden Variablen geschätzt. Anschließend erfolgt eine erneute Schätzung dieses Regressionsmodells, allerdings wird dabei eine Beobachtung entfernt. Durch den Vergleich der Regressionsergebnisse wird deutlich, ob ein einzelner Fall einen großen Einfluss auf die Schätzung der Regressionskoeffizienten ausübt. Diese Prozedur wird für jede Beobachtung i der Stichproben A und B wiederholt. DFBETA wird dabei für jeden der Regressionskoeffizienten k im Modell ermittelt. Es gilt:

$$DFBETA_{i,k} = \frac{b_k - b_{k(i)}}{s_{e(i)} / \sqrt{RSS_k}} \tag{17}$$

wobei b_k den geschätzten Koeffizienten der Regressionsvariablen k und $b_{k(i)}$ den entsprechenden Koeffizienten ohne die i-te Beobachtung repräsentiert. Die Variable $s_{e(i)}$ ist die Standardabweichung der Residuen unter Ausschluss des Falls i, und RSS_k bezeichnet die Summe der quadrierten Residuen (Kohler/Kreuter, 2008, S. 216).

Die Literatur kennt verschiedene Schwellenwerte für die Kennzahl DFBETA. Die Auswertungen des vorliegenden Forschungsvorhabens orientieren sich an der von Bollen und Jackman formulierten Regel, wonach alle Werte von |DFBETA| >1 als groß und damit besonders einflussreich gelten (Bollen/Jackman, 1990, S. 267; Mullen/Milne/Doney, 1995, S. 48). Die Überprüfung sämtlicher in Tabelle 8 aufgeführten Variablen zeigt, dass in keinem Fall Werte für DFBETA auftreten, die über dem von Bollen und Jackman definierten Grenzwert liegen. Die Regressionsanalyse in der vorliegenden Arbeit wird demnach nicht durch „Ausreißer" verzerrt.

6.2.2 Normalverteilung der Störgröße

Ein wie in Formel (16) beschriebenes Regressionsmodell basiert auf der Annahme, dass die Störgröße ε normalverteilt ist (Backhaus, 2008, S. 90). Die Analyse der (unbekannten) Verteilung der Störgröße orientiert sich dabei an der (beobachtbaren) Verteilung der Residuen des Regressionsmodells. Es wird angenommen, dass die Störgröße ε normalverteilt ist, wenn auch die Residuen einer Normalverteilung folgen (Schmidt, 2009, S. 2; von Auer, 2007, S. 422-423). Zur Überprüfung der Normalverteilungsannahme stehen mehrere Verfahren zur Verfügung. Ein Histogramm stellt eine einfache Möglichkeit dar, die Residuen visuell zu kontrollieren. Dafür werden die standardisierten Residuen des Regressionsmodells zusammen mit einer Normalverteilungskurve abgetragen. Abbildung 26 zeigt exemplarisch die Histogramme der Regressionsmodelle mit den abhängigen Variablen $CAR_{(-10,2)}$ für Stichproben A und B.

Aus der Darstellung ergeben sich keine Anhaltspunkte, die gegen eine Normalverteilungsannahme der Störgröße sprechen.[261]

Stichprobe A (N=107)

Mittelwert: 1,15 E-14
Standardabweichung: 0,942

Stichprobe B (N=130)

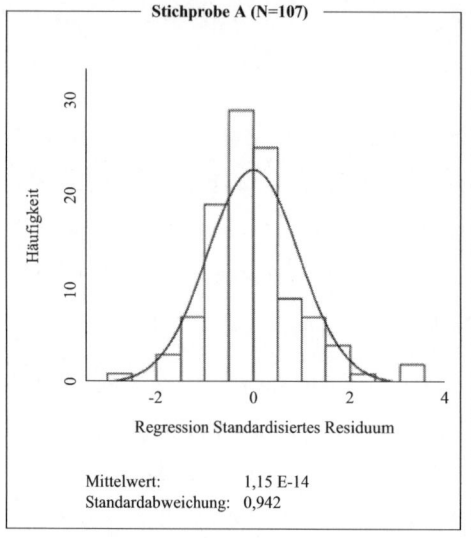

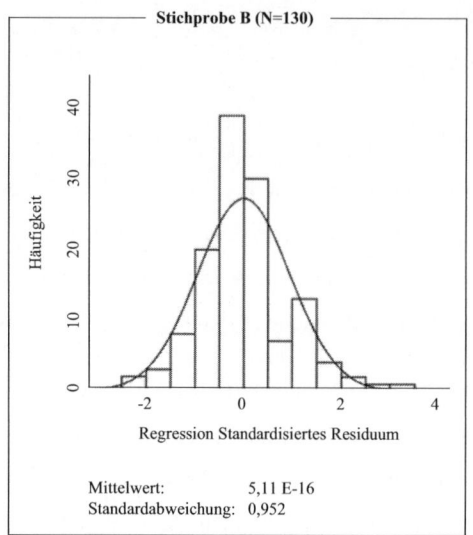

Mittelwert: 5,11 E-16
Standardabweichung: 0,952

Abb. 26: Histogramme der standardisierten Residuen für Regressionsmodelle mit $Y=CAR_{(-10;2)}$

Zusätzlich zur visuellen Überprüfung mit Hilfe von Histogrammen wurde sowohl für die abhängigen Variablen $CAR_{(-10;2)}$ und $CAR_{(-1;1)}$ als auch für die jeweiligen Regressionsmodelle die Komolgorov-Smirnov-Teststatistik berechnet.[262] Wie aus Tabelle 12 ersichtlich ist, liegt die statistische Signifikanz des Tests bei allen Modellen und abhängigen Variablen über dem kritischen Wert von p=0,05. Die Nullhypothese des Tests, die von einer Normalverteilung ausgeht, muss somit in keinem der Fälle verworfen werden.[263]

---

[261] Auch für die Regressionsmodelle mit der abhängigen Variablen $CAR_{(-1;1)}$ wurden Histogramme erzeugt und analysiert. Die Untersuchung ergab keine Anzeichen, die gegen die Normalverteilungsannahme sprechen.
[262] Eine Überprüfung der Normalverteilung der kumulierten abnormalen Renditen ist im Zusammenhang mit den parametrischen Testverfahren (siehe Abschnitt 5.3.3.2) erforderlich. Die regressionsanalytische Prüfung erfordert darüber hinaus eine Überprüfung aller Residuen der jeweiligen Regressionsmodelle.
[263] Die Komolgorov-Smirnov-Teststatistik für die abhängigen Variablen $CAR_{(-10;2)}$ und $CAR_{(-1;1)}$ bestätigt die in Abschnitt 5.3.3 getroffene Annahme, wonach Aktienrenditen bei ausreichend großer Stichprobengröße annähernd normalverteilt sind.

Stichprobe	Regressionsmodell/ Variable	Komolgorov-Smirnov-Z	Asymptotische Signifikanz (2-seitig)
A	$Y_{CAR(-10;2)} = b_0+b_1X_1+\ldots+\varepsilon$	1,029	0,240
	$Y_{CAR(-1;1)} = b_0+b_1X_1+\ldots+\varepsilon$	0,731	0,660
	$CAR_{(-10;2)}$	1,161	0,135
	$CAR_{(-1;1)}$	1,146	0,145
B	$Y_{CAR(-10;2)} = b_0+b_1X_1+\ldots+\varepsilon$	1,086	0,189
	$Y_{CAR(-1;1)} = b_0+b_1X_1+\ldots+\varepsilon$	1,013	0,257
	$CAR_{(-10;2)}$	1,148	0,143
	$CAR_{(-1;1)}$	0,975	0,298

Tab. 12: Komolgorov-Smirnov-Teststatistik

6.2.3 Homoskedastizität der Störgröße

Die Homoskedastizitätsannahme besagt, dass die Varianz der Störgröße für alle Werte der unabhängigen Variablen gleich ist (Backhaus, 2008, S. 85). Bei einer Verletzung dieser Annahme liegt Heteroskedastizität vor – was zu einer ineffizienten Schätzung der Koeffizienten des Regressionsmodells führen kann (Kohler/Kreuter, 2008, S. 225). Die von Backhaus empfohlene visuelle Prüfung, der unter anderem auch Becker (2010, S. 248) und Seelhofer (2007, S. 175) folgen, sieht vor, dass die im Rahmen der Regression geschätzten Werte der abhängigen Variablen den standardisierten Residuen für die einzelnen Beobachtungswerte gegenübergestellt werden (Backhaus, 2008, S. 99). Liegt Heteroskedastizität vor, müssen die Residuen einen erkennbaren Zusammenhang mit den geschätzten Werten der abhängigen Variablen aufweisen. Eine entsprechende Überprüfung der Streudiagramme für die Variablen der vorliegenden Untersuchung liefert keinen Hinweis auf eine Verletzung der Homoskedastizitätsannahme.

Neben der Prüfung der Residuenmatrix können auch verschiedene statistische Testverfahren zur Aufdeckung von Heteroskedastizität dienen. Im vorliegenden Forschungsvorhaben wurde auf den White-Test zurückgegriffen;[264] es ergaben sich für alle Regressionsmodelle insignifikante Teststatistiken. Die Nullhypothese, welche von einer Homoskedastizität ausgeht, muss daher nicht verworfen werden.[265]

---

[264] Zur Verwendung des White-Tests in verwandten Forschungsfeldern vgl. etwa Core/Holthausen/Larcker (1999). Zum Einsatz des White-Teststatistik im Rahmen von Ereignisstudien vgl. MacKinlay (1997, S. 33).
[265] Vgl. Hackl (2005, S. 181) für detailliertere Hinweise zur Anwendung der White-Teststatistik.

6.2.4 Unabhängigkeit der Störgröße

Lineare Regressionsmodelle basieren auf der Prämisse, dass die Residuen der Grundgesamtheit nicht miteinander korrelieren (Backhaus, 2008, S. 86-87). Existiert jedoch ein Zusammenhang zwischen den Residuen, so liegt eine sogenannte Autokorrelation vor, die zu einer Ineffizienz des Regressionsmodells führen kann (Urban/Mayerl, 2011, S. 260). Autokorrelationen treten insbesondere bei Zeitreihendaten auf. Da sich die vorliegende Arbeit aber mit Querschnittsdaten auseinandersetzt, scheint eine Untersuchung der Unabhängigkeit von Störgrößen nicht notwendig (Backhaus, 2008, S. 98). Einige vergleichbare Arbeiten berichten dennoch entsprechende Prüfwerte (Seelhofer, 2007, S. 175), und daher wird auch in der vorliegenden Arbeit ein Test auf Autokorrelation durchgeführt. In Anlehnung an Backhaus (2008, S. 98) und Urban/Mayerl (2011, S. 266) kommt dabei der Durbin-Watson-Test zum Einsatz.[266] Tabelle 13 führt die Durbin-Watson-Koeffizienten für alle linearen Regressionsmodelle auf. Es ist erkennbar, dass sämtliche Werte im Intervall zwischen 1,5 und 2,5 liegen. Demnach liegt ein sehr geringes, akzeptables Maß an Autokorrelation vor (Urban/Mayerl, 2011, S. 266).

Stichprobe	Regressionsmodell/ Variable	Durbin-Watson-Koeffizient
A	$Y_{CAR(-10;2)} = b_0 + b_1 X_1 + \ldots + \varepsilon$	2,445
	$Y_{CAR(-1;1)} = b_0 + b_1 X_1 + \ldots + \varepsilon$	2,075
B	$Y_{CAR(-10;2)} = b_0 + b_1 X_1 + \ldots + \varepsilon$	2,264
	$Y_{CAR(-1;1)} = b_0 + b_1 X_1 + \ldots + \varepsilon$	1,859

Tab. 13: Durbin-Watson-Teststatistik für die untersuchten Regressionsmodelle

6.2.5 Lineare Unabhängigkeit der exogenen Variablen

Die exogenen Variablen eines Regressionsmodells sollten sich – der Prämisse der linearen Unabhängigkeit folgend – nicht gegenseitig beeinflussen (Urban/Mayerl, 2011, S. 225). Denn bei einer vollständigen linearen Abhängigkeit dieser Parameter wäre eine Regressionsanalyse nicht durchführbar (Backhaus, 2008, S. 87). In der Forschungspraxis ist es jedoch oftmals nicht möglich, Modelle mit gänzlich voneinander unabhängigen Prädiktorvariablen zu spezifizieren. Ein gewisser Grad an Multikollinearität muss auch nicht zwingend zu Verzerrungen bei der Regressionsschätzung führen (Backhaus, 2008, S. 88). Erste Hinweise, ob ein „kritisches Maß" an Multikollinearität überschritten ist, liefern die bivariaten Korrelationen aller unabhängigen Variablen untereinander. Diese werden in den folgenden Tabellen aufgeführt.

---

[266] Vgl. für eine ausführlichere Diskussion des Durbin-Watson-Tests auch von Auer (2007, S. 401-406).

	INT	PRE_DOI	ASSET	PPERF$_{ROA/ROE}$	PPERF$_{TSR}$	TMT SIZE	AGE	AY	GEN	EXP	INT$_{TOTAL}$	TENDIV
INT	1,000											
PRE_DOI	0,028	1,000										
ASSET	0,097	-0,347**	1,000									
PPERF$_{ROA/ROE}$	-0,258**	-0,299**	-0,008	1,000								
PPERF$_{TSR}$	-0,030	-0,205*	-0,117	0,125	1,000							
TMTSIZE	0,157	-0,436**	0,599**	-0,117	0,056	1,000						
AGE	-0,022	0,155	-0,143	-0,013	0,200*	-0,092	1,000					
AY	0,268**	-0,071	0,375**	0,052	0,017	0,266**	-0,203*	1,000				
GEN	-0,106	-0,003	0,005	0,001	0,040	0,025	0,055	-0,169†	1,000			
EXP	-0,030	0,106	-0,069	-0,008	-0,161	0,037	-0,086	-0,074	0,129	1,000		
INT$_{TOTAL}$	0,472**	0,122	0,318**	-0,165**	-0,049	0,342**	-0,047	0,339**	-0,167†	-0,029	1,000	
TENDIV	0,040	0,121	-0,148	-0,100	-0,163†	-0,185†	0,103	-0,264*	-0,233*	-0,067	-0,058	1,000

Signifikanzniveaus: † p<0,10; * p<0,05; ** p<0,01
Die Abkürzungen der einzelnen Variablen werden in Tabelle 8 erläutert.

Tab. 14: Korrelationstabelle der unabhängigen Variablen (Stichprobe A)

	INT	PRE_DOI	ASSET	PPERF$_{ROA/ROE}$	PPERF$_{TSR}$	TMT SIZE	AGE	AY	GEN	EXP	INT$_{TOTAL}$	TENDIV
INT	1,000											
PRE_DOI	0,120	1,000										
ASSET	0,120	-0,307**	1,000									
PPERF$_{ROA/ROE}$	-0,133	-0,201*	-0,083	1,000								
PPERF$_{TSR}$	-0,080	-0,196*	-0,086	0,047	1,000							
TMTSIZE	0,101	-0,442**	0,602**	-0,225*	0,063	1,000						
AGE	-0,013	0,114	-0,094	0,045	0,175*	-0,074	1,000					
AY	0,125	-0,075	0,301**	0,116	-0,019	0,199*	-0,168†	1,000				
GEN	0,002	0,042	0,040	-0,015	0,054	0,001	0,134	-0,189*	1,000			
EXP	-0,016	0,173	-0,109	-0,007	-0,148†	-0,032	-0,171†	-0,063	0,044	1,000		
INT$_{TOTAL}$	0,328**	0,124	0,241**	-0,159†	-0,038	0,305**	-0,123	0,313**	-0,214*	0,035	1,000	
TENDIV	0,008	0,083	-0,115	-0,079	-0,155†	-0,124	0,129	-0,187*	-0,175*	-0,045	-0,035	1,000

Signifikanzniveaus: † p<0,10; * p<0,05; ** p<0,01
Die Abkürzungen der einzelnen Variablen werden in Tabelle 8 erläutert.

Tab. 15: Korrelationstabelle der unabhängigen Variablen (Stichprobe B)

Es wird deutlich, dass keine der paarweisen Korrelationen einen Koeffizienten aufweist, der über der allgemein akzeptierten kritischen Größe von 0,75 liegt (Rivas, 2012, S. 7; Tsui/Ashford/St. Clair/Xin, 1992, S. 1531). Die einzelnen Korrelationstabellen liefern damit keinen Hinweis auf ein störendes Maß an Multikollinearität.[267]

Ergänzend zur Prüfung der Korrelationstabellen empfiehlt sich die Berechnung des sogenannten „Variance Inflation Factor" (VIF), mit dessen Hilfe die Abhängigkeit mehrerer Variablen untereinander bestimmt werden kann. Sowohl in Stichprobe A als auch in Stichprobe B ergibt sich für keine der unabhängigen Variablen ein VIF-Wert größer als 3; somit liegen alle ermittelten „Variance Inflation Factors" deutlich unter der kritischen Größe von 10 (Hair/Black/Babin/Anderson/Tatham, 2006, S. 230; Lin/Liu, 2011, S. 261). Die geringe Multikollinearität in beiden Stichproben wird demnach erneut bestätigt (Backhaus, 2008, S. 89-90; Urban/Mayerl, 2011, S. 232).

6.3 Auswertung der Daten

Nachdem attestiert wurde, dass sich die erhobenen Daten für weitere statistische Analysen eignen, erfolgt nun die Darstellung der Resultate der Signifikanztests und der Regressionsschätzungen. Die Ergebnispräsentation orientiert sich dabei an der Reihenfolge der in Abschnitt 4.5.2 formulierten Hypothesen. Zur Überprüfung von Hypothese 1 werden zunächst Patell-Tests herangezogen, die erste Hinweise darauf geben, ob die Benennung internationaler Top-Manager tatsächlich zu abnormalen Renditen führt (Abschnitt 6.3.1). Zur weiteren Prüfung von Hypothese 1 und zur Klärung der in Hypothese 2 postulierten Wirkungsbeziehungen dient die anschließende regressionsanalytische Untersuchung (Abschnitt 6.3.2). Der Hypothesenkranz 3 wird mit Hilfe der Patell-Teststatistik beleuchtet (Abschnitt 6.3.3). Um mögliche nichtlineare Zusammenhänge zwischen den Variablen zu identifizieren, ist es notwendig, erweiterte Regressionsmodelle zu schätzen (Abschnitt 6.3.4). Schließlich folgt die gesonderte Betrachtung der einzelnen Dimensionen des Internationalitätsindex und deren Wirkung auf die abnormalen Renditen (Abschnitt 6.3.5). Die Konsolidierung der Ergebnisse sowie eine übersichtliche Darstellung der Hypothesenprüfung schließen die Ausführungen dieses Kapitels ab (Abschnitt 6.3.6).

---

[267] Die Variable „Anteil institutioneller Investoren" (INVEST$_{INST}$) ist nicht in den Tabellen 14 und 15 enthalten, da sie nicht für alle Fälle der Stichproben A und B erhoben werden konnte. Korrelationstabellen, die diese Variable berücksichtigen und sich damit ausschließlich auf die Fälle beziehen, in denen die Ermittlung des Anteils institutioneller Investoren möglich war, zeigen für keine der abhängigen Variablen einen Koeffizienten von r>0,75. Insofern ist auch hier von einem akzeptablen Maß an Multikollinearität auszugehen.

6.3.1 Patell-Tests zur Prüfung von Hypothese 1

Inwiefern beeinflusst die Benennung internationaler Vorstands- und Aufsichtsratsmitglieder den Aktienkurs eines Unternehmens? Eine Annäherung an die „Leitfrage" der vorliegenden Arbeit erfolgt zunächst durch die Aufsplittung der untersuchten Personen in einzelne „Internationalitätsgruppen". Eine solche Untergliederung ermöglicht die Signifikanzprüfung der jeweiligen durchschnittlichen kumulierten abnormalen Renditen (CAAR). In den Abbildungen 27 bis 30 werden die CAAR sowie gegebenenfalls das Signifikanzniveau der Patell-Teststatistik für insgesamt vier verschiedene Gruppenspezifikationen aufgezeigt.

(1) Die erste Einteilung unterscheidet zwischen Personen, deren individueller Internationalitätsindex den Wert 0 annimmt und Top-Managern, deren Indexwert größer als 0 ist. Wie Abbildung 27 veranschaulicht, ist dabei keine eindeutige Aussage im Hinblick auf die Wirkungsweise der Internationalität möglich. In Stichprobe A führt die Benennung von nicht internationalen Führungskräften zu niedrigen oder negativen abnormalen Renditen. Bei der Benennung von Personen, deren Internationalität über dem Wert 0 liegt, lassen sich hingegen durchweg höhere und positive abnormale Renditen beobachten. Die Analysen, welche sich auf Stichprobe A beziehen, bestätigen damit die in Hypothese 1 formulierte Wirkungsbeziehung. Bei Stichprobe B im Betrachtungszeitfenster zeigt sich jedoch ein anderes Bild. Hier verursacht die Benennung von nicht internationalen Personen höhere positive abnormale Renditen als die Neubesetzung mit internationalen Vorstands- und Aufsichtsratsmitgliedern. Da sich keine der ermittelten abnormalen Renditen signifikant von null unterscheidet, liefert diese gruppenspezifische Analyse lediglich erste Hinweise auf die Auswirkungen der individuellen Internationalität. Statistisch gesicherte Ergebnisse liegen damit noch nicht vor.

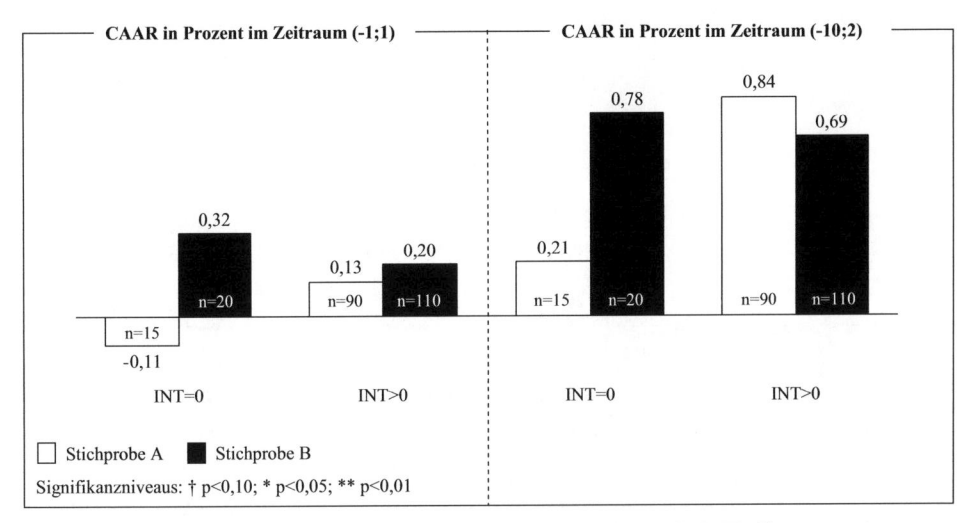

```
┌─────── CAAR in Prozent im Zeitraum (-1;1) ───────┬─────── CAAR in Prozent im Zeitraum (-10;2) ───────┐
│                                                   │                    0,84                          │
│                                                   │            0,78           0,69                   │
│            0,32                                   │                                                   │
│                    0,13    0,20                   │    0,21                                           │
│            n=20                                   │            n=20                                   │
│                    n=90   n=110                   │   n=15             n=90   n=110                   │
│    n=15                                           │                                                   │
│    -0,11                                          │                                                   │
│    INT=0           INT>0                          │    INT=0           INT>0                          │
│                                                                                                       │
│  ☐ Stichprobe A  ■ Stichprobe B                                                                       │
│  Signifikanzniveaus: † p<0,10; * p<0,05; ** p<0,01                                                    │
└───────────────────────────────────────────────────────────────────────────────────────────────────────┘
```

Abb. 27: CAAR in Prozent nach Internationalitätsgruppen (INT=0; INT>0)

(2) In einer zweiten Gruppenanalyse wird zwischen Führungskräften unterschieden, deren Internationalitätswert über beziehungsweise unter dem stichprobenspezifischen Mittelwert (Stichprobe A: 0,31, Stichprobe B: 0,34) liegt. Führt also die Benennung überdurchschnittlich internationaler Top-Manager zu höheren abnormalen Renditen als die Benennung von Vorständen und Aufsichtsräten mit einem unterdurchschnittlichen Internationalitätswert? Abbildung 28 zeigt, dass – mit Ausnahme von Stichprobe A im Betrachtungszeitfenster (-1;1) – in allen Fällen eine deutlich positivere Reaktion des Aktienkurses auf die Benennung von überdurchschnittlich internationalen Personen zu beobachten ist. Auch dieses Ergebnis deutet demnach auf eine Bestätigung der in Hypothese 1 formulierten Wirkungsbeziehung hin. Da sich jedoch auch in dieser Unterteilung keine statistisch signifikanten Werte für die abnormalen Renditen abzeichnen, können hieraus keine verallgemeinernden Schlussfolgerungen gezogen werden.

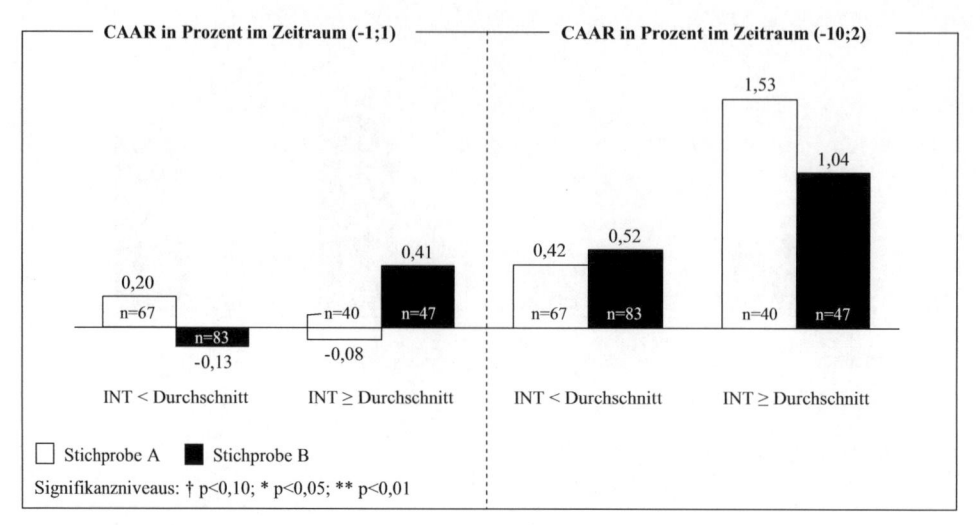

Abb. 28: CAAR in Prozent nach Internationalitätsgruppen (INT<Durchschnitt; INT≥Durchschnitt)

(3) In den bisherigen Untersuchungen wurden die Fälle aus den Stichproben A und B in jeweils zwei Kategorien (zum Beispiel unter- und überdurchschnittlich internationale Personen) eingeteilt. Eine bipolare Gruppierung ermöglicht jedoch nur vergleichsweise undifferenzierte Aussagen über die strukturellen Unterschiede innerhalb einer Stichprobe. Daher wird im Folgenden der Wertebereich der Variable „individueller Internationalitätsindex" in drei verschiedene Intervalle aufgegliedert. Abbildung 29 veranschaulicht die abnormalen Renditen für die Benennungen von Top-Managern mit „niedriger" ($0 \leq$ INT $< 0{,}33$), „mittlerer" ($0{,}33 \leq$ INT $< 0{,}66$) und „hoher" Internationalität ($0{,}66 \leq$ INT $\leq 1{,}0$).[268] Dabei zeigt sich, dass im Betrachtungszeitfenster (-10;2) die Renditen für Führungskräfte mit „mittlerer" und „hoher" Internationalität deutlich über den Renditen der Top-Manager mit „niedriger" Internationalität liegen, was für eine Bestätigung der Hypothese 1 spricht. Im Betrachtungszeitfenster (-1;1) treten hingegen positive abnormale Renditen vorwiegend bei der Benennung von Personen mit „niedriger" Internationalität auf. Hier existieren bei Neubesetzungen von Vorständen und Aufsichtsräten mit „mittlerer" und „hoher" Internationalität niedrige beziehungsweise negative abnormale Renditen. Diese Tatsache spricht gegen die in Hypothese 1 formulierte Wir-

---

[268] In dieser Variante wird der Wertebereich der Variable „INT" in drei gleich große Intervalle unterteilt. Es ist intuitiv nachvollziehbar, dass auch andere Aufteilungen möglich sind (siehe hierzu auch Punkt (4) in diesem Abschnitt). Letztlich unterliegt jegliche Unterscheidung zwischen Personen mit „niedriger", „mittlerer" und „hoher" Internationalität einer subjektiven Einschätzung.

kungsbeziehung. Für beide Betrachtungszeitfenster konnten keine statistisch signifikanten Aktienkursreaktionen ermittelt werden.

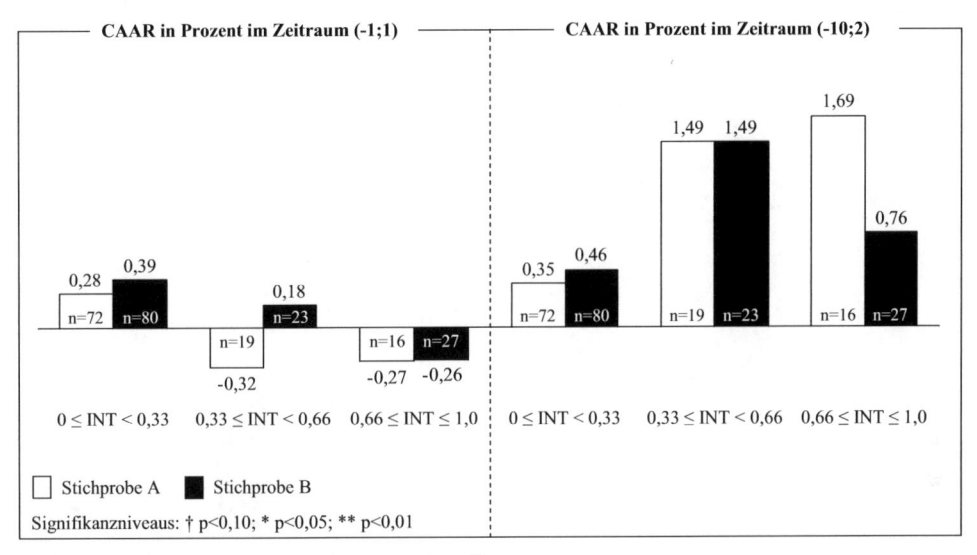

Abb. 29: CAAR in Prozent nach Internationalitätsgruppen
(0≤INT<0,33; 0,33≤INT<0,66; 0,66≤INT≤1,0)

(4) In der folgenden Gruppenspezifikation wird eine Dreiteilung beibehalten. Lediglich die Grenzen für „niedrige", „mittlere" und „hohe" Internationalität verschieben sich. Während bisher von gleich großen Werteintervallen für die Internationalitätsgruppen ausgegangen wurde, zeigt Abbildung 30 eine subjektive, möglicherweise jedoch realistischere Einteilung: Hier ist ein „niedriges" Maß an Internationalität gegeben, wenn der Indexwert einer Person unter 0,5 liegt.[269] „Mittlere" Internationalität existiert bei Werten zwischen 0,5 und 0,8 und „hohe" Internationalität ist im Intervall zwischen 0,8 und 1,0 gegeben.

---

[269] Eine fiktive Berechnung zeigt, dass hier durchaus die Annahme einer relativ „niedrigen" Internationalität gerechtfertigt ist. So erreicht beispielsweise ein deutscher Top-Manager, der drei Jahre im Ausland studierte, drei Jahre internationale Berufserfahrung gesammelt hat und ein internationales Mandat ausübt bereits einen individuellen Indexwert von 0,5. Die gewählte Einteilung erscheint zwar plausibel und nachvollziehbar, sie bleibt jedoch subjektiv. Im vorliegenden Forschungsvorhaben orientiert sich die Intervallgrenze für „niedrige" Internationalität an den in der Literatur formulierten „Untergrenzen" für internationale Erfahrung. Vgl. Adler/Gundersen (2008, S. 348), Biemann (2009a, S. 345), Carpenter/Pollock/Leary (2003, S. 811), Eckert/Rässler/Mayer/Bonsiep (2004, S. 653). Die Autoren Adler/Gundersen (2008, S. 348) weisen darauf hin, dass der „typische" Top-Manager über eine internationale Berufserfahrung von mindestens drei Jahren verfügt. In diesem Zusammenhang muss jedoch kritisch hinterfragt werden, ob die von Adler und Gundersen gewählte Untergrenze tatsächlich plausibel ist. Den Ausführungen von Stahl (1998, S. 252-255) folgend, beeinflusst nicht nur die Dauer des Auslandsaufenthalts, sondern auch das Land, in dem internationale Berufserfahrung gesammelt wurde, die Internationalität eines Top-Managers.

Während die Aktienkursreaktionen auf die Benennung von Führungskräften mit „niedriger" und „hoher" Internationalität relativ gering ausfallen, zeigen sich bei Top-Managern mit „mittlerer" Internationalität deutlich positive und statistisch signifikante abnormale Renditen: Im Betrachtungszeitfenster (-1;1) sind dies 2,37% (Stichprobe A) beziehungsweise 1,74% (Stichprobe B); im Betrachtungszeitfenster (-10;2) werden positive Renditen von 7,39% (Stichprobe A) und 4,25% (Stichprobe B) ermittelt.

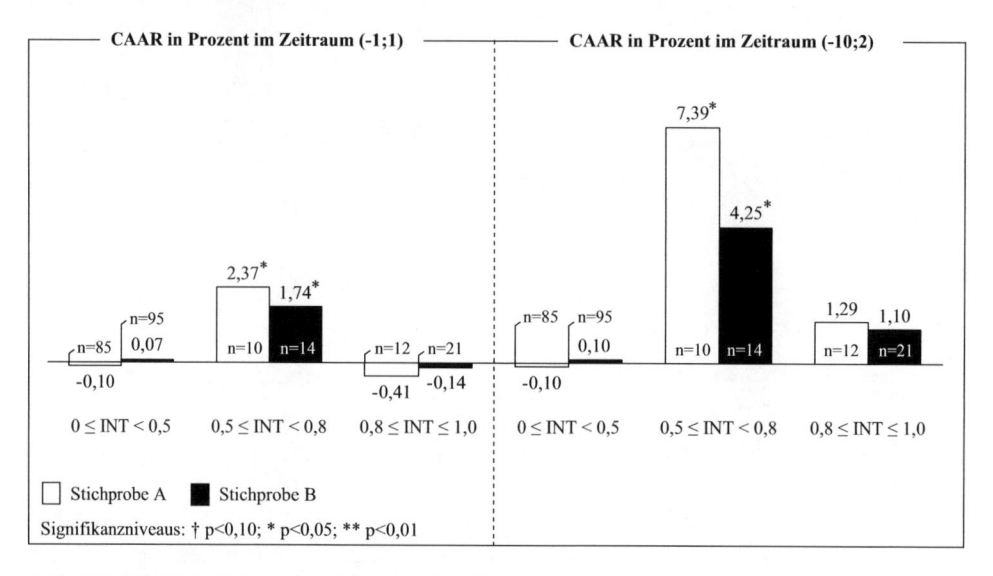

Abb. 30: CAAR in Prozent nach Internationalitätsgruppen
(0≤INT<0,5; 0,5≤INT<0,8; 0,8≤INT≤1,0)

Dieses Ergebnis bestätigt einerseits die Annahme, wonach die Benennung internationaler Top-Manager höhere abnormale Renditen hervorruft als Neuzugänge von nicht internationalen Individuen. Andererseits legt Abbildung 30 die Vermutung nahe, dass eine Zunahme der individuellen Internationalität nicht zwangsläufig auch mit einer Erhöhung der Aktienkursreaktionen einhergeht. So lassen sich bei sehr internationalen Personen teilweise sogar negative Kapitalmarktreaktionen beobachten.

Die in Tabelle 16 dargestellten Ergebnisse einer einfaktoriellen Varianzanalyse bestätigen für das Betrachtungszeitfenster (-10;2)[270] einen signifikanten Unterschied zwischen den abnor-

---

[270] Die F-Werte für das Betrachtungszeitfenster (-1;1) sind nicht signifikant. Die partiellen Eta²-Werte bestätigen für dieses Zeitintervall jedoch einen schwachen Effekt der Internationalität auf die kumulierten abnormalen Renditen. Vgl. Backhaus (2008, S. 174-175), Cohen (1992, S. 157).

malen Renditen bei der Benennung von Personen mit „mittlerer" Internationalität und den abnormalen Renditen bei Neubesetzungen mit „niedriger" und „hoher" Internationalität.

Betrachtungszeitfenster (-1;1): Stichprobe A

Varianzquelle	SS	df	MS	F	Part. Eta²
Zwischen den Faktorstufen	0,006	2	0,003	2,16	0,04
Innerhalb der Faktorstufen	0,141	104	0,001		
Gesamt	0,147	106	0,001		
Mittelwertdifferenzen zwischen den Internationalitätsgruppen	„niedrig"/„mittel" 0,025*	„niedrig"/„hoch" -0,003	„mittel"/„hoch" -0,028		
Signifikanzniveaus: † p<0,10; * p<0,05; ** p<0,01					

Betrachtungszeitfenster (-1;1): Stichprobe B

Varianzquelle	SS	df	MS	F	Part. Eta²
Zwischen den Faktorstufen	0,004	2	0,002	1,39	0,02
Innerhalb der Faktorstufen	0,171	127	0,001		
Gesamt	0,174	129	0,001		
Mittelwertdifferenzen zwischen den Internationalitätsgruppen	„niedrig"/„mittel" 0,017	„niedrig"/„hoch" -0,002	„mittel"/„hoch" -0,019		
Signifikanzniveaus: † p<0,10; * p<0,05; ** p<0,01					

Betrachtungszeitfenster (-10;2): Stichprobe A

Varianzquelle	SS	df	MS	F	Part. Eta²
Zwischen den Faktorstufen	0,051	2	0,025	6,71**	0,11
Innerhalb der Faktorstufen	0,393	104	0,004		
Gesamt	0,444	106	0,004		
Mittelwertdifferenzen zwischen den Internationalitätsgruppen	„niedrig"/„mittel" 0,075**	„niedrig"/„hoch" 0,014	„mittel"/„hoch" -0,061†		
Signifikanzniveaus: † p<0,10; * p<0,05; ** p<0,01					

Betrachtungszeitfenster (-10;2): Stichprobe B

Varianzquelle	SS	df	MS	F	Part. Eta²
Zwischen den Faktorstufen	0,021	2	0,011	2,75†	0,41
Innerhalb der Faktorstufen	0,496	127	0,004		
Gesamt	0,517	129	0,004		
Mittelwertdifferenzen zwischen den Internationalitätsgruppen	„niedrig"/„mittel" 0,042†	„niedrig"/„hoch" 0,010	„mittel"/„hoch" -0,031		
Signifikanzniveaus: † p<0,10; * p<0,05; ** p<0,01					

Tab. 16: Ergebnisse der einfaktoriellen Varianzanalyse für die unterschiedlichen Ausprägungen der „niedrigen", „mittleren" und „hohen" Internationalität.

Als Zwischenfazit der bisherigen Untersuchungen kann festgehalten werden: Die Benennung internationaler Top-Manager führt in vielen Fällen zu abnormalen Renditen. Auch wenn die bipolaren Gruppenspezifikationen keine statistisch signifikanten abnormalen Renditen aufweisen, ergeben sich zumindest Hinweise, die darauf hindeuten, dass die Benennung internationaler Top-Manager positive Aktienkursreaktionen hervorruft. Verallgemeinernde Aussagen sind aufgrund der fehlenden Signifikanzen jedoch nicht möglich. Hypothese 1 kann folglich nicht bestätigt werden.

Die Ergebnisse der verfeinerten Untersuchungen in den Gruppenspezifikationen (3) und (4) legen die Vermutung nahe, dass möglicherweise nur ein bestimmter Wertebereich der Variable „INT" existiert, in dem positive Aktienkursreaktionen auftreten. So konnten bislang nur für Personen mit einem „mittleren" Internationalitätsniveau zwischen 0,5 und 0,8 signifikant positive abnormale Renditen ermittelt werden. Um präzisere Aussagen über die Wirkungsbeziehungen zwischen der Internationalität und der Aktienrendite treffen zu können, wird im Folgenden eine regressionsanalytische Prüfung durchgeführt. Zunächst erfolgt die Schätzung eines linearen Regressionsmodells.

6.3.2 Lineare Regression zur Prüfung von Hypothese 1 und Hypothese 2

Im vorliegenden Forschungsvorhaben wird in Anlehnung an die Autoren Bergh/Gibbons (2011), Cook/Glass (2011), Kang/Ding/Charoenwong (2010) und Lee/James (2007) auf lineare Regressionsmodelle zurückgegriffen, um die Bestimmungsfaktoren der kumulierten abnormalen Renditen zu identifizieren. Da mehrere Stichproben und Betrachtungszeitfenster untersucht werden, ist es erforderlich, eine entsprechende Anzahl an Regressionen zu schätzen: Für die beiden Stichproben A und B existieren jeweils separate Modelle. Auch die unterschiedlich langen Betrachtungszeitfenster werden durch zwei abhängige Variablen ($CAR_{(-10;2)}$ und $CAR_{(-1;1)}$) abgebildet. Die Berechnung orientiert sich an der von Backhaus vorgeschlagenen blockweisen Regressionsanalyse (Backhaus, 2008, S. 91-92). Dabei werden nicht alle Prädiktoren gleichzeitig betrachtet, sondern einzeln oder in Gruppen in die Regressionsgleichung einbezogen.

Diese Variante erleichtert die Bewertung der Modellgüte und kommt auch in vergleichbaren Arbeiten zum Einsatz (Cho/Hambrick, 2006, S. 463; Combs/Ketchen/Perryman/Donahue, 2007, S. 1316; Hillman/Shropshire/Cannella, 2007, S. 948; Richard/Barnett/Dwyer/ Chadwick, 2004, S. 261). In einem ersten Schritt (Modelle 1A und 1B) fließen lediglich die Kontrollvariablen in das Regressionsmodell ein.[271] Der zweite Schritt (Modelle 2A und 2B) berücksichtigt die abhängige Variable „individuelle Internationalität". Letztlich folgt die Hinzunahme der Moderatorvariable (Modelle 3A und 3B), mit deren Hilfe Hypothese 2 untersucht werden soll.[272]

Tabelle 17 fasst die Ergebnisse der linearen Regressionsmodelle zusammen.

---

[271] Modell 1A bezieht sich dabei auf Stichprobe A, Modell 1B basiert auf den Fällen der Stichprobe B. Eine entsprechende Unterscheidung gilt auch für die Modelle 2A/B und 3A/B.

[272] Ein Moderatoreffekt liegt immer dann vor, wenn eine Variable (die sogenannte „Moderatorvariable") den Zusammenhang zwischen einer unabhängigen Variablen und der abhängigen Variablen beeinflusst. Die Moderatorvariable kann sich dabei auf die Stärke, Signifikanz und/oder Einflussrichtung des Effekts auswirken. Vgl. Urban/Mayerl (2011, S. 294). Zur empirisch-statistischen Analyse von Moderationseffekten wird eine Interaktionsvariable generiert. Dabei handelt es sich um das Produkt der unabhängigen Variablen und der Moderatorvariablen. Vgl. Aiken/West (1991, S. 9), Baron/Kenny (1986, S. 1174). In Hypothese 2 wird postuliert, dass die Internationalität der Unternehmensaktivitäten (PRE_DOI) die Aktienkursreaktionen auf die Benennung internationaler Top-Manager (INT) positiv moderiert. Folglich wird der Interaktionsterm (INT*PRE_DOI) in die Regression aufgenommen.

Variable	Modell 1 (A) (-1;1)	Modell 1 (A) (-10;2)	Modell 1 (B) (-1;1)	Modell 1 (B) (-10;2)	Modell 2 (A) (-1;1)	Modell 2 (A) (-10;2)	Modell 2 (B) (-1;1)	Modell 2 (B) (-10;2)	Modell 3 (A) (-1;1)	Modell 3 (A) (-10;2)	Modell 3 (B) (-1;1)	Modell 3 (B) (-10;2)
Konstante	5,844	7,321	-1,073	0,009	4,460	8,073	-1,260	0,154	4,752	9,070	-1,255	0,150
PRE_DOI	0,000	0,000	0,000	0,000	0,000	0,000	0,000	0,000	0,000	0,000	0,000	0,000
ASSET	-0,001	-0,001	-0,004	-0,004	-0,001	-0,001	-0,004	-0,004	-0,001	0,000	-0,003	-0,004
PPERF$_{ROA/ROE}$	-0,001	-0,003†	0,000	-0,002	-0,001	-0,003†	0,000	-0,002	-0,001	-0,003†	-0,001	-0,002
PPERF$_{TSR}$	0,000	0,000	0,000	0,000	0,000	0,000	0,000	0,000	0,000	0,000	0,000	0,000
TMTSIZE	0,002	0,004	0,001	0,003	0,002	0,004	0,001	0,003	0,002	0,004	0,001	0,003
AGE	0,001	0,001†	0,000	0,002	0,001	0,001†	0,001	0,002	0,000	0,001†	0,001	0,002
AY	-0,003	-0,004	0,000	0,000	-0,002	-0,004	0,001	0,000	-0,002	-0,005	0,001	0,000
GEN	0,048	-0,078	0,015	-0,049	0,047	-0,079	0,014	-0,050	0,044	-0,071	0,011	-0,044
EXP	0,003	-0,003	0,008	-0,004	0,004	-0,004	0,001	-0,004	0,003	-0,003	0,001	-0,004
INT$_{TOTAL}$	0,008	0,042	0,009	0,043	0,027	0,032	0,016	0,038	0,030	0,041	0,021	0,046
TENDIV	-0,040	-0,013	-0,033	-0,018	-0,038	-0,014	-0,033	-0,018	-0,037	-0,009	-0,031	-0,014
INT					-0,017	0,009	-0,008	0,006	-0,044	-0,086	-0,047	-0,058
(INT*PRE_DOI)									0,001	0,002	0,001	0,001
R²	0,144	0,190	0,077	0,114	0,153	0,191	0,080	0,116	0,158	0,209	0,091	0,125
Korrigiertes R²	0,045	0,096	-0,009	0,032	0,045	0,087	-0,014	0,024	0,040	0,099	-0,011	0,027
Δ R²	---	---	---	---	0,009	-0,001	0,003	0,002	0,005	0,018	0,011	0,009
F	1,45	2,02*	0,89	1,39	1,42	1,84†	0,85	1,27	1,34	1,89*	0,89	1,28

Signifikanzniveaus: † p<0,10; * p<0,05; ** p<0,01
Die Abkürzungen der einzelnen Variablen werden in Tabelle 8 erläutert.

Tab. 17: Ergebnisse der linearen Regressionsanalyse

Aus Tabelle 17 ist ersichtlich, dass lediglich die Regressionen der Stichprobe A, welche die abhängige Variable $CAR_{(-10;2)}$ berücksichtigen, signifikante F-Werte aufweisen.[273] In keinem dieser Modelle ist jedoch ein signifikanter Einfluss der Internationalität auf die abnormalen Renditen erkennbar. Die in Hypothese 1 formulierte Annahme eines linear positiven Zusammenhangs zwischen diesen beiden Variablen wird demnach nicht bestätigt. Auch der in Hypothese 2 postulierte Moderationseffekt, welcher in den linearen Regressionsmodellen mit Hilfe der Interaktionsvariable (INT*PRE_DOI) überprüft wird,[274] findet keine Bestätigung. Die Koeffizienten der Interaktionsvariable weisen insignifikante Werte auf.

Die vorgenommene regressionsanalytische Prüfung verwirft also die Annahme einer linearen Relation zwischen der Internationalität von Führungskräften und den abnormalen Renditen einer Aktie. Diese Tatsache schließt jedoch die Existenz einer Verbindung zwischen diesen beiden Variablen nicht grundsätzlich aus.[275] Möglicherweise existieren Effekte, die mit Hilfe der verwandten Analysemethoden nicht aufgedeckt werden können. So argumentiert beispielsweise Nielsen, dass viele Konzepte in der upper-echelons-Forschung vielschichtiger sind als bislang vermutet; die Verbindung zwischen den Charakteristika des Top-Management-Teams und dem Unternehmenserfolg sei „not as straightforward as tested" (Nielsen, 2010a, S. 301). Den Ausführungen von Nielsen zufolge ist es daher notwendig, bisherige Annahmen und Testverfahren zu verfeinern, um präzisere Aussagen zu den Beziehungen zwischen den Eigenschaften der Führungskräfte und dem Unternehmenserfolg treffen zu können.

6.3.3 Regressionsmodelle zur Identifikation komplexer Wirkungszusammenhänge

6.3.3.1 Abschnittsweise Regression

Die Erkenntnisse aus den Patell-Tests und den linearen Regressionsanalysen werden in der weiteren Untersuchung berücksichtigt, um Regressionsmodelle zu spezifizieren, die geeignet

---

[273] Die statistische Prüfung des F-Werts ist notwendig, um festzustellen, ob die Ergebnisse eines Regressionsmodells auch über die Stichprobe hinaus für die Grundgesamtheit Gültigkeit besitzen. Bei insignifikanten F-Werten wird eine Verallgemeinerbarkeit der Regressionsergebnisse abgelehnt. Vgl. Backhaus (2008, S. 73-75).

[274] Für weitere Ausführungen zu Interaktionsvariablen in Regressionsmodellen vgl. Fahrmeir/Kneib/Lang (2009, S. 411), Müller (2009, S. 237-245).

[275] Die in Abschnitt 6.3.1 aufgeführten Ergebnisse der Patell-Tests weisen durchaus auf einen Einfluss hin: Bei der Benennung von Top-Managern mit einem „mittleren" Internationalitätsniveau treten signifikant positive abnormale Renditen auf. Und auch bei Benennungen von Vorständen und Aufsichtsräten mit überdurchschnittlicher Internationalität lassen sich in vielen Fällen positive Aktienkursreaktionen beobachten.

sind, vielschichtige und bisher nicht vermutete Zusammenhänge zwischen den Prädiktorvariablen und der Prognosevariable abzubilden. Konkret sollen die erweiterten Modelle der Vermutung Rechnung tragen, dass (1) die Internationalität der Top-Manager möglicherweise einen bestimmten Wert überschreiten muss, bevor Investoren diese spezifische Eigenschaft wahrnehmen und in ihre Investitionsentscheidungen einbeziehen. Diese Annahme wird aufgrund der Ergebnisse der vorangegangenen Patell-Tests getroffen (vgl. Abbildung 30) – und sie deckt sich mit den Aussagen der Autoren Adler/Gundersen (2008, S. 348), Carpenter/Sanders/Gregersen (2000, S. 279), Hamori/Koyuncu (2011, S. 848) und Sambharya (1996, S. 741), die für Top-Manager ein gewisses „Mindestmaß" an Internationalität fordern.

Zusätzlich sollen die verfeinerten Regressionsmodelle auch (2) nichtlineare Wirkungsverläufe identifizieren können. Die Arbeiten von Dahlin/Wiengart/Hinds (2005, S. 1119), Fich/Shivdasani (2006, S. 706), McIntyre/Murphy/Mitchell (2007, S. 557), Pettigrew (1992, S. 174) und Richard/Barnett/Dwyer/Chadwick (2004, S. 263) gehen etwa davon aus, dass zwischen den Charakteristika der Top-Manager und unternehmensspezifischen Erfolgsmaßen ein kurvilinearer Zusammenhang besteht. Und auch im vorliegenden Forschungsvorhaben liefern die in den Abbildungen 29 und 30 dargestellten kumulierten abnormalen Renditen, die bei der Benennung von Top-Managern aus unterschiedlichen Internationalitätsgruppen beobachtet werden können, erste Hinweise auf das Vorliegen einer nichtlinearen Beziehung: Während die abnormalen Renditen für Individuen mit einem „mittleren" Internationalitätsniveau positiv und vergleichsweise hoch sind, zeigen sich bei Top-Managern mit „hoher" und „niedriger" Internationalität relativ niedrige oder negative Kapitalmarktreaktionen.

In der Statistik existiert mit der abschnittsweisen Regression ein Instrument, mit dessen Hilfe die oben genannten Prämissen abgebildet werden können (Hawkins, 1976; McGee/Carleton, 1970).

(1) Berücksichtigung eines „kritischen Schwellenwerts" der Internationalität

In einer abschnittsweisen Regression wird der Wertebereich einer exogenen Variable in mehrere, sich nicht überlappende Intervalle zerlegt, um anschließend für jedes dieser Intervalle eine separate Regressionsfunktion zu schätzen (Fahrmeir/Kneib/Lang, 2009, S. 41-42; Hübler, 2005, S. 214).

Allgemein kann also eine Regressionsfunktion $Y=f(x)+e(x)$ in mehrere Teilfunktionen aufgeteilt werden, für die gilt:

$Y=f_1(x)+e(x)$ mit $(-\infty < x \leq \theta_1)$ (18)
$Y=f_2(x)+e(x)$ mit $(\theta_1 < x \leq \theta_2)$ (18)
...
$Y=f_k(x)+e(x)$ mit $(\theta_{k-1} < x \leq \theta_k)$ (18)

wobei $\theta_{1...k}$ die jeweiligen „Bruchstellen" repräsentiert.

Die Ergebnisse der Patell-Tests lassen vermuten, dass der Durchschnittswert der Internationalität eine „kritische Schwelle" darstellt, die überschritten werden muss, bevor Investoren die Internationalität einer Person wahrnehmen. Schließlich zeigen sich etwa für Personen, die über einen vergleichsweise hohen Internationalitätswert verfügen oftmals stärkere Aktienkursreaktionen als bei Individuen mit relativ niedrigen Indexwerten (vgl. Abbildung 28). Für die in der vorliegenden Arbeit untersuchten abschnittsweisen Regressionsmodelle wird daher eine „Bruchstelle" bei dem jeweiligen Mittelwert der Variable „individueller Internationalitätsindex" (INT=0,31 in Stichprobe A und INT=0,34 in Stichprobe B) festgelegt. Mit anderen Worten: Falls die Internationalität einer neu benannten Person überdurchschnittlich hoch ist, wird ein Zusammenhang zwischen den Variablen INT und CAR vermutet. Liegt die Internationalität jedoch unter dem Durchschnitt aller Individuen einer Stichprobe, existiert wahrscheinlich keine Wirkungsbeziehung. Um die Existenz der „Bruchstellen" statistisch zu belegen, kommt der sogenannte Chow-Test zum Einsatz. Diese Prozedur gilt als etabliertes Testverfahren und wird von zahlreichen Autoren für die Identifikation von Strukturbrüchen in Regressionsgleichungen verwendet (Andrews, 2003; Bleaney, 1990; Schmid/Zimmermann, 2008; Theissen/Greifzu, 1998; Wilson, 1978).[276] Die Chow-Teststatistik weist für Stichprobe A in beiden Betrachtungszeitfenstern signifikante Werte auf. Damit ist eine „Bruchstelle" für INT=0,31 statistisch bestätigt. Für Stichprobe B kann nur im Betrachtungszeitfenster (-1;1) die Existenz einer „Bruchstelle" (hier bei INT=0,34) belegt werden.

Zur Berücksichtigung der Bruchstelle in der Regressionsgleichung werden zusätzliche Variablen eingeführt. Der Regressor „INT<MEAN" beinhaltet den individuellen Internationalitätsindex einer Person, sofern dieser unterhalb des Stichprobendurchschnitts liegt. Bei Perso-

---

[276] Im Rahmen des Chow-Tests wird folgender F-Wert berechnet. Vgl. von Auer (2007, S. 325), Christensen/Prabhala (1998, S. 142-143), Tsai (2001, S. 1000):

$$F = \frac{(S^*_{\hat{u}\hat{u}} - S^I_{\hat{u}\hat{u}})/T_{II}}{S^I_{\hat{u}\hat{u}}/(T_I - K - 1)}$$ (19)

$S^*_{\hat{u}\hat{u}}$ = Summe aller Residuenquadrate einer Schätzung für den gesamten Wertebereich der Variable INT
$S^I_{\hat{u}\hat{u}}$ = Summe der Residuenquadrate einer Schätzung, die auf einen Wertebereich unterhalb des jeweiligen Durchschnitts von INT beschränkt ist (also 0,31 für Stichprobe A und 0,34 für Stichprobe B).
T_I und T_{II} repräsentieren die Zahl der Fälle mit unterdurchschnittlichem beziehungsweise überdurchschnittlichem Internationalitätsniveau und K bezeichnet die Anzahl der exogenen Variablen bei einer Schätzung des Regressionsmodells.

nen mit überdurchschnittlichem Internationalitätsindex wird der Wert von „INT<MEAN" bei 0,31 (Stichprobe A) beziehungsweise 0,34 (Stichprobe B) fixiert. Die Variable „INT≥MEAN" nimmt den Wert des individuellen Internationalitätsindex einer Person an, falls dieser über dem jeweiligen Stichprobenmittelwert liegt. In allen anderen Fällen wird der Variable „INT≥MEAN" der Wert 0 zugewiesen. Um das konstante Glied der Bruchstelle ermitteln zu können, wird die Dummy-Variable „BREAK" eingeführt, die den Wert 1 annimmt, wenn die Internationalität einer Person überdurchschnittlich hoch ist. Bei unterdurchschnittlichen Indexwerten besitzt „BREAK" den Wert 0.[277]

(2) Modellierung nichtlinearer Zusammenhänge zwischen der Internationalität und den abnormalen Renditen

Die bisherigen Analyseergebnisse zeigen, dass die abnormalen Renditen, welche bei der Benennung von Personen mit „niedrigen" Internationalitätswerten beobachtbar sind, nur relativ gering ausfallen. Bei „mittleren" Internationalitätswerten treten hingegen hohe positive abnormale Renditen auf und bei „hohen" Indexwerten existieren wiederum nur geringe abnormale Aktienkursreaktionen. Diese beschriebene Wirkungsbeziehung lässt einen umgekehrt U-förmigen Zusammenhang zwischen den Variablen INT und CAR vermuten. Um diese Annahme zu überprüfen, wird die Variable INT≥MEAN² eingeführt, die das Quadrat des individuellen Internationalitätsindex einer jeweiligen Person darstellt. Durch die Aufnahme von INT≥MEAN² ist es möglich, polynomische Zusammenhänge zwischen exogenen und endogenen Parametern abzubilden (Aiken/West, 1991, S. 63; Urban/Mayerl, 2011, S. 211; von Auer, 2007, S. 292).

Abbildung 31 stellt die Modellannahmen (1) und (2) unter Zuhilfenahme einer Punktewolke der Variablen „CAR" und „INT" schematisch dar.

---

[277] Der Regressionskoeffizient der Dummy-Variable „BREAK" repräsentiert das konstante Glied der Teilfunktion. Vgl. hierzu auch Hübler (2005, S. 214-215) und UCLA Academic Technology Services (2011).

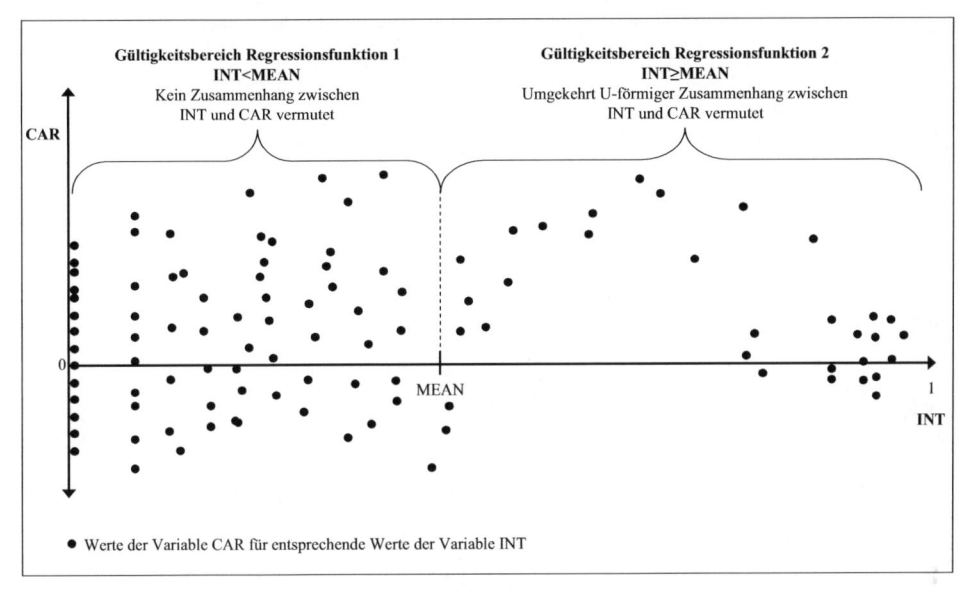

Abb. 31: Schematische Punktwolke der Variablen „CAR" und „INT"

Bevor die Schätzung der Funktionen für beide Gültigkeitsbereiche erfolgen kann, müssen erneut die regressionsspezifischen Modellprämissen überprüft werden (Backhaus, 2008, S. 79-91).[278] Dabei ergeben sich keinerlei Hinweise, die auf eine Verletzung der Normalverteilungsannahme hindeuten. Auch die Anforderungen im Hinblick auf Homoskedastizität, Multikollinearität und Autokorrelationen sind erfüllt. Damit sind alle Voraussetzungen für die Durchführung einer Regressionsanalyse gegeben.

Tabelle 18 stellt die Ergebnisse der abschnittsweisen Modelle dar.

---

[278] Vgl. hierzu auch die Ausführungen in Abschnitt 6.2.

Variable	Modell 1 (A)		Modell 1 (B)		Modell 2 (A)		Modell 2 (B)		Modell 3 (A)		Modell 3 (B)	
	(-1;1)	(-10;2)	(-1;1)	(-10;2)	(-1;1)	(-10;2)	(-1;1)	(-10;2)	(-1;1)	(-10;2)	(-1;1)	(-10;2)
Konstante	5,844	7,320	-1,073	0,009	3,780	8,488	-1,718	0,027	3,873	8,970	-1,706	0,039
PRE_DOI	0,000	0,000	0,000	0,000	0,000	0,000	0,000	0,000	0,000	0,000	0,000	0,000
ASSET	-0,001	-0,001	-0,004	-0,004	-0,002	-0,002	-0,004	-0,004	-0,002	-0,001	-0,004	-0,002
PPERF$_{ROA/ROE}$	-0,001	-0,003	0,000	-0,002	-0,001	-0,003†	0,000	-0,002	-0,001†	-0,003†	0,000	0,002
PPERF$_{TSR}$	0,000	0,000	0,000	0,000	0,000	0,000	0,000	0,000	0,000	0,000	0,000	0,000
TMTSIZE	0,002	0,004	0,001	0,003	0,002	0,004	0,001	0,002	0,002	0,004	0,001	0,002
AGE	0,000	0,001†	0,001	0,002*	0,000	0,001†	0,001	0,001†	0,000	0,001	0,001	0,001†
AY	-0,003	-0,004	0,001	0,000	-0,002	-0,004	0,001	0,000	-0,002	-0,004	0,001	0,000
GEN	0,048†	-0,078	0,015	-0,049	0,037	-0,058	0,007	-0,037	0,036	-0,054	0,005	-0,034
EXP	0,003	-0,003	0,001	-0,004	0,004	-0,003	0,001	-0,004	0,004	-0,002	0,001	-0,004
INT$_{TOTAL}$	0,008	0,042	0,010	0,043	0,033	0,052	0,024	0,054	0,034	0,056	0,027	0,058
TENDIV	-0,040*	-0,013	-0,033*	-0,018	-0,038*	-0,018	-0,034*	-0,021	-0,038*	-0,014	-0,032*	-0,018
INT<MEAN					-0,028	-0,019	-0,014	-0,010	-0,039	-0,076	-0,042	-0,057
BREAK					-0,039†	-0,442**	-0,031	-0,047	-0,038†	-0,389†	-0,293	-0,044
INT≥MEAN					0,627*	1,470**	0,492†	0,888†	0,595†	1,300*	0,425	0,778
INT≥MEAN²					-0,470†	-1,100**	-0,367†	-0,658†	-0,453†	-1,012*	-0,340	-0,614
(INT*PRE_DOI)									0,000	0,001	0,001	0,001
R²	0,144	0,189	0,077	0,114	0,200	0,255	0,108	0,142	0,201	0,261	0,115	0,147
Korrigiertes R²	0,045	0,096	-0,009	0,032	0,068	0,132	-0,009	0,029	0,058	0,130	-0,010	0,027
Δ R²	---	---	---	---	0,056†	0,066†	0,031	0,028	0,001	0,006	0,007	0,005
F	1,45	2,02*	0,89	1,39	1,51	2,07*	0,92	1,25	1,41	1,99*	0,92	1,22

Variablenspezifikationen für Stichprobe A:
INT<MEAN   =   INT, falls individueller Indexwert einer Person<0,31
            0,31 wenn individueller Indexwert einer Person ≥ 0,31
INT≥MEAN   =   0 wenn individueller Indexwert einer Person <0,31
            INT wenn individueller Indexwert ≥ 0,31
INT≥MEAN²   =   0 wenn individueller Indexwert einer Person <0,31
            INT² wenn individueller Indexwert ≥ 0,31

Für Stichprobe B gelten identische Spezifikationen. Hier liegt der Mittelwert bei 0,34.
Signifikanzniveaus: † p<0,10; * p<0,05; ** p<0,01
Die Abkürzungen der einzelnen Variablen werden in Tabelle 8 erläutert.

Tab. 18: Ergebnisse der abschnittsweisen Regressionsanalyse

Die Modelle 1A und 1B zeigen die Ergebnisse der Regressionsschätzungen für die Kontrollvariablen in den Betrachtungszeitfenstern (-1;1) und (-10;2). Gemäß der ermittelten F-Werte ist lediglich das Modell aus Stichprobe A, welches das Betrachtungszeitfenster (-10;2) analysiert, signifikant.[279] In dieser Regression existiert zwischen der Variablen AGE und dem Regressanden CAR ein positiver Zusammenhang ($p<0,10$). In Anlehnung an die Untersuchungen von Ehrhardt (2010, S. 2) und Magnusson/Boggs (2006, S. 116) kann vermutet werden, dass Investoren die Erfahrungen und Kenntnisse älterer Top-Manager als besonders wertvoll erachten und daher die Benennung dieser Personen in den Vorstand oder Aufsichtsrat eines Unternehmens positiv beurteilen.[280]

In den Regressionsmodellen 2A und 2B werden die drei Variablen INT<MEAN, INT≥MEAN und INT≥MEAN^2 hinzugefügt, welche die individuelle Internationalität einer Person abbilden.[281] Die F-Statistik zeigt auch hier nur für das Modell 2A und das Betrachtungszeitfenster (-10;2) signifikante Werte.[282] In dieser Regressionsschätzung wird deutlich, dass die Benennung von Personen mit einem unterdurchschnittlichen Internationalitätsniveau keinen Einfluss auf die abnormale Rendite einer Aktie hat. Der Regressionskoeffizient von INT<MEAN weist insignifikante Werte auf. Bei Personen mit überdurchschnittlicher Internationalität wird jedoch ein anderer Effekt deutlich. Hier existiert für INT≥MEAN ein positiver ($p<0,01$) und für INT≥MEAN^2 ein negativer ($p<0,01$) Zusammenhang. Bei Personen mit überdurchschnittlicher Internationalität wird folglich ein umgekehrt U-förmiger Verlauf zwischen den Variablen INT und CAR bestätigt (Aiken/West, 1991, S. 66).[283]

Auch in diesem Modell wirkt sich die Kontrollvariable AGE positiv auf die beobachteten abnormalen Renditen aus ($p<0,10$). Zusätzlich ist ein negativer Wirkungszusammenhang zwischen der Kontrollvariable PPERF$_{ROA/ROE}$ und den abnormalen Renditen beobachtbar

---

[279] Für das Regressionsmodell, welches die Stichprobe A und das Betrachtungszeitfenster (-1;1) untersucht, zeigt Signifikanzprüfung des F-Wertes ein Resultat von $p=0,16$. Damit liegt der p-Wert nur knapp über der Signifikanzschwelle von 0,10.
[280] Zukünftige Untersuchungen kommen hier möglicherweise zu differenzierteren Ergebnissen. Seit einigen Jahren kann eine „Verjüngung" der deutschen Corporate-Governance-Gremien beobachtet werden. Vgl. Heidrick & Struggles (2011, S. 14). Es bleibt daher abzuwarten, ob und inwiefern sich die Beurteilungen der Investoren im Zusammenhang mit dem Alter der Top-Manager verändern. Vgl. Srivastava/Lee (2008, S. 161), Young/Charns/Shortell (2001, S. 938).
[281] Eine vergleichbare Vorgehensweise findet sich beispielsweise bei Al-Khouri (2006, S. 39), Al-Khouri/Magableh/Aldamen (2004, S. 792), Hermalin/Weisbach (1991, S. 110) und Tufano (1998, S. 1046).
[282] Der p-Wert für Modell 2A und Betrachtungszeitfenster (-1;1) liegt ebenfalls nur knapp über der kritischen Signifikanzschwelle von 0,10. Der p-Wert beträgt in diesem Modell 0,11 und Modell 3A (1;1) weist einen Wert von $p=0,15$ aus.
[283] Modell 2A für Betrachtungszeitfenster (-10;2) erklärt 25,5% der Varianz der kumulierten abnormalen Renditen, während Modell 1A für Betrachtungszeitfenster (-10;2) lediglich 18,9% der Varianz von „CAR" erklärt. Ein partieller F-Test attestiert, dass die in Modell 2A (-10;2) zusätzlich einbezogenen Variablen INT<MEAN, INT≥MEAN und INT≥MEAN^2 zu einer signifikanten Verbesserung ($p<0,10$) der Modellanpassung führen. Damit wird der Einfluss der Internationalität auf die abnormalen Renditen erneut bestätigt.

(p<0,10). Dieses Ergebnis bestätigt die Untersuchungen von Friedman/Singh (1989, S. 737) und Kang/Ding/Charoenwong (2010, S. 893), wonach Investoren Neubesetzungen in Top-Management-Teams weniger profitabler Unternehmen positiver bewerten als personelle Veränderungen in Führungsgremien von erfolgreicheren (profitableren) Unternehmen.

Die Modelle 3A und 3B enthalten neben den Kontrollvariablen und den Regressanden zur Internationalität einer Person auch die Interaktionsvariable „INT*PRE_DOI", mit deren Hilfe die in Hypothese 2 postulierte moderierende Wirkung der Internationalität der Unternehmensaktivitäten überprüft werden soll (Müller, 2009, S. 239). Analog zu den vorangegangenen Regressionen weist die Schätzung für Stichprobe A im Betrachtungszeitfenster (-10;2) signifikante F-Werte auf.[284] Auch hier kann für überdurchschnittlich internationale Personen ein umgekehrt U-förmiger Zusammenhang zwischen dem individuellen Internationalitätsindex und den abnormalen Renditen bestätigt werden (p<0,05). Der vermutete Moderationseffekt wird jedoch nicht bestätigt. Der Regressionskoeffizient der Interaktionsvariable ist insignifikant. Folglich muss Hypothese 2 verworfen werden.[285]

6.3.3.2 Grafische Darstellung der Regressionsfunktion des abschnittsweisen Modells

Die Ergebnisse multivariater Regressionsanalysen werden zumeist in Tabellenform präsentiert. Üblicherweise kommt dabei den Werten der einzelnen Regressionskoeffizienten sowie dem Bestimmtheitsmaß des Gesamtmodells eine besondere Bedeutung zu. Bei komplexeren Verfahren kann jedoch auch eine grafische Darstellung der Regressionsfunktion sinnvoll sein (Kohler/Kreuter, 2008, S. 233). Im vorliegenden Forschungsvorhaben ist insbesondere der Verlauf des umgekehrt U-förmigen Zusammenhangs zwischen den Variablen „Internationalität" und „kumulierte abnormale Renditen" von Interesse. Da die Resultate der multivariaten Regressionsschätzung nicht in einem zweidimensionalen Raum dargestellt werden können, müssen die Werte aller Regressoren – mit Ausnahme des individuellen Internationalitätsindex – fixiert werden. In Anlehnung an das bei Kohler/Kreuter (2008, S. 234) beschriebene Verfahren wird dabei für alle Variablen bis auf INT der Wert 0 in die Regressionsgleichung eingesetzt. Es ergibt sich die stochastische Form:

---

[284] Für den F-Wert des Modells 3A (-1;1) wird ein Signifikanzniveau von p=0,15 ausgewiesen.
[285] Auch quadratische Interaktionsterme für den Wertebereich INT≥MEAN weisen keine signifikanten Koeffizienten auf. Vgl. hierzu auch Aiken/West (1991, S. 63-70).

$$Y_{CAR}= \beta_0+\beta_1*INT<MEAN+\beta_2*INT\geq MEAN+\beta_3*INT\geq MEAN^2+\beta_4*0+\beta_5*0+\beta_6*0...+\epsilon \quad (20)$$

Werden lediglich Fälle mit überdurchschnittlich hoher Internationalität betrachtet, so gilt:

$$Y_{CAR}= \beta_0+\beta_1*INT\geq MEAN+\beta_2*INT\geq MEAN^2+\beta_3*0+\beta_4*0+\beta_5*0...+\epsilon \quad (21)$$

Im Folgenden werden ausschließlich für die signifikanten Regressionsmodelle 2A und 3A (beide im Betrachtungszeitfenster (-10;2)) Regressionsgleichungen aufgestellt. Die Werte für β_1 und β_2 können dabei Tabelle 18 entnommen werden. Der Parameter β_0 wird durch den Koeffizienten der Variable „BREAK" repräsentiert. Damit entstehen die Regressionsgleichungen:

$$Y_{CAR(-10;2)}= -0{,}442+1{,}47*INT\geq MEAN-1{,}1*INT\geq MEAN^2 \text{ (Modell 2A)} \quad (22)$$
$$Y_{CAR(-10;2)}= -0{,}389+1{,}3*INT\geq MEAN-1{,}012*INT\geq MEAN^2 \text{ (Modell 3A)} \quad (23)$$

Für beliebige Werte von INT≥MEAN lassen sich nun die Kurvenverläufe grafisch darstellen. Abbildung 32 zeigt die beiden Funktionen für die Modelle 2A und 3A.

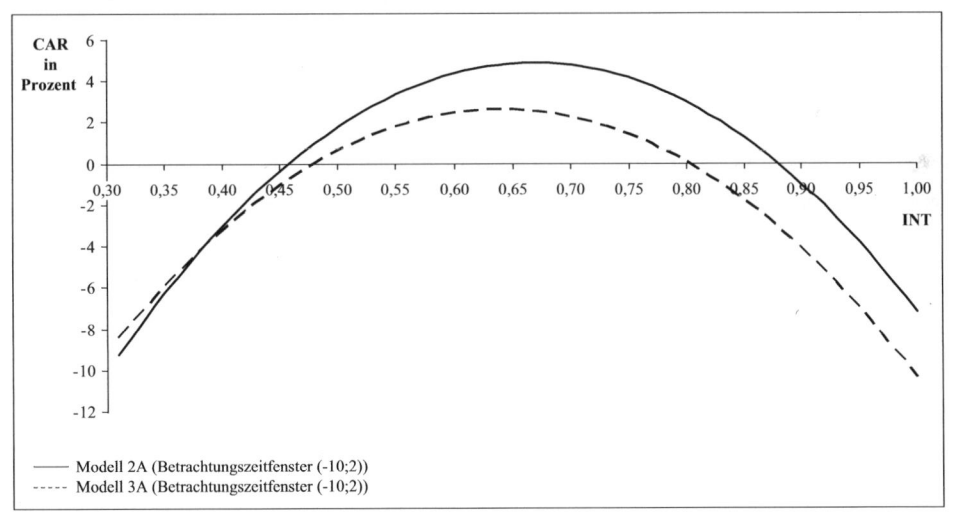

Abb. 32: Abschnittsweise Regressionsfunktion für den Wertebereich INT≥MEAN

Die errechneten Schnittpunkte mit der Abszissenachse liegen für Modell 2A bei INT=0,457 und bei INT=0,879. In diesem Intervall weist die Regressionsschätzung positive Werte für CAR auf. Für Internationalitätswerte unter INT=0,475 beziehungsweise über INT=0,879 werden hingegen negative CAR-Werte geschätzt. Im Modell 3A ergeben sich die Nullstellen bei INT=0,475 und INT=0,808.

6.3.3.3 Alternative Modellspezifikationen der abschnittsweisen Regression

In Anlehnung an Lee/James (2007, S. 236-237) werden in der vorliegenden Arbeit verschiedene Abwandlungen der in Abschnitt 6.3.3.1 vorgestellten abschnittsweisen Regressionen berechnet, um die Validität der Analysen zu überprüfen.

Zum einen wird die (1) Kontrollvariable „Branchen- und Unternehmenserfahrung" (EXP) in ihre Bestandteile „Branchenerfahrung" (IINS) und „Unternehmenserfahrung" (FINS) aufgesplittet. Die neuen Kontrollvariablen fließen anschließend gesondert in die abschnittsweisen Regressionsmodelle ein.[286] Insbesondere durch die separate Betrachtung der Variable „Unternehmenserfahrung" und der damit verbundenen Unterscheidung zwischen unternehmensinternen beziehungsweise unternehmensexternen Neuzugängen ist eine präzisere Analyse möglich. Durch die Bildung einer Interaktionsvariable „INT*FINS" kann festgestellt werden, ob die Aktienkursreaktion auf die Benennung internationaler Top-Manager von der Variable „Unternehmenserfahrung" moderiert wird. Diese Annahme erscheint begründet, da die Internationalität und das Wissen von „Unternehmensinsidern" den Unternehmen bereits vor ihrer Benennung in den Vorstand oder Aufsichtsrat zur Verfügung standen. Bei externen Neubesetzungen treten dahingegen Individuen in die Führungsgremien ein, die ihre individuelle Internationalität zuvor nicht in das jeweilige Unternehmen einbringen konnten.

(2) In einer weiteren Variante werden Regressionsmodelle geschätzt, die nicht zwei, sondern lediglich eine Variable für den vorangegangenen Unternehmenserfolg (entweder $PPERF_{ROA/ROE}$ oder $PPERF_{TSR}$) beinhalten. Wie aus den Tabellen 19 bis 21 ersichtlich, führen diese Anpassungen nicht zu wesentlichen Veränderungen bei den Regressionsergebnissen. Alle Modelle bestätigen für Stichprobe A und Betrachtungszeitfenster (-10;2) einen umgekehrt U-förmigen Zusammenhang zwischen der Benennung von Personen mit überdurchschnittlichem Internationalitätsniveau und den abnormalen Renditen.

---

[286] Die Variable „Branchenerfahrung" ist eine Dummy-Variable, die den Wert 1 annimmt, wenn eine Person vor ihrer Benennung in den Vorstand oder Aufsichtsrat bereits relevante Arbeitserfahrungen in der jeweiligen Branche eines Unternehmens sammeln konnte. Der Wert 0 signalisiert, dass eine Führungskraft über keine Branchenerfahrung verfügt. Die Variable „Unternehmenserfahrung" ist ebenfalls eine Dummy-Variable, die den Wert 1 annimmt, wenn ein Top-Manager vor seiner Berufung in ein Corporate-Governance-Gremium bereits im jeweiligen Unternehmen angestellt war. Bei Personen, die vor ihrem Eintritt in das Führungsgremium nicht dem Unternehmen angehörten, nimmt diese Variable den Wert 0 an.

Variable	Modell 1 (A)		Modell 1 (B)		Modell 2 (A)		Modell 2 (B)		Modell 3 (A)		Modell 3 (B)	
	(-1;1)	(-10;2)	(-1;1)	(-10;2)	(-1;1)	(-10;2)	(-1;1)	(-10;2)	(-1;1)	(-10;2)	(-1;1)	(-10;2)
Konstante	5,571	7,025	-1,202	-0,097	3,617	8,273	-1,900	-0,169	4,759	11,633	0,961	1,983
PRE_DOI	0,000	0,000	0,000	0,000	0,000	0,000	0,000	0,000	0,000	0,000	0,000	0,000
ASSET	-0,001	-0,001	-0,003	-0,003	-0,001	-0,001	-0,003	-0,004	0,000	0,002	-0,003	-0,003
PPERF$_{ROA/ROE}$	-0,001	-0,003*	0,000	-0,002	-0,002†	-0,003*	0,000	-0,002	-0,002†	-0,003*	-0,001	-0,002†
PPERF$_{TSR}$	0,000	0,000	0,000	0,000	0,000	0,000	0,000	0,000	0,000	0,000	0,000	0,000
TMTSIZE	0,002	0,004	0,001	0,003	0,002	0,004	0,001	0,002	0,001	0,003	0,001	0,002
AGE	0,000	0,001	0,001	0,002	0,000	0,001	0,000	0,001†	0,001	0,001	0,004	0,001†
AY	-0,003	-0,004	0,001	0,000	-0,002	-0,004	0,001	0,000	-0,002	-0,006	0,001	-0,001
GEN	0,049†	-0,079*	0,015	-0,049	0,038	-0,059	0,006	-0,037	0,035	-0,049	-0,027
IINS	-0,009	-0,017	-0,009	-0,012	-0,011	-0,022	-0,011	-0,016	-0,013	-0,029†	-0,013	-0,020
FINS	0,015	0,009	0,010	0,004	0,018†	0,015	0,012	0,008	0,031†	0,054*	0,023†	0,034
INT$_{TOTAL}$	0,014	0,049	0,014	0,047	0,039	0,060	0,030	0,059	0,037	0,054	0,034	0,067
TENDIV	-0,038*	-0,011	-0,032*	-0,017	-0,037*	-0,016	-0,033*	-0,020	-0,035*	-0,009	-0,032*	-0,018
INT<MEAN					-0,037	-0,031	-0,021	-0,018	-0,045	-0,056	-0,043	-0,048
BREAK					-0,040*	-0,072**	-0,033	-0,049	-0,388†	-0,067*	-0,031	-0,046
INT≥MEAN					0,678†	1,540**	0,540†	0,936†	-0,045†	0,672*	0,300	0,413
INT≥MEAN²					-0,503*	-1,143**	-0,398†	-0,692†	0,308†	-1,059*	-0,382†	-0,673†
(INT*PRE_DOI)									0,001	0,002	0,001	0,001
(INT*FINS)									-0,034	-0,100*	-0,030	-0,069†
R²	0,162	0,197	0,089	0,117	0,225	0,269	0,125	0,148	0,241	0,317	0,145	0,176
Korrigiertes R²	0,056	0,095	-0,005	0,027	0,087	0,139	0,001	0,027	0,086	0,177	0,006	0,043
Δ R²	---	---	---	---	0,063	0,072*	0,036	0,031	0,016	0,048†	0,020	0,028
F	1,52	1,92*	0,95	1,30	1,63†	2,07*	1,01	1,23	1,55†	2,27**	1,04	1,32

Variablenspezifikationen für Stichprobe A:
INT<MEAN = INT, falls individueller Indexwert einer Person <0,31
0,31 wenn individueller Indexwert einer Person ≥ 0,31
INT≥MEAN = 0 wenn individueller Indexwert einer Person <0,31
INT wenn individueller Indexwert ≥ 0,31
INT≥MEAN² = 0 wenn individueller Indexwert einer Person <0,31
INT² wenn individueller Indexwert ≥ 0,31

Für Stichprobe B gelten identische Spezifikationen. Hier liegt der Mittelwert bei 0,34.
Signifikanzniveaus: † p<0,10; * p<0,05; ** p<0,01
Die Abkürzungen der einzelnen Variablen werden in Tabelle 8 erläutert.

Tab. 19: Abschnittsweise Regression mit gesonderter Betrachtung der Variablen „Branchenerfahrung" und „Unternehmenserfahrung"

Variable	Modell 1 (A)		Modell 1 (B)		Modell 2 (A)		Modell 2 (B)		Modell 3 (A)		Modell 3 (B)	
	(-1;1)	(-10;2)	(-1;1)	(-10;2)	(-1;1)	(-10;2)	(-1;1)	(-10;2)	(-1;1)	(-10;2)	(-1;1)	(-10;2)
Konstante	5,886	6,744	-1,061	0,007	3,907	8,211	-1,699	0,030	3,993	8,784	-1,687	0,046
PRE_DOI	0,000	0,000	0,000	0,000	0,000	0,000	0,000	0,000	0,000	0,000	0,000	0,000
ASSET	-0,001	-0,002*	-0,003	-0,004	-0,001	-0,002	-0,003	-0,004	-0,001	-0,001	-0,003	-0,004
PPERF$_{ROA/ROE}$	-0,001	-0,003*	0,000	-0,002	-0,001†	-0,003†	0,000	-0,002	-0,001†	-0,003†	-0,004	-0,002
TMTSIZE	0,002	0,005	0,001	0,003	0,002	0,004	0,001	0,002	0,002	0,004	0,001	0,002
AGE	0,000	0,002*	0,001	0,002*	0,000	0,001	0,000	0,001	0,000	0,001	0,000	0,001*
AY	-0,003	-0,003	0,001	0,000	-0,002	-0,004	0,001	0,000	-0,002	-0,004	0,001	0,000
GEN	0,048	-0,078	0,016	-0,049	0,037	-0,057	0,008	-0,038	0,037	-0,054	0,006	-0,035
EXP	0,003	-0,004	0,001	-0,004	0,004	-0,003	0,002	-0,003	0,004	-0,003	0,002	-0,003
INT$_{TOTAL}$	0,008	0,044	0,008	0,043	0,032	0,055	0,020	0,053	0,032	0,059	0,022	0,057
TENDIV	-0,040	-0,016	-0,031*	-0,018	-0,038*	-0,020	-0,031*	-0,020	-0,037*	-0,016	-0,029†	-0,017
INT<MEAN					-0,024	-0,027	-0,006	-0,009	-0,033	-0,086	-0,029	-0,053
BREAK					-0,039†	-0,069*	-0,031	-0,047	-0,038†	-0,065†	-0,029	-0,044
INT≥MEAN					0,613†	1,500**	0,468	0,885	0,585	1,310*	0,409	0,773
INT≥MEAN²					-0,459†	-1,122**	-0,349	-0,656	-0,444†	-1,026*	-0,324	-0,609
(INT*PRE_DOI)									0,000	0,001	0,000	0,001
R²	0,144	0,183	0,071	0,114	0,198	0,252	0,099	0,141	0,199	0,260	0,105	0,147
Korrigiertes R²	0,054	0,098	-0,007	0,039	0,076	0,139	-0,009	0,037	0,067	0,138	-0,013	0,035
Δ R²	---	---	---	---	0,054	0,069†	0,028	0,027	0,001	0,008	0,006	0,006
F	1,61	2,15*	0,91	1,54	1,63†	2,22*	0,91	1,35	1,51	2,13*	0,89	1,31

Variablenspezifikationen für Stichprobe A:
INT<MEAN = INT, falls individueller Indexwert einer Person<0,31
  0,31 wenn individueller Indexwert einer Person ≥ 0,31
INT≥MEAN = INT wenn individueller Indexwert ≥ 0,31
  0 wenn individueller Indexwert einer Person <0,31
INT≥MEAN² = INT² wenn individueller Indexwert ≥ 0,31

Für Stichprobe B gelten identische Spezifikationen. Hier liegt der Mittelwert bei 0,34.
Signifikanzniveaus: † p<0,10; * p<0,05; ** p<0,01
Die Abkürzungen der einzelnen Variablen werden in Tabelle 8 erläutert.

Tab. 20: Abschnittsweise Regression mit gesonderter Betrachtung der Variable „vorangegangener Unternehmenserfolg" (PPERF$_{ROA/ROE}$)

Variable	Modell 1 (A) (-1;1)	Modell 1 (A) (-10;2)	Modell 1 (B) (-1;1)	Modell 1 (B) (-10;2)	Modell 2 (A) (-1;1)	Modell 2 (A) (-10;2)	Modell 2 (B) (-1;1)	Modell 2 (B) (-10;2)	Modell 3 (A) (-1;1)	Modell 3 (A) (-10;2)	Modell 3 (B) (-1;1)	Modell 3 (B) (-10;2)
Konstante	6,683	9,211	-0,720	2,269	5,323	11,281	-1,280	2,308	5,422	11,751	-1,106	2,515
PRE_DOI	0,000	0,001	0,000	0,000	0,000	0,001†	0,000	0,000	0,000	0,000	0,000	0,000
ASSET	-0,001	-0,001	-0,004	-0,004	-0,002	-0,001	-0,004	-0,004	-0,001	-0,001	-0,004	-0,004
$PPERF_{TSR}$	0,000	0,000	0,000	0,000	0,000	0,000	0,000	0,000	0,000	0,000	0,000	0,000
TMTSIZE	0,002	0,006	0,001	0,004	0,002	0,006*	0,001	0,004	0,002	0,005†	0,001	0,004
AGE	0,000	0,001	0,001	0,002†	0,000	0,001	0,000	0,001	0,000	0,001	0,000	0,001
AY	-0,003	-0,005	0,000	-0,001	-0,002	-0,006	0,001	-0,001	-0,003	-0,006	0,000	-0,001
GEN	0,047†	-0,078	0,015	-0,049	0,037	-0,057	0,007	-0,038	0,036	-0,054	0,005	-0,036
EXP	0,003	-0,004	0,001	-0,004	0,004	-0,003	0,001	-0,004	0,004	-0,003	0,001	-0,004
INT_{TOTAL}	0,011	0,048	0,010	0,045	0,027	0,041	0,024	0,053	0,028	0,046	0,027	0,056
TENDIV	-0,038*	-0,008	-0,033*	-0,014	-0,037*	-0,015	-0,033*	-0,018	-0,036*	-0,011	-0,031*	-0,015
INT<MEAN					-0,017	0,001	-0,012	0,002	-0,030	-0,060	-0,034	-0,026
BREAK					-0,039†	-0,070**	-0,031†	-0,048	-0,038†	-0,066†	-0,030	-0,046
INT≥MEAN					0,633†	1,480**	0,489†	0,869†	0,595†	1,300†	0,431	0,799
INT≥MEAN²					-0,469†	-1,097*	-0,363	-0,643	-0,449†	-1,006†	-0,339	-0,614
(INT*PRE_DOI)									0,000	0,001	0,000	0,001
R^2	0,124	0,157	0,076	0,099	0,173	0,226	0,107	0,126	0,174	0,233	0,111	0,129
Korrigiertes R^2	0,033	0,069	-0,002	0,024	0,047	0,108	-0,002	0,020	0,038	0,107	-0,005	0,014
ΔR^2	---	---	---	---	0,049	0,069†	0,031	0,027	0,001	0,007	0,004	0,003
F	1,36	1,78†	0,97	1,32	1,38	1,92*	0,98	1,19	1,28	1,85*	0,96	1,12

Variablenspezifikationen für Stichprobe A:

INT<MEAN	=	INT, falls individueller Indexwert einer Person<0,31
		0,31 wenn individueller Indexwert einer Person ≥ 0,31
INT≥MEAN	=	0 wenn individueller Indexwert einer Person <0,31
		INT wenn individueller Indexwert ≥ 0,31
INT≥MEAN²	=	0 wenn individueller Indexwert einer Person <0,31
		INT² wenn individueller Indexwert ≥ 0,31

Für Stichprobe B gelten identische Spezifikationen. Hier liegt der Mittelwert bei 0,34.

Signifikanzniveaus: † p<0,10; * p<0,05; ** p<0,01

Die Abkürzungen der einzelnen Variablen werden in Tabelle 8 erläutert.

Tab. 21: Abschnittsweise Regression mit gesonderter Betrachtung der Variable „vorangegangener Unternehmenserfolg" ($PPERF_{TSR}$)

Welche Erkenntnisse lassen sich aus den Regressionsmodellen in den Tabellen 19 bis 21 ziehen? Wird die Branchen- und Unternehmenserfahrung einer Person gesondert betrachtet, erweist sich der umgekehrt U-förmige Zusammenhang für beide Betrachtungszeitfenster des Modells 2A als signifikant. Darüber hinaus zeigt sich in den Modellen 2A (-1;1) und 3A (beide Betrachtungszeitfenster) ein positiver und signifikanter Wirkungszusammenhang zwischen der Dummy-Variable „Unternehmensinsider" und den abnormalen Renditen.[287] Die Tatsache, dass eine Person vor ihrer Benennung in den Vorstand oder Aufsichtsrat bereits in dem jeweiligen Unternehmen tätig war, bewerten Investoren demnach positiv (Furtado/Rozeff, 1987; Lee/James, 2007, S. 236).[288] Interessanterweise zeigt sich im Modell 3A (-10;2) ein negativer Regressionskoeffizient der Interaktionsvariable „INT*FINS" (p<0,05). Die Kontrollvariable „Unternehmenserfahrung" hat folglich einen negativ moderierenden Einfluss auf den Zusammenhang zwischen der Internationalität der Top-Manager und der abhängigen Variable „CAR". Auch wenn sich dieser Interaktionseffekt nicht für alle Modelle als signifikant erweist, kann das Resultat als Hinweis dafür gelten, dass die Benennung internationaler „Unternehmensinsider" weniger starke beziehungsweise negative Aktienkursreaktionen hervorruft als die Benennung von internationalen Top-Managern, die vor ihre Berufung in den Vorstand oder Aufsichtsrat nicht in dem jeweiligen Unternehmen tätig waren.[289]

(2) Regressionen, die lediglich den Zwei-Jahres-Durchschnitt des „Total Shareholder Return" (PPERF$_{TSR}$) berücksichtigen, weisen für Stichprobe A und Betrachtungszeitfenster (-10;2) signifikante Werte auf (p<0,05) und bestätigen einen umgekehrt U-förmigen Zusammenhang zwischen den Variablen INT≥MEAN beziehungsweise INT≥MEAN² und CAR. Zwischen der

---

[287] Die Untersuchung von Karaevli (2007) zeigt, dass der Zusammenhang zwischen den Variablen „Unternehmensinsider" und „Unternehmenserfolg" von zahlreichen moderierenden Faktoren beeinflusst werden kann. So ist es beispielsweise denkbar, dass die Benennung eines „Unternehmensinsiders" in bestimmten Situationen auch mit negativen Erfolgsauswirkungen verbunden sein kann. Vgl. hierzu auch Beatty/Zajac (1987).

[288] An dieser Stelle muss darauf hingewiesen werden, dass dieser Effekt nicht für alle Regressionsschätzungen, sondern nur für die Modelle 2A (-1;1) und 3A (-1;1) nachweisbar ist.

[289] Neben den genannten Kontrollvariablen weisen weitere Regressoren signifikante Effekte auf. Die Variable PPERF$_{ROA/ROE}$ hat in Modell 1A (-10;2) sowie in den Modellen 2A (beide Betrachtungszeitfenster) und 3A (beide Betrachtungszeitfenster) einen signifikant negativen Einfluss auf die kumulierten abnormalen Renditen. Da bereits in Abschnitt 6.3.3.1 eine kurze Diskussion hierzu erfolgte, wird an dieser Stelle nicht erneut auf dieses Resultat eingegangen. Ferner besteht in Modell 1A (-10;2) ein negativer (p<0,10) Zusammenhang zwischen dem Geschlecht einer Führungskraft und den kumulierten abnormalen Renditen. Aufgrund der geringen Fallzahlen weiblicher Top-Manager wird allerdings auf eine Interpretation dieses Ergebnisses verzichtet. In den Modellen 2A (-1;1) und 3A (-1;1) lässt sich ein signifikant negativer Einfluss der Variable „TENDIV" auf die kumulierten abnormalen Renditen beobachten. Erweisen sich Führungsgremien im Hinblick auf die Amtszeit der Top-Manager als heterogen, treten demnach vergleichsweise niedrigere beziehungsweise negative Aktienkursreaktionen auf. Auch hier muss darauf hingewiesen werden, dass nicht für alle Modelle ein solcher Zusammenhang bestätigt werden konnte. In Modell 3A (-10;2) existiert ein negativer Effekt (p<0,10) der Variable „Brancheninsider" auf den Unternehmenserfolg. Da dieser Zusammenhang nur für ein Modell bestätigt werden konnte, wird ebenfalls auf eine inhaltliche Interpretation verzichtet.

Kennzahl „Total Shareholder Return" und den abnormalen Renditen existiert keine statistisch signifikante Beziehung.

Wird lediglich der Zwei-Jahres-Durchschnitt der Gesamt-/ beziehungsweise Eigenkapitalrentabilität (PPERF$_{ROA/ROE}$) betrachtet, erweist sich neben allen Modellen für Stichprobe A und Betrachtungszeitfenster (-10;2) auch eine Schätzung für Stichprobe A und Betrachtungszeitfenster (-1;1) als signifikant (p<0,10). Diese Regressionen attestieren einen signifikant negativen Einfluss der Variable PPERF$_{ROA/ROE}$ sowie einen umgekehrt U-förmigen Zusammenhang zwischen der Internationalität und den kumulierten abnormalen Renditen.

Zusammenfassend lässt sich festhalten, dass durch die alternativen Modellspezifikationen der umgekehrt U-förmige Zusammenhang zwischen den Variablen „INT" und „CAR" bestätigt werden konnte: Alle signifikanten Regressionsmodelle in den Tabellen 19 bis 21 weisen signifikante Werte für die Regressoren „INT≥MEAN" beziehungsweise „INT≥MEAN²" auf. Darüber hinaus werden für einige Kontroll- und Interaktionsvariablen signifikante Effekte ermittelt. Da diese jedoch nicht in allen betrachteten Modellen bestätigt werden, muss von einer eingeschränkten Verallgemeinerbarkeit der Resultate ausgegangen werden.

6.3.3.4 Abschnittsweise Regression unter Berücksichtigung der Variable „Anteil institutioneller Investoren"

Wie bereits erwähnt, veröffentlichen nicht alle DAX-30-Unternehmen detaillierte Informationen im Hinblick auf ihre Aktionärsstruktur. Die Bestimmung des Anteils institutioneller Investoren an den gesamten ausgegebenen Aktien eines Unternehmens ist daher nicht für alle Wechselfälle aus Stichprobe A und Stichprobe B möglich. Im Folgenden werden gesonderte Regressionsmodelle betrachtet, die neben den bisher analysierten Variablen auch den Regressor „Anteil institutioneller Investoren" enthalten. Diese Modelle beziehen sich allerdings – aufgrund der eingeschränkten Datenverfügbarkeit – nur auf 72 Fälle (Stichprobe A) beziehungsweise auf 89 Fälle (Stichprobe B).

Variable	Modell 1 (A)		Modell 1 (B)		Modell 2 (A)		Modell 2 (B)		Modell 3 (A)		Modell 3 (B)	
	(-1;1)	(-10;2)	(-1;1)	(-10;2)	(-1;1)	(-10;2)	(-1;1)	(-10;2)	(-1;1)	(-10;2)	(-1;1)	(-10;2)
Konstante	16,45†	18,223	12,558	9,767	16,357†	20,781	14,059†	11,442	16,502†	20,969	14,814†	11,422
PRE_DOI	0,000	0,001	0,000	0,000	0,000	0,000	0,000	0,000	0,000	0,000	0,000	0,000
ASSET	-0,002	-0,001	-0,008*	-0,006	-0,004	-0,003	-0,008*	-0,006	-0,004	-0,003	-0,008*	-0,006
PPERF$_{ROA/ROE}$	-0,001	-0,001	0,000	0,000	-0,001	-0,001	0,000	0,000	-0,001	-0,001	0,000	0,000
PPERF$_{TSR}$	0,000	0,000	0,000	0,000	0,000	0,000	0,000	0,000	0,000	0,000	0,000	0,000
TMTSIZE	0,003	0,006	0,002	0,003	0,002	0,005	0,002	0,003	0,003	0,005	0,002	0,003
AGE	0,001	0,001	0,001	0,001	0,001	0,001	0,001	0,001	0,001	0,000	0,001	0,001
AY	-0,008†	-0,009	-0,006	-0,005	-0,008†	-0,010	-0,007†	-0,006	-0,008†	-0,010	-0,007†	-0,006
GEN	0,049	-0,069	0,037	-0,066	0,041	-0,061	0,036	-0,064	0,041	-0,061	0,037	-0,069
EXP	0,000	-0,009	-0,002	-0,008	0,000	-0,009	-0,002	-0,009	0,000	-0,009	-0,002	-0,009
INT$_{TOTAL}$	0,042	0,137	0,062	0,139†	0,096	0,179†	0,106*	0,182*	0,093	0,174	0,099†	0,183*
TENDIV	-0,025	0,018	-0,029	-0,003	-0,029	0,005	-0,029	-0,003	-0,029	0,004	-0,030	-0,003
INVEST$_{INST}$	-0,019	-0,047	-0,030	-0,053	-0,025	-0,052	-0,038	-0,063	-0,024	-0,051	-0,034	-0,063
INT<MEAN					-0,088	-0,101	-0,081	-0,081	-0,096	-0,113	-0,119†	-0,080
BREAK					-0,024	-0,041	-0,020	-0,025	-0,023	-0,040	-0,017	-0,025
INT≥MEAN					0,606	1,088†	0,381	0,418	0,576	1,051	0,299	0,420
INT≥MEAN²					-0,461	-0,810	-0,278	-0,292	-0,445	-0,788	-0,243	-0,292
(INT*PRE_DOI)									0,001	0,000	0,000	0,000
R²	0,242	0,261	0,179	0,146	0,318	0,317	0,247	0,172	0,319	0,317	0,254	0,172
Korrigiertes R²	0,088	0,111	0,049	0,011	0,119	0,118	0,079	-0,011	0,104	0,102	0,075	-0,030
Δ R²	---	---	---	---	0,076*	0,056	0,068	0,026	0,001	0,000	0,007	0,000
F	1,57	1,74†	1,38	1,08	1,60†	1,59	1,47	0,94	1,48	1,47	1,42	0,87

Variablenspezifikationen für Stichprobe A:
INT<MEAN = INT, falls individueller Indexwert einer Person<0,31
= 0,31 wenn individueller Indexwert einer Person ≥ 0,31
INT≥MEAN = 0 wenn individueller Indexwert einer Person <0,31
= INT wenn individueller Indexwert einer Person ≥ 0,31
INT≥MEAN² = 0 wenn individueller Indexwert einer Person <0,31
= INT² wenn individueller Indexwert einer Person ≥ 0,31

Für Stichprobe B gelten identische Spezifikationen. Hier liegt der Mittelwert bei 0,34.
Signifikanzniveaus: † p<0,10; * p<0,05; ** p<0,01
Die Abkürzungen der einzelnen Variablen werden in Tabelle 8 erläutert.

Tab. 22: Abschnittsweise Regression mit gesonderter Betrachtung der Variable „Anteil institutioneller Investoren" (INVEST$_{INST}$)

Wie Tabelle 22 verdeutlicht, weisen lediglich die Regressionsmodelle 1A im Betrachtungszeitfenster (-10;2) und 2A im Betrachtungszeitfenster (-1;1) signifikante F-Werte auf. Ein umgekehrt U-förmiger Zusammenhang zwischen der Internationalität und den abnormalen Renditen wird hier jedoch nicht bestätigt.[290] Ein signifikanter Einfluss der Kontrollvariable „Anteil institutioneller Investoren" auf die kumulierten abnormalen Renditen wird ebenfalls nicht beobachtet.

6.3.4 Patell-Tests zur Prüfung des Hypothesenkranzes 3

Im Rahmen der Untersuchung des Hypothesenblocks 3 werden die durchschnittlichen kumulierten abnormalen Renditen, welche bei der Benennung von Mitgliedern einzelner Corporate-Governance-Gremien auftreten, auf statistische Signifikanz überprüft. Zunächst erfolgt ein Vergleich zwischen den Vorstandsvorsitzenden/-sprechern und „einfachen" Vorstandsmitgliedern. Hypothese 3-1a postuliert, dass die Aufnahme neuer Vorstandsvorsitzender/-sprecher zu höheren Aktienkursreaktionen führt als die Benennung von Vorstandsmitgliedern ohne Vorsitzenden- beziehungsweise Sprecherfunktion. Abbildung 33 fasst die Ergebnisse der Patell-Tests zusammen.

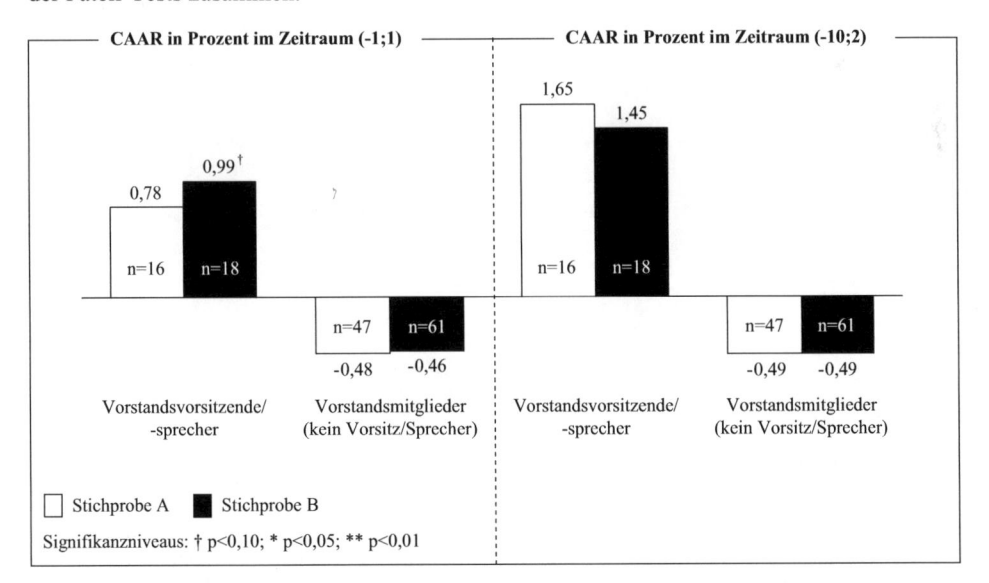

Abb. 33: CAAR bei der Benennung von Vorstandsvorsitzenden/-sprechern und „einfachen" Vorstandsmitgliedern

---

[290] Auch eine Schätzung der in Abschnitt 6.3.3.3 beschriebenen Modellvarianten führt zu keinen wesentlichen Änderungen. In keiner Regression wird ein Einfluss der Internationalität auf die abnormalen Renditen bescheinigt.

Bei der Neubesetzung von Vorstandsvorsitzenden/-sprechern treten deutlich höhere und positive abnormale Renditen auf, diese sind allerdings bis auf die Ausnahme von Stichprobe B und Betrachtungszeitfenster (-1;1) nicht signifikant. Es gilt folglich: Auch wenn die beobachteten abnormalen Renditen auf eine Gültigkeit der in Hypothese 3-1a formulierten Beziehung hindeuten, eine statistisch signifikante Bestätigung ist nicht möglich.

Hypothese 3-1b berücksichtigt zusätzlich die Internationalität der Top-Manager und vermutet, dass Aktienmärkte positiver auf die Benennung internationaler Vorstandsvorsitzender/-sprecher reagieren als auf Neubesetzungen von internationalen Vorstandsmitgliedern, die keine Vorsitzenden- oder Sprecherfunktion ausüben. Bevor eine Überprüfung dieser Hypothese erfolgen kann, müssen die untersuchten Personengruppen zunächst in internationale und nicht internationale Kohorten eingeteilt werden. In Anlehnung an die Ergebnisse der abschnittsweisen Regression wird hierzu das jeweilige Stichprobenmittel des Internationalitätsindex (Stichprobe A: 0,31 und Stichprobe B: 0,34) als Schwellenwert herangezogen: Führungskräfte, deren individueller Indexwert unterhalb des Durchschnitts liegt, werden demnach nicht berücksichtigt, Top-Managern mit überdurchschnittlich hohem Indexwert wird das Attribut „international" zugewiesen. Abbildung 34 illustriert die Ergebnisse der Patell-Tests.

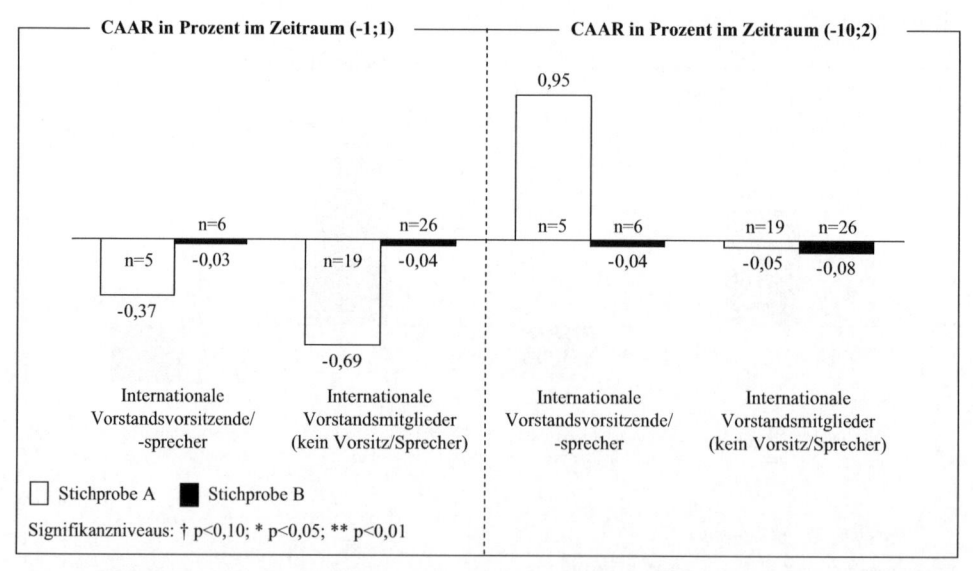

Abb. 34: CAAR bei der Benennung von internationalen Vorstandsvorsitzenden/-sprechern und „einfachen" internationalen Vorstandsmitgliedern

Entgegen der in Hypothese 3-1b formulierten Vermutung unterscheiden sich die abnormalen Renditen bei der Benennung von internationalen Vorstandsvorsitzenden/-sprechern nicht signifikant von den Aktienkursreaktionen, die bei der Neubesetzung von „einfachen" Vorstandsmitgliedern auftreten. Im Betrachtungszeitfenster (-1;1) zeigen sich sogar bei beiden Personengruppen negative abnormale Renditen. Lediglich im Betrachtungszeitfenster (-10;2) der Stichprobe A können bei der Benennung von internationalen Vorstandsvorsitzenden/-sprechern positive abnormale Renditen beobachtet werden.[291] Hypothese 3-1b gilt demnach als unbestätigt.

Hypothese 3-2a geht davon aus, dass personelle Veränderungen im Aufsichtsratsvorsitz zu höheren abnormalen Renditen führen als Neubesetzungen von Aufsichtsratsmitgliedern, die keine Vorsitzendenfunktion ausüben. In Abbildung 35 werden die durchschnittlichen kumulierten abnormalen Renditen für diese Personengruppen gegenübergestellt.

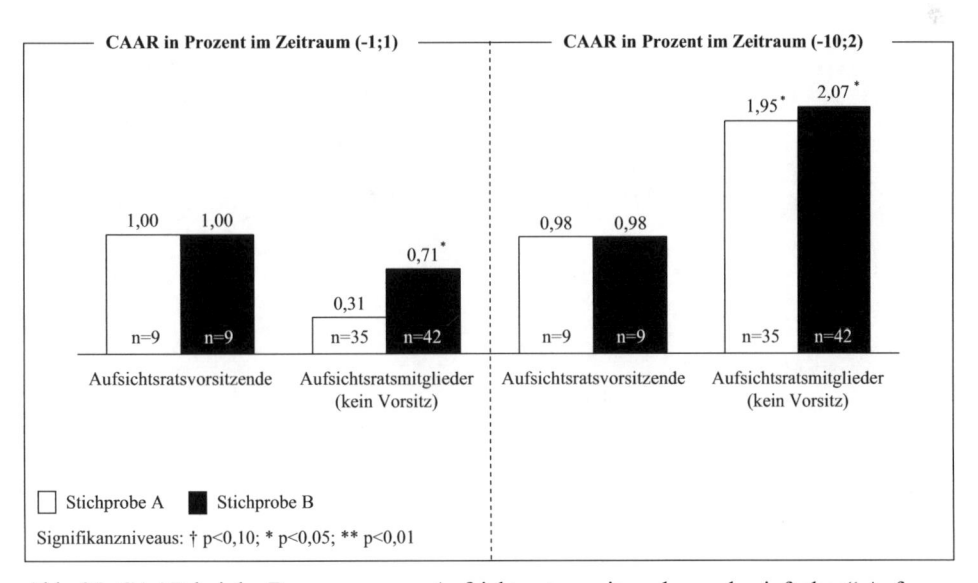

Abb. 35: CAAR bei der Benennung von Aufsichtsratsvorsitzenden und „einfachen" Aufsichtsratsmitgliedern

---

[291] Da bei der Überprüfung von Hypothese 3-1b nur Top-Manager betrachtet werden, die ein überdurchschnittliches Internationalitätsniveau aufweisen, reduziert sich die Zahl der beobachtbaren Neubesetzungen für die einzelnen Corporate-Governance-Gremien. Teilweise basieren die durchschnittlichen kumulierten abnormalen Renditen sowie die Ergebnisse der Patell-Tests auf geringen Fallzahlen (zum Beispiel n=5 bei internationalen Vorstandsvorsitzenden/-sprechern in Stichprobe A). Eine Verallgemeinerbarkeit der Ergebnisse ist daher nicht gegeben.

Auch hier zeigt sich ein Ergebnis, welches zumindest teilweise den Annahmen der Hypothese 3-2a widerspricht: Im Betrachtungszeitraum (10;2) existieren für beide Stichproben signifikante und positive abnormale Renditen bei „einfachen" Aufsichtsratsmitgliedern. Bei den Aufsichtsratsvorsitzenden hingegen treten niedrigere beziehungsweise insignifikante Aktienkursreaktionen auf. Folglich muss auch Hypothese 3-2a verworfen werden.

Hypothese 3-2b betrachtet internationale Aufsichtsratsvorsitzende und „einfache" internationale Aufsichtsratsmitglieder. Analog zu Hypothese 3-1b wird auch hier auf den Mittelwert des Internationalitätsindex zurückgegriffen, um zwischen internationalen und nicht internationalen Personen zu unterscheiden. Tabelle 36 verdeutlicht die Analyseergebnisse.

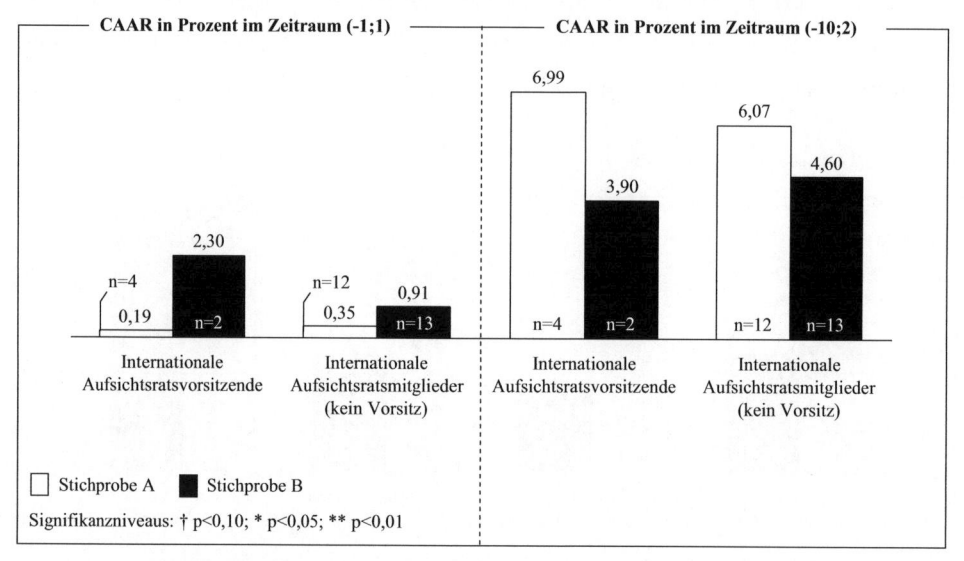

Abb. 36: CAAR bei der Benennung von internationalen Aufsichtsratsvorsitzenden und „einfachen" internationalen Aufsichtsratsmitgliedern

Weder für den Betrachtungszeitraum (-10;2) noch für das Intervall (-1;1) zeigen sich statistisch signifikante kumulierte abnormale Renditen. Auffällig ist jedoch, dass bei allen Gruppen positive Aktienkursreaktionen auftreten. Im Gegensatz zur Benennung von internationalen Vorstandsvorsitzenden und Vorstandsmitgliedern scheinen Investoren die Neubesetzung von internationalen Aufsichtsratsvorsitzenden und Aufsichtsratsmitgliedern ausnahmslos positiv zu bewerten.[292] Dieses Ergebnis stimmt mit den Ausführungen von Oxelheim/Randøy (2003,

---

[292] Auch die Überprüfung dieser Hypothese basiert teilweise auf niedrigen Fallzahlen (zum Beispiel n=2 bei internationalen Aufsichtsratsvorsitzenden in Stichprobe B). Eine Verallgemeinerung der Ergebnisse ist daher nicht möglich.

S. 2383) und Rajgopal/Venkatachalam/Kotha (2002, S. 545) überein. Diese Autoren weisen ebenfalls darauf hin, dass mit der Benennung internationaler Personen in die Kontrollgremien von Unternehmen positive Erfolgswirkungen verbunden sind.

Mit der Überprüfung der Hypothese 3-2b sind alle in Abschnitt 4.5.2 postulierten Wirkungsbeziehungen untersucht. Dabei wurde in den bisherigen Analysen die Internationalität einer Person ausschließlich als aggregierter Indexwert berücksichtigt. Interessant ist allerdings auch die Frage, ob eine oder mehrere der vier Dimensionen (Nationalität, internationale Ausbildung, internationale Berufserfahrung und internationale Mandate) einen besonders starken oder schwachen Einfluss auf die kumulierten abnormalen Renditen ausüben. Der folgende Abschnitt widmet sich dieser Fragestellung.

6.3.5 Gesonderte Betrachtung der einzelnen Internationalitätsdimensionen

Zunächst werden alle Fälle aus den Stichproben A und B einer bipolaren Ausprägung der jeweiligen Internationalitätsdimensionen zugeordnet. Hierzu werden etwa bei der Dimension „Nationalität" Gruppen mit deutschen und nicht deutschen Top-Managern gebildet. Im Hinblick auf die internationale Ausbildung wird zwischen Führungskräften unterschieden, die über keine Auslandserfahrung verfügen und Personen, die während ihrer Schul-/Studienzeit Erfahrungen im Ausland sammeln konnten. Eine vergleichbare Aufteilung gilt für die Dimensionen „internationale Berufserfahrung" und „internationale Mandate". Anschließend erfolgt die Errechnung der durchschnittlichen kumulierten abnormalen Renditen für jede der definierten Gruppen sowie eine Überprüfung der Renditen auf statistische Signifikanz. Abbildung 37 zeigt die Kursreaktionen für beide Stichproben und Betrachtungszeitfenster.

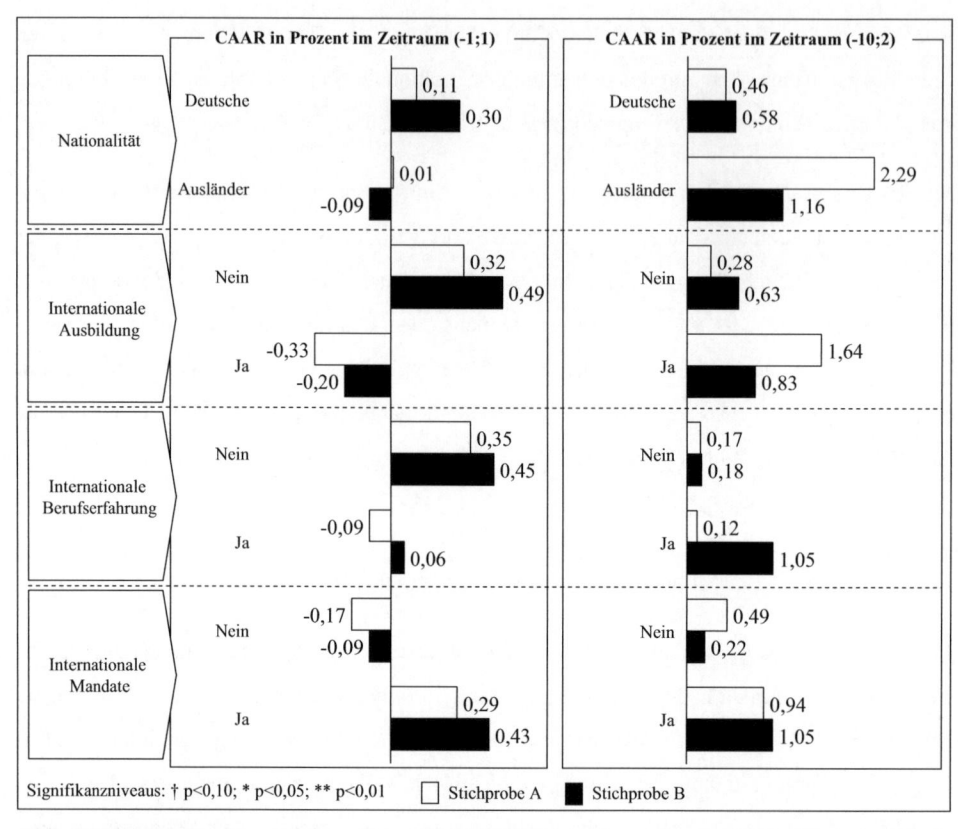

Abb. 37: CAAR für die einzelnen Internationalitätsdimensionen in den Betrachtungszeitfenstern (-1;1) und (-10;2)

Im Zeitraum (-1;1) führt die Benennung von deutschen Führungskräften und von Personen, die über keine internationale Ausbildung oder Berufserfahrung verfügen, zu positiven und vergleichsweise hohen abnormalen Renditen. Neubesetzungen von Ausländern oder Top-Managern, die bereits internationale Ausbildungs- oder Berufserfahrung sammeln konnten, weisen hingegen negative oder relativ niedrige abnormale Renditen auf. Lediglich bei der Dimension „internationale Mandate" zeigt sich das erwartete Bild: Hier verursacht der Zugang von Führungskräften, die keine Mandate in den Corporate-Governance-Gremien ausländischer Unternehmen ausüben, negative abnormale Renditen. Demgegenüber treten bei Personen mit internationalen Mandaten im Durchschnitt positive kumulierte abnormale Renditen auf. Da die errechneten Renditen in allen Fällen insignifikant sind, können die Ergebnisse jedoch nicht verallgemeinert werden.

Im Intervall (-10;2) werden für die einzelnen Internationalitätsdimensionen ausschließlich positive Kapitalmarktreaktionen beobachtet. Und hier verursacht die Benennung von Ausländern, Top-Managern mit internationaler Ausbildungs- oder Berufserfahrung sowie von Personen, die internationale Mandate ausüben, höhere abnormale Renditen.[293] Die stärksten Aktienkursreaktionen lassen sich dabei bei der Dimension „Nationalität" beobachten: Der Neuzugang von ausländischen Vorstands- und Aufsichtsratsmitgliedern verursacht in Stichprobe A abnormale Renditen in Höhe von 2,29%, in Stichprobe B werden 1,16% ermittelt. Einschränkend muss auch hier darauf hingewiesen werden, dass die dargestellten Werte insignifikant sind.

Die vergleichende Darstellung beider Betrachtungszeitfenster zeigt, dass die Auswahl des Intervalls einen maßgeblichen Einfluss auf die Analyseergebnisse ausübt. Zusammenfassend kann festgehalten werden, dass im Zeitintervall (-1;1) die internationalen Mandate einer Person den stärksten Einfluss auf die abnormalen Renditen ausüben. Im Betrachtungszeitfenster (-10;2) treten bei der Dimension „Nationalität" vergleichsweise hohe Aktienmarktreaktionen auf. Eine eindeutige Aussage im Hinblick auf besonders einflussreiche Internationalitätsdimensionen ist allerdings aufgrund der insignifikanten Ergebnisse nicht möglich.[294]

Zur Verfeinerung der bisherigen Untersuchungen werden im Folgenden Regressionen geschätzt, die jeweils nur eine der vier Internationalitätsdimensionen als unabhängige Variable berücksichtigen. Die Überprüfung der in Hypothese 1 formulierten Wirkungsbeziehung erfordert dabei lineare Modelle. Da die abschnittsweise Regression in Abschnitt 6.3.3.1 einen umgekehrt U-förmigen Zusammenhang zwischen den Variablen INT und CAR ermittelt, werden

---

[293] Die einzige Ausnahme stellt die Dimension „internationale Berufserfahrung" dar. In Stichprobe A treten beim Neuzugang von Führungskräften ohne internationale Berufserfahrung höhere abnormale Renditen auf (0,17%) als bei Top-Managern, die Berufserfahrung im Ausland sammeln konnten (0,12%).

[294] Ergänzend zu den vorangegangenen Ausführungen muss darauf hingewiesen werden, dass einzelne Investorengruppen den jeweiligen Internationalitätsdimensionen möglicherweise eine unterschiedlich große Bedeutung beimessen. So besitzen, Oesterle/Richta (2011, S. 133) folgend, beispielsweise deutsche Privatanleger und (ausländische) institutionelle Investoren verschiedene Investitionspräferenzen. In diesem Zusammenhang zeigt Schmidl (1997, S. 281-288), dass das Anlageverhalten deutscher Privatinvestoren einem „home bias" unterliegt. Mit anderen Worten: Privataktionäre aus Deutschland bevorzugen Investitionen in Unternehmen aus Deutschland und legen dabei möglicherweise nur geringen Wert auf die Nationalität, die internationale Ausbildung, die internationale Berufserfahrung oder die internationalen Mandate der Top-Manager. Im Gegensatz dazu kann in Anlehnung an Oxelheim/Randøy (2003, S. 2371) und Berry (2006, S. 1126-1127) vermutet werden, dass ausländische institutionelle Investoren bei ihren Investitionen in deutsche Unternehmen unter anderem auch die Nationalität und die internationale Berufserfahrung der Top-Manager berücksichtigen.

zudem polynomische Modelle herangezogen.[295] Tabelle 23 verdeutlicht die stochastische Form der einzelnen Regressionsfunktionen.

Betrachtete Internationalitätsdimension (Art des Regressionsmodells)	Stochastische Form
Nationalität (linear)	CAR = $\beta_0+\beta_1$*Nationalität+ β_2*PRE_DOI+ β_3*ASSET+β_4*PPERF$_{ROA/ROE}$+ β_5*PPERF$_{TSR}$+β_6*TMTSIZE+β_7*AGE+β_8*AY+ β_9*GEN+ β_{10}*EXP+β_{11}*INT$_{TOTAL}$+ β_{12}*TENDIV
Internationale Ausbildung (linear)	CAR = $\beta_0+\beta_1$*int.Ausbildung+β_2*PRE_DOI+ β_3*ASSET+β_4*PPERF$_{ROA/ROE}$+ β_5*PPERF$_{TSR}$+β_6*TMTSIZE+β_7*AGE+β_8*AY+ β_9*GEN+ β_{10}*EXP+β_{11}*INT$_{TOTAL}$+ β_{12}*TENDIV
Internationale Ausbildung (polynomisch)	CAR = $\beta_0+\beta_1$*int.Ausbildung+β_2*int.Ausbildung^2+ β_3PRE_DOI+ β_4*ASSET+β_5*PPERF$_{ROA/ROE}$+ β_6*PPERF$_{TSR}$+β_7*TMTSIZE+β_8*AGE+ β_9*AY+ β_{10}*GEN+ β_{11}*EXP+β_{12}*INT$_{TOTAL}$+ β_{13}*TENDIV
Internationale Berufserfahrung (linear)	CAR = $\beta_0+\beta_1$*int.Berufserfahrung+β_2*PRE_DOI+ β_3*ASSET+β_4*PPERF$_{ROA/ROE}$+ β_5*PPERF$_{TSR}$+β_6*TMTSIZE+β_7*AGE+β_8*AY+ β_9*GEN+ β_{10}*EXP+β_{11}*INT$_{TOTAL}$+ β_{12}*TENDIV
Internationale Berufserfahrung (polynomisch)	CAR = $\beta_0+\beta_1$*int.Berufserfahrung+ β_2*int.Berufserfahrung^2+β_3PRE_DOI+ β_4*ASSET+β_5*PPERF$_{ROA/ROE}$+β_6*PPERF$_{TSR}$+ β_7*TMTSIZE+β_8*AGE+β_9*AY+ β_{10}*GEN+ β_{11}*EXP+β_{12}*INT$_{TOTAL}$+ β_{13}*TENDIV
Internationale Mandate (linear)	CAR = $\beta_0+\beta_1$*int.Mandate+β_2*PRE_DOI+ β_3*ASSET+β_4*PPERF$_{ROA/ROE}$+ β_5*PPERF$_{TSR}$+β_6*TMTSIZE+β_7*AGE+β_8*AY+ β_9*GEN+ β_{10}*EXP+β_{11}*INT$_{TOTAL}$+ β_{12}*TENDIV
Internationale Mandate (polynomisch)	CAR = $\beta_0+\beta_1$*int.Mandate+β_2*int.Mandate^2+ β_3PRE_DOI+β_4*ASSET+β_5*PPERF$_{ROA/ROE}$+ β_6*PPERF$_{TSR}$+β_7*TMTSIZE+β_8*AGE+ β_9*AY+ β_{10}*GEN+ β_{11}*EXP+β_{12}*INT$_{TOTAL}$+ β_{13}*TENDIV

Tab. 23: Betrachtete Regressionsmodelle im Zusammenhang mit der Aufsplittung der Dimensionen des Internationalitätsindex

---

[295] Eine vergleichbare Vorgehensweise findet sich etwa bei Gomes/Ramaswamy (1999), Jaw/Lin (2009) und Richard/Barnett/Dwyer/Chadwick (2004).

Die regressionsanalytische Prüfung ermöglicht es, präzisere Aussagen über den Einfluss der einzelnen Komponenten des Internationalitätsindex auf die kumulierten abnormalen Renditen zu treffen. Durch die Prüfung der Regressionskoeffizienten (β-Werte) kann beispielsweise festgestellt werden, ob zwischen den jeweiligen Internationalitätsdimensionen und der abhängigen Variable CAR eine linear positive oder linear negative Verbindung besteht. Darüber hinaus ermöglicht die Hinzunahme der quadrierten Werte einzelner Variablen die Identifizierung polynomischer Wirkungszusammenhänge. In Tabelle 24 werden die β-Werte sowie die Gütemaße der jeweiligen Gesamtmodelle ausgewiesen.

Modell	Betrachtungs-zeitfenster	Stichprobe	β-Wert der Internationalitätsdimension		F-Wert	R^2	Korr. R^2
Nationalität (linear)	(-1;1)	A		-0,008	1,37	0,149	0,040
		B		-0,006	0,86	0,081	-0,014
	(-10;2)	A		0,000	1,83†	0,189	0,086
		B		-0,032	1,26	0,115	0,024
Internationale Ausbildung (linear)	(-1;1)	A		-0,003†	1,59	0,168	0,062
		B		-0,002	0,92	0,086	-0,008
	(-10;2)	A		0,000	1,84†	0,189	0,086
		B		0,000	1,26	0,115	0,024
Internationale Ausbildung (polynomisch)	(-1;1)	A	X	-0,004	1,45	0,169	0,052
			X^2	0,000			
		B	X	-0,003	0,85	0,087	-0,010
			X^2	0,000			
	(-10;2)	A	X	0,012	1,86†	0,192	0,088
			X^2	-0,002			
		B	X	0,004	1,27	0,115	0,025
			X^2	0,001			
Internationale Berufserfahrung (linear)	(-1;1)	A		-0,001†	1,67†	0,176	0,071
		B		-0,001	1,05	0,098	0,005
	(-10;2)	A		0,000	1,86*	0,196	0,088
		B		-0,003	1,31	0,118	0,027
Internationale Berufserfahrung (polynomisch)	(-1;1)	A	X	0,000	1,56	0,179	0,064
			X^2	0,000			
		B	X	0,000	1,03	0,104	0,004
			X^2	0,000			
	(-10;2)	A	X	0,002	1,92*	0,197	0,094
			X^2	0,000			
		B	X	0,002	1,38	0,124	0,035
			X^2	0,000			
Internationale Mandate (linear)	(-1;1)	A		0,001	1,35	0,147	0,040
		B		0,002	0,90	0,084	-0,009
	(-10;2)	A		0,003	1,91*	0,196	0,093
		B		0,003	1,40	0,126	0,036

Modell	Betrachtungs-zeitfenster	Stich-probe	β-Wert der Internationalitätsdimension		F-Wert	R²	Korr. R²
Internationale Mandate (polynomisch)	(-1;1)	A	X	0,005	1,34	0,157	0,039
			X²	0,000			
		B	X	0,005	0,91	0,090	-0,009
			X²	0,000			
	(-10;2)	A	X	0,005	1,87*	0,193	0,089
			X²	0,000			
		B	X	0,007	1,33	0,119	0,030
			X²	0,000			

Signifikanzniveaus: † p<0,10; * p<0,05; ** p<0,01

Tab. 24: Gesonderte Betrachtung der Internationalitätsdimensionen: Ergebnisse der Regressionsschätzungen

Die in der obigen Tabelle aufgeführten Ergebnisse zeigen für Stichprobe A und Betrachtungszeitfenster (-1;1) einen negativen (p<0,10) Zusammenhang zwischen der Berufserfahrung im Ausland und den kumulierten abnormalen Renditen. In diesem Modell gilt demnach: Je höher die internationale Berufserfahrung einer Person, desto niedriger sind die kumulierten abnormalen Renditen, welche bei ihrer Benennung in den Vorstand oder Aufsichtsrat eines Unternehmens beobachtet werden können.

Aus Tabelle 24 ist allerdings auch ersichtlich, dass für alle anderen Dimensionen keine signifikanten β-Werte bestätigt werden können.[296] Die Resultate der Regressionsschätzungen erlauben folglich keinen eindeutigen Rückschluss auf die Wirkungsbeziehungen zwischen den einzelnen Internationalitätsdimensionen und den kumulierten abnormalen Renditen. Bei dem Zusammenspiel zwischen der Internationalität einer Person und den Aktienkursreaktionen handelt es sich vermutlich um ein komplexes Phänomen, welches stark von der Wahl des Betrachtungszeitfensters beziehungsweise der untersuchten Stichprobe beeinflusst wird. Simple lineare oder polynomische Verbindungen zwischen den jeweiligen Komponenten des Index und der abhängigen Variable CAR scheinen nicht beziehungsweise nur vereinzelt zu existieren.

---

[296] In weiteren Modellen werden teilweise zwar signifikante β-Werte beobachtet, in diesen Fällen ist jedoch der F-Wert des Gesamtmodells insignifikant. Eine Interpretation der einzelnen Regressionskoeffizienten ist daher nicht sinnvoll. Vgl. Backhaus (2008, S. 73-74), Kohler/Kreuter (2008, S. 201).

6.3.6 Konsolidierung der Ergebnisse

Im Anschluss an die empirische Untersuchung durch Patell-Tests und multivariate Regressionsverfahren werden in diesem Abschnitt die wesentlichen Analyseergebnisse zusammengefasst. Dabei dienen die drei Forschungsfragen der vorliegenden Arbeit als Gliederungselemente.

1. Existiert ein unmittelbarer Zusammenhang zwischen der Internationalität eines Top-Managers und dem finanziellen Erfolg eines Unternehmens?

Basierend auf den Argumentationen des upper-echelons-Ansatzes und der Resource-Dependence-Theorie und der Signaling-Theorie postuliert Hypothese 1 einen linear positiven Zusammenhang zwischen der Internationalität einer Führungskraft und den abnormalen Renditen, die zum Zeitpunkt der Benennung auftreten. Die Ergebnisse der Patell-Tests und der linearen Regressionsanalyse bestätigen diese Vermutung allerdings nicht. Hypothese 1 muss folglich verworfen werden. Die abschnittsweise Regression zeigt jedoch, dass zwischen den Variablen „INT" und „CAR" durchaus eine Verbindung existiert. Für überdurchschnittlich internationale Personen wurde ein umgekehrt U-förmiger Zusammenhang zwischen der Internationalität und den abnormalen Renditen bestätigt. Damit gilt: Forschungsfrage 1 muss differenzierter beantwortet werden. Eine globale, linear positive Wirkungsbeziehung zwischen der Internationalität einer Person und dem finanziellen Erfolg eines Unternehmens existiert nicht. Überschreitet die Internationalität allerdings eine kritische Schwelle, so zeigt sich ein umgekehrt U-förmiger Zusammenhang zwischen den Variablen „INT" und „CAR".

2. Inwiefern beeinflusst die Internationalität der Unternehmensaktivitäten den unmittelbaren Zusammenhang zwischen der Internationalität eines Top-Managers und dem finanziellen Erfolg eines Unternehmens?

Der in Hypothese 2 vermutete Moderationseffekt wird in keinem der untersuchten Regressionsmodelle bestätigt. In allen Fällen weist die Interaktionsvariable „INT*PRE_DOI" insignifikante Regressionskoeffizienten auf. Hypothese 2 ist damit verworfen und die korrespondierende Forschungsfrage 2 muss verneint werden. Es scheint, als würde sich die Internationalität der Unternehmensaktivitäten nicht auf die Beziehung zwischen den Variablen INT und CAR auswirken.

3. *Inwiefern unterscheidet sich der Einfluss der Internationalität eines Top-Managers auf den finanziellen Erfolg eines Unternehmens zwischen Personen, die unterschiedlichen Corporate-Governance-Gremien angehören?*

Die Ergebnisse der Patell-Tests in Abschnitt 6.3.4 zeigen, dass sich die Reaktionen des Kapitalmarkts auf die Benennung von Vorstandsvorsitzenden/-sprechern, „einfachen" Vorstandsmitgliedern, Aufsichtsratsvorsitzenden und „einfachen" Aufsichtsratsmitgliedern teilweise deutlich voneinander unterscheiden. Da die ermittelten durchschnittlichen kumulierten abnormalen Renditen nicht in allen Fällen signifikant sind, können jedoch lediglich Tendenzaussagen formuliert werden:

- Es scheint, dass die Benennung von Vorstandsvorsitzenden/-sprechern zu höheren abnormalen Renditen führt als die Neubesetzung von Vorstandsmitgliedern, die keine Vorsitzenden- oder Sprecherfunktion ausüben. Dies deutet auf eine Bestätigung der in Hypothese 3-1a formulierten Wirkungsbeziehung hin.

- Wird zwischen internationalen Vorstandsvorsitzenden/-sprechern und „einfachen" internationalen Vorstandsmitgliedern unterschieden, zeigt sich ein anderer Effekt. Für beide Personengruppen werden größtenteils negative abnormale Renditen errechnet. Die Aktienkursreaktionen auf die Benennung internationaler Vorstandsvorsitzender/-sprecher sind dabei weniger negativ als Kapitalmarktreaktionen auf die Benennung internationaler Vorstandsmitglieder ohne Vorsitzenden/-Sprecherfunktion. Hypothese 3-1b wird folglich nicht bestätigt.

- Die Benennung von Aufsichtsratsvorsitzenden verursacht nicht in allen Fällen höhere abnormale Renditen als die Neubesetzung von Aufsichtsratsmitgliedern, die keine Vorsitzendenfunktion ausüben. Teilweise werden bei den „einfachen" Aufsichtsratsmitgliedern höhere Aktienkursreaktionen beobachtet. Dieses Ergebnis widerspricht der in Hypothese 3-2a vermuteten Relation.

- Wird bei den Mitgliedern des Aufsichtsrats zwischen internationalen Aufsichtsratsvorsitzenden und internationalen Aufsichtsratsmitgliedern ohne Vorsitzendenfunktion unterschieden, zeigt sich ein relativ heterogenes Bild. Einerseits deuten die Ergebnisse des Betrachtungszeitraums (-10;2) auf eine Bestätigung der in Hypothese 3-2b formulierten Wirkungsbeziehung hin. In diesem Intervall ist bei der Neubesetzung eines internationalen Aufsichtsratsvorsitzenden eine höhere Aktienkursreaktion zu beobachten als bei der Benennung eines „einfachen" internationalen Aufsichtsratsmitglieds. Im Betrachtungszeitfenster (-1;1) tritt hingegen eine gegenteilige Situation ein. Hier führt eine Berufung von internationalen Aufsichtsratsvorsitzenden zu niedrigeren abnormalen Renditen als die Neubesetzung von Aufsichtsratsmitgliedern, die keine Vorsitzendenfunktion ausüben.

Abschließend werden in Tabelle 25 die Ergebnisse der einzelnen Hypothesenprüfungen zusammengefasst.

Hypothese	Vermutete Wirkungsbeziehung	Empirisch ermittelte Wirkungsbeziehung	Hypothese bestätigt?
1	Je höher die individuelle Internationalität eines Top-Managers, desto höher sind die abnormalen Renditen, die bei der Benennung dieser Person in den Vorstand oder Aufsichtsrat eines Unternehmens beobachtet werden können.	− Linear positiver Zusammenhang zwischen den Variablen INT und CAR konnte nicht bestätigt werden. − Patell-Tests zeigen signifikant positive abnormale Renditen für Personen mit einem „mittleren" Internationalitätsniveau. − Abschnittsweise Regression identifiziert einen umgekehrt U-förmigen Zusammenhang zwischen INT und CAR für Fälle, bei denen die Internationalität überdurchschnittlich hoch ist.	Teilweise. Es existiert kein linearer Zusammenhang, allerdings wurde eine polynomische Wirkungsbeziehung zwischen INT und CAR identifiziert.
2	Die Internationalität der Unternehmensaktivitäten moderiert den Zusammenhang zwischen der Benennung eines internationalen Top-Managers und den abnormalen Renditen: Je internationaler die Aktivitäten des Unternehmens, desto positiver reagiert der Aktienkurs auf die Benennung internationaler Top-Manager.	− In keinem der betrachteten Regressionsmodelle (lineare und abschnittsweise Regression) weist die Interaktionsvariable „INT*PRE_DOI" signifikante β-Werte auf. Der Moderationseffekt wird folglich nicht bestätigt.	Nein.
3-1a	Bei der Benennung eines Vorstandsvorsitzenden/-sprechers ist eine höhere Aktienkursreaktion zu beobachten als bei der Benennung eines Vorstandsmitglieds, welches keine Vorsitzenden-/Sprecherfunktion ausübt.	− Bei der Benennung von Vorstandsvorsitzenden/-sprechern treten in beiden Stichproben und Betrachtungszeitfenstern höhere abnormale Renditen auf. − Die ermittelten abnormalen Renditen für Mitglieder aus beiden Corporate-Governance-Gremien sind jedoch größtenteils insignifikant.	Teilweise. Der postulierte Effekt wurde beobachtet, allerdings sind die ermittelten Renditen nicht immer signifikant.
3-1b	Bei der Benennung eines internationalen Vorstandsvorsitzenden/-sprechers ist eine höhere Aktienkursreaktion zu beobachten als bei der Benennung eines internationalen Vorstandsmitglieds, welches keine Vorsitzenden-/Sprecherfunktion ausübt.	− Bei der Benennung internationaler Vorstandsvorsitzender/-sprecher werden größtenteils negative abnormale Renditen ermittelt. − Bei Neubesetzungen von internationalen Vorstandsmitgliedern (kein Vorsitz/Sprecher) werden ausschließlich negative abnormale Renditen beobachtet. − Die abnormalen Renditen sind insignifikant.	Nein.

Hypo-these	Vermutete Wirkungsbeziehung	Empirisch ermittelte Wirkungsbeziehung	Hypothese bestätigt?
3-2a	Bei der Benennung eines Aufsichtsratsvorsitzenden ist eine höhere Aktienkursreaktion zu beobachten als bei der Benennung eines Aufsichtsratsmitglieds, welches keine Vorsitzendenfunktion ausübt.	– Im Betrachtungszeitfenster (-1;1) führt die Benennung von Aufsichtsratsvorsitzenden zu höheren (insignifikanten) abnormalen Renditen als die Neubesetzung von „einfachen" Aufsichtsratsmitgliedern. – Im Intervall (-10;2) treten höhere und signifikante Aktienkursreaktionen bei der Benennung von „einfachen" Aufsichtsratsmitgliedern auf.	Nein. Im Betrachtungszeitfenster (-10;2) zeigt sich sogar sich ein gegenteiliger Effekt.
3-2b	Bei der Benennung eines internationalen Aufsichtsratsvorsitzenden ist eine höhere Aktienkursreaktion zu beobachten als bei der Benennung eines internationalen Aufsichtsratsmitglieds, welches keine Vorsitzendenfunktion ausübt.	– Mit Ausnahme von Betrachtungszeitfenster (-1;1) und Stichprobe A werden bei der Benennung von internationalen Aufsichtsratsvorsitzenden höhere kumulierte abnormale Renditen ermittelt. – Alle beobachteten Renditen sind insignifikant.	Teilweise. Der postulierte Effekt wurde in vielen Fällen beobachtet, allerdings sind die abnormalen Renditen insignifikant.

Tab. 25: Ergebnisse der Hypothesenprüfung

7 Zusammenfassende Diskussion

7.1 Implikationen der Arbeit

Die vorliegende Arbeit analysiert systematisch, inwiefern sich die Benennung internationaler Vorstände und Aufsichtsräte auf den Erfolg deutscher DAX-30-Unternehmen auswirkt. Sie trägt damit zur Weiterentwicklung eines relativ unerforschten Forschungsfeldes bei (vgl. Abschnitt 3.1.2 und 3.1.3). Im Folgenden werden die zentralen inhaltlichen, konzeptionellen und methodischen Ergebnisse zusammengefasst (Abschnitte 7.1.1, 7.1.2 und 7.1.3).

7.1.1 Inhaltliche Erkenntnisse

Durch die Analyse der Führungsgremien deutscher Unternehmen wird die Literatur zu Top-Management-Teams ergänzt, die sich bislang vorwiegend der Untersuchung angloamerikanischer Unternehmen widmet. Während die Themen „Top Management Team Diversity" und „Top Management Team Internationalization" in angloamerikanischen Journals bereits seit einigen Jahren verstärkt diskutiert werden, kommt es im deutschsprachigen Raum bislang relativ selten zu einer Auseinandersetzung mit diesem Themengebiet (Sackmann/Bissels/Bissels, 2002, S. 43; Süß, 2008, S. 407). Das Schlagwort „Diversität" wurde in den letzten Jahren zwar zunehmend auch in der deutschsprachigen wissenschaftlichen Literatur diskutiert (Süß, 2004, S. Süß, 2008; Süß, 2010; Süß/Kleiner, 2006), allerdings stellte dabei Internationalität eher selten ein Kriterium für Diversität dar. Analysen zur Internationalität deutscher Vorstände und Aufsichtsräte entstanden – wenn überhaupt – oftmals nur als „Nebenprodukt" (Arnegger/Hofmann/Pull/Vetter, 2010, S. 244; Dyllik/Torgler, 2007, S. 77-79; Gerum, 2007, S. 140; Hecker/Peters, 2010, S. 2255; Hilb, 2008, S. 69).

Mit der vorliegenden Untersuchung ist es erstmals möglich, einen umfassenden und vielschichtigen Blick auf die Erfolgswirkungen der Internationalität deutscher Top-Manager zu erhalten. In der Reihenfolge der Forschungsfragen (vgl. Abschnitt 1.2) sind dabei insbesondere die folgenden Punkte hervorzuheben:

(1) Zwischen der Benennung von Vorständen und Aufsichtsräten und den Aktienkursen deutscher DAX-30-Unternehmen existiert ein unmittelbarer Zusammenhang. Dabei spielt auch die Internationalität der Führungskräfte eine Rolle. Die Wirkungsbeziehung zwischen der individuellen Internationalität und den beobachteten Kapitalmarktreaktionen ist jedoch komplexer als vermutet. Signifikante abnormale Renditen treten erst dann auf, wenn die Internationalität

einer Person ein gewisses Mindestmaß überschreitet. Liegt das Internationalitätsniveau eines neu benannten Top-Managers unter dem Durchschnitt aller in der vorliegenden Arbeit betrachteten Führungskräfte, zeigt sich keine Reaktion des Kapitalmarkts. Bei überdurchschnittlich internationalen Individuen lässt sich hingegen ein umgekehrt U-förmiger Zusammenhang zwischen der Internationalität und den abnormalen Renditen beobachten. Damit wird die von Bingham/Felin/Black (2000, S. 289), Carpenter/Sanders/Gregersen (2000, S. 279), Carpenter/Pollock/Leary (2003, S. 811), Carpenter/Sanders/Gregersen (2001, S. 496), Hamori/Koyuncu (2011, S. 848) und Sambharya (1996, S. 741) vertretene Argumentation bestätigt, wonach die Internationalität einer Person einen „Schwellenwert" überschreiten muss, bevor Kapitalmarktteilnehmer diese Eigenschaft der Top-Manager in ihren Investitionsentscheidungen berücksichtigen.

Darüber hinaus verdeutlicht der umgekehrt U-förmige Verlauf der Regressionsfunktion, dass sich die Internationalität einer Person nicht in allen Fällen günstig auf den Unternehmenserfolg auswirkt. Den Untersuchungsergebnissen zufolge treten nur bei der Benennung von Personen, die über einen bestimmten Indexwert verfügen, positive abnormale Renditen auf. Neubesetzungen von Führungskräften mit einem zu geringen beziehungsweise zu hohen Internationalitätsniveau können sich hingegen negativ auf den Aktienkurs auswirken (siehe Abschnitt 6.3.3.2). Dieses Resultat steht im Gegensatz zu der in Hypothese 1 vermuteten Wirkungsbeziehung und es widerspricht auch der gegenwärtigen Berichterstattung zur Diversität deutscher Führungsgremien, in der regelmäßig ein vorteilhaftes Bild von international besetzten „Chefetagen" gezeichnet wird. Zahlreiche Publikationen der (Wirtschafts-)Presse vertreten scheinbar die Maxime: „Je internationaler die Vorstände und Aufsichtsräte deutscher Unternehmen sind, desto besser" (Fockenbrock, 2011; Gillmann/Fockenbrock, 2011; Kewes/Terpitz/Brors, 2011; Köhn, 2011; Weber-Rey, 2011). Vor diesem Hintergrund heben die vorliegenden Ergebnisse die Notwendigkeit eines differenzierteren Umgangs mit den Themen Vielfalt und Internationalität in deutschen Führungsgremien hervor. In Anlehnung an Nielsen muss die Internationalität einer Person als „zweischneidiges Schwert" beschrieben werden (Nielsen, 2010b, S. 189-190), die sich sowohl vorteilhaft als auch nachteilig auf den Unternehmenserfolg auswirken kann.[297]

Die Diskussion um Diversität in den Führungsgremien und die Tatsache, dass Vielfalt nicht nur positive, sondern auch negative Effekte haben kann, ist nicht neu. Einige Autoren aus verwandten Disziplinen folgen der Argumentation, wonach sich „zu wenig" beziehungsweise

---

[297] Vgl. hierzu bereits Schmid (2007, S. 10) und Schmid/Dauth (2011b).

ein „zu hohes" Maß an Diversität im Top-Management-Team ungünstig auf unternehmensspezifische Erfolgsmaße auswirkt (Campbell/Minguez Vera, 2010, S. 38; Dahlin/Wiengart/Hinds, 2005, S. 1119; Gebert, 2004, S. 413; Palmer/Varner, 2007, S. 5-6; Randøy/Thomsen/Oxelheim, 2006, S. 11; Richard/Barnett/Dwyer/Chadwick, 2004, S. 255; Roberson/Park, 2007, S. 553; Sackmann/Bissels/Bissels, 2002, S. 46). Diesen Arbeiten zufolge profitieren Top-Management-Teams zunächst von den vielfältigen Erfahrungshintergründen der einzelnen Führungskräfte, da beispielsweise die Kreativität und die Entscheidungsfindungsprozesse im Top-Management-Team verbessert werden (Olson/Parayitam/Twigg, 2006, S. 112; Ray, 2005, S. 98; Stahl/Maznevski/Voigt/Jonsen, 2010, S. 691). Überschreitet die Diversität allerdings einen „Sättigungspunkt" (Dahlin/Wiengart/Hinds, 2005, S. 1119), scheinen die nachteiligen Auswirkungen zu überwiegen – unterschiedliche Auffassungen und Herangehensweisen der Führungskräfte verursachen Spannungen und ineffiziente Abstimmungsprozesse im Führungsgremium, welche sich wiederum negativ auf den Unternehmenserfolg auswirken können (Bresser, 2010, S. 39; Gebert, 2004, S. 415-416; Randøy/Thomsen/Oxelheim, 2006, S. 6-7).

Bei der Interpretation der oben aufgeführten Studienergebnisse ist jedoch zu beachten, dass viele der Beiträge bei der Operationalisierung des Konstrukts „Diversity" auf Heterogenitätsmaße zurückgreifen, die per Definition eine gesamte Personengruppe und nicht einzelne Individuen im Top-Management-Team berücksichtigen (Jackson/May/Whitney, 1995, S. 217).[298] Insofern können die Erkenntnisse aus dem Feld der Diversity-Forschung nur bedingt zur Erklärung des in der vorliegenden Arbeit beobachteten umgekehrt U-förmigen Verlaufs zwischen der Internationalität eines Top-Managers und den kumulierten abnormalen Renditen herangezogen werden. Eine präzisere Begründung des Wirkungszusammenhangs ergibt sich durch eine Betrachtung von Arbeiten, die sich explizit mit Individuen und deren Internationalität auseinandersetzen. So deuten bisherige Untersuchungsergebnisse auf unterschiedliche Erfolgsauswirkungen der Nationalität einzelner Top-Manager hin. Oxelheim/Randøy (2003, S. 2371-2372) ermitteln beispielsweise eine positive Reaktion des Aktienmarkts auf die Benennung angloamerikanischer Führungskräfte: „Having an outsider Anglo-American citizen on the board is a value statement that signals openness to foreign investors and a commitment to corporate transparency, i.e., adherence to the Anglo-American corporate governance model" (Oxelheim/Randøy, 2003, S. 2389). Darüber hinaus kann vermutet werden, dass Top-Manager, die ihre „prägenden Jahre" in einem für das jeweilige Unternehmen bedeutenden Auslandsmarkt verbracht haben, ebenfalls positive Kapitalmarktreaktionen hervorrufen (An-

---

[298] Vgl. hierzu auch die Ausführungen in Abschnitt 3.1.3.2.

kenbrand/Ritter, 2009, S. 16; Luo, 2005, S. 34).[299] Denkbar ist allerdings auch eine neutrale oder negative Aktienkursreaktion auf Führungskräfte, deren Nationalität von Investoren als relativ unbedeutend eingestuft wird (Oxelheim/Randøy, 2003, S. 2374).[300] Diese Tatsache spricht für eine differenziertere Operationalisierung des Konstrukts „Nationalität". Während in der vorliegenden Arbeit lediglich zwischen In- und Ausländern differenziert wird, könnte eine komplexere Erhebung zu einer Verfeinerung der Untersuchungsergebnisse beitragen.

Die Tatsache, dass ein Top-Manager eine internationale Ausbildung absolviert hat, wirkt sich in der Regel positiv auf dessen Karriereperspektiven aus (Hitt/Bierman/Shimizu/Kochhar, 2001, S. 14). Insofern ist auch davon auszugehen, dass Investoren einen derartigen Auslandsaufenthalt positiv bewerten. Kommt es allerdings aufgrund des Auslandsstudiums zu einer Verlängerung der gesamten Studienzeit, treten negative Effekte auf: Ein zu langer Auslandsaufenthalt beziehungsweise ein durch den Auslandsaufenthalt verlängertes Studium weisen möglicherweise auf die Unentschlossenheit und die fehlende Leistungsbereitschaft einer Person hin (Hartmann, 1996, S. 100). Diese Tatsache wird von potenziellen Arbeitgebern (und auch von Investoren) möglicherweise negativ bewertet und kann sich folglich auch nachteilig auf den unternehmensspezifischen Erfolg auswirken.

Bei der internationalen Berufserfahrung offenbart sich eine ähnliche Logik. Während beruflich bedingte Auslandsaufenthalte in vielen Fällen positiv bewertet werden, können sehr lange Phasen im Ausland nicht nur die Wiedereingliederung in ein Unternehmen beeinträchtigen (Hamori/Koyuncu, 2011, S. 848; Hartmann, 1996, S. 100), sondern auch dazu führen, dass Top-Managern der Zugang zu sozialen Netzwerken in ihrem Heimatland erschwert wird (Feldman/Thomas, 1992, S. 283). Für Führungskräfte, die lange Zeit im Ausland tätig waren, kann es daher problematisch sein, sich erneut auf die Kultur des Heimatlandes einzulassen oder gar mit Top-Managern aus dem Heimatland zusammenzuarbeiten (Feldman/Thomas, 1992, S. 283). Dies führt möglicherweise dazu, dass Investoren der Benennung von Führungskräften mit besonders langer internationaler Berufserfahrung eher skeptisch gegenüberstehen.

---

[299] Der Argumentation von Schmid/Daniel (2007b, S. 8) folgend, könnte beispielsweise eine positive Marktreaktion erwartet werden, wenn Top-Manager aus oder mit Verbindungen zu „Zukunftsmärkten" wie Brasilien, Russland, Indien und China in das Führungsgremium eines Unternehmens berufen werden.

[300] Es ist jedoch anzumerken, dass eine Unterscheidung zwischen „wichtigen" und „unbedeutenden" Nationalitäten nicht nur von der unternehmensspezifischen Situation, sondern auch von der individuellen Einschätzung und Risikoneigung der Investoren beeinflusst wird. Verallgemeinernde Rückschlüsse, wonach etwa die Benennung eines US-amerikanischen Top-Managers grundsätzlich positive Marktreaktionen hervorruft (Oxelheim/Randøy, 2003), müssen daher kritisch betrachtet werden.

Auch im Hinblick auf die internationalen Mandate einer Person sind sowohl positive als auch negative Auswirkungen auf den Unternehmenserfolg denkbar: Der Zugang zu internationalen Netzwerken kann einem Unternehmen beispielsweise helfen, rechtzeitig und angemessen auf Marktentwicklungen im Ausland zu reagieren (Ruigrok/Peck/Keller, 2006, S. 1202; Schoorman/Bazerman/Atkin, 1981, S. 244; Young/Charns/Shortell, 2001, S. 940). Vorstands- und Aufsichtsratsmitglieder, die relativ viele externe Mandate ausüben, sehen sich jedoch mit einem hohen Arbeits- und Reiseaufwand konfrontiert (Potthoff/Trescher, 2003, S. 204).[301] Eine intensive Auseinandersetzung mit unternehmensspezifischen Problemstellungen ist daher oftmals nicht möglich – die Qualität der Arbeit des Top-Managers sinkt (Adams/Hermalin/Weisbach, 2010, S. 87-88; Balsmeier/Buchwald, 2011, S. 105; McIntyre/Murphy/Mitchell, 2007, S. 557; Ruigrok/Peck/Keller, 2006, S. 1203). Fich/Shivdasani (2006, S. 706) stellen in diesem Zusammenhang fest, dass die Benennung von Top-Managern, die drei oder mehr externe Mandate wahrnehmen, einen signifikant negativen Einfluss auf den Unternehmenserfolg hat.

Diese genannten inhaltlichen Erkenntnisse im Hinblick auf die möglichen neutralen, positiven oder negativen Auswirkungen der Internationalität eines Top-Managers müssen in zukünftigen Studien näher untersucht werden. Aus einer konzeptionellen Perspektive erfordert dies eine stärkere Verknüpfung verschiedener theoretischer Ansätze: Nielsen fordert etwa die Integration von Theorien, die in der Lage sind, sowohl individuelle als auch gruppenspezifische Prozesse abzubilden (Nielsen, 2010a, S. 311).[302] Zugleich werden Bezugsrahmen benötigt, die eine Berücksichtigung der moderierenden Wirkung von unternehmens-, branchen- und kulturspezifischen Faktoren erlauben (Carpenter/Geletkanycz/Sanders, 2004, S. 772-774; Crossland/Hambrick, 2011, S. 812; Stahl/Maznevski/Voigt/Jonsen, 2010, S. 691). In methodischer Hinsicht könnten Strukturgleichungsmodelle helfen, latente Konstrukte wie die Internationalität adäquat zu analysieren und deren vielschichtige Wirkungsweise präziser zu erfassen (Nielsen, 2010a, S. 312).

(2) In der vorliegenden Arbeit wird davon ausgegangen, dass die Internationalität der Unternehmensaktivitäten den Zusammenhang zwischen der Internationalität eines Top-Managers und dem finanziellen Erfolg eines Unternehmens beeinflusst: Je intensiver ein Unternehmen

---

[301] Der Gesetzgeber beschränkt die Höchstzahl der Aufsichtsratsmandate einer Person auf zehn, wobei bis zu fünf konzerninterne Mandate unberücksichtigt bleiben und Vorsitzmandate doppelt gezählt werden. Vgl. Weber-Rey (2009) sowie § 100 Abs. 2 AktG.
[302] Diese Forderung wird auch in zahlreichen anderen Beiträgen unterstützt. Vgl. Hambrick (2005, S. 122), Hambrick (2007, S. 337-338), Hambrick (2010, S. 27-28), McIntyre/Murphy/Mitchell (2007), Nadkarni/Herrmann (2010, S. 1065).

im Ausland tätig ist, desto stärker profitiert es von dem Wissen und den Fähigkeiten internationaler Führungskräfte. Um diese in Hypothese 2 formulierte Annahme zu prüfen, wurde eine entsprechende Moderatorvariable in die regressionsanalytische Untersuchung einbezogen. Weder im linearen Modell noch in den abschnittsweisen Regressionsschätzungen konnte jedoch ein signifikanter Einfluss der unternehmensspezifischen Internationalität auf den Zusammenhang zwischen der Benennung internationaler Top-Manager und den kumulierten abnormalen Renditen nachgewiesen werden. Hypothese 2 wird folglich verworfen. Diese Tatsache mag zunächst überraschend erscheinen, schließlich ist es durchaus nachvollziehbar, dass internationale Unternehmen auf internationale Erfahrungen der Top-Manager angewiesen sind. Eine mögliche Erklärung für die insignifikanten Resultate findet sich in der Struktur der untersuchten Stichprobe: Wie bereits in Abschnitt 2.4.1 erläutert, erwirtschaften alle DAX-30-Unternehmen einen Großteil ihres Umsatzes außerhalb Deutschlands. Folglich lässt sich im Hinblick auf die Variable „Internationalität der Unternehmensaktivitäten" nur eine vergleichsweise geringe Varianz feststellen. Voraussetzung für eine sinnvolle empirische Analyse ist jedoch, dass die untersuchten Konstrukte Varianz aufweisen (Schrader, 1995, S. 5). Eine Erweiterung der Stichprobe um Neubesetzungen, die Unternehmen betreffen, welche nicht oder nur in geringfügigem Ausmaß international tätig sind, könnte die Ergebnisse der Regressionsschätzungen stark beeinflussen und dazu beitragen, die Bedeutung der Internationalität der Unternehmensaktivitäten präziser zu erfassen.

Darüber hinaus wirkt sich auch die Art und Weise der Operationalisierung des Konstrukts „Internationalität der Unternehmensaktivitäten" auf die Ergebnisse der statistischen Analyse aus. In Abschnitt 2.4.3 wurde gezeigt, weshalb der Anteil des Auslandsumsatzes am Gesamtumsatz als ein geeignetes Internationalitätsmaß für die in der vorliegenden Arbeit betrachteten Unternehmen gilt. Dennoch könnten künftige Studien alternative Operationalisierungsvarianten wählen und prüfen, inwiefern diese auf die Signifikanz der Interaktionsvariable einwirken.[303] Zudem basiert die unternehmensspezifische Internationalität auf dem durchschnittlichen Auslandsumsatz, welcher zwei Jahre vor der Benennung eines Top-Managers erzielt wurde. Ein Bestandteil der Interaktionsvariable „INT*PRE_DOI" ist damit vergangenheitsbezogen, während die abhängige Variable „CAR" die zukünftige Entwicklung des Unternehmens abbildet und damit auch zukünftigen Erwartungen hinsichtlich der Bedeutung des Auslandsgeschäfts beinhaltet. Die Tatsache, dass Parameter miteinander in Verbindung gebracht

---

[303] Interaktionsvariablen, die weitere Größen – wie etwa den Anteil des Aktivvermögens im Ausland – berücksichtigen, wirken sich höchstwahrscheinlich in anderer Form auf die Ergebnisse der Regressionsschätzung aus. Aufgrund mangelnder Datenverfügbarkeit wird jedoch auf die Berechnung zusätzlicher Auslandsquoten verzichtet.

werden, welche die Entwicklung eines Unternehmens zu unterschiedlichen Zeitpunkten widerspiegeln, kann daher ebenfalls als eine Ursache insignifikanter Analyseergebnisse gesehen werden.

(3) Die empirische Untersuchung hat gezeigt, dass Investoren unterschiedlich auf die Benennung von Vertretern aus den jeweiligen Corporate-Governance-Gremien reagieren. Somit kann eine Grundannahme des Hypothesenkranzes 3 als bestätigt angesehen werden. Allerdings führt lediglich die Neubesetzung von Anteilseignervertretern im Aufsichtsrat zu signifikant positiven kumulierten abnormalen Renditen, während bei den anderen Personengruppen keine beziehungsweise größtenteils insignifikante abnormale Renditen beobachtet werden. Das Ergebnis widerspricht damit bisherigen Arbeiten, die den Mitgliedern des Vorstands – und insbesondere dem Vorstandsvorsitzenden eines Unternehmens – eine besondere Bedeutung attestieren. Den Argumentationen dieser Studien folgend, wäre zu vermuten, dass personelle Veränderungen im Vorstandsvorsitz/-sprecheramt eines Unternehmens zu relativ starken Kapitalmarktreaktionen führen (Cheng/Chan/Leung, 2010, S. 267; Jaw/Lin, 2009, S. 229; Oesterle, 1999, S. 92-93; Pearce/Zahra, 1991, S. 135; Theisen, 2011, S. 56).

Eine denkbare Erklärung für dieses Resultat liefern die Spezifika der deutschen Unternehmensverfassung: Mit Einführung des Gesetzes zur Kontrolle und Transparenz im Unternehmensbereich (KonTraG) im Jahr 1998 sowie des Gesetzes zur weiteren Reform des Aktien- und Bilanzrechts, zu Transparenz und Publizität (TransPuG) im Jahr 2002 wurden die Einfluss- und Gestaltungsmöglichkeiten der Mitglieder des Aufsichtsrats deutlich erweitert (Lutter, 2009a, S. 324-325; Regierungskommission Deutscher Corporate Governance Kodex, 2010, S. 5). Wie bereits in Abschnitt 2.1.3 erwähnt, beschreibt Lutter in diesem Zusammenhang den Wandel des Aufsichtsrats vom (nur) „Kontrolleur" zum (auch) „Mitunternehmer" (Lutter, 2009b, S. 775). Darüber hinaus hat der Aufsichtsrat vermehrt auch konzernweite Aufgaben zu erfüllen – aufgrund der länderübergreifenden Aktivitäten der DAX-30-Unternehmen führt dies dazu, dass die Aufsichtsratsmitglieder zunehmend mit internationalen Problemstellungen konfrontiert werden (Lutter, 2009b, S. 776-777). Schreyögg/Papenheim-Tockhorn (1995, S. 225) zeigen zudem, dass Unternehmen den Aufsichtsrat nutzen, um dauerhafte interorganisationale Beziehungen aufzubauen und diese auch für unternehmenspolitische Zwecke zu nutzen. Damit liegt die Vermutung nahe, dass den Mitgliedern des Aufsichtsrats bei der Herstellung und Pflege von Beziehungen zu (ausländischen) Stakeholdern eine wichtigere Rolle zukommt als den Vorständen eines Unternehmens. Die einflussreiche Stellung sowie die internationale Exposition der Aufsichtsräte erklären damit zumindest teilweise, warum Investoren dieser Personengruppe eine besondere Bedeutung beimessen.

Eine zusätzliche Berücksichtigung der Internationalität der Mitglieder einzelner Corporate-Governance-Gremien – also die Unterscheidung der Aktienkursreaktionen auf die Benennung internationaler Vorstandsvorsitzender/-sprecher, „einfacher" internationaler Vorstandsmitglieder, internationaler Aufsichtsratsvorsitzender und „einfacher" internationaler Aufsichtsratsmitglieder – liefert keine signifikanten Ergebnisse. An dieser Stelle muss jedoch auf die relativ geringe Stichprobengröße verwiesen werden, welche sich möglicherweise verzerrend auf die parametrischen Testverfahren auswirkt.[304] Eine Interpretation der Analyseergebnisse ist aufgrund der geringen Stichprobengröße nicht sinnvoll (in einigen Fällen werden weniger als fünf Neubesetzungen betrachtet).

7.1.2 Konzeptionelle Erkenntnisse

Das vorliegende Forschungsvorhaben umfasst eine zentrale konzeptionelle Neuerung, welche die bisherige Literatur zu Top-Management-Teams ergänzt und zu einer präziseren Erforschung der Wirkungsweise von Internationalität beitragen kann. Die Arbeit verbindet mehrere theoretische Ansätze miteinander und spannt damit einen konzeptionellen Bezugsrahmen auf, der gerichtete Hypothesen über den Zusammenhang zwischen der Internationalität des Top-Managements und dem Unternehmenserfolg zulässt. Durch den Rückgriff auf den upper-echelons-Ansatz sowie auf die Resource-Dependence-Theorie ist es möglich zu argumentieren, warum internationale Top-Manager einen besonderen Wert für Unternehmen besitzen. Mit Hilfe der Signaling-Theorie können zusätzlich die Reaktionen der Investoren auf die Benennung internationaler Top-Manager einbezogen werden. Die vorliegende Arbeit ist also nicht „nur" eine weitere Studie, die besagt, dass Führungskräfte die Geschicke eines Unternehmens beeinflussen können (Carpenter/Geletkanycz/Sanders, 2004, S. 770). Sie stellt auch einen theoretischen Bezugsrahmen zur Verfügung, der darlegt, warum internationale Top Manager besonders „wertvoll" für Unternehmen sind und weshalb Investoren die Benennung von internationalen Top-Managern in ihren Investitionsentscheidungen berücksichtigen. Ferner sind Aussagen über die Erfolgswirkungen der Benennung einzelner Top-Manager möglich. Im Gegensatz zu vielen anderen Arbeiten betrachtet die Arbeit nicht die Struktur des gesamten Top-Management-Teams, sondern stellt die Internationalität von Individuen in den

---

[304] Für weitere Ausführungen hinsichtlich der Spezifikation parametrischer Testverfahren und der dafür notwendigen Stichprobengröße vgl. Abschnitt 5.3.3.2.

Vordergrund.[305] Das vorliegende Forschungsvorhaben nimmt damit eine Analyseebene ein, die in bisherigen Arbeiten weitgehend vernachlässigt wurde (Cannella/Holcomb, 2005, S. 207-208; Michl/Welpe/Spörrle/Picot, 2010, S. 83; Nielsen, 2010a, S. 311) und erweitert so die existierende upper-echelons-Forschung.[306]

7.1.3 Methodische Erkenntnisse

In methodischer Hinsicht ergänzt die vorliegende Arbeit die bestehende Literatur zu den Erfolgsauswirkungen der Internationalität von Top-Managern in zwei Bereichen. Zum einen, indem sie das Konstrukt „Internationalität" umfassend operationalisiert und damit detaillierte Analysen ermöglicht. Zweitens hilft die verwendete Ereignisstudienmethodik dabei, den unmittelbaren Einfluss der Internationalität auf den Aktienkurs eines Unternehmens zu isolieren und damit die Probleme existierender Kausalmodelle zu beheben.

(1) Durch die Verwendung des Index von Schmid/Daniel (2006) ist es möglich, die Internationalität einer Person präziser zu erfassen als in zahlreichen anderen Arbeiten. Wie in Abschnitt 3.1.2.2 gezeigt wurde, greifen viele Autoren bei der Operationalisierung des Konstrukts „Internationalität" lediglich auf eine Variable (beispielsweise die Nationalität einer Person) zurück. Wie problematisch eine solche Vorgehensweise sein kann, zeigt unter anderem Abbildung 25 in Abschnitt 6.1.3: Auch wenn ein Top-Manager Deutscher ist, kann er über vielfältige internationale Erfahrungen (etwa durch eine internationale Ausbildung) verfügen. Eine Reduktion der Internationalität auf die Nationalität der jeweiligen Person führt zu Verzerrungen und verfälscht den Einblick in den Zusammenhang zwischen den Variablen „Internationalität" und „Unternehmenserfolg".

(2) Beiträge, die einen Zusammenhang zwischen der Internationalität und dem Unternehmenserfolg untersuchen, gehen üblicherweise davon aus, dass sich die Internationalität einer Person mit einer gewissen zeitlichen Verzögerung auf unternehmensspezifische Erfolgsmaße auswirkt (Carpenter/Sanders/Gregersen, 2000, S. 280; Gong, 2006, S. 784; Nielsen, 2010b, S. 194) (vgl. Abschnitt 3.1.3.3). Unklar bleibt jedoch, welches Zeitintervall dabei als geeigne-

---

[305] Die Struktur des Top-Management-Teams wird im vorliegenden Forschungsvorhaben jedoch nicht vernachlässigt. So fließen beispielsweise die Kontrollvariablen „TENDIV" oder „INT$_{TOTAL}$" in die Regressionsmodelle ein (vgl. Abschnitt 5.3.4).
[306] Damit ist keine grundsätzliche Kritik an den Arbeiten verbunden, welche sich vorwiegend mit der Heterogenität im Top-Management-Team eines Unternehmens auseinandersetzen. Vgl. etwa Gong (2006), Li/Chu/Lam/Liao (2011), Zimmerman (2008). Durch die Betrachtung der Individualperspektive hat die vorliegende Arbeit vielmehr das Ziel, die Erkenntnisse der bisherigen Beiträge zu ergänzen.

ter „time-lag" herangezogen werden sollte. Für die Auswahl der entsprechenden Erhebungszeitpunkte abhängiger und unabhängiger Variablen steht keine objektiv nachvollziehbare Heuristik zur Verfügung.

Die durchgeführte Ereignisstudie ermöglicht die Messung des unmittelbaren Einflusses der Internationalität einer Person auf den unternehmensspezifischen Erfolg und vermeidet damit methodische Verzerrungen, die aufgrund der subjektiven Bestimmung von „time-lags" entstehen können (Oesterle/Richta, 2009, S. 75; Richard/Devinney/Yip/Johnson, 2009, S. 728). Damit wird die Argumentation von Nielsen berücksichtigt, die von zukünftigen Arbeiten der upper-echelons-Forschung eine präzisere Modellierung der Kausalzusammenhänge zwischen den Charakteristika des Top-Management-Teams und den unternehmensspezifischen Erfolgsvariablen erwartet (Hambrick, 2007, S. 338; Nielsen, 2010b, S. 190).[307]

7.2 Limitationen der Arbeit

Bei einer Einordnung der in den vorangegangenen Abschnitten erwähnten Erkenntnisse müssen auch die Limitationen der Arbeit berücksichtigt werden. In diesem Abschnitt werden wichtige inhaltliche, konzeptionelle und methodische Einschränkungen zusammengefasst.

7.2.1 Inhaltliche Limitationen

Bei der Selektion geeigneter Kandidaten für einen Vorstands- oder Aufsichtsratsposten gilt es, zahlreiche Kriterien zu berücksichtigen. Die Internationalität einer Person stellt damit lediglich *einen* Faktor dar, welcher bei der Berufung eines Top-Managers in den Vorstand oder eines Individuums in den Aufsichtsrat von Relevanz sein kann (Grothe, 2006, S. 317; Magnusson/Boggs, 2006, S. 111; Nielsen, 2009, S. 295; Schmid, 2007, S. 10; Schmid/Daniel, 2007b, S. 30). So weist Zimmermann beispielsweise auf die Bedeutung der Unternehmenszugehörigkeit einer Person hin: Bei der Wahl des Vorstands können unternehmensinterne Füh-

---

[307] Eine kausale Wirkung zwischen unabhängiger Variable (X) und abhängiger Variable (Y) lässt sich nachweisen, wenn drei Bedingungen erfüllt sind: (1) Es besteht ein Zusammenhang/eine Korrelation zwischen X und Y. (2) Die Änderung von X erfolgt zeitlich vor der Änderung von Y. (3) Es existieren keine weiteren Einflussgrößen, die herangezogen werden können, um eine Veränderung der abhängigen Variablen Y zu erklären. Mit der Ereignisstudie und der damit verbundenen Regressionsanalyse wurde den Bedingungen (1) und (2) Rechnung getragen. Durch die Bereinigung um „Confounding Events" wurde zudem versucht, Bedingung (3) gerecht zu werden. Es ist allerdings nachvollziehbar, dass selbst eine strenge Überprüfung auf „Confounding Events" nicht zu einer vollständigen Elimination sämtlicher Alternativerklärungen führt. Insofern kann nicht von einer kausalen Wirkung zwischen der Internationalität eines Top-Managers und den abnormalen Renditen einer Aktie ausgegangen werden. Vgl. hierzu auch Kaya (2009).

rungskräfte mit langjähriger Berufserfahrung im Heimatland gegenüber international erfahrenen externen Top-Managern bevorzugt werden (Festing/Dowling/Weber/Engle, 2011, S. 236-237; Segler/Wald/Weibler, 2007, S. 408; Zimmermann, 2010, S. 168-169). Dies gilt insbesondere in Unternehmen, deren Organisationsform dem Funktionalprinzip entspricht (Egelhoff, 1982, S. 453; Kutschker/Schmid, 2011, S. 507-508).

Vor diesem Hintergrund ist es nachvollziehbar, dass die Ergebnisse der vorliegenden Arbeit nicht herangezogen werden können, um etwa verlässliche Prognosen über Aktienkursentwicklungen zum Zeitpunkt einer Neubesetzung im Vorstand oder Aufsichtsrat zu erstellen: Die Internationalität einer Person erklärt schließlich nur einen Teil der abnormalen Renditen, die bei ihrer Benennung in das Führungsgremium auftreten. Diese Arbeit kann zudem keine Aussagen über die langfristigen Erfolgswirkungen der Benennung internationaler Top-Manager treffen. Hierzu sind Studien notwendig, welche den finanziellen Erfolg von Unternehmen mit internationalen Top-Management-Teams und Unternehmen mit nicht internationalen Führungskräften über mehrere Perioden miteinander vergleichen (Lee/James, 2007, S. 239).

7.2.2 Konzeptionelle Limitationen

(1) Das vorliegende Forschungsvorhaben folgt einem kritisch-rationalistischen Wissenschaftsverständnis und hat das Ziel, allgemeingültige Aussagen hinsichtlich des Zusammenhangs zwischen den Konstrukten „Internationalität eines Top-Managers" und „Unternehmenserfolg" zu treffen. Vor diesem Hintergrund muss gefragt werden, ob und inwiefern die durchgeführte quantitativ-empirische Untersuchung mit den Grundpositionen des upper-echelons-Ansatzes, der Resource-Dependence-Theorie und der Signaling-Theorie vereinbar ist. Wie bereits in Kapitel 4 herausgearbeitet wurde, gehen der upper-echelons-Ansatz und die Resource-Dependence-Theorie davon aus, dass die Realität durch jeden Top-Manager eines Unternehmens individuell konstruiert, erlebt und interpretiert wird (Hambrick/Mason, 1984, S. 200; Pfeffer/Salancik, 1978, S. 13). Schmid (1994, S. 41) merkt hierzu an: „Gerade in internationalen Unternehmungen erhöht sich mit der geographisch-kulturellen Vielfalt der Akteure und der damit einhergehenden Vielfalt an Werten, Normen und Verhaltensweisen die Unterschiedlichkeit und Komplexität der von den Beteiligten konstruierten, erlebten und interpretierten Wirklichkeiten". Der Argumentation von Schmid (1994, S. 41-42) weiter folgend, kann eine quantitativ-empirische Untersuchung diese unterschiedlichen Realitätskonstruktionen und -interpretationen der Führungskräfte nur unzureichend berücksichtigen. Mit

anderen Worten: Durch die Verwendung von demographischen Variablen als „Proxies" kann nicht festgestellt werden, inwiefern sich die Internationalität einer Person tatsächlich auf ihre Wahrnehmungs- und Entscheidungsfindungsprozesse auswirkt (Clark/Soulsby, 2007, S. 933). Zudem bleibt unklar, welche gruppendynamischen Prozesse durch die Benennung eines internationalen Top-Managers ausgelöst werden können (Kor, 2003, S. 717; Minichilli/Zattoni/Zona, 2009, S. 56). Wie reagieren andere Mitglieder des Top-Management-Teams auf internationale Neubesetzungen? Verändern sich durch die Neubesetzung Abstimmungs- und Entscheidungsfindungsprozesse im Führungsgremium? Diese Fragen werden durch die vorliegende Arbeit nicht beantwortet. Die „Black Box", welche sich mit den Prozessen innerhalb des Top-Management-Teams auseinandersetzt, bleibt folglich verschlossen (Nadkarni/Herrmann, 2010, S. 1052; Nielsen, 2010b, S. 201).[308]

Eine vergleichbare Argumentation trifft auch auf die vermutete Wirkung demographischer Charakteristika auf die Wahrnehmung von Investoren zu. Unter Rückgriff auf die Signaling-Theorie und in Anlehnung an bestehende Arbeiten (vgl. beispielsweise D'Aveni, 1990, S. 121; Higgins/Gulati, 2006, S. 1; Miller/del Carmen Triana, 2009, S. 759; Westphal/Graebner, 2010, S. 18-19; Zhang/Wiersema, 2009, S. 696-697) wird vermutet, dass Nationalität, internationale Ausbildung, internationale Berufserfahrung und internationale Mandate eines Top-Managers die Investitionsentscheidungen der Kapitalmarktteilnehmer beeinflussen. Die Gültigkeit dieser Annahme wird in der vorliegenden Arbeit – wie auch bei den oben genannten Autoren – vorausgesetzt und nicht durch eine (qualitative) Befragung von Investoren überprüft. Allerdings könnten beispielsweise Interviews mit privaten Aktionären und institutionellen Anlegern präzisere Aussagen über die Wahrnehmungs- und Wirkungsweise der Internationalität ermöglichen (Higgins/Gulati, 2006, S. 21).

(2) In Kapitel 4 werden bei der Entwicklung des konzeptionellen Bezugsrahmens hauptsächlich die Gemeinsamkeiten zwischen der upper-echelons-Perspektive, der Resource-Dependence-Theorie und der Signaling-Theorie hervorgehoben. Damit orientiert sich die vorliegende Arbeit an existierenden Beiträgen, die grundsätzlich von einer Kommensurabilität der drei Konzepte ausgehen (Nielsen, 2010a, S. 303-304).[309] Durch eine kritische Auseinandersetzung mit der Frage, inwieweit diese Theoriegebilde miteinander vergleichbar sind, kön-

---

[308] In Anlehnung an die Ausführungen von Lawrence (1997), Nadkarni/Hermann (2010, S. 1052), Nielsen (2010b, S. 201) und Schmid (1994, S. 42) kann argumentiert werden, dass qualitative Forschungsmethoden einen tieferen Einblick in die „Black Box" ermöglichen.
[309] So verbindet beispielsweise Romer (2009) die Argumentationsfiguren der upper-echelons-Perspektive und der Resource-Dependence-Theorie, Higgins/Gulati (2006) verknüpfen die Resource-Dependence-Theorie mit der Signaling-Theorie und Zhang/Wiersema (2009) weisen auf die Gemeinsamkeiten zwischen upper-echelons-Ansatz und Signaling-Theorie hin.

nen möglicherweise differenziertere Aussagen über die Vereinbarkeit von und die Gegensätze zwischen der upper-echelons-Perspektive, der Resource-Dependence-Theorie und der Signaling-Theorie getroffen werden. Ferner sollten zukünftige Studien herausarbeiten, welche Möglichkeiten und Grenzen bei der Übernahme angloamerikanisch geprägter Theorien in einen deutschen oder europäischen Untersuchungskontext existieren.

7.2.3 Methodische Limitationen

(1) Die vorliegende Arbeit untersucht ausschließlich Unternehmen, deren Aktien im deutschen Aktienindex DAX-30 gelistet waren. Mit dem Fokus auf Top-Manager deutscher Unternehmen ergänzt das vorliegende Forschungsvorhaben zwar die bisherige – vorwiegend angloamerikanische – Literatur, gleichzeitig sind die Ergebnisse nur eingeschränkt auf Unternehmen mit Sitz außerhalb Deutschlands übertragbar. Es ist davon auszugehen, dass die im Rahmen der Ereignisstudie ermittelten abnormalen Renditen von den Besonderheiten des dualistischen Corporate-Governance-Systems in Deutschland beeinflusst wurden (Grigoleit, 2011, S. 151-152; Seelhofer, 2010, S. 521-522). So sind etwa die hohen abnormalen Renditen, welche bei der Benennung von Aufsichtsratsmitgliedern auftreten (vgl. Abbildung 35), möglicherweise auf die relativ mächtige Stellung des deutschen Aufsichtsrats zurückzuführen.

Nicht nur über Ländergrenzen hinweg, auch innerhalb Deutschlands sind die Ergebnisse lediglich eingeschränkt verallgemeinerbar. Die Beschränkung der Stichprobe auf den Aktienindex DAX-30 erschwert die Übertragung der Resultate auf Unternehmen, deren Aktien in anderen Indizes (wie beispielsweise dem MDAX oder SDAX) gelistet sind. Für die vorgenommene Einschränkung sprechen jedoch forschungspraktische Gründe: Während die Meldungen für Aktien aus dem DAX-30 mit einer mittelstrengen Informationseffizienz verarbeitet werden, kann dies für andere deutsche Marktsegmente bezweifelt werden (Grigoleit, 2011, S. 152; Röder, 1999, S. 215).[310]

(2) Die statistischen Analysen der vorliegenden Arbeit beruhen auf relativ kleinen Stichproben von 107 Fällen (Stichprobe A) beziehungsweise 130 Fällen (Stichprobe B). Und die Stichprobengröße reduziert sich weiter, wenn ausschließlich der Bereich betrachtet wird, in dem ein signifikanter Zusammenhang zwischen der Internationalität und den abnormalen

---

[310] Röder (1999, S. 215) weist darauf hin, dass die Informationsverarbeitung bei MDAX-Werten und Nebenwerten nicht nach einem Handelstag abgeschlossen ist. Vielmehr erfolgt ein Großteil der Informationsverarbeitung noch mehrere Handelstage nach der eigentlichen Veröffentlichung von kursbeeinflussenden Meldungen.

Renditen festgestellt wurde: Die abschnittsweise Regression, welche sich auf überdurchschnittlich internationale Personen bezieht, basiert auf n=40 Neuzugängen (Stichprobe A) beziehungsweise n=47 Neuzugängen (Stichprobe B). Mit einem größeren Stichprobenumfang steigt die Genauigkeit von Parameterschätzungen während die Wahrscheinlichkeit, dass sich Merkmalsverteilungen der Stichprobe von Merkmalsverteilungen der Grundgesamtheit unterscheiden, sinkt (Bortz/Döring, 2006, S. 419). Zudem sind statistische Analysen größerer Stichproben weniger anfällig für atypische „Ausreißer" (Kohler/Kreuter, 2008, S. 215-216).

Auch wenn die Autoren existierender Arbeiten, deren Untersuchungen auf vergleichbaren Fallzahlen beruhen, die Aussagekraft ihrer statistischen Analysen nicht gefährdet sehen (Campbell/Minguez Vera, 2010, S. 46; Kang/Ding/Charoenwong, 2010, S. 890) und die in Abschnitt 6.2.1 beschriebenen Prüfungen für das vorliegende Forschungsvorhaben keine Hinweise auf verzerrende Effekte durch Ausreißer ergaben, bleibt festzuhalten, dass die gewonnenen Resultate und die teilweise insignifikanten Ergebnisse möglicherweise von dem relativ geringen Stichprobenumfang beeinflusst wurden.

(3) Die Beschränkung auf Sekundärdaten führt dazu, dass möglicherweise wichtige Informationen zur Internationalität einer Person unberücksichtigt bleiben. So fließen Angaben, die weder im Lebenslauf einer Person vermerkt sind noch in öffentlich verfügbaren Datenbanken zur Verfügung stehen, nicht in die Berechnung des individuellen Internationalitätsindex ein. Zugleich ist es denkbar, dass einige Informationen aus den Werdegängen der Top-Manager aufgrund von uneindeutigen Bezeichnungen fälschlicherweise als internationale Erfahrung deklariert werden (Hamori/Koyuncu, 2011, S. 859). Eine direkte Befragung der Top-Manager könnte die mit Hilfe von Sekundärdaten gewonnenen Informationen präzisieren. Aus forschungspraktischen Gründen wurde auf ein derartiges Vorgehen jedoch verzichtet (Staples, 2007, S. 315).

Ferner erlaubt eine Lebenslaufanalyse keine Rückschlüsse auf die mentalen Einstellungen und internationalen Orientierungen der Führungskräfte eines Unternehmens (Perlmutter, 1969; Schmid/Daniel, 2006, S. 35). Bereits Perlmutter (1969, S. 11) hält jedoch in diesem Zusammenhang fest: "The attitudes men hold are clearly more relevant than their passports".[311] Nur durch die Anwendung verfeinerter (quantitativer) Erhebungsmethoden (Carpenter/Geletkanycz/ Sanders, 2004, S. 772), vor allem aber durch innovative (qualitative) For-

---

[311] Schmid/Kretschmer (2005, S. 23) äußern sich in ihrem Beitrag ähnlich: „The mentality, however, may tell us more about a member of the supervisory board than just biographic data".

schungsdesigns kann ein tieferes Verständnis hinsichtlich der Internationalität von Top-Managern gewonnen werden.

(4) Wie bereits in Abschnitt 2.2.4.2 erwähnt, kann an der Zusammenstellung des Internationalitätsindex von Schmid/Daniel (2006) Kritik geübt werden. Neben der Tatsache, dass weitere relevante Internationalitätsdimensionen existieren, die nicht oder möglicherweise nur unzureichend berücksichtigt werden, muss hinterfragt werden, ob alle Internationalitätsdimensionen gleichgewichtig berücksichtigt werden sollten. Spielt etwa die internationale Berufserfahrung einer Person bei der Beurteilung durch Investoren eine bedeutendere Rolle als die internationale Ausbildung? Sind die internationalen Mandate „wichtiger" als die Nationalität eines Top-Managers? Diese und ähnliche Fragen erfordern eine qualitative Untersuchung, die Rückschlüsse auf die Wahrnehmung und Bewertungsschemata von Investoren zulässt. In der vorliegenden Arbeit wurde auf eine Gewichtung der einzelnen Internationalitätsdimensionen verzichtet – nicht zuletzt aufgrund der damit verbundenen Subjektivität.[312] Sofern zukünftige qualitative Untersuchungen eine Gewichtung der einzelnen Bestandteile des Internationalitätsindex nahelegen, muss eine Verfeinerung dieses Messinstruments vorgenommen werden.

(5) Die Ereignisstudienmethodik birgt neben zahlreichen methodischen Vorteilen auch Limitationen. So impliziert etwa die Berücksichtigung des Aktienkurses, dass nicht der tatsächlich realisierte, sondern der von Investoren erwartete Erfolg eines Unternehmens untersucht wird (O'Connell/Cramer, 2010, S. 390). Diese Tatsache muss bei der Interpretation der Ergebnisse berücksichtigt werden.

Darüber hinaus beeinträchtigt die Bereinigung der Neuzugänge um sogenannte „Confounding Events" die Erklärungskraft der Analysen. Die Wahl möglichst kurzer Betrachtungszeitfenster sowie die Elimination von „Confounding Events" führt möglicherweise dazu, dass alternative Begründungen für Reaktionen des Kapitalmarkts unentdeckt bleiben (Kang/Ding/Charoenwong, 2010, S. 893). Zukünftige Arbeiten könnten die quantitativen Ergebnisse der vorliegenden Arbeit durch qualitative Untersuchungen ergänzen, um eine umfassendere Analyse der Aktienkursreaktionen auf die Benennung internationaler Top-Manager zu ermöglichen (Collings/Morley/Gunnigle, 2008). Die von Lee und James durchgeführte „Centering Resonance Analysis" stellt eine Möglichkeit dar, mit deren Hilfe dargelegt werden könnte,

---

[312] Die Frage nach der Gewichtung einzelner Internationalitätsdimensionen wird auch von Schmid/Daniel (2006, S. 33) sowie von Schmid/Kretschmer (2005, S. 22-23) aufgegriffen. In diesen Arbeiten wird ebenfalls auf eine Gewichtung der Indexbestandteile verzichtet.

warum sich die Reaktionen von Investoren bezüglich der Neubesetzung von internationalen und nicht internationalen Führungskräften unterscheiden (Lee/James, 2007, S. 228).[313]

(6) Eine Diskussion über die Auswirkungen der Internationalität von deutschen Führungsgremien muss die Tatsache berücksichtigen, dass jüngste Forderungen – wie etwa die Anregungen im Deutschen Corporate Governance Kodex bezüglich der Berücksichtigung von Vielfalt in Vorstand und Aufsichtsrat – erst nach den Erhebungszeitpunkten dieses Forschungsvorhabens artikuliert wurden.[314] Zwar enthielt der Deutsche Corporate Governance Kodex bereits in der ersten veröffentlichten Fassung vom 26. Februar 2002 einen Hinweis, wonach bei der Besetzung des Aufsichtsrats auch die internationale Tätigkeit eines Unternehmens beachtet werden sollte (Regierungskommission Deutscher Corporate Governance Kodex, 2002, S. 9). Eine konkrete Hervorhebung der Bedeutung von Vielfalt beziehungsweise Diversity bei der personellen Auswahl der Vorstands- und Aufsichtsratsmitglieder findet sich jedoch erstmals in der Fassung vom 18. Juni 2009 (Regierungskommission Deutscher Corporate Governance Kodex, 2009, S. 10-12). Ergänzend hierzu weist der Koalitionsvertrag der im Jahr 2009 gewählten Bundesregierung auf eine notwendige „Professionalisierung der Aufsichtsratsarbeit" deutscher Aktiengesellschaften hin (Deutsche Bundesregierung, 2009, S. 23). Hierunter fällt nach einhelliger Meinung auch die Forderung nach einer angemessenen Vertretung internationaler Top-Manager (Deilmann/Albrecht, 2010, S. 730-731; Kocher, 2010, S. 264; Weber-Rey, 2009). Es bleibt abzuwarten, inwiefern die aktuellen Forderungen der Politik Eingang in die Unternehmenspraxis finden. Zu vermuten ist jedoch, dass künftige Untersuchungen eine Erhöhung der Internationalität von Vorständen und Aufsichtsräten feststellen (von Rosen/Leven, 2010, S. 735).[315] Damit verbunden ist die Annahme eines stärkeren Einflusses der Internationalität auf den Aktienkurs eines Unternehmens.

---

[313] Zur „Centering Resonance Analysis" vgl. Corman/Kuhn/Mcphee/Dooley (2002).
[314] Zu den herangezogenen Erhebungszeitpunkten vgl. auch Abschnitt 5.2.1.
[315] Diese These wird zusätzlich durch die Arbeiten der Autoren Bassen/Kleinschmidt/Prigge/Zöllner (2006, S. 383) und von Werder (2006, S. 534) unterstützt. In seiner Untersuchung stellt von Werder beispielsweise fest, dass insbesondere die im DAX-30 vertretenen Unternehmen den Empfehlungen des Deutschen Corporate Governance Kodex generell „in hohem Maße folgen" und damit höchstwahrscheinlich auch Maßnahmen zur Erhöhung der Internationalität in den Führungsgremien ergreifen.

7.3 Bedeutung der Arbeit für die Unternehmenspraxis

„Who cares how multinational we are as long as we're profitable?" Dieses Zitat aus der Arbeit von Perlmutter/Heenan (1974, S. 126) illustriert auch heute noch die Haltung mancher Unternehmen zu den Themen Diversität und Internationalität von Führungsgremien. Vielen Praxisvertretern ist unklar, welcher Nutzen mit einer höheren Internationalität im Vorstand oder Aufsichtsrat verbunden sein kann. Schließlich handelt es sich bei der Internationalität einer Person um ein komplexes Konstrukt, das sich nicht immer unmittelbar auf Erfolgsgrößen auswirkt. Die vorliegende Arbeit soll darlegen, (1) in welchen Dimensionen sich die Internationalität einer Person niederschlagen kann. Darüber hinaus gibt die Arbeit eine Antwort auf die für die Unternehmenspraxis relevante Frage, ob (2) internationale Top-Manager tatsächlich einen positiven Einfluss auf den finanzielle Größen haben können.

(1) Nach Ziffer 5.4.1 Satz 2 des Deutschen Corporate Governance Kodex soll der Aufsichtsrat eines Unternehmens „für seine Zusammensetzung konkrete Ziele benennen, die unter Beachtung der unternehmensspezifischen Situation die internationale Tätigkeit des Unternehmens, potenzielle Interessenskonflikte, eine festzulegende Altersgrenze für Aufsichtsratsmitglieder und Vielfalt (Diversity) berücksichtigen" (Regierungskommission Deutscher Corporate Governance Kodex, 2010, S. 10). Diese konkreten Ziele sollen auch eine Erhöhung der Internationalität vorsehen (Kocher, 2010, S. 264). Der Aufsichtsrat ist somit verpflichtet – sofern er den genannten Empfehlungen nachkommen möchte –, Überlegungen zu seiner konkreten Zusammensetzung anzustellen. Dabei hat die Regierungskommission darauf verzichtet, den Unternehmen bestimmte Quoten oder Richtlinien vorzugeben. Vielmehr ist es dem jeweiligen Unternehmen selbst überlassen, Zielvorgaben hinsichtlich der Internationalität zu definieren und der Forderung nach Diversität im Vorstand und Aufsichtsrat nachzukommen. Der in dieser Arbeit vorgestellte Internationalitätsindex erleichtert den deutschen DAX-30-Unternehmen nicht nur eine „Standortbestimmung" hinsichtlich des bisherigen Internationalitätsniveaus im Top-Management-Team; er stellt zugleich ein Instrument dar, welches im Rahmen der Corporate-Governance-Berichterstattung genutzt werden kann, um die Internationalität der Führungsgremien messbar zu machen.

(2) Die Eigenschaften und das Verhalten von Top-Managern stehen unter der regelmäßigen Beobachtung der Kapitalmarktakteure. Aktienkursreaktionen, die bei der Benennung eines neuen Vorstands- oder Aufsichtsratsmitglieds auftreten, gelten als eine erste „öffentliche Beurteilung" der Führungskraft durch die Investoren (Lin/Liu, 2011, S. 254). Es ist nachvollziehbar, dass sich Unternehmensvertreter im Zusammenhang mit der Neubesetzung eines

Top-Managers möglichst positive abnormale Renditen erhoffen. Ruft eine personelle Veränderung im Top-Management-Team hingegen negative Aktienkursreaktionen hervor, kann die Reputation des neu benannten Top-Managers beeinträchtigt werden (Graffin/Carpenter/ Boivie, 2011, S. 751).

Die Ergebnisse der abschnittsweisen Regression können möglicherweise bei einer Einschätzung der Kapitalmarktreaktion auf die Benennung neuer Führungskräfte helfen. Wird etwa davon ausgegangen, dass das Internationalitätsniveau einer Person relativ niedrig ist und daher nicht von den Investoren wahrgenommen wird, kann sich ein Unternehmen entschließen, zeitgleich mit der Verkündung des Neuzugangs weitere Nachrichten zu veröffentlichen, die tendenziell zu einer positiven Aktienkursreaktion führen (Graffin/Carpenter/Boivie, 2011, S. 752-753; Johnson/Ellstrand/Dalton/Dalton, 2005, S. 469). Damit wird die Wahrscheinlichkeit einer neutralen oder gar negativen Aktienkursreaktion, die das Ansehen eines neuen Top-Managers bereits vor Beginn seiner eigentlichen Amtszeit gefährden könnte, verringert.

7.4 Optionen für künftige Forschungsvorhaben

Auf Basis des Literaturüberblicks in Kapitel 3 sowie mit Hilfe der in Kapitel 4 dargestellten theoretisch-konzeptionellen Grundlagen lassen sich zahlreiche Optionen für zukünftige Forschungsvorhaben skizzieren. Im Folgenden sollen vier mögliche Weiterentwicklungen vorgestellt werden.

(1) Die vorliegende Arbeit widmet sich ausschließlich den Aktienkursreaktionen auf die Benennung internationaler Top-Manager in deutschen Unternehmen. Zukünftige Studien könnten durch länderübergreifende Ereignisstudien die Einflüsse spezifischer Corporate-Governance-Systeme herausarbeiten (Nielsen, 2010a, S. 305; Olie/van Iterson, 2004; Park, 2004; van Veen/Elbertsen, 2008, S. 394). Denkbar wäre beispielsweise ein Vergleich deutscher Unternehmen mit Unternehmen aus Ländern wie Österreich, Dänemark oder Schweden, in denen ebenfalls ein dualistisches Corporate-Governance-System vorherrscht (Austrian Working Group for Corporate Governance, 2010; Danish Corporate Governance Committee, 2010; Swedish Corporate Governance Board, 2010). Zusätzlich könnten die Resultate Beiträgen gegenübergestellt werden, die angloamerikanische Stichproben untersuchen und somit Unternehmen betrachten, die einer monistischen Unternehmensverfassung folgen.

Neben der differenzierten Betrachtung verschiedener Corporate-Governance-Systeme könnten zukünftige Studien auch den Einfluss institutioneller Investoren in verschiedenen Ländern überprüfen (Grothe, 2006, S. 30-32). Der Argumentation bisheriger Arbeiten folgend, drängen institutionelle Anleger vor allem angloamerikanische Unternehmen auf die Einhaltung von Diversitätskriterien (Carleton/Nelson/Weisbach, 1998, S. 1337-1338). Aber auch in Deutschland steigen sie zu einer maßgeblichen Investorengruppe auf und üben einen zunehmend stärkeren Einfluss auf die Strategie und Zusammensetzung des Top-Management-Teams aus (Muth/Brinker, 2005, S. 355). Interessant wäre daher ein Vergleich zwischen Ländern, in denen institutionelle Investoren unterschiedlich ausgeprägte Machtpositionen besitzen.

Nicht nur die Bedeutung institutioneller Anleger, sondern auch die Macht- und Gestaltungsspielräume der Top-Manager unterscheiden sich zwischen einzelnen Ländern (Hambrick, 2007, S. 339). In diesem Zusammenhang gehen (Crossland/Hambrick, 2007, S. 771-772) davon aus, dass sowohl die jeweiligen Corporate-Governance-Strukturen als auch die Landeskultur Auswirkungen auf die Stellung einzelner Führungskräfte hat. Crossland/Hambrick (2007) untersuchen diesen Sachverhalt und halten fest, dass die Entscheidungen und Handlungen eines US-amerikanischen CEOs den finanziellen Erfolg eines Unternehmens stärker beeinflussen als die eines deutschen Vorstandsvorsitzenden/-sprechers oder eines japanischen „Shacho".[316] Crossland/Hambrick (2011, S. 805-806) ermitteln in einer Befragung von Führungskräften aus 15 Ländern das Konstrukt „Managerial Discretion", welches – der Argumentation der Autoren folgend – Aussagen über die Einfluss- und Gestaltungsmöglichkeiten eines Top-Managers zulässt. Demnach verfügen beispielsweise Führungskräfte in den USA und Großbritannien über deutlich mehr Macht als Vorstände und Aufsichtsräte deutscher Unternehmen. Zukünftige Arbeiten, welche sich einem Ländervergleich widmen, könnten die Kontrollvariable „Managerial Discretion" berücksichtigen und prüfen, welcher Wirkungszusammenhang zwischen den Aktienkursreaktionen auf die Benennung internationaler Top-Manager einerseits und dem Konstrukt „Managerial Discretion" andererseits existiert.

(2) Zahlreiche Autoren weisen auf die eingeschränkte Erklärungskraft demographischer Variablen hin (Bromiley/Johnson, 2005, S. 20; Lawrence, 1997, S. 20; Minichilli/Zattoni/Zona, 2009, S. 56; Priem/Lyon/Dess, 1999). Bresser bezeichnet Studien, die sich auf einfach zu erfassende demographische Topmanagement-Charakteristika beschränken, sogar als „etwas

---

[316] Laut Crossland/Hambrick (2007, S. 777-778) kann der Aufgaben- und Verantwortungsbereich eines US-amerikanischen CEO mit dem eines deutschen Vorstandsvorsitzenden/-sprechers und dem eines japanischen Präsidenten („Shacho") verglichen werden. Vgl. hierzu auch Kaplan (1994a, S. 519).

steril" und wenig aussagefähig (Bresser, 2010, S. 40). Bresser und andere Autoren fordern daher die direkte Berücksichtigung und Messung von Werten und kognitiven Prozessen, also jener Eigenschaften der Führungskräfte, die Hambrick und Mason als psychologisch bezeichnen (Bresser, 2010, S. 40; Nadkarni/Herrmann, 2010, S. 1052). In diesem Zusammenhang sollten zukünftige qualitative, aber auch quantitative Arbeiten der Fragestellung nachgehen, ob und inwiefern die Benennung eines internationalen Top-Managers die Abstimmungs- und Entscheidungsfindungsprozesse innerhalb eines Führungsgremiums beeinflusst (Bromiley/Johnson, 2005, S. 20). Darüber hinaus können Tiefeninterviews klären,[317] wie internationale Top-Manager von Investoren – und auch anderen Stakeholdern eines Unternehmens – wahrgenommen werden (Higgins/Gulati, 2006, S. 21). Die Ergebnisse dieser Arbeiten würden das Wissen um die Bedeutung der Internationalität von Führungskräften maßgeblich erweitern.

Hambrick schlägt vor, mit Hilfe einer computergestützten Simulation die Wahrnehmungs- und Informationsverarbeitungsprozesse von Individuen zu untersuchen (Hambrick, 2007, S. 337-338). Der Einsatz eines solchen „Bounded Rationality Game" wäre dabei im Rahmen von MBA-Kursen denkbar (Hambrick, 2007, S. 338). Ein derartiges Forschungsdesign könnte die Ergebnisse quantitativer Studien vertiefen und zugleich ein zentrales Problem qualitativer Forschung – die mangelnde Bereitschaft von Top-Managern, an qualitativen Befragungen teilzunehmen – umgehen (Staples, 2007, S. 315; Thomas, 1993).

(3) Wie in Abschnitt 5.3.2 dargelegt, ermöglicht die Ereignisstudie die Bestimmung kurzfristiger Erfolgswirkungen. Zukünftige Arbeiten sollten jedoch auch die mittel- bis langfristigen Effekte der Internationalität im Top-Management-Team beleuchten (Pettigrew, 1987, S. 655). Der Argumentation von Lee und James folgend, wäre etwa ein Vergleich zwischen mehrjährigen durchschnittlichen Aktienrenditen von Unternehmen mit international besetzten Führungsgremien und Unternehmen mit nicht internationalen Top-Management-Teams vielversprechend (Lee/James, 2007, S. 239). Diese Studien könnten nicht nur der Frage nachgehen, ob und inwiefern sich Strategien der einzelnen Führungsgremien unterscheiden, sondern auch untersuchen, welche langfristigen Erfolgsauswirkungen mit den unterschiedlich besetzten Führungsgremien verbunden sind.

(4) Die upper-echelons-Perspektive geht davon aus, dass die Entscheidungen und Handlungen von Führungskräften auf deren selektiver Wahrnehmung beruhen (Hambrick/Mason, 1984,

---

[317] Für weiterführende Informationen zum Tiefeninterview als empirisches Instrument vgl. Jäger (2009, S. 33-34), Lamnek (2010, S. 339-340).

S. 193). Denkbar ist aber auch eine umgekehrte Kausalitätsbeziehung, in der das Verhalten neu ernannter Top-Manager nicht von deren Einstellungen, Werten und Normen geprägt wird, sondern den Bestimmungen etablierter Führungskräfte im Unternehmen folgt (Hambrick, 2007, S. 339; Nielsen, 2010b, S. 190). So implementiert beispielsweise ein neuer Vorstandsvorsitzender eine Restrukturierungsstrategie, um den Kostensenkungsbestrebungen des Aufsichtsrats gerecht zu werden und nicht weil er Situationen auf eine bestimmte Art und Weise wahrnimmt und interpretiert. Um dieses Endogenitätsproblem näher zu untersuchen, spricht sich Hambrick dafür aus, die Charakteristika von Top-Managern als abhängige Variablen zu betrachten (Hambrick, 2007, S. 339). Mit Hilfe geeigneter statistischer Verfahren ist dann der Frage nachzugehen, welche Umstände zu einer Benennung von Individuen mit bestimmten Eigenschaften führen (Nielsen, 2009).

In einem deutschen Kontext muss eine Antwort auf die Frage „Why Do Top-Management-Teams Look the Way They Do?" dabei auch die enge Personen- und Kapitalverflechtung deutscher Großunternehmen berücksichtigen, die insbesondere bis in die 1990er Jahre zu einem Netzwerk führte, welches oftmals auch als „Deutschland AG" bezeichnet wurde (Arbeitskreis „Finanzierung" der Schmalenbach-Gesellschaft für Betriebswirtschaft e.V., 2006, S. 236; Freye, 2009, S. 14-16; Heinze, 2004, S. 224; Höpner/Krempel, 2004, S. 339). Auch wenn in den vergangenen Jahren Regelungen in Kraft traten, die unter anderem Interessenskonflikten zwischen Vorstand und Aufsichtsrat entgegenwirken sollten und die maximale Zahl der Mandate eines Vorstands- oder Aufsichtratsmitglieds begrenzten (Höpner, 2004, S. 366-368),[318] kann den Führungsgremien deutscher Unternehmen noch immer eine wechselseitige Verflechtung attestiert werden (Höpner, 2004, S. 366-369; Oehmichen/Rapp/Wolff, 2010, S. 509). Das durch diese Verflechtung entstandene dichte soziale Netzwerk beinhaltet – insbesondere aufgrund der zumindest teilweise immer noch relativ langen Amtsperioden einzelner Vorstände und Aufsichtsräte – bis heute Mitglieder, die oftmals einen ähnlichen sozialen Status sowie ähnliche Werte und Normen aufweisen. Für eine detailliertere Beschreibung dieses Phänomens wird in der Literatur der „Similarity-Attraction-Ansatz" herangezogen: Da sich die Mitglieder des Netzwerks einander verbunden fühlen, entsteht innerhalb dieser Gruppe eine Ablehnung gegenüber sogenannten „Outsidern" und eine Tendenz zur Reproduktion der bestehenden Mitglieder (Duck/Barnes, 1992).[319] Die Chancen von Außenstehenden – et-

---

[318] Vgl. hierzu auch Freye (2009), dort insbesondere Kapitel 6.
[319] Diese Reproduktion wird dabei zusätzlich durch die Gesetzgebung begünstigt. So entscheidet zwar die Hauptversammlung eines Unternehmens über die Auswahl und Berufung der künftigen Anteilseignervertreter im Aufsichtsrat. Gemäß § 124 Abs. 3 AktG geschieht dies jedoch auf Basis von Vorschlägen der amtierenden Aufsichtsratsmitglieder. Lutter (2009a, S. 325) stellt fest, dass die Hauptversammlung diesen Vor-

wa von Außenstehenden aus dem Ausland –, einen Zugang in entsprechend vernetzte Führungsgremien zu finden, werden dadurch zusätzlich reduziert.

Künftige Arbeiten sollten klären, welche Faktoren die Benennung internationaler Top-Manager begünstigen beziehungsweise hemmen können. Derartige Studien wären möglicherweise in der Lage, konkrete Handlungsempfehlungen abzuleiten, auf die Unternehmen zurückgreifen könnten, um die Empfehlungen des Deutschen Corporate Governance Kodex umzusetzen.

---

schlägen in der Regel folgt. Damit bestimmen die amtierenden Aufsichtsräte ihre Nachfolger auf der Anteilseignerseite de facto selbst.

Anhang

Anhang I: Beiträge mit dem Untersuchungsschwerpunkt: „Internationalität des Top-Managements und Unternehmenserfolg"

Autor(en)	Zentrale theoretische Konzepte	Erhebungsdesign und Stichprobe	Modellierung des Kausalzusammenhangs zwischen Internationalität und Unternehmenserfolg	Operationalisierung zentraler Konstrukte	Zentrale Ergebnisse der Untersuchung
Roth (1995)	– Resource Based View – upper-echelons-Ansatz	– Strukturierter Fragebogen und Sekundärdatenerhebung – Untersuchungseinheit: Muttergesellschaft – Befragte: 74 CEOs amerikanischer Unternehmen – Methode(n): Deskriptive Statistik, Regressionsanalyse	Moderation: – Unabhängige Variable: Internationalität des CEO – Moderator: Internationale Interdependenz (Ausmaß der geografischen Streuung der Unternehmensaktivitäten und Grad der Koordination zwischen den Unternehmenseinheiten) – Abhängige Variable: Unternehmenserfolg	**Top-Manager:** CEO eines Unternehmens **Internationalität der Top-Manager:** – Berufserfahrung in einer Position mit internationaler Verantwortung (in Jahren) – Beruflich bedingte Auslandsaufenthalte (kumulierte Dauer) **Unternehmenserfolg:** Fünfjahresdurchschnitt des Gewinnwachstums eines Unternehmens **Internationalität des Unternehmens:** FS/TS	Bei einer hohen internationalen Interdependenz zeigt sich ein signifikant positiver Einfluss der Internationalität des CEO auf den Unternehmenserfolg. Bei niedriger internationaler Interdependenz zeigt sich ein signifikant negativer Einfluss der Internationalität des CEO auf den Unternehmenserfolg.

Autor(en)	Zentrale theoretische Konzepte	Erhebungsdesign und Stichprobe	Modellierung des Kausalzusammenhangs zwischen Internationalität und Unternehmenserfolg	Operationalisierung zentraler Konstrukte	Zentrale Ergebnisse der Untersuchung
Elron (1997)	– upper-echelons-Ansatz	Strukturierter Fragebogen und Sekundärdatenerhebung: – Untersuchungseinheit: Tochtergesellschaft – Befragte: 259 Führungskräfte aus insgesamt 121 ausländischen Tochtergesellschaften amerikanischer Unternehmen – Methode(n): Deskriptive Statistik, Regressionsanalyse	Mediation: – Unabhängige Variable: Kulturelle Heterogenität im Führungsgremium einer ausländischen Tochtergesellschaft – Mediator: Leistungsfähigkeit des Führungsgremiums einer ausländischen Tochtergesellschaft – Abhängige Variable: Finanzieller Erfolg einer ausländischen Tochtergesellschaft	**Top-Manager:** Durch direkte Befragung ermittelt. Führungskräfte der Muttergesellschaft (zum Beispiel CEO, Leiter der Personalabteilung) wurden gebeten, das Top-Management-Team der jeweiligen Tochtergesellschaften des Unternehmens zu benennen. **Internationalität der Top-Manager:** Nationalität einer Person. Anschließend Errechnung der kulturellen Heterogenität im Führungsgremium auf Basis der Kulturdimensionen von Hofstede. **Unternehmenserfolg:** Ermittelt durch die subjektive Befragung der Top-Manager der ausländischen Tochtergesellschaften. **Internationalität des Unternehmens:** Konstrukt wurde nicht operationalisiert.	Kulturelle Heterogenität im Führungsgremium hat einen signifikant positiven Einfluss auf die Leistungsfähigkeit des Top-Management-Teams. Die Leistungsfähigkeit des Top-Management-Teams hat wiederum einen signifikant positiven Einfluss auf den finanziellen Erfolg einer ausländischen Tochtergesellschaft. Ein direkter Zusammenhang zwischen der kulturellen Heterogenität des Top-Management-Teams und dem finanziellen Erfolg der ausländischen Tochtergesellschaft wurde nicht überprüft.

Autor(en)	Zentrale theoretische Konzepte	Erhebungsdesign und Stichprobe	Modellierung des Kausalzusammenhangs zwischen Internationalität und Unternehmenserfolg	Operationalisierung zentraler Konstrukte	Zentrale Ergebnisse der Untersuchung
Daily/Certo/ Dalton (2000)	– Resource Based View – upper-echelons-Ansatz	– Strukturierter Fragebogen und Sekundärdatenerhebung – Untersuchungseinheit: Muttergesellschaft – Befragte: 367 CEOs amerikanischer Unternehmen – Methode(n): Deskriptive Statistik, Regressionsanalyse	Direkter Zusammenhang: – Unabhängige Variable: Internationalität des CEO – Abhängige Variable: Unternehmenserfolg Moderation: – Unabhängige Variable: Internationalität des CEO – Moderator: Internationalität der Unternehmensaktivitäten – Abhängige Variable: Unternehmenserfolg	**Top-Manager:** CEO eines Unternehmens **Internationalität der Top-Manager:** – Beruflich bedingte Auslandsaufenthalte (Anzahl) – Beruflich bedingte Auslandsaufenthalte (kumulierte Dauer) **Unternehmenserfolg:** – Return on Assets (3-Jahres Durchschnitt) – Return on Investment (3-Jahres Durchschnitt) – Kurs-Buchwert-Verhältnis (3-Jahres Durchschnitt) **Internationalität des Unternehmens:** Kennzahl bestehend aus: – FS/TS – FA/TA – Anteil der ausländischen Tochtergesellschaften an der Gesamtzahl der Tochtergesellschaften eines Unternehmens – Geografische Streuung der ausländischen Tochtergesellschaften in zehn regionalen Zonen	Es existiert ein signifikant positiver Zusammenhang zwischen der Internationalität des CEO und dem Unternehmenserfolg. Die Internationalität der Unternehmensaktivitäten moderiert den Zusammenhang zwischen der Internationalität des CEO und dem Unternehmenserfolg.

Autor(en)	Zentrale theoretische Konzepte	Erhebungsdesign und Stichprobe	Modellierung des Kausalzusammenhangs zwischen Internationalität und Unternehmenserfolg	Operationalisierung zentraler Konstrukte	Zentrale Ergebnisse der Untersuchung
Carpenter/Sanders/ Gregersen (2001)	– upper-echelons-Ansatz – Resource Based View	– Sekundärdatenerhebung – Untersuchungseinheit: Muttergesellschaft – 256 CEOs amerikanischer Unternehmen – Methode(n): Deskriptive Statistik, Regressionsanalyse	Direkter Zusammenhang: – Unabhängige Variable: Internationalität des CEO – Abhängige Variable: Unternehmenserfolg Moderation: – Unabhängige Variable: Internationaler CEO – Moderator: Internationalität des Unternehmens – Abhängige Variable: Unternehmenserfolg	**Top-Manager:** – CEO eines Unternehmens – Gesonderte Betrachtung aller Top-Manager, deren hierarchische Position oberhalb der eines „Vice President" liegt **Internationalität der Top-Manager:** Beruflich bedingte Auslandsaufenthalte (kumulierte Dauer) **Unternehmenserfolg:** – Return on Assets – Jährlich ermittelter Wertzuwachs/-verlust der Aktie eines Unternehmens zuzüglich der Dividenden, die in einem Jahr ausgezahlt wurden **Internationalität des Unternehmens:** Kennzahl bestehend aus: – FS/TS – FA/TA – Anzahl der ausländischen Tochtergesellschaften eines Unternehmens/Höchste Anzahl an Tochtergesellschaften unter allen Unternehmen in der Stichprobe	Die Internationalität des CEO hat einen signifikant positiven Einfluss auf den finanziellen Erfolg eines Unternehmens Die Internationalität der Unternehmensaktivitäten moderiert den Zusammenhang zwischen der Internationalität des CEO und dem Unternehmenserfolg. Dieser Moderationseffekt konnte allerdings nur in Modellen festgestellt werden, in denen der Unternehmenserfolg ausschließlich durch die Variable „Return on Assets" operationalisiert wurde.

Autor(en)	Zentrale theoretische Konzepte	Erhebungsdesign und Stichprobe	Modellierung des Kausalzusammenhangs zwischen Internationalität und Unternehmenserfolg	Operationalisierung zentraler Konstrukte	Zentrale Ergebnisse der Untersuchung
Tasler (2001)	– upper-echelons-Ansatz – Rollentheorie	– Qualitative Interviews – Untersuchungseinheit: Muttergesellschaft – Befragte: 30 Führungskräfte von Unternehmen aus Deutschland, den USA und der Schweiz – Methode(n): Grounded Theory	Der Zusammenhang wurde nicht modelliert.	**Top-Manager:** Alle Vorstandsmitglieder (deutsche Unternehmen) Alle Mitglieder der Geschäftsleitung (schweizerische Unternehmen) Alle C-Level Manager (amerikanische Unternehmen) **Internationalität der Top-Manager:** Keine eindeutige Operationalisierung. Hinweis darauf, dass Internationalität einer Person nicht mit deren Nationalität gleichgesetzt werden kann. **Unternehmenserfolg:** Keine eindeutige Operationalisierung **Internationalität des Unternehmens:** Keine eindeutige Operationalisierung	Es besteht kein Zusammenhang zwischen der Internationalität von Führungskräften und dem finanziellen Erfolg eines Unternehmens.

Autor(en)	Zentrale theoretische Konzepte	Erhebungsdesign und Stichprobe	Modellierung des Kausalzusammenhangs zwischen Internationalität und Unternehmenserfolg	Operationalisierung zentraler Konstrukte	Zentrale Ergebnisse der Untersuchung
Oxelheim/ Randøy (2003)	– Prinzipal-Agenten-Theorie – Signaling Theorie (implizit)	– Strukturierter Fragebogen und Sekundärdatenerhebung – Untersuchungseinheit: Muttergesellschaft – Befragte: nicht spezifizierter Personenkreis aus insgesamt 225 norwegischen und schwedischen Unternehmen – Methode(n): Deskriptive Statistik, Regressionsanalyse	Direkter Zusammenhang: – Unabhängige Variable: Präsenz eines anglo-amerikanischen Top-Managers im Aufsichtsgremium eines Unternehmens – Abhängige Variable: Unternehmenserfolg Moderation: – Unabhängige Variable: Präsenz eines anglo-amerikanischen Top-Managers im Aufsichtsgremium eines Unternehmens – Moderator: Alter des Unternehmens – Abhängige Variable: Unternehmenserfolg	**Top-Manager:** Alle Mitglieder des Aufsichtsgremiums eines Unternehmens **Internationalität der Top-Manager:** Nationalität **Unternehmenserfolg:** Tobin's Q **Internationalität des Unternehmens:** wurde nicht ermittelt	Die Aufnahme eines anglo-amerikanischen Top-Managers in das Aufsichtsgremium eines Unternehmens hat einen signifikant positiven Effekt auf den finanziellen Erfolg. Dieser signifikant positive Einfluss auf den Unternehmenserfolg ist bei älteren Unternehmen größer als bei jüngeren Unternehmen.

Autor(en)	Zentrale theoretische Konzepte	Erhebungsdesign und Stichprobe	Modellierung des Kausalzusammenhangs zwischen Internationalität und Unternehmenserfolg	Operationalisierung zentraler Konstrukte	Zentrale Ergebnisse der Untersuchung
Gong (2006)	– upper-echelons-Ansatz – Institutionenökonomik	– Sekundärdatenerhebung – Untersuchungseinheit: Tochtergesellschaft – Untersuchungseinheit: 370 Top-Management-Teams ausländischer Tochtergesellschaften japanischer Unternehmen – Methode(n): Deskriptive Statistik, Regressionsanalyse	Direkter Zusammenhang: – Unabhängige Variable: Internationalität des Top-Management-Teams – Abhängige Variable: Finanzieller Erfolg der ausländischen Tochtergesellschaft Moderation: – Unabhängige Variable: Internationalität des Top-Management-Teams – Moderator: Alter der ausländischen Tochtergesellschaft – Abhängige Variable: Finanzieller Erfolg der ausländischen Tochtergesellschaft	**Top-Manager:** CEO und weitere „Senior Manager" des Unternehmens **Internationalität der Top-Manager:** Nationalität **Unternehmenserfolg:** Umsatz pro Mitarbeiter (Logarithmus) **Internationalität des Unternehmens:** wurde nicht ermittelt	Die Internationalität eines Top-Management-Teams hat einen signifikant positiven Einfluss auf den finanziellen Erfolg einer ausländischen Tochtergesellschaft. Je älter eine ausländische Tochtergesellschaft, desto stärker ist der positive Zusammenhang zwischen der nationalen Heterogenität eines Top-Management-Teams und dem finanziellen Erfolg der Tochtergesellschaft.
Randøy/Thomsen/Oxelheim (2006)	– Resource-Dependence-Theorie – Prinzipal-Agenten-Theorie	– Sekundärdatenerhebung – Untersuchungseinheit: Muttergesellschaft – 154 Unternehmen aus Dänemark, 144 Unternehmen aus Norwegen, 161 Unternehmen aus Schweden – Methode(n): Deskriptive Statistik, Regressionsanalyse	Direkter Zusammenhang: – Unabhängige Variable: Internationalität des Top-Management-Teams – Abhängige Variable: Unternehmenserfolg	**Top-Manager:** Alle Mitglieder des Aufsichtsgremiums eines Unternehmens **Internationalität der Top-Manager:** Nationalität **Unternehmenserfolg:** – Return on Assets – Kurs-Buchwert-Verhältnis **Internationalität des Unternehmens:** wurde nicht ermittelt	Die Internationalität des Top-Management-Teams hat keinen Einfluss auf den Erfolg des Unternehmens.

Autor(en)	Zentrale theoretische Konzepte	Erhebungsdesign und Stichprobe	Modellierung des Kausalzusammenhangs zwischen Internationalität und Unternehmenserfolg	Operationalisierung zentraler Konstrukte	Zentrale Ergebnisse der Untersuchung
Nielsen/Nielsen (2008)	– upper-echelons-Ansatz – Resource Based View	– Sekundärdatenerhebung – Untersuchungseinheit: Muttergesellschaft – 165 Unternehmen aus der Schweiz – Methode(n): Deskriptive Statistik, Strukturgleichungsmodell	Moderation: – Unabhängige Variable: Internationalität des Top-Management-Teams – Moderator: Vergütung der Top-Manager – Abhängige Variable: Unternehmenserfolg	**Top-Manager:** CEO sowie weitere Top-Manager und das „Board of Directors" (keine weiteren Hinweise zur Operationalisierung) **Internationalität der Top-Manager:** – Nationalität – Internationale Erfahrung (keine weiteren Hinweise zur Operationalisierung) **Unternehmenserfolg:** – Return on Sales – Stock Return Index (keine weiteren Hinweise zur Operationalisierung) **Internationalität des Unternehmens:** Wird mit Hilfe eines „Degree of Internationalization" ermittelt (keine weiteren Hinweise zur Operationalisierung)	Es existiert ein signifikant positiver Zusammenhang zwischen der Internationalität des Top-Management-Teams und dem Unternehmenserfolg. Dieser Zusammenhang wird durch die Vergütung der Top-Manager moderiert.

Autor(en)	Zentrale theoretische Konzepte	Erhebungsdesign und Stichprobe	Modellierung des Kausalzusammenhangs zwischen Internationalität und Unternehmenserfolg	Operationalisierung zentraler Konstrukte	Zentrale Ergebnisse der Untersuchung
Romer (2009)	– upper-echelons-Ansatz – Prinzipal-Agenten-Theorie – Resource-Dependence-Theorie – Stewardship-Theorie	Sekundärdatenerhebung Untersuchungseinheit: Muttergesellschaft 95 Unternehmen aus der Schweiz Methode(n): Deskriptive Statistik, Regressionsanalyse	Direkter Zusammenhang: – Unabhängige Variable: Internationalität des Top-Management-Teams – Abhängige Variable: Unternehmenserfolg Moderation: – Unabhängige Variable: Internationalität des Top-Management-Teams – Moderator: Internationalität der Unternehmensaktivitäten – Abhängige Variable: Unternehmenserfolg	**Top-Manager:** Alle Mitglieder des Verwaltungsrats eines Unternehmens **Internationalität der Top-Manager:** – Nationalität – Internationale Ausbildung – Internationale Berufserfahrung **Unternehmenserfolg:** – Tobin's Q – ROA **Internationalität des Unternehmens:** FA/TA	Die Internationalität von Führungskräften hat einen signifikant positiven Einfluss auf den Unternehmenserfolg. Die Internationalität der Unternehmensaktivitäten hat ab einem bestimmten Level einen signifikant positiven Einfluss auf die Wirkungsbeziehung zwischen der Internationalität des Top-Managements und dem Unternehmenserfolg.
Santen/Donker (2009)	– Resource-Dependence-Theorie – Prinzipal-Agenten-Theorie	Sekundärdatenerhebung Untersuchungseinheit: Muttergesellschaft 52 Unternehmen aus den Niederlanden Methode(n): Deskriptive Statistik, Regressionsanalyse	Direkter Zusammenhang: – Unabhängige Variable: Internationalität der Mitglieder des Aufsichtsgremiums eines Unternehmens – Abhängige Variable: Unternehmenserfolg	**Top-Manager:** Alle Mitglieder des Aufsichtsgremiums eines Unternehmens **Internationalität der Top-Manager:** Nationalität **Unternehmenserfolg:** Binäre Variable, die zwischen Unternehmen unterscheidet, die sich in einer „finanziellen Notlage" befinden und Unternehmen, deren finanzielle Situation als „unbedenklich" eingestuft werden kann. **Internationalität des Unternehmens:** wurde nicht ermittelt	Unternehmen, deren Aufsichtsgremium aus drei oder mehr ausländischen Mitgliedern besteht, beantragen häufiger Insolvenz als Unternehmen, deren Aufsichtsgremium sich (fast) ausschließlich aus einheimischen Personen zusammensetzt.

Autor(en)	Zentrale theoretische Konzepte	Erhebungsdesign und Stichprobe	Modellierung des Kausalzusammenhangs zwischen Internationalität und Unternehmenserfolg	Operationalisierung zentraler Konstrukte	Zentrale Ergebnisse der Untersuchung
Slater/ Dixon-Fowler (2009)	– upper-echelons-Ansatz – Resource Based View	– Sekundärdatenerhebung – Untersuchungseinheit: Muttergesellschaft – 393 Unternehmen aus den USA – Methode(n): Deskriptive Statistik, Regressionsanalyse	Direkter Zusammenhang: – Unabhängige Variable: Internationalität des CEO – Abhängige Variable: „Corporate Social Performance"	**Top-Manager:** CEO eines Unternehmens **Internationalität der Top-Manager:** Internationale Berufserfahrung **Unternehmenserfolg:** Indexwert, der die „Corporate Social Performance" eines Unternehmens anhand von fünf Dimensionen ermittelt. **Internationalität des Unternehmens:** – FS/TS – FA/TA	Es existiert ein signifikant positiver Zusammenhang zwischen der Internationalität des CEO und der „Corporate Social Performance" eines Unternehmens. Das Konstrukt „Corporate Social Performance" korreliert positiv mit dem finanziellen Unternehmenserfolg. Eine weitere statistische Überprüfung dieses Zusammenhangs findet jedoch nicht statt.
Becker (2010)	– upper-echelons-Ansatz – Prinzipal-Agenten-Theorie – Resource-Dependence-Theorie – Resource Based View – Stewardship-Ansatz – Stakeholder-Ansatz	– Sekundärdatenerhebung – Untersuchungseinheit: Muttergesellschaft – 90 US-amerikanische Unternehmen, 165 europäische Unternehmen – Methode(n): Deskriptive Statistik, Regressionsanalyse	Direkter Zusammenhang: – Unabhängige Variable: Internationale Heterogenität des Aufsichtsgremiums – Abhängige Variable: Unternehmenserfolg	**Top-Manager:** Board/Aufsichtsrat eines Unternehmens **Internationalität der Top-Manager:** Nationalität **Unternehmenserfolg:** – Tobin's Q – ROA **Internationalität des Unternehmens:** – FS/TS – Durchschnittlicher Anteil ausländischer Niederlassungen eines Unternehmens – Anteil der Kulturcluster, in denen ein Unternehmen Niederlassungen besitzt	Zwischen dem Ausländeranteil im Board/Aufsichtsrat eines und dem finanziellen Erfolg eines Unternehmens besteht ein signifikant positiver Zusammenhang.

Autor(en)	Verwendete theoretische Konzepte	Erhebungsdesign und Stichprobe	Modellierung des Kausalzusammenhangs zwischen Internationalität und Unternehmenserfolg	Operationalisierung zentraler Konstrukte	Zentrale Ergebnisse der Untersuchung
Nielsen (2010b)	– upper-echelons-Ansatz – Internationalisierungsansatz der Uppsala-Schule	– Sekundärdatenerhebung – Untersuchungseinheit: Muttergesellschaft – 165 Unternehmen aus der Schweiz – Methode(n): Deskriptive Statistik, Strukturgleichungsmodell	Mediation: – Unabhängige Variable: Internationalität des Top-Management-Teams – Mediator: Anzahl der Eintritte in fremde Märkte – Abhängige Variable: Unternehmenserfolg	**Top-Manager:** Alle Mitglieder des „Management Board" und des „Executive Committees" eines Unternehmens **Internationalität der Top-Manager:** – Nationalität – Internationale Berufserfahrung (ja/nein) **Unternehmenserfolg:** – Stock Return Index (keine weiteren Hinweise zur Operationalisierung) **Internationalität des Unternehmens:** – FS/TS – Geographische Streuung des Unternehmensumsatzes – FA/TA	Internationale Top-Manager beeinflussen die Internationalität eines Unternehmens und tragen so indirekt positiv zum finanziellen Erfolg eines Unternehmens bei.
Seelhofer (2010)	– upper-echelons-Ansatz – Selbstkategorisierungstheorie	– Sekundärdatenerhebung – Untersuchungseinheit: Muttergesellschaft – 60 Unternehmen aus der Schweiz – Methode(n): Deskriptive Statistik, Ereignisstudie	Direkter Zusammenhang: – Unabhängige Variable: Internationalität des CEO – Abhängige Variable: Unternehmenserfolg	**Top-Manager:** CEO eines Unternehmens **Internationalität der Top-Manager:** Nationalität **Unternehmenserfolg:** Kumulierte abnormale Renditen **Internationalität des Unternehmens:** wurde nicht ermittelt	Die Benennung von internationalen CEOs führt zu negativen Reaktionen des Aktienmarktes – unabhängig davon, ob der Vorgänger des neuen CEOs bereits ein Ausländer war oder nicht.

Anhang II: Anschreiben und Hintergrundinformationen zur Untersuchung

- Anschreiben
- Informationsblatt mit weiterführenden Informationen zur Untersuchung
- Liste der jeweiligen Vorstands-/Aufsichtsratsmitglieder des befragten Unternehmens

ESCP EUROPE

BUSINESS SCHOOL
Prof. Dr. Stefan Schmid
ESCP Europe, Campus Berlin
Heubnerweg 6
14059 Berlin

Frau ▓▓▓▓
Investor Relations
adidas AG
Adi-Dassler-Straße 1
91074 Herzogenaurach

Berlin, 23. September 2009

Sehr geehrte Frau ▓▓▓▓,

die internationale Ausrichtung deutscher Unternehmen hat in den vergangenen Jahrzehnten zugenommen. Und folgt man den Prognosen der Fachpresse, so wird diese Entwicklung auch in Zukunft – trotz der aktuellen Krise – weiter voranschreiten. Doch wie international sind eigentlich die Vorstände und Aufsichtsräte dieser Gesellschaften? Und wie beeinflussen Top-Manager die Corporate Governance in internationalen Unternehmungen? Diese und andere Fragen möchten wir im Rahmen eines Forschungsprojektes beantworten und bitten daher um Ihre Unterstützung.

Als Inhaber des Lehrstuhls für Internationales Management und Strategisches Management beschäftige ich mich schon seit einigen Jahren mit dem Top-Management und der Corporate Governance in internationalen Unternehmungen. Mit Ihrer Hilfe wollen meine Mitarbeiter und ich nun die Erkenntnisse zur Internationalität in den Führungsetagen deutscher Unternehmen erweitern. Darüber hinaus möchten wir unter anderem die Frage klären, ob signifikante Zusammenhänge zwischen der Internationalität der Vorstände und Aufsichtsräte und dem wirtschaftlichen Erfolg einer Unternehmung existieren.

Bei der Ermittlung der Internationalität von Top-Managern berücksichtigen wir neben der Nationalität drei weitere Dimensionen. Dabei sind wir auf die Analyse von biographischen Daten angewiesen – und diese Informationen sind nur teilweise öffentlich verfügbar. Daher würde ich mich sehr freuen, wenn Sie uns eine ausführliche Version Ihres Lebenslaufs zusenden könnten. Das Dokument können Sie uns gerne per Fax an +49 (0)30/32007-107, per E-Mail an ls_schmid@escpeurope.de oder auf dem Postweg an Prof. Dr. Stefan Schmid, ESCP Europe, Lehrstuhl für Internationales Management und Strategisches Management, Heubnerweg 6, 14059 Berlin zusenden.

Selbstverständlich werden alle von Ihnen zur Verfügung gestellten Unterlagen ausschließlich für wissenschaftliche Zwecke verwendet und nicht an Dritte weitergegeben. Die Ergebnisse unserer Untersuchung werden wir Ihnen bei Interesse gerne zusenden. Sollten Sie unserer Bitte nicht nachkommen können, wären wir Ihnen für eine kurze Nachricht sehr dankbar. Für weitere Rückfragen steht Ihnen der Projektkoordinator, Herr Dipl.-Betrw. (FH) Tobias Dauth, unter +49 (0)30/32007-165 zur Verfügung. Weitere Kerninformationen zur Studie können Sie dem Infoblatt im Anhang entnehmen.

Für Ihre Unterstützung des Forschungsprojektes bedanke ich mich bereits im Voraus!

Mit freundlichen Grüßen

Prof. Dr. Stefan Schmid

Anlagen

Die Internationalität der Vorstände und Aufsichtsräte – Informationen zum Forschungsprojekt am Lehrstuhl für Internationales Management und Strategisches Management

Bei der Diskussion um die Globalisierung der Unternehmen darf die Ebene der Corporate-Governance-Gremien nicht vergessen werden. Schließlich gehen viele Forscher und Praxisvertreter davon aus, dass sich die Internationalität einer Unternehmung auch in einer internationalen Orientierung ihrer Führungsgremien widerspiegelt. Die damit zusammenhängende Frage „*Wie international sind die Vorstände und Aufsichtsräte deutscher Unternehmen wirklich?*" wurde bereits im Jahr 2005 von einem Team der ESCP Europe beantwortet. Der Lehrstuhl für Internationales Management und Strategisches Management hat damals die im Aktienindex DAX vertretenen Unternehmen analysiert und ein erstes umfassendes Bild von der Internationalität der Corporate-Governance-Gremien ermittelt.

Mittlerweile hat sich die Zusammensetzung der Führungsetagen deutscher Unternehmen deutlich gewandelt. Das Thema „Diversity" ist noch prominenter geworden und viele Unternehmen haben ihre Internationalität weiter erhöht. In unserer aktuellen Studie möchten wir daher untersuchen, wie sich die Struktur der Vorstände und Aufsichtsräte führender deutscher Unternehmen verändert hat. Darüber hinaus arbeiten wir zusammen mit Kollegen vom Pariser Campus der ESCP Europe an einem länderübergreifenden Vergleich der Internationalität von Corporate Governance Gremien. Hier gilt es die Frage zu klären, inwiefern die Führungsetagen der deutschen Unternehmen internationaler sind als die der französischen Unternehmen.

Die Ermittlung der Internationalität von Vorständen und Aufsichtsräten erfolgt unter anderem durch eine sogenannte Lebenslaufanalyse. Im Rahmen dieser Untersuchung werden die biographischen Informationen von Top-Managern deutscher und französischer Unternehmen in die vier Dimensionen (1) „Multinationalität", (2) „Internationale Ausbildung", (3) „Internationale Berufserfahrung" und (4) „Internationale Verbindungen" eingeteilt. Bei der Dimension „Internationale Ausbildung" wird beispielsweise analysiert, wie viele Jahre eine Person im Ausland studiert hat. Letztlich erfolgt die Errechnung des Internationalitätsindex auf Personen- und Unternehmensebene mit Hilfe einer logarithmischen Funktion.

Abschließend wird die ermittelte Internationalität der Führungsgremien dem Auslandsumsatz einer Unternehmung und der Zahl der Mitarbeiter im Ausland gegenübergestellt. So können möglicherweise Zusammenhänge zwischen der Internationalisierung der Führungsebene und der Internationalität der Unternehmensaktivitäten festgestellt werden.

Kontakt und weiterführende Informationen

ESCP Europe
Prof. Dr. Stefan Schmid
Lehrstuhl für Internationales Management und Strategisches Management
Heubnerweg 6
14059 Berlin

Weitere Informationen zur Methodik der Untersuchung und zu den bisherigen Ergebnissen des Forschungsprojekts (Studie aus dem Jahr 2005) erhalten Sie unter http://www.escpeurope.de/internationalitaet

Weitere Informationen zum Lehrstuhl für Internationales Management und Strategisches Management erhalten Sie unter http://www.escpeurope.de/imsm

Übersicht Vorstands- und Aufsichtsratsmitglieder der adidas AG
(Stand: 31.12.2008)

Anmerkung: Da sich die Untersuchungen im Rahmen dieses Forschungsprojekts auf das Jahr 2008 beziehen, spiegelt die folgende Übersicht die Zusammensetzung der Vorstands- und Aufsichtsratsmitglieder zum 31.12.2008 wider. Wir bitten Sie, uns die Lebensläufe folgender Personen zuzusenden:

	Titel	Name	Vorname
Mitglieder des Vorstands		Bennett	Glenn
		Hainer	Herbert
		Stalker	Robin J.
		Stamminger	Erich
Mitglieder des Aufsichtsrats		Bauer	Sabine
	Dr.	Friderichs	Hans
	Dr.	Gentz	Manfred
	Dr.	Jentzsch	Stefan
		Kammerer	Fritz
		Landau	Igor
		Nosko	Roland
		Ruprecht	Hans
		Schwerdtle	Willi
		Thaler-Veh	Heidi
		Tourres	Christian
		Weiß	Klaus

Die Lebensläufe können Sie uns gerne per Fax (+49 (0)30/32007-107), per E-Mail (LS-Schmid@escpeurope.de) oder per Post an ESCP Europe, Prof. Dr. Stefan Schmid, Lehrstuhl für Internationales Management und Strategisches Management, Heubnerweg 6, 14059 Berlin zukommen lassen.
Bei Rückfragen steht Ihnen Herr Tobias Dauth (E-Mail: tobias.dauth@escpeurope.de; Tel.:+49 (0)30/32007-165) gerne zur Verfügung.

Anhang III: Übersicht der betrachteten Neuzugänge in den Vorstand und Aufsichtsrat der DAX-30-Unternehmen

Unternehmen	Name	Vorname	Position	Ankündigung Neuzugang	Stichprobe
Adidas	Jentzsch	Stefan	AR	08.11.2007	B
Allianz	Bäte	Oliver	VM	13.09.2007	A
Allianz	Booth	Clement B.	VM	12.09.2005	B
Allianz	Cucchiani	Enrico	VM	25.08.2005	A
Allianz	Thierry	Jean-Philippe	VM	07.09.2005	A
ALTANA	Babilas	Martin	VM	23.11.2005	A
ALTANA	Wolfgruber	Dr. Matthias L.	VV	22.09.2006	B
BASF	Brudermüller	Martin	VM	16.12.2005	A
BASF	Engel	Hans-Ulrich	VM	04.03.2008	A
BASF	Fehrenbach	Franz	AR	19.03.2007	A
Bayer	Plischke	Wolfgang	VM	14.12.2005	A
Beiersdorf	Ammer	Dieter	AR	18.08.2003	A
Beiersdorf	Düttmann	Bernhard	VM	17.08.2006	A
Beiersdorf	Kleinschmidt	Peter	VM	20.03.2003	A
Beiersdorf	Mahlert	Arno	AR	24.03.2004	A
Beiersdorf	Pfander	Stefan	AR	07.07.2006	A
Beiersdorf	Pöllath	Reinhard	AR	30.05.2002	A
Beiersdorf	Quaas	Thomas-B.	VV	20.01.2005	A
BMW	Krüger	Harald	VM	25.09.2008	A
BMW	Reithofer	Norbert	VV	19.07.2006	A
BMW	Robertson	Ian	VM	13.03.2008	B
Commerzbank	Blessing	Martin	VV	22.08.2007	A

Unternehmen	Name	Vorname	Position	Ankündigung Neuzugang	Stichprobe
Commerzbank	Knobloch	Bernd	VM	28.03.2006	A
Commerzbank	Middelmann	Ulrich	AR	24.03.2006	A
Commerzbank	Müller	Klaus-Peter	ARV	28.02.2007	A
Commerzbank	Reuther	Michael	VM	05.07.2006	A
Commerzbank	Schmittman	Stefan	VM	01.09.2008	A
Continental	Kozyra	William	VM	22.02.2006	A
Continental	Neumann	Karl-Thomas	VV	18.08.2008	A
Continental	Wente	Heinz-Gerhard	VM	24.04.2007	A
Daimler	Bischoff	Manfred	ARV	01.03.2006	A
Daimler	Börsig	Clemens	AR	27.02.2007	B
Daimler	Zetsche	Dieter	VV	28.07.2005	A
Deutsche Bank	Bänziger	Hugo	VM	19.01.2006	B
Deutsche Bank	Börsig	Clemens	ARV	03.04.2006	A
Deutsche Bank	Krause	Stefan	VM	13.03.2008	A
Deutsche Bank	Lévy	Maurice	AR	11.04.2006	B
Deutsche Bank	Siegert	Theo	AR	03.07.2006	A
Deutsche Bank	Teyssen	Johannes	AR	19.05.2008	A
Deutsche Börse	Eichelmann	Thomas	VM	30.04.2007	B
Deutsche Börse	Gerstenschläger	Frank	VM	19.02.2007	A
Deutsche Börse	Hummler	Konrad	AR	11.09.2007	A
Deutsche Börse	Krell	David	AR	26.09.2007	A
Deutsche Börse	Preuß	Andreas	VM	28.03.2006	A
Deutsche Post	Allan	John	VM	02.09.2005	B
Deutsche Post	Appel	Dr. Frank	VV	07.09.2005	A

Unternehmen	Name	Vorname	Position	Ankündigung Neuzugang	Stichprobe
Deutsche Post	Gerdes	Jürgen	VM	20.10.2006	A
Deutsche Post	Roels	Harry	AR	28.03.2006	B
Deutsche Post	Schröder	Ulrich	AR	01.09.2008	A
Deutsche Post	Ude	Hermann	VM	20.02.2008	B
Deutsche Postbank	Klein	Wolfgang	VV	24.01.2007	A
Deutsche Postbank	Küpker	Horst	VM	20.03.2008	A
Deutsche Postbank	Meyer	Michael	VM	07.03.2007	A
Deutsche Postbank	Pfaffenbach	Bernd	AR	16.02.2005	A
Deutsche Postbank	Schmid	Hans-Peter	VM	30.11.2005	A
Deutsche Telekom	Balz	Manfred	VM	14.10.2008	A
Deutsche Telekom	Bury	Hans Martin	AR	27.02.2008	A
Deutsche Telekom	Clemens	Reinhard	VM	28.09.2007	A
Deutsche Telekom	Guffey	Lawrence H.	AR	24.04.2006	B
Deutsche Telekom	Hocker	Ulrich	AR	10.10.2006	A
Deutsche Telekom	Lehner	Ulrich	ARV	21.02.2008	A
Deutsche Telekom	Obermann	René	VV	21.09.2006	A
Deutsche Telekom	Sattelberger	Thomas	VM	20.04.2007	A
Deutsche Telekom	Schröder	Ulrich	AR	30.04.2008	A
E.ON	Dänzer-Vanotti	Christoph	VM	21.12.2004	A
E.ON	Schenck	Marcus	VM	13.10.2006	B
Fresenius	Krick	Gerd	ARV	07.03.2003	A
Fresenius	Lipps	Ben	VM	17.03.2004	A
Fresenius	Rupprecht	Gerhard	AR	01.10.2004	A
Fresenius	Sturm	Stephan	VM	19.10.2004	A

Unternehmen	Name	Vorname	Position	Ankündigung Neuzugang	Stichprobe
Henkel	Bagel-Trah	Simone	AR	17.04.2008	B
Henkel	Geitner	Thomas	VM	06.02.2008	A
Henkel	Rorsted	Kasper	VV	15.12.2006	A
Henkel	Van Bylen	Hans	VM	22.09.2004	B
Infineon Technologies	Bauer	Peter	VV	14.05.2008	A
Infineon Technologies	Luther	Siegfried	AR	03.01.2006	A
Infineon Technologies	Ploss	Reinhard	VM	11.05.2007	A
Infineon Technologies	Schröter	Marco	VM	21.12.2007	A
K+S	Bethke	Ralf	AR	16.03.2007	A
K+S	Felker	Joachim	VM	25.08.2005	A
K+S	Nöcker	Thomas	VM	12.05.2003	A
K+S	Steiner	Norbert	VV	14.03.2007	A
Linde	Börsig	Clemens	AR	05.07.2006	A
Linde	Denoke	Georg	VM	06.09.2006	B
Linde	Masters	J.Kent	VM	06.09.2006	B
Linde	Miau	Matthew F. C.	AR	18.03.2008	A
Lufthansa	Aigrain	Jacques	AR	21.06.2007	A
Lufthansa	Börsig	Clemens	AR	03.07.2006	A
Lufthansa	Gemkow	Stephan	VM	21.03.2006	A
Lufthansa	Leibinger-Kammüller	Nicola	AR	25.02.2008	A
MAN	Pachta-Reyhofen	Georg	VM	15.03.2006	A
MAN	Piëch	Ferdinand K.	ARV	07.02.2007	A
Merck	Kley	Karl-Ludwig	VV	13.03.2006	A
Merck	Reckmann	Bernd	VM	25.09.2006	A

Unternehmen	Name	Vorname	Position	Ankündigung Neuzugang	Stichprobe
Merck	Schnee	Elmar	VM	07.12.2004	B
Merck	Simson	Wilhelm	ARV	24.10.2005	A
Metro	Cordes	Eckhard	VV	19.09.2007	A
Metro	Haniel	Franz Markus	ARV	20.09.2007	A
Metro	Muller	Frans W. H.	VM	28.07.2006	A
Metro	Saveuse	Joël	VM	18.03.2008.	A
Munich Re	Arnoldussen	Ludger	VM	21.07.2006	A
Munich Re	Röder	Peter	VM	18.07.2007	A
RWE	Birnbaum	Leonhard	VM	21.04.2008	A
RWE	Großmann	Jürgen	VV	21.02.2007	A
RWE	Schulz	Ekkehard D.	AR	21.02.2006	A
Salzgitter	Ehlerding	Karl	AR	23.04.2008	B
Salzgitter	Hagebölling	Lothar	AR	16.11.2006	A
Salzgitter	Schneider	Peter-Jürgen	VM	12.12.2002	A
Salzgitter	Teyssen	Johannes	AR	02.09.2005	A
Salzgitter	Thieme	Rainer	ARV	27.03.2007	A
SAP	Apotheker	Léo	VV	30.01.2008	B
SAP	Schwarz	John	VM	16.01.2008	B
Siemens	Brandenstein	Gerd von	AR	05.11.2007	A
Siemens	Diekmann	Michael	AR	12.11.2007	A
Siemens	Hiesinger	Heinrich	VM	18.05.2007	A
Siemens	Kaeser	Joe	VM	22.03.2006	B
Siemens	Kux	Barbara	VM	12.11.2008	A
Siemens	Löscher	Peter	VV	21.05.2007	A

Unternehmen	Name	Vorname	Position	Ankündigung Neuzugang	Stichprobe
Siemens	Solmssen	Peter Y.	VM	19.09.2007	A
ThyssenKrupp	Lehner	Ulrich	AR	05.12.2007	A
ThyssenKrupp	Thumann	Jürgen R.	AR	18.11.2008	A
TUI	Baier	Horst	VM	08.11.2007	B
TUI	Long	Peter	VM	11.07.2007	A
TUI	Yakushev	Vladimir	AR	28.04.2008	A
Volkswagen	Großmann	Jürgen	AR	20.01.2006	A
Volkswagen	Härter	Holger P.	AR	30.12.2005	A
Volkswagen	Heizmann	Jochem	VM	09.11.2006	A
Volkswagen	Porsche	Wolfgang	AR	13.03.2008	A
Volkswagen	Wiedeking	Wendelin	AR	07.11.2005	A
Volkswagen	Winterkorn	Martin	VV	07.11.2006	A

VV = Vorstandsvorsitzender
V = „Einfaches" Vorstandsmitglied
ARV = Aufsichtsratsvorsitzender
AR = „Einfaches" Aufsichtsratsmitglied (Anteilseignervertreter)

Literaturverzeichnis

Abdel-Khalik, A. R. (1984): A Note on the Validity of the WSJ as a Source of Event Dates. In: Journal of Accounting Research, 22. Jg., Nr. 2, 1984, S. 758-759.

Adams, Renée B./Almeida, Heitor/Ferreira, Daniel (2005): Powerful CEOs and Their Impact on Corporate Performance. In: Review of Financial Studies, 18. Jg., Nr. 4, 2005, S. 1403-1432.

Adams, Renée B./Hermalin, Benjamin E./Weisbach, Michael S. (2010): The Role of Boards of Directors in Corporate Governance: A Conceptual Framework and Survey. In: Journal of Economic Literature, 48. Jg., Nr. 1, 2010, S. 58-107.

Adler, Nancy J./Bartholomew, Susan (1992): Managing Globally Competent People. In: Academy of Management Executive, 6. Jg., Nr. 3, 1992, S. 52-65.

Adler, Nancy J./Gundersen, Allison (2008): International Dimensions of Organizational Behavior. 5. Auflage, Thomson South-Western, Mason, 2008.

Affleck-Graves, John/Callahan, Carolyn M./Ramanan, Ramachandran (2000): Detecting Abnormal Bid-Ask Spread: A Comparison of Event Study Methods. In: Review of Quantitative Finance and Accounting, 14. Jg., Nr. 1, 2000, S. 45-65.

Aggarwal, Raj/Berrill, Jenny/Hutson, Elaine/Kearney, Colm (2011): What is a Multinational Corporation? Classifying the Degree of Firm-Level Multinationality. In: International Business Review, 20. Jg., Nr. 5, 2011, S. 557-577.

Agrawal, Manish/Kishore, Rajiv/Rao, Raghav H. (2006): Market Reactions to E-Business Outsourcing Announcements: An Event Study. In: Information & Management, 43. Jg., Nr. 7, 2006, S. 861-873.

Aguilar, Luis A. (2010): Board Diversity: Why it Matters and How to Improve It. Internetseiten der U.S. Securities and Exchange Commission, 2010. URL: http://www.sec.gov/news/speech/2010/spch110410laa.htm (Stand: 30.06.2011).

Aharoni, Yair (1971): On the Definition of a Multinational Corporation. In: Quarterly Review of Economics & Business, 11. Jg., Nr. 3, 1971, S. 27-38.

Aharoni, Yair/Tihanyi, Laszlo/Connelly, Brian L. (2011): Managerial Decision-Making in International Business: A Forty-Five-Year Retrospective. In: Journal of World Business, 46. Jg., Nr. 2, 2011, S. 135-142.

Aiken, Leona S./West, Stephen G. (1991): Multiple Regression. Testing and Interpreting Interactions. Sage Publications, Newbury Park, 1991.

Alas, Ruth/Kraus, Ants/Niglas, Katrin (2009): Manufacturing Strategies and Choices in Cultural Contexts. In: Journal of Business Economics and Management, 10. Jg., Nr. 4, 2009, S. 279-289.

Albach, Horst (1981): Die internationale Unternehmung als Gegenstand betriebswirtschaftlicher Forschung. In: Zeitschrift für Betriebswirtschaft, 51. Jg., Ergänzungsheft Nr. 1, 1981, S. 13-24.

Aldenhoff, Kai/Jüttner, Clemens/Karitzki, Olaf (2009): Von der Interessenvertretung zum "Teamspirit". Eine empirische Untersuchung zur Kultur in DAX-30-Aufsichtsräten. In: Zeitschrift Führung + Organisation, 78. Jg., Nr. 1, 2009, S. 37-44.

Alewell, Dorothea (1992): Interne Arbeitsmärkte. S + W Steuer- und Wirtschaftsverlag, Hamburg, 1992.

Alexander, Jeffrey A./Fennell, Marry L./Halpern, Michael T. (1993): Leadership Instability in Hospitals: The Influence of Board-CEO Relations and Organizational Growth and Decline. In: Administrative Science Quarterly, 39. Jg., Nr. 1, 1993, S. 74-99.

Al-Khouri, Ritab (2006): Corporate Governance and Firms Value in Emerging Markets. In: Journal of Transnational Management, 12. Jg., Nr. 1, 2006, S. 25-49.

Al-Khouri, Ritab/Magableh, Ali/Aldamen, Hussam M. (2004): Foreign Ownership and Firm Valuation: An Empirical Investigation. In: Finance India, 18. Jg., Nr. 2, 2004, S. 779-799.

Allianz (2011): Corporate Governance. Internetseiten der Allianz AG, 2011. URL: https://www.allianz.com/de/investor_relations/corporate_governance/index.html (Stand: 03.11.2011).

Amason, Allen C./Mooney, Ann C. (1999): The Effects of Past Performance on Top Management Team Conflict in Strategic Decision Making. In: International Journal of Conflict Management, 10. Jg., Nr. 4, 1999, S. 340-359.

Andrews, D.W.K. (2003): End-of-Sample Instability Tests. In: Econometrica, 71. Jg., Nr. 6, 2003, S. 1661-1694.

Ankenbrand, Hendrik/Ritter, Johannes (2009): Beiersdorf holt Asien-Vorstand. In: Frankfurter Allgemeine Zeitung, 60. Jg., Nr. 115, 2009, S. 16.

Arbeitskreis „Finanzierung" der Schmalenbach-Gesellschaft für Betriebswirtschaft e.V. (2006): Eine empirische Untersuchung zur Veräußerung von Konzernteilen an Private-Equity-Investoren. In: Schmalenbachs Zeitschrift für betriebswirtschaftliche Forschung, 58. Jg., Nr. 2, 2006, S. 235-264.

Arendt, L. A. (2005): A CEO-Adviser Model of Strategic Decision Making. In: Journal of Management, 31. Jg., Nr. 5, 2005, S. 680-699.

Aretz, Hans-Jürgen (2006): Strukturwandel in der Weltgesellschaft und Diversity Management im Unternehmen. In: Becker, Manfred/Seidel, Alina (2006, Hrsg.): Diversity Management. Unternehmens- und Personalpolitik der Vielfalt. Schäffer-Poeschel, Stuttgart, 2006, S. 51-74.

Arnegger, Martin/Hofmann, Christian/Pull, Kerstin/Vetter, Karin (2010): Unterschiede in der fachlichen und demographischen Zusammensetzung deutscher Aufsichtsräte – Eine empirische Bestandsaufnahme für HDAX- und SDAX-Unternehmen. In: Die Betriebswirtschaft, 70. Jg., Nr. 3, 2010, S. 239-257.

Asendorpf, Jens (2007): Psychologie der Persönlichkeit. 4. Auflage, Springer, Berlin, 2007.

Astley, Graham W./van de Ven, Andrew H. (1983): Central Perspectives and Debates in Organization Theory. In: Administrative Science Quarterly, 28. Jg., Nr. 2, 1983, S. 245-273.

Athanassiou, Nicholas A./Nigh, Douglas (1999): The Impact of U.S. Company Internationalization on Top Management Team Advice Networks: A Tacit Knowledge Perspective. In: Strategic Management Journal, 20. Jg., Nr. 1, 1999, S. 83-92.

Athanassiou, Nicholas A./Nigh, Douglas (2000): Internationalization, Tacit Knowledge and the Top Management Teams of MNCs. In: Journal of International Business Studies, 31. Jg., Nr. 3, 2000, S. 471-487.

Athanassiou, Nicholas A./Nigh, Douglas (2002): The Impact of Top Management Team's International Business Experience on the Firm's Internationalization: Social Networks at Work. In: Management International Review, 42. Jg., Nr. 2, 2002, S. 157-181.

Athanassiou, Nicholas A./Roth, Kendall (2006): International Experience Heterogeneity Effects on Top Management Team Advice Networks: A Hierarchical Analysis. In: Management International Review, 46. Jg., Nr. 6, 2006, S. 749-769.

Auh, Seigyoung/Menguc, Bulent (2006): Diversity at the Executive Suite: A Resource-Based Approach to the Customer Organizational Performance Relationship. In: Journal of Business Research, 59. Jg., Nr. 5, 2006, S. 564-572.

Austrian Working Group for Corporate Governance (2010): Austrian Code of Corporate Governance2010. Internetseiten der Wiener Börse, 2010. URL: http://www.wienerborse.at/ corporate/pdf/CG%20Codex%20englisch%202010_v3.pdf (Stand: 27.01.2012).

Aybar, Bülent/Ficici, Aysun (2009): Cross-Border Acquisitions and Firm Value: An Analysis of Emerging-Market Multinationals. In: Journal of International Business Studies, 40. Jg., Nr. 8, 2009, S. 1317-1338.

Ayoun, Baker/Moreo, Patrick J. (2008): Does National Culture Affect Hotel Managers' Approach to Business Strategy? In: International Journal of Contemporary Hospitality Management, 20. Jg., Nr. 1, 2008, S. 7-18.

Ayoun, Baker/Palakurthi, Radesh/Moreo, Patrick J. (2010): Cultural Influences on Strategic Behavior of Hotel Executives: Masculinity and Femininity. In: International Journal of Hospitality and Tourism, 11. Jg., Nr. 1, 2010, S. 1-21.

Bachmann, Anne (2009): Subjektive versus objektive Erfolgsmaße. In: Albers, Sönke/Klapper, Daniel/Konradt, Udo/Walter, Achim/Wolf, Joachim (2009, Hrsg.): Methodik der empirischen Forschung. 3. Auflage, Gabler, Wiesbaden, 2009, S. 89-102.

Backhaus, Klaus (2008): Multivariate Analysemethoden. Eine anwendungsorientierte Einführung. 12. Auflage, Springer, Berlin, 2008.

Ball, Ray/Brown, Philip (1968): An Empirical Evaluation of Accounting Income Numbers. In: Journal of Accounting Research, 6. Jg., Nr. 2, 1968, S. 159-178.

Balsmeier, Benjamin/Buchwald, Achim (2011): Motive der Ausübung externer Kontrollmandate durch Vorstandsvorsitzende in deutschen Großunternehmen. In: Die Betriebswirtschaft, 71. Jg., Nr. 2, 2011, S. 101-119.

Barker, Vincent L./Mueller, George C. (2002): CEO Characteristics and Firm R&D Spending. In: Management Science, 48. Jg., Nr. 6, 2002, S. 782-801.

Barnard, Chester I. (1938): The Functions of the Executive. Harvard University Press, Cambridge, 1938.

Barney, Jay B. (1986): Organizational Culture. Can It Be a Source of Sustained Competitive Advantage? In: The Academy of Management Review, 11. Jg., Nr. 3, 1986, S. 656-665.

Barney, Jay B. (1991): Firm Resources and Sustained Competitive Advantage. In: Journal of Management, 17. Jg., Nr. 1, 1991, S. 99-120.

Baron, Reuben M./Kenny, David A. (1986): The Moderator-Mediator Variable Distinction in Social Psychological Research: Conceptual, Strategic, and Statistical Considerations. In: Journal of Personality and Social Psychology, 51. Jg., Nr. 6, 1986, S. 1173-1182.

Bassen, Alexander/Kleinschmidt, Maik/Prigge, Stefan/Zöllner, Christine (2006): Deutscher Corporate Governance Kodex und Unternehmenserfolg. Empirische Befunde. In: Die Betriebswirtschaft, 66. Jg., Nr. 4, 2006, S. 375-401.

Baumgarth, Carsten/Eisend, Martin/Evanschitzky, Heiner (2009): Empirische Mastertechniken. In: Baumgarth, Carsten/Eisend, Martin/Evanschitzky, Heiner (2009, Hrsg.): Empirische Mastertechniken. Eine anwendungsorientierte Einführung für die Marketing- und Managementforschung. Gabler, Wiesbaden, 2009, S. 3-26.

Bea, Franz X. (2009): Entscheidungen des Unternehmens. In: Bea, Franz X./Schweitzer, Marcell (2009, Hrsg.): Allgemeine Betriebswirtschaftslehre. Band 1: Grundfragen. 10. Auflage, Lucius & Lucius, Stuttgart, 2009, S. 332-437.

Beatty, Randolph P./Zajac, Edward J. (1987): CEO Change and Firm Performance in Large Corporations: Succession Effects and Manager Effects. In: Strategic Management Journal, 8. Jg., Nr. 4, 1987, S. 305-317.

Becker, Andreas (2010): Corporate Governance, Internationalisierung und Erfolg. Eine Analyse der internationalen und interkulturellen Zusammensetzung von Boards aus dem angloamerikanischen, germanischen und nordischen Kulturkreis. Eul, Lohmar, 2010.

Becker, Fred G. (2007): Organisation der Unternehmungsleitung. Stellgrößen der Leitungsorganisation. Kohlhammer, Stuttgart, 2007.

Beleke, Norbert (2004): Wer ist wer? Das Deutsche Who is Who. Schmidt-Römhild, Lübeck, 2004.

Bergemann, Britta/Bergemann, Niels (2005): Interkulturelle Managementkompetenz. Anforderungen und Ausbildung. Physica-Verlag, Heidelberg, 2005.

Berger, Ulrike/Bernhard-Mehlich, Isolde (2006): Die verhaltenswissenschaftliche Entscheidungstheorie. In: Kieser, Alfred/Ebers, Mark (2006, Hrsg.): Organisationstheorien. 6. Auflage, Kohlhammer, Stuttgart, 2006, S. 169-214.

Bergh, Donald D./Gibbons, Patrick (2011): The Stock Market Reaction to the Hiring of Management Consultants: A Signalling Theory Approach. In: Journal of Management Studies, 48. Jg., Nr. 3, 2011, S. 544-567.

Bernardi, Richard A./Bean, David F./Weippert, Kristen M. (2005): Minority Membership on Boards of Directors: The Case for Requiring Pictures of Boards in Annual Reports. In: Critical Perspectives on Accounting, 16. Jg., Nr. 8, 2005, S. 1019-1033.

Berry, Heather (2006): Shareholder Valuation of Foreign Investment and Expansion. In: Strategic Management Journal, 27. Jg., Nr. 12, 2006, S. 1123-1140.

Bertrand, Marianna/Schoar, Antoinette (2003): Managing with Style: The Effect of Managers on Firm Policies. In: Quarterly Journal of Economics, 118. Jg., Nr. 4, 2003, S. 1169-1208.

Biddle, Bruce J. (1979): Role Theory – Expectations, Identities, and Behaviors. Academic Press, New York, 1979.

Biddle, Bruce J. (1986): Recent Developments in Role Theory. In: Annual Review of Sociology, 12. Jg., Nr. 1, 1986, S. 67-92.

Biemann, Torsten (2009a): Die Bedeutung internationaler Erfahrungen für den Karriereerfolg von Führungskräften. In: Zeitschrift für Personalforschung, 23. Jg., Nr. 4, 2009, S. 336-356.

Biemann, Torsten (2009b): Logik und Kritik des Hypothesentestens. In: Albers, Sönke/Klapper, Daniel/Konradt, Udo/Walter, Achim/Wolf, Joachim (2009, Hrsg.): Methodik der empirischen Forschung. 3. Auflage, Gabler, Wiesbaden, 2009, S. 205-220.

Biemann, Torsten/Wolf, Joachim (2009): Career Patterns of Top Management Team Members in Five Countries: An Optimal Matching Analysis. In: International Journal of Human Resource Management, 20. Jg., Nr. 5, 2009, S. 975-991.

Binder, John J. (1998): The Event Study Methodology since 1969. In: Review of Quantitative Finance and Accounting, 11. Jg., Nr. 2, 1998, S. 111-137.

Bingham, Christopher B./Felin, Teppo/Black, J. Stewart (2000): An Interview with John Pepper: What It Takes to Be a Global Leader. In: Human Resource Management, 39. Jg., Nr. 2/3, 2000, S. 287-297.

Bird, Allan (2001): International Assignments and Careers as Repositories of Knowledge. In: Mendenhall, Mark E./Kühlmann, Torsten M./Stahl, Günter K. (2001, Hrsg.): Developing Global Business Leaders. Policies, Processes, and Innovations. Quorum Books, Westport, 2001, S. 18-36.

Birkner, Martin (2005): The Status and Dynamics of Change of Top Management Team (TMT). Demographics and Capabilities in German Large Firms Between 1997-2002: A Theoretical Exploration and Extension of the Upper Echelon Perspective. Kopierfabrik, München, 2005.

Blau, Peter M. (1977): Inequality and Heterogeneity. A Primitive Theory of Social Structure. Free Press, New York, 1977.

Bleaney, Michael (1990): Some Comparisons of the Relative Power of Simple Tests for Structural Change in Regression Models. In: Journal of Forecasting, 9. Jg., Nr. 5, 1990, S. 437-444.

Bloodgood, James M./Sapienza, Harry J./Almeida, James G. (1996): The Internationalization of New High-Potential U.S. Ventures: Antecedents and Outcomes. In: Entrepreneurship Theory and Practice, 20. Jg., Nr. 4, 1996, S. 61-76.

Bollen, Kenneth A./Jackman, Robert W. (1990): Regression Diagnostics: An Expository Treatment of Outliers and Influential Cases. In: Fox, John/Long, J. S. (1990, Hrsg.): Modern Methods of Data Analysis. Sage, Newbury Park, 1990, S. 257-291.

Börsig, Clemens (2006): Die Rolle des Aufsichtsrats im Verhältnis zum Vorstand. Internetseiten der Deutschen Bank, 2006. URL: http://www.db.com/medien/de/downloads/ Dr._Boersig_Corp-Govern-Konf.pdf (Stand: 16.08.2011).

Bortz, Jürgen/Döring, Nicola (2006): Forschungsmethoden und Evaluation für Human- und Sozialwissenschaftler. 4. Auflage, Springer, Heidelberg, 2006.

Bowman, Robert G. (1983): Understanding and Conducting Event Studies. In: Journal of Business Finance & Accounting, 10. Jg., Nr. 4, 1983, S. 561-584.

Boyd, Brian K. (1990): Corporate Linkages and Organizational Environment: A Test of the Resource Dependence Model. In: Strategic Management Journal, 11. Jg., Nr. 6, 1990, S. 419-430.

Bresser, Rudi K. F. (2010): Strategische Managementtheorie. 2. Auflage, Kohlhammer, Stuttgart, 2010.

Bromiley, Philip/Govekar, Michele/Marcus, Alfred (1988): On Using Event-Study Methodology in Strategic Management Research. In: Technovation, 8. Jg., Nr. 1-3, 1988, S. 25-42.

Bromiley, Philip/Johnson, Scott G. (2005): Mechanisms And Empirical Research. In: Ketchen, David J./Bergh, Donald D. (2005, Hrsg.): Research Methodology in Strategy and Management. Elsevier, Amsterdam et al., 2005.

Brown, Stephen J./Warner, Jerold B. (1980): Measuring Security Price Performance. In: Journal of Financial Economics, 8. Jg., Nr. 3, 1980, S. 205-258.

Brown, Stephen J./Warner, Jerold B. (1985): Using Daily Stock Returns – The Case of Event Studies. In: Journal of Financial Economics, 14. Jg., Nr. 1, 1985, S. 3-31.

Brühl, Kai (2009): Corporate Governance, Strategie und Unternehmenserfolg. Gabler, Wiesbaden, Marburg, 2009.

Brühl, Rolf (2009): Controlling. Grundlagen des Erfolgscontrollings. 2. Auflage, Oldenbourg, München, 2009.

Brunner, Markus (2009): Resource-Dependence-Ansatz. In: Schwaiger, Manfred/Meyer, Anton (2009, Hrsg.): Theorien und Methoden der Betriebswirtschaft. Handbuch für Wissenschaftler und Studierende. Vahlen, München, 2009, S. 30-40.

Burrell, Gibson/Morgan, Gareth (1979): Sociological Paradigms and Organizational Analysis, Heinemann, London, 1979.

Buß, Eugen (2009): Die deutschen Spitzenmanager – Wie sie wurden, was sie sind. Herkunft, Wertvorstellungen, Erfolgsregeln. Oldenbourg, München, Wien, 2009.

Butler, Frances A./Stevens, Robin (1997): Oral Language Assessment in the Classroom. In: Theory Into Practice, 36. Jg., Nr. 4, 1997, S. 214-219.

Caligiuri, Paula/Lazarova, Mila/Zehetbauer, Stephan (2004): Top Managers' National Diversity and Boundary Spanning: Attitudinal Indicators of a Firm's Internationalization. In: Journal of Management Development, 23. Jg., Nr. 9, 2004, S. 848-859.

Campbell, John Y./Lo, Andrew W.-C./MacKinlay, Archie C. (1997): The Econometrics of Financial Markets. 2. Auflage, Princeton University Press, Princeton, 1997.

Campbell, Kevin/Minguez Vera, Antonio (2010): Female Board Appointments and Firm Valuation: Short and Long-Term Effects. In: Journal of Management & Governance, 14. Jg., Nr. 1, 2010, S. 37-59.

Cannella, Albert A./Holcomb, Tim R. (2005): A Multi-Level Analysis of the Upper-Echelons Model. In: Dansereau, Fred/Yammarino, Francis J. (2005, Hrsg.): Multi-Level Issues in Strategy and Methods. Elsevier, Amsterdam, London, 2005, S. 195-237.

Carleton, Willard T./Nelson, James M./Weisbach, Michael S. (1998): The Influence of Institutions on Corporate Governance Through Private Negotiations: Evidence from TIAA-CERF. In: Journal of Finance, 53. Jg., Nr. 4, 1998, S. 1335-1362.

Carpenter, Mason A. (2005): Moving (Finally) Toward a Multi-Level Model of The Upper Echelons. In: Dansereau, Fred/Yammarino, Francis J. (2005, Hrsg.): Multi-Level Issues in Strategy and Methods. Elsevier, Amsterdam, London, 2005, S. 239-247.

Carpenter, Mason A./Fredrickson, James W. (2001): Top Management Teams, Global Strategic Posture, and the Moderating Role of Uncertainty. In: Academy of Management Journal, 44. Jg., Nr. 3, 2001, S. 533-545.

Carpenter, Mason A./Geletkanycz, Marta A./Sanders, Gerard W. M. (2004): Upper Echelons Research Revisited: Antecedents, Elements, and Consequences of Top Management Team Composition. In: Journal of Management, 30. Jg., Nr. 6, 2004, S. 749-778.

Carpenter, Mason A./Pollock, Timothy G./Leary, Mylene M. (2003): Testing a Model of Reasoned Risk-Taking: Governance, the Experience of Principals and Agents, and Global Strategy in High-Technology IPO Firms. In: Strategic Management Journal, 24. Jg., Nr. 9, 2003, S. 802-820.

Carpenter, Mason A./Reilly, Gregory P. (2006): Constructs and Construct Measurement in Upper Echelons Research. In: Ketchen, David J./Bergh, Donald D. (2006, Hrsg.): Research Methodology in Strategy and Management. 3. Auflage, Elsevier, Amsterdam, Heidelberg, 2006, S. 17-35.

Carpenter, Mason A./Sanders, Gerard W. M./Gregersen, Hal B. (2000): International Assignment Experience at the Top Can Make a Bottom-Line Difference. In: Human Resource Management, 39. Jg., Nr. 2/3, 2000, S. 277-285.

Carpenter, Mason A./Sanders, Gerard W. M./Gregersen, Hal B. (2001): Bundling Human Capital with Organizational Context: The Impact of International Assignment Experience on Multinational Firm Performance and CEO Pay. In: Academy of Management Journal, 44. Jg., Nr. 3, 2001, S. 493-511.

Carpenter, Mason A./Westphal, James D. (2001): The Strategic Context of External Network Ties: Examining the Impact of Director Appointments on Board Involvement in Strategic Decision Making. In: Academy of Management Journal, 44. Jg., Nr. 4, 2001, S. 639-660.

Carter, David A./Simkins, Betty J./Simpson, W. G. (2003): Corporate Governance, Board Diversity and Firm Value. In: Financial Review, 38. Jg., Nr. 1, 2003, S. 33-53.

Carter, Eugene E. (1971): The Behavioral Theory of the Firm and Top-Level Corporate Decisions. In: Administrative Science Quarterly, 16. Jg., Nr. 4, 1971, S. 413-429.

Certo, Trevis S. (2003): Influencing Initial Public Offering Investors with Prestige: Signaling With Board Structures. In: Academy of Management Review, 28. Jg., Nr. 3, 2003, S. 432-446.

Certo, Trevis S./Daily, Catherine M./Dalton, Dan R. (2001): Signaling Firm Value through Board Structure: An Investigation of Initial Public Offerings. In: Entrepreneurship Theory and Practice, 26. Jg., Nr. 2, 2001, S. 33-50.

Certo, Trevis S./Lester, Richard H./Dalton, Catherine M./Dalton, Dan R. (2006): Top Management Teams, Strategy and Financial Performance: A Meta-Analytic Examination. In: Journal of Management Studies, 43. Jg., Nr. 3, 2006, S. 813-839.

Charkham, Jonathan P./Ploix, Hélène (2005): Keeping Better Company. Corporate Governance Ten Years On, Oxford University Press, Oxford, 2005.

Chen, Ming-Jer/Stucker, Kristin (1997): Multinational Management and Multimarket Rivalry: Toward a Theoretical Development of Global Competition. In: Academy of Management Proceedings, 1997.

Chen, Shimin/Dodd, James L. (2001): Operating Income, Residual Income and EVA: Which Metric Is More Value Relevant? In: Journal of Managerial Issues, 13. Jg., Nr. 1, 2001, S. 65-87.

Cheng, Louis T. W./Chan, Ricky Y. K./Leung, T. Y. (2010): Management Demography and Corporate Performance: Evidence from China. In: International Business Review, 19. Jg., Nr. 3, 2010, S. 261-275.

Child, John (1972): Organizational Structure, Environment and Performance: The Role of Strategic Choice. In: Sociology, 6. Jg., Nr. 1, 1972, S. 1-22.

Cho, Theresa S./Hambrick, Donald C. (2006): Attention as the Mediator between Top Management Team Characteristics and Strategic Change: The Case of Airline Deregulation. In: Organization Science, 17. Jg., Nr. 4, 2006, S. 453-469.

Christensen, B.J./Prabhala, N.R. (1998): The Relation Between Implied and Realized Volatility. In: Journal of Financial Economics, 50. Jg., Nr. 2, 1998, S. 125-150.

Church, Austin T. (1982): Sojourner Adjustment. In: Psychological Bulletin, 91. Jg., Nr. 3, 1982, S. 540-572.

Clark, Ed/Soulsby, Anna (2007): Understanding Top Management and Organizational Change through Demographic and Processual Analysis. In: Journal of Management Studies, 44. Jg., Nr. 6, 2007, S. 932-954.

Clark, John M./Cornwell, T. B./Pruitt, Stephen W. (2002): Corporate Stadium Sponsorships, Signaling Theory, Agency Conflicts, and Shareholder Wealth. In: Journal of Advertising Research, 42. Jg., Nr. 6, 2002, S. 16-32.

Cohen, Jacob (1992): A Power Primer. In: Psychological Bulletin, 112. Jg., Nr. 1, 1992, S. 155-159.

Collings, David G./Morley, Michael J./Gunnigle, Patrick (2008): Composing the Top Management Team in the International Subsidiary: Qualitative Evidence on International Staffing in U.S. MNCs in the Republic of Ireland. In: Journal of World Business, 43. Jg., Nr. 2, 2008, S. 197-212.

Collins, Christopher J./Clark, Kevin D. (2003): Strategic Human Resource Practices, Top Management Team Social Networks, and Firm Performance: The Role of Human Resource Practices in Creating Organizational Competitive Advantage. In: Academy of Management Journal, 46. Jg., Nr. 6, 2003, S. 740-751.

Combs, James G./Crook, T. R./Shook, Christopher L. (2005): The Dimensionality of Organizational Performance and Its Implications for Strategic Management Research. In: Ketchen, David J./Bergh, Donald D. (2005, Hrsg.): Research Methodology in Strategy and Management. Elsevier, Amsterdam et al., 2005, S. 259-286.

Combs, James G./Ketchen, David J./Perryman, Alexa A./Donahue, Maura S. (2007): The Moderating Effect of CEO Power on the Board Composition – Firm Performance Relationship. In: Journal of Management Studies, 44. Jg., Nr. 8, 2007, S. 1299-1323.

Contractor, Farok J./Kundu, Sumit K./Hsu, Chin-Chun (2003): A Three-Stage Theory of International Expansion: The Link Between Multinationality and Performance in the Service Sector. In: Journal of International Business Studies, 34. Jg., Nr. 1, 2003, S. 5-18.

Conyon, Martin J./Schwalbach, Joachim (2000): Executive Compensation: Evidence from the UK and Germany. In: Long Range Planning, 33. Jg., Nr. 3, 2000, S. 504-526.

Cook, Alison/Glass, Christy (2011): Leadership Change and Shareholder Value: How Markets React to the Appointments of Women. In: Human Resource Management, 50. Jg., Nr. 4, 2011, S. 501-519.

Cook, Thomas D./Campbell, Donald T. (1979): Quasi-Experimentation. Design & Analysis Issues for Field Settings. Houghton Mifflin, Boston, 1979.

Core, John E./Holthausen, Robert W./Larcker, David F. (1999): Corporate Governance, Chief Executive Officer Compensation, and Firm Performance. In: Journal of Financial Economics, 51. Jg., Nr. 3, 1999, S. 371-406.

Corman, Steven R./Kuhn, Timothy/McPhee, Robert D./Dooley, Kevin J. (2002): Studying Complex Discursive Systems. Centering Resonance Analysis of Communication. In: Human Communication Research, 28. Jg., Nr. 2, 2002, S. 157-206.

Crawford, Vincent P./Sobel, Joel (1982): Strategic Information Transmission. In: Econometrica, 50. Jg., Nr. 6, 1982, S. 1431-1451.

Crossland, Craig/Hambrick, Donald C. (2007): How National Systems Differ in Their Constraints on Corporate Executives: A Study of CEO Effects in Three Countries. In: Strategic Management Journal, 28. Jg., Nr. 8, 2007, S. 767-789.

Crossland, Craig/Hambrick, Donald C. (2011): Differences in Managerial Discretion across Countries: How Nation-Level Institutions Affect the Degree to Which CEOs Matter. In: Strategic Management Journal, 32. Jg., Nr. 8, 2011, S. 797-819.

Cuthbertson, Keith/Nitzsche, Dirk (2005): Quantitative Financial Economics – Stocks, Bonds and Foreign Exchange. 2. Auflage, Wiley, Chichester, 2005.

Cyert, Richard M./March, James G. (1963): A Behavioral Theory of the Firm. Prentice-Hall, Englewood Cliffs, 1963.

Cyert, Richard M./March, James G. (2006): A Behavioral Theory of the Firm. 2. Auflage, Blackwell, Malden, 2006.

Dahlin, Kristina B./Wiengart, Laurie R./Hinds, Pamela J. (2005): Team Diversity and Information Use. In: Academy of Management Journal, 48. Jg., Nr. 6, 2005, S. 1107-1123.

Daily, Catherine M./Certo, Trevis S./Dalton, Dan R. (2000): International Experience in the Executive Suite: The Path to Prosperity? In: Strategic Management Journal, 21. Jg., Nr. 4, 2000, S. 515-523.

Daily, Catherine M./Dalton, Dan R. (2003): Women in the Boardroom: A Business Imperative. In: Journal of Business Strategy, 24. Jg., Nr. 5, 2003, S. 8-9.

Dalton, Dan R./Daily, Catherine M./Ellstrand, Alan E./Johnson, Jonathan L. (1998): Meta-Analytic Reviews of Board Composition, Leadership Structure, and Financial Performance. In: Strategic Management Journal, 19. Jg., Nr. 3, 1998, S. 269-290.

Dalton, Dan R./Daily, Catherine M./Johnson, Jonathan L./Ellstrand, Alan E. (1999): Number of Directors and Financial Performance: A Meta-Analysis. In: Academy of Management Journal, 42. Jg., Nr. 6, 1999, S. 674-686.

Danish Corporate Governance Committee (2010): Recommendations on Corporate Governance 2010. Internetseiten des Danish Board of Corporate Governance, 2010. URL: http://www.corporategovernance.dk/graphics/Corporategovernance/recommendations2010.pdf (Stand: 27.01.2012).

Datta, Deepak K./Musteen, Martina/Herrmann, Pol (2009): Board Characteristics, Managerial Incentives, and the Choice Between Foreign Acquisitions and International Joint Ventures. In: Journal of Management, 35. Jg., Nr. 4, 2009, S. 928-953.

Datta, Deepak K./Rajagopalan, Nandini/Zhang, Yan (2003): New CEO Openness to Change and Strategic Persistence: The Moderating Role of Industry Characteristics. In: British Journal of Management, 14. Jg., Nr. 2, 2003, S. 101-114.

D'Aveni, Richard A. (1990): Top Managerial Prestige and Organizational Bankruptcy. In: Organization Science, 1. Jg., Nr. 2, 1990, S. 121-142.

Davis, Gerald F./Cobb, Adam J. (2010): Resource Dependence Theory: Past and Future. In: Schoonhoven, Claudia B./Dobbin, Frank (2010, Hrsg.): Stanford's Organization Theory Renaissance 1970-2000. Emerald, Bingley, 2010, S. 21-42.

de Bondt, Werner F.M./Thaler, Richard (1985): Does the Stock Market Overreact? In: Journal of Finance, 40. Jg., Nr. 3, 1985, S. 793-805.

Deilmann, Barbara/Albrecht, Frauke (2010): Corporate Governance und Diversity – was empfiehlt der neue Kodex? In: Die Aktiengesellschaft, 55. Jg., Nr. 20, 2010, S. 727-734.

Deutsch, Yuval/Ross, Thomas W. (2003): You Are Known by the Directors You Keep: Reputable Directors as a Signaling Mechanism for Young Firms. In: Management Science, 49. Jg., Nr. 8, 2003, S. 1003-1017.

Deutsche Börse Group (2011): Deutsche Börse Blue Chip Indizes. Die Indexfamilie für den deutschen Aktienmarkt. Internetseiten der Deutsche Börse Group, 2011. URL: http://www.dax-indices.com/DE/MediaLibrary/Document/BR_Blue_Chips_d_0809_pfv.pdf (Stand: 15.11.2011).

Deutsche Börse Group (2012): Short Information to the Equity- and Strategy Indices of Deutsche Börse. Internetseiten der Deutsche Börse Group, 2012. URL: http://dax-indices.com/DE/MediaLibrary/Document/Equity_Strategy_Short_2_7.pdf (Stand: 27.01.2012).

Deutsche Bundesregierung (2009): Koalitionsvertrag zwischen CDU, CSU und FDP – 17. Legislaturperiode. Internetseiten der FDP Bundespartei, 2009. URL: http://www.fdp-bundespartei.de/files/363/koalitionsvertrag.pdf (Stand: 25.11.2010).

Dickmann, Michael/Harris, Hillary (2005): Developing Career Capital for Global Careers: The Role of International Assignments. In: Journal of World Business, 40. Jg., Nr. 4, 2005, S. 399-408.

DiMaggio, Paul J./Powell, Walter W. (1983): The Iron Cage Revisited: Institutional Isomorphism and Collective Rationality in Organizational Fields. In: American Sociological Review, 48. Jg., Nr. 2, 1983, S. 147-160.

Dolley, James C. (1933): Common Stock Split-Ups: Motives and Effects. In: Harvard Business Review, 12. Jg., Nr. 1, 1933, S. 70-81.

Donaldson, Gordon/Lorsch, Jay W. (1983): Decision Making at the Top. The Shaping of Strategic Direction. Basic Books, New York, 1983.

Donaldson, Lex/Davis, James H. (1991): Stewardship Theory or Agency Theory. CEO Governance and Shareholder Returns. In: Australian Journal of Management, 16. Jg., Nr. 1, 1991, S. 49-64.

Duck, Steve/Barnes, Melanie K. (1992): Disagreeing about Agreement: Reconciling Differences about Similarity. In: Communication Monographs, 59. Jg., Nr. 2, 1992, S. 199-208.

Dutzi, Andreas (2005): Der Aufsichtsrat als Instrument der Corporate Governance. Ökonomische Analyse der Veränderungen im Corporate-Governance-System börsennotierter Aktiengesellschaften. Deutscher Universitäts-Verlag, Wiesbaden, Frankfurt am Main, 2005.

Dyllik, Thomas/Torgler, Daniel (2007): Bildungshintergrund von Führungskräften und Platzierungsstärke von Universitäten in der Schweiz. In: Die Unternehmung, 61. Jg., Nr. 1, 2007, S. 71-96.

Ebers, Mark/Gotsch, Wilfried (2006): Institutionenökonomische Theorien der Organisation. In: Kieser, Alfred/Ebers, Mark (2006, Hrsg.): Organisationstheorien. 6. Auflage, Kohlhammer, Stuttgart, 2006, S. 247-308.

Eckert, Stefan (2004): Aktionärsorientierung der Unternehmenspolitik? Shareholder Value – Globalisierung – Internationalität. Gabler, Wiesbaden, 2004.

Eckert, Stefan/Dittfeld, Marcus/Muche, Thomas/Rässler, Susanne (2010): Does Multinationality Lead to Value Enhancement? An Empirical Examination of Publicly Listed Corporations from Germany. In: International Business Review, 19. Jg., Nr. 6, 2010, S. 562-574.

Eckert, Stefan/Dittfeld, Marcus/Rässler, Susanne (2009): Zum Einfluss der Internationalität von Unternehmen auf den Shareholder Value – Eine empirische Untersuchung deutscher börsennotierter Aktiengesellschaften im Zeitraum 1990 bis 2006. In: Schmid, Stefan (2009, Hrsg.): Management der Internationalisierung. Michael Kutschker zum 65. Geburtstag. Gabler, Wiesbaden, 2009, S. 87-115.

Eckert, Stefan/Rässler, Susanne/Mayer, Stefanie/Bonsiep, Wolf (2004): Kulturschock in Deutschland? Zeitlicher Verlauf und Leistungseffekte der kulturellen Anpassung asiatischer Führungskräfte in Deutschland. In: Zeitschrift für betriebswirtschaftliche Forschung, 56. Jg., Nr. 11, 2004, S. 639-659.

economiesuisse (2007): Swiss Code of Best Practice for Corporate Governance. Internetseiten des Verbands der Schweizer Unternehmen, 2007. URL: http://www.economiesuisse.ch/de/PDF%20Download%20Files/pospap_swiss-code_corp-govern_20080221_de.pdf (Stand: 06.09.2011).

Egelhoff, William G. (1982): Strategy and Structure in Multinational Corporations: An Information-Processing Approach. In: Administrative Science Quarterly, 27. Jg., Nr. 3, 1982, S. 435-458.

Egglestonl, Kathryn K./Bhagat, Rabi S. (1993): Organizational Contexts and Contingent Leadership Roles: A Theoretical Exploration. In: Human Relations, 46. Jg., Nr. 10, 1993, S. 1177-1192.

Egon Zehnder (2010): European Board Diversity Analysis 2010 – Is It Getting Easier to Find Women on European Boards? Internetseiten der Egon Zehnder International GmbH, 2010. URL: http://www.egonzehnder.com/de/thoughtleadership/publications/ publication/id/17500252 (Stand: 08.06.2011).

Ehrbar, Al (1998): EVA. The Real Key to Creating Wealth. Wiley, New York, 1998.

Ehrhardt, Kyle (2010): Reconsidering the Slack-Performance Relationship: A Top-Manager Characteristics Contingency Approach. In: Academy of Management Proceedings, 2010, S. 1-6.

Eisele, Wolfgang (2005a): Bilanzen. In: Bea, Franz X./Schweitzer, Marcell (2005, Hrsg.): Allgemeine Betriebswirtschaftslehre. Band 2: Führung. 9. Auflage, Lucius & Lucius, Stuttgart, 2005, S. 459-667.

Eisele, Wolfgang (2005b): Rechnungswesen. In: Bea, Franz X./Schweitzer, Marcell (2005, Hrsg.): Allgemeine Betriebswirtschaftslehre. Band 2: Führung. 9. Auflage, Lucius & Lucius, Stuttgart, 2005, S. 450-459.

Eisenhardt, K. M./Bourgeois, L.J. (1988): Politics of Strategic Decision Making in High-Velocity Environments: Toward a Midrange Theory. In: Academy of Management Journal, 31. Jg., Nr. 4, 1988, S. 737-770.

Eisenhardt, Kathleen M. (1989): Agency Theory. An Assessment and Review. In: The Academy of Management Review, 14. Jg., Nr. 1, 1989, S. 57-74.

Eisenhardt, Kathleen M./Schoonhoven, Claudia B. (1996): Resource-based View of Strategic Alliance Formation: Strategic and Social Effects in Entrepreneurial Firms. In: Organization Science, 7. Jg., Nr. 2, 1996, S. 136-150.

Elron, Efrat (1997): Top Management Teams within Multinational Corporations: Effects of Cultural Heterogeneity. In: Leadership Quarterly, 8. Jg., Nr. 4, 1997, S. 393-413.

Elton, Edwin J./Gruber, Martin J. (1995): Modern Portfolio Theory and Investment Analysis. 5. Auflage, Wiley, New York, 1995.

Ely, Robin J. (1994): The Effects of Organizational Demographics and Social Identity on Relationships among Professional Women. In: Administrative Science Quarterly, 39. Jg., Nr. 2, 1994, S. 203-238.

Emerson, R. M. (1962): Power-Dependence Relations. In: American Sociological Review, 27. Jg., Nr. 1, 1962, S. 31-41.

Engelhard, Johann/Schmidl, Patrick (1999): Der "Home Bias" im internationalen Anlageverhalten institutioneller Anleger – vom Modell des homo oeconomicus zur Prämisse einer beschränkten Informationsverarbeitungskapazität von Kapitalmarktteilnehmern. In: Gielsel, Franz (1999, Hrsg.): Globalisierung. Herausforderung an die Unternehmensführung zu Beginn des 21. Jahrhunderts: Festschrift für Prof. Dr. Ehrenfried Pausenberger. Beck, München, 1999, S. 347-362.

Epstein, Marc J. (2002): Measuring the Payoffs of Corporate Actions: The Use of Financial and Non-Financial Indicators. In: Epstein, Marc J. (2002, Hrsg.): Performance Measurement and Management Control. A Compendium of Research. JAI, Amsterdam, 2002, S. 3-13.

Ernst, Edgar/Gassen, Joachim/Pellens, Bernhard (2009): Verhalten und Präferenzen deutscher Aktionäre. Eine Befragung von privaten und institutionellen Anlegern zum Informationsverhalten, zur Dividendenpräferenz und zur Wahrnehmung von Stimmrechten. In: von Rosen, Rüdiger (2009, Hrsg.): Studien des Deutschen Aktieninstituts, Heft 42, Deutsches Aktieninstitut, Frankfurt am Main, 2009, S. 1-141.

Esser, Sigrid (2001): Globalizing the Board of Directors. In: Corporate Board, 22. Jg., Nr. 126, 2001, S. 1-6.

Evans, Randy W./Butler, Frank C. (2011): An Upper Echelons View of 'Good to Great': Principles of Behavioral Integration in the Top Management Team. In: Journal of Leadership Studies, 5. Jg., Nr. 2, 2011, S. 89-97.

Fahrmeir, Ludwig/Kneib, Thomas/Lang, Stefan (2009): Regression. Modelle, Methoden und Anwendungen. 2. Auflage, Springer, Berlin, Heidelberg, 2009.

Fama, Eugene F. (1970): Efficient Capital Markets: A Review of the Theory and Empirical Work. In: Journal of Finance, 25. Jg., Nr. 2, 1970, S. 383-417.

Fama, Eugene F. (1991): Efficient Capital Markets: II. In: Journal of Finance, 46. Jg., Nr. 5, 1991, S. 1575-1617.

Fama, Eugene F./Fisher, Lawrence/Jensen, Michael C./Roll, Richard (1969): The Adjustment of Stock Prices to New Information. In: International Economic Review, 10. Jg., Nr. 1, 1969, S. 1-21.

Fama, Eugene F./Jensen, Michael C. (1983): Separation of Ownership and Control. In: Journal of Law and Economics, 26. Jg., Nr. 2, 1983, S. 301-326.

Fantini, Alvino E. (1995): Introduction – Language, Culture and World View: Exploring the Nexus. In: International Journal of Intercultural Relations, 19. Jg., Nr. 2, 1995, S. 143-153.

Farrell, Kathleen A./Hersch, Philip L. (2005): Additions to Corporate Boards: The Effect of Gender. In: Journal of Corporate Finance, 11. Jg., Nr. 1-2, 2005, S. 85-106.

Feldman, Daniel C./Thomas, David C. (1992): Career Management Issues Facing Expatriates. In: Journal of International Business Studies, 23. Jg., Nr. 2, 1992, S. 271-293.

Fernández-Ortiz, Rubén/Fuentes Lombardo, Guadalupe (2009): Influence of the Capacities of Top Management on the Internationalization of SMEs. In: Entrepreneurship & Regional Development, 21. Jg., Nr. 2, 2009, S. 131-154.

Ferrier, Walter J. (2001): Navigating the Competitive Landscape: The Drivers and Consequences of Competitive Aggressiveness. In: Academy of Management Journal, 44. Jg., Nr. 4, 2001, S. 858-877.

Festing, Marion/Dowling, Peter J./Weber, Wolfgang/Engle, Allen D. (2011): Internationales Personalmanagement. 3. Auflage, Gabler, Wiesbaden, 2011.

Fey, Gerrit/Royé, Claudia (2011): Nur wenige Ex-Vorstände unter den Aufsichtsratsmitgliedern börsennotierter Gesellschaften. DAI-Kurzstudie 04/2011, Deutsches Aktieninstitut, Frankfurt am Main, 2011.

Fich, Eliezer M./Shivdasani, Anil (2006): Are Busy Boards Effective Monitors? In: Journal of Finance, 61. Jg., Nr. 2, 2006, S. 689-724.

Financial Reporting Council (2010): The UK Corporate Governance Code2010. Internetseiten des Financial Reporting Council, 2010. URL: http://www.frc.org.uk/documents/pagemanager/Corporate_Governance/UK%20Corp%20Gov%20Code%20June%202010.pdf (Stand: 27.01.2012).

Finkelstein, Sydney/Hambrick, Donald C. (1996): Strategic Leadership. Top Executives and their Effects on Organizations. West Publishing Company, Minneapolis, 1996.

Finkelstein, Sydney/Hambrick, Donald C./Cannella, Albert A. (2009): Strategic Leadership: Theory and Research on Executives, Top Management Teams, and Boards. Oxford University Press, New York, 2009.

Firth, Michael/Leung, T. Y./Rui, Oliver M. (2010): Double Signals or Single Signal? An Investigation of Insider Trading around Share Repurchases. In: Journal of International Financial Markets, Institutions and Money, 20. Jg., Nr. 4, 2010, S. 376-388.

Fisch, Jan Hendrik/Oesterle, Michael-Jörg (2003): Exploring the Globalization of German MNCs with the Complex Spread and Diversity Measure. In: Schmalenbach Business Review, 55. Jg., Nr. 1, 2003, S. 2-21.

Fischer, Lorenz (2002): Grundlagen der Sozialpsychologie. 2. Auflage, Oldenbourg, 2002.

Fockenbrock, Dieter (2011): Deutsche Firmen werden mutiger. In: Handelsblatt, 65. Jg., Nr. 142, 2011, S. 22-23.

Franke, Günter (1987): Costless Signalling in Financial Markets. In: Journal of Finance, 42. Jg., Nr. 4, 1987, S. 809-822.

Franke, Günter/Hax, Herbert (2009): Finanzwirtschaft des Unternehmens und Kapitalmarkt. 6. Auflage, Springer, Berlin, 2009.

Fredrickson, James W./Davis-Blake, Alison/Sanders, Gerard W. M. (2010): Sharing the Wealth: Social Comparisons and Pay Dispersion in the CEO's Top Team. In: Strategic Management Journal, 31. Jg., Nr. 10, 2010, S. 1031-1053.

Freeman, R. E./Reed, David L. (1983): Stockholders and Stakeholders: A New Perspective on Corporate Governance. In: California Management Review, 25. Jg., Nr. 3, 1983, S. 88-106.

Freye, Saskia (2009): Führungswechsel – Die Wirtschaftselite und das Ende der Deutschland AG. Campus-Verlag, Frankfurt am Main, Köln, 2009.

Friedman, Stewart D./Singh, Harbir (1989): CEO Succession and Stockholder Reaction: The Influence of Organizational Context and Event Content. In: Academy of Management Journal, 32. Jg., Nr. 2, 1989, S. 718-744.

Furtado, Eugene P. H./Rozeff, Michael S. (1987): The Wealth Effects of Company Initiated Management Changes. In: Journal of Financial Economics, 18. Jg., Nr. 1, 1987, S. 147-160.

Gadringer, Mark-Patrick (2011): The Political Risk of International Sanctions and Multinational Firm Value: An Empirical Analysis using the Event-Study Methodology. Wirtschaftsuniversität Wien, Wien, 2011.

Gatermann, Michael/Werle, Klaus (2008): Chancen wie noch nie: Führungskräfte werden knapp, die Wirtschaft muss Talente umgarnen. In: Manager Magazin, 38. Jg., Nr. 9, 2008, S. 114-124.

Gebert, Diether (2004): Durch Diversity zu mehr Teaminnovativität? Ein vorläufiges Resümee der empirischen Forschung sowie Konsequenzen für das Diversity Management. In: Die Betriebswirtschaft, 64. Jg., Nr. 4, 2004, S. 412-430.

Geletkanycz, Marta A. (1997): The Salience of 'Culture's Consequences': The Effects of Cultural Values on Top Executive Commitment to the Status Quo. In: Strategic Management Journal, 18. Jg., Nr. 8, 1997, S. 615-634.

Geletkanycz, Marta A./Boyd, Brian K./Finkelstein, Sydney (2001): The Strategic Value of CEO External Directorate Networks: Implications for CEO Compensation. In: Strategic Management Journal, 22. Jg., Nr. 9, 2001, S. 889-898.

Gerke, Wolfgang (2005): Kapitalmärkte – Funktionsweisen, Grenzen, Versagen. In: Hungenberg, Harald/Meffert, Jürgen (2005, Hrsg.): Handbuch Strategisches Management. 2. Auflage, Gabler, Wiesbaden, 2005, S. 255-272.

Gerpott, Torsten J. (2009): Ereignisstudie. In: Baumgarth, Carsten/Eisend, Martin/Evanschitzky, Heiner (2009, Hrsg.): Empirische Mastertechniken. Eine anwendungsorientierte Einführung für die Marketing- und Managementforschung. Gabler, Wiesbaden, 2009, S. 203-234.

Gerum, Elmar (1998): Organisation der Unternehmensführung im internationalen Vergleich – insbesondere Deutschland, USA und Japan. In: Glaser, Horst/Schröder, Ernst F./von Werder, Axel (1998, Hrsg.): Organisation im Wandel der Märkte. Erich Frese zum 60. Geburtstag. Gabler, Wiesbaden, 1998, S. 135-153.

Gerum, Elmar (2007): Das deutsche Corporate Governance-System. Eine empirische Untersuchung. Schäffer-Poeschel, Stuttgart, 2007.

Gerum, Elmar/Mölls, Sascha (2009): Unternehmensordnung. In: Bea, Franz X./Schweitzer, Marcell (2009, Hrsg.): Allgemeine Betriebswirtschaftslehre. Band 1: Grundfragen. 10. Auflage, Lucius & Lucius, Stuttgart, 2009, S. 225-311.

Gerybadze, Alexander (1997): Globalisierung von Forschung und wesentliche Veränderungen im F&E Management internationaler Konzerne. In: Gerybadze, Alexander/Meyer-Krahmer, Frieder/Reger, Guido (1997, Hrsg.): Globales Management von Forschung und Innovation. Schäffer-Poeschel, Stuttgart, 1997, S. 17-32.

Gillies, James/Dickinson, Mark (1999): The Governance of Transnational Firms: Some Preliminary Hypotheses. In: Corporate Governance: An International Review, 7. Jg., Nr. 3, 1999, S. 237-247.

Gillmann, Barbara/Fockenbrock, Dieter (2011): International, aber nicht weiblich. In: Handelsblatt, 65. Jg., Nr. 35, 2011, S. 1.

Gimmon, Eli/Levie, Jonathan (2010): Founder's Human Capital, External Investment, and The Survival of New High-Technology Ventures. In: Research Policy, 39. Jg., Nr. 9, 2010, S. 1214-1226.

Glaum, Martin (1996): Internationalisierung und Unternehmenserfolg. Gabler, Wiesbaden, 1996.

Glaum, Martin (1999): Globalisierung der Kapitalmärkte und Internationalisierung der deutschen Rechnungslegung. In: Gielsel, Franz (1999, Hrsg.): Globalisierung. Herausforderung an die Unternehmensführung zu Beginn des 21. Jahrhunderts: Festschrift für Prof. Dr. Ehrenfried Pausenberger. Beck, München, 1999, S. 295-322.

Glaum, Martin (2007): Internationalisierung und Unternehmenserfolg: Theoretische Grundlagen und empirische Befunde. In: Glaum, Martin (2007, Hrsg.): Internationalisierung und Unternehmenserfolg. Wettbewerb, organisatorischer Wandel und Corporate Governance. Schäffer-Poeschel, Stuttgart, 2007, S. 3-29.

Glaum, Martin/Oesterle, Michael-Jörg (2007): 40 Years of Research on Internationalization and Firm Performance: More Questions Than Answers? In: Management International Review, 47. Jg., Nr. 3, 2007, S. 307-317.

Göbel, Elisabeth (2002): Neue Institutionenökonomik. Konzeption und betriebswirtschaftliche Anwendungen. Lucius & Lucius, Stuttgart, 2002.

Goergen, Marc/Manjon, Miguel/Renneboog, Luc (2008): Recent Developments in German Corporate Governance. In: International Review of Law and Economics, 28. Jg., Nr. 3, 2008, S. 175-193.

Goerke, Björn (2009): Event-Studies. In: Albers, Sönke/Klapper, Daniel/Konradt, Udo/Walter, Achim/Wolf, Joachim (2009, Hrsg.): Methodik der empirischen Forschung. 3. Auflage, Gabler, Wiesbaden, 2009, S. 467-484.

Gomes, Lenn/Ramaswamy, Kannan (1999): An Empirical Examination of the Form of the Relationship Between Multinationality and Performance. In: Journal of International Business Studies, 30. Jg., Nr. 1, 1999, S. 173-187.

Gong, Yaping (2006): The Impact of Subsidiary Top Management Team National Diversity on Subsidiary Performance: Knowledge and Legitimacy Perspectives. In: Management International Review, 46. Jg., Nr. 6, 2006, S. 771-789.

Gonnard, Eric/Kim, Eun J./Ynesta, Isabelle (2008): Recent Trends in Institutional Investors Statistics. Internetseiten der OECD, 2008. URL: http://www.oecd-ilibrary.org/docserver/download/fulltext/2708021ec011.pdf?expires=1322128372&id=id&accname=ocid43021659&checksum=ED8C5D719A0106D558C2536759B36B6C (Stand: 24.11.2011).

Gouthier, Matthias H. J./Schmid, Stefan (2001): Kunden und Kundenbeziehungen als Ressourcen von Dienstleistungsunternehmungen. Eine Analyse aus der Perspektive der ressourcenbasierten Ansätze des Strategischen Managements. In: Die Betriebswirtschaft, 61. Jg., Nr. 2, 2001, S. 223-239.

Graf, Andrea/Stiglbauer, Markus (2008): Corporate Governance und Erwartungsmanagement: Eine Untersuchung in DAX, TecDAX, MDAX und SDAX. In: Betriebswirtschaftliche Forschung und Praxis, 60. Jg., Nr. 6, 2008, S. 598-619.

Graffin, Scott D./Carpenter, Mason A./Boivie, Steven (2011): What's All That (Strategic) Noise? Anticipatory Impression Management in CEO Succession. In: Strategic Management Journal, 32. Jg., Nr. 7, 2011, S. 748-770.

Gregersen, Hal B./Morrison, Allen J./Black, J. S. (1998): Developing Leaders for the Global Frontier. In: Sloan Management Review, 40. Jg., Nr. 1, 1998, S. 21-32.

Greve, Henrich R./Mitsuhashi, Hitoshi (2007): Power and Glory: Concentrated Power in Top Management Teams. In: Organization Studies, 28. Jg., Nr. 8, 2007, S. 1197-1221.

Greve, Peder/Nielsen, Sabina/Ruigrok, Winfried (2009): Transcending Borders with International Top Management Teams. A Study of European Financial Multinational Corporations. In: European Management Journal, 27. Jg., Nr. 3, 2009, S. 213-224.

Grigoleit, Jens (2011): Kapitalmarktreaktionen auf die Ankündigung des Wechsels von Vorstandsvorsitzenden in den Aufsichtsrat bei deutschen Unternehmen. In: Zeitschrift für Planung & Unternehmenssteuerung, 21. Jg., Nr. 2, 2011, S. 131-157.

Grosvold, Johanne/Brammer, Stephen/Rayton, Bruce (2007): Board Diversity in the United Kingdom and Norway: An Exploratory Analysis. In: Business Ethics: An European Review, 16. Jg., Nr. 4, 2007, S. 344-357.

Grothe, Philip (2006): Unternehmensüberwachung durch den Aufsichtsrat. Ein Beitrag zur Corporate-Governance-Diskussion in Deutschland. Lang, Frankfurt am Main, 2006.

Grundei, Jens (2004): Entscheidungsfindung im Vorstand deutscher Aktiengesellschaften – Organisationstheoretische Anmerkungen zu möglichen Diskrepanzen zwischen Recht und Wirklichkeit. Diskussionspapier 01/2004 des Berlin Center of Corporate Governance, 2004.

Gubbi, Sathyajit R./Aulakh, Preet S./Ray, Sougata/Sarkar, M. B./Chittoor, Raveendra (2010): Do International Acquisitions by Emerging-Economy Firms Create Shareholder Value? The Case of Indian Firms. In: Journal of International Business Studies, 41. Jg., Nr. 3, 2010, S. 397-418.

Hackl, Peter (2005): Einführung in die Ökonometrie. Pearson Studium, München, 2005.

Hair, Joseph F./Black, William C./Babin, Barry J./Anderson, Rolph E./Tatham, Ronald L. (2006): Multivariate Data Analysis. 6. Auflage, Pearson/Prentice Hall, Upper Saddle River, 2006.

Hambrick, Donald C. (1994): Top Management Groups: A Conceptual Integration and Reconsideration of the "Team" Label. In: Research in Organizational Behavior, S. 171-213.

Hambrick, Donald C. (2005): Upper Echelons Theory – Origins, Twists and Turns, and Lessons Learned. In: Smith, Ken G./Hitt, Michael A. (2005, Hrsg.): Great Minds in Management. The Process of Theory Development. Oxford University Press, Oxford, New York, 2005.

Hambrick, Donald C. (2007): Upper Echelons Theory: An Update. In: Academy of Management Review, 32. Jg., Nr. 2, 2007, S. 334-343.

Hambrick, Donald C. (2010): Top Management Teams. In: Bournois, Frank/Duval-Hamel, Jéôme/Roussillon, Sylvie/Scaringella, Jean-Louis (2010, Hrsg.): Handbook of Top Management Teams. Palgrave Macmillan, Basingstoke, 2010, S. 23-30.

Hambrick, Donald C./Davison, Sue C./Snell, Scott A./Snow, Charles C. (1998): When Groups Consist of Multiple Nationalities – Towards a New Understanding of the Implications. In: Organization Studies, 19. Jg., Nr. 2, 1998, S. 181-205.

Hambrick, Donald C./Finkelstein, Sydney (1995): The Effects of Ownership Structure on Conditions at the Top: The Case of CEO Pay Raises. In: Strategic Management Journal, 16. Jg., Nr. 3, 1995, S. 175-193.

Hambrick, Donald C./Mason, Phyllis (1984): Upper Echelons: The Organization as a Reflection of Its Top Managers. In: Academy of Management Review, 9. Jg., Nr. 2, 1984, S. 193-206.

Hamori, Monika/Koyuncu, Burak (2011): Career Advancement in Large Organizations in Europe and the United States: Do International Assignments Add Value? In: International Journal of Human Resource Management, 22. Jg., Nr. 4, 2011, S. 843-862.

Hartmann, Michael (1996): Topmanager – Die Rekrutierung einer Elite. Campus-Verlag, Frankfurt/Main, 1996.

Hartmann, Michael (1999): Auf dem Weg zur transnationalen Bourgeoisie? Die Internationalisierung der Wirtschaft und die Internationalität der Spitzenmanager Deutschlands, Frankreichs, Großbritanniens und der USA. In: Leviathan, 27. Jg., Nr. 1, 1999, S. 113-141.

Hartmann, Michael (2002): Die Spitzenmanager der internationalen Großkonzerne als Kern einer neuen "Weltklasse"? In: Schmidt, Rudi/Gergs, Hans-Joachim/Pohlmann, Markus (2002, Hrsg.): Managementsoziologie. Themen, Desiderate, Perspektiven. Rainer Hampp, München, Mering, 2002, S. 184-208.

Harzing, Anne-Wil/Köster, Kathrin/Magner, Ulrike (2011): Babel in Business: The Language Barrier and Its Solutions in the HQ-Subsidiary Relationship. In: Journal of World Business, 46. Jg., Nr. 3, 2011, S. 279-287.

Hassel, Anke/Höpner, Martin/Kurdelbusch, Antje/Rehder, Britta/Zugehör, Rainer (2000): Zwei Dimensionen der Internationalisierung: Eine empirische Analyse deutscher Grossunternehmen. In: Kölner Zeitschrift für Soziologie und Sozialpsychologie, 52. Jg., Nr. 3, 2000, S. 500-519.

Hawkins, Douglas M. (1976): Point Estimation of the Parameters of Piecewise Regression Models. In: Applied Statistics, 25. Jg., Nr. 1, 1976, S. 51-57.

Haynes, Katalin T./Hillman, Amy (2010): The Effect of Board Capital and CEO Power on Strategic Change. In: Strategic Management Journal, 31. Jg., Nr. 11, 2010, S. 1145-1163.

Hecker, Andreas/Peters, Marc (2010): Die Änderungen des DCGK im Jahr 2010. In: Betriebs Berater, 65. Jg., Nr. 38, 2010, S. 2251-2257.

Heenan, David A. (1975): Multinational Management of Human Resources: A Systems Approach. Studies of International Business Nr. 2, Bureau of Business Research, University of Austin, Austin, 1975.

Heenan, David A./Perlmutter, Howard V. (1979): Multinational Organization Development. A Social Architectural Perspective. Addison-Wesley, Reading, 1979.

Heidrick & Struggles (2011): European Corporate Governance Report 2011 – Challenging Board Performance 2011. Internetseiten der Heidrick & Struggles Inc., 2011. URL: http://www.heidrick.com/PublicationsReports/PublicationsReports/HS_EuropeanCorpGovRpt2011.pdf (Stand: 11.07.2011).

Heijltjes, Marielle/Olie, René/Glunk, Ursula (2003): Internationalization of Top Management Teams in Europe. In: European Management Journal, 21. Jg., Nr. 1, 2003, S. 89-97.

Heinze, Thomas (2004): Dynamics in the German System of Corporate Governance? Empirical Findings Regarding Interlocking Directorates. In: Economy and Society, 33. Jg., Nr. 2, 2004, S. 218-238.

Henderson, Glenn V. (1990): Problems and Solutions in Conducting Event Studies. In: Journal of Risk and Insurance, 57. Jg., Nr. 2, 1990, S. 282-306.

Hennart, Jean-François (2007): The Theoretical Rationale for a Multinationality-Performance Relationship. In: Management International Review, 47. Jg., Nr. 3, 2007, S. 423-452.

Hermalin, Benjamin E./Weisbach, Michael S. (1991): The Effects of Board Composition and Direct Incentives on Firm Performance. In: The Journal of the Financial Management Association, 20. Jg., Nr. 4, 1991, S. 101-112.

Herrmann, Pol/Datta, Deepak K. (2002): CEO Successor Characteristics and the Choice of Foreign Market Entry Mode: An Empirical Study. In: Journal of International Business Studies, 33. Jg., Nr. 3, 2002, S. 551-569.

Herrmann, Pol/Datta, Deepak K. (2005): Relationships Between Top Management Team Characteristics and International Diversification: An Empirical Investigation. In: British Journal of Management, 16. Jg., Nr. 1, 2005, S. 69-78.

Herrmann, Pol/Datta, Deepak K. (2006): CEO Experiences: Effects on the Choice of FDI Entry Mode. In: Journal of Management Studies, 43. Jg., Nr. 4, 2006, S. 755-778.

Heyder, Matthias/Ebneth, Oliver/Theuvsen, Ludwig (2009): Internationalisierung und Unternehmensperformance: Eine Analyse börsennotierter Braugruppen. In: Zeitschrift Führung + Organisation, 78. Jg., Nr. 1, 2009, S. 4-13.

Higgins, Monica C./Gulati, Ranjay (2006): Stacking the Deck: The Effects of Top Management Backgrounds on Investor Decisions. In: Strategic Management Journal, 27. Jg., Nr. 1, 2006, S. 1-25.

Hilb, Martin (2008): New Corporate Governance. Successful Board Management Tools. 3. Auflage, Springer-Verlag, Berlin, Heidelberg, 2008.

Hill, Charles W. L./Jones, Thomas M. (1992): Stakeholder-Agency Theory. In: Journal of Management Studies, 29. Jg., Nr. 2, 1992, S. 131-154.

Hillman, Amy/Cannella, Albert A./Paetzold, Ramona L. (2000): The Resource Dependence Role of Corporate Directors: Strategic Adaptation of Board Composition in Response to Environmental Change. In: Journal of Management Studies, 37. Jg., Nr. 2, 2000, S. 235-255.

Hillman, Amy/Dalziel, Thomas (2003): Boards of Directors and Firm Performance: Integrating Agency and Resource Dependence Perspectives. In: Academy of Management Review, 28. Jg., Nr. 3, 2003, S. 383-396.

Hillman, Amy/Shropshire, Christine/Cannella, Albert A. (2007): Organizational Predictors of Women on Corporate Boards. In: Academy of Management Journal, 50. Jg., Nr. 4, 2007, S. 941-952.

Hillman, Amy/Withers, Michael C./Collins, Brian J. (2009): Resource Dependence Theory: A Review. In: Journal of Management, 35. Jg., Nr. 6, 2009, S. 1404-1427.

Hitt, Michael A./Bierman, Leonard/Shimizu, Katsuhiko/Kochhar, Rahul (2001): Direct and Moderating Effects of Human Capital on Strategy and Performance in Professional Service Firms: A Resource-Based Perspective. In: Academy of Management Journal, 44. Jg., Nr. 1, 2001, S. 13-28.

Hofstede, Geert (1980): Motivation, Leadership, and Organization: Do American Theories Apply Abroad? In: Organizational Dynamics, 10. Jg., Nr. 1, 1980, S. 63-68.

Hofstede, Geert (1982): Culture's Consequences. International Differences in Work-Related Values. Abriged Edition, Sage, Newbury Park, 1982.

Hofstede, Geert (2001): Culture's Consequences. Comparing Values, Behaviors, Institutions and Organizations across Nations. 2. Auflage, Sage Publications, Thousand Oaks, 2001.

Hofstede, Geert/Hofstede, Gert J. (2009): Lokales Denken, globales Handeln. Interkulturelle Zusammenarbeit und globales Management. 4. Auflage, Beck, München, 2009.

Höh, Hartmut (2008): Engagement deutscher Unternehmen im Ausland. Internetseiten des Statistischen Bundesamts, 2008. URL: http://www.destatis.de/jetspeed/portal/cms/Sites/destatis/Internet/DE/Navigation/Publikationen/STATmagazin/2008/Unternehmen2008__4,templateId=renderPrint.psml__nnn=true (Stand: 23.08.2011).

Holtbrügge, Dirk/Welge, Martin K. (2010): Internationales Management. Theorien, Funktionen, Fallstudien. 5. Auflage, Schäffer-Poeschel, Stuttgart, 2010.

Hopt, Klaus J./Kanda, Hideki/Roe, Mark/Wymeersch, Eddy/Prigge, Stefan (1998, Hrsg.): Comparative Corporate Governance – The State of the Art and Emerging Research. Oxford: Clarendon Press, 2004.

Höpner, Martin (2004): Unternehmensmitbestimmung unter Beschuss. Die Mitbestimmungsdebatte im Licht der sozialwissenschaftlichen Forschung. In: Industrielle Beziehungen, 11. Jg., Nr. 4, 2004, S. 347-379.

Höpner, Martin/Krempel, Lothar (2004): The Politics of the German Company Network. In: Competition & Change, 8. Jg., Nr. 4, 2004, S. 339-356.

Horton, Joanne/Serafeim, George (2010): Market Reaction to and Valuation of IFRS Reconciliation Adjustments: First Evidence From The UK. In: Review of Accounting Studies, 15. Jg., Nr. 4, 2010, S. 725-751.

House, Robert J. (2007): Culture, Leadership, and Organizations. The GLOBE Study of 62 Societies. Sage Publications, Thousand Oaks, 2007.

House, Robert J./Hanges, Paul J./Javidan, Mansour/Dorfman, Peter W./Gupta, Vipin (2004): Culture, Leadership and Organizations. The GLOBE Study of 62 Societies. Sage Publications, Thousand Oaks, 2004.

How, J.C.Y/Khoo, I.C/Ng, H.G/Verhoeven, P. (2002): Internationalization and Corporate Governance: Australian Evidence. Internetseiten des Social Science Research Network, 2002. URL: http://papers.ssrn.com/sol3/papers.cfm?abstract_id=314119 (Stand: 29.06.2011).

Hübler, Olaf (2005): Einführung in die empirische Wirtschaftsforschung. Probleme, Methoden und Anwendungen. Oldenbourg, München, 2005.

Hübner, Ralph (2003): Who is Who in der Bundesrepublik Deutschland. Verlag für Prominentenenzyklopädien, Zug, 2003.

Hübner, Ralph (2008): Who is Who in der Bundesrepublik Deutschland. Verlag für Prominentenenzyklopädien, Zug, 2008.

Iaquinto, Anthony L./Fredrickson, James W. (1997): Top Management Team Agreement about the Strategic Decision Process: A Test of Some of Its Determinants and Consequences. In: Strategic Management Journal, 18. Jg., Nr. 1, 1997, S. 63-75.

Jackson, Susan E. (1992): Consequences of Group Composition for the Interpersonal Dynamics of Strategic Issue Processing. In: Shrivastava, Paul/Huff, Anne/Dutton, Jane (1992, Hrsg.): Advances in Strategic Management – A Research Annual. JAI Press, Stamford, 1992, S. 345-382.

Jackson, Susan E./May, Karen E./Whitney, Kristina (1995): Understanding the Dynamics of Diversity in Decision-Making Teams. In: Guzzo, Richard A./Salas, Eduardo/Goldstein, Irwin L. (1995, Hrsg.): Team Effectiveness and Decision Making in Organizations. Jossey-Bass, San Francisco, 1995, S. 204-261.

Jacob, Frank (2009): Marketing. Eine Einführung für das Master-Studium. Kohlhammer, Stuttgart, 2009.

Jacobson, Carol K. (1994): Investor Response to Health Care Cost Containment Legislation: Is American Health Policy Designed to Fail? In: Academy of Management Journal, 37. Jg., Nr. 2, 1994, S. 440-452.

Jäger, Urs/Reinecke, Sven (2009): Expertengespräch. In: Baumgarth, Carsten/Eisend, Martin/Evanschitzky, Heiner (2009, Hrsg.): Empirische Mastertechniken. Eine anwendungsorientierte Einführung für die Marketing- und Managementforschung, Gabler, Wiesbaden, 2009, S. 29-76.

Jahn, Karoline (2007): Ereignisstudien – Überblick über die Methode. VDM Verlag Dr. Müller, Saarbrücken, 2007.

Jaw, Yi-Long/Lin, Wen-Ting (2009): Corporate Elite Characteristics and Firm's Internationalization: CEO-Level and TMT-Level Roles. In: International Journal of Human Resource Management, 20. Jg., Nr. 1, 2009, S. 220-233.

Jewell, Jennifer/Malecki, Christine K. (2005): The Utility of CBM Written Language Indices: An Investigation of Production-Dependent, Production-Independent, and Accurate-Production Scores. In: School of Psychology Review, 34. Jg., Nr. 1, 2005, S. 27-44.

Johanson, Jan/Vahlne, Jan-Erik (1977): The Internationalization Process of the Firm – A Model of Knowledge Development and increasing Foreign Market Commitments. In: Journal of International Business Studies, 8. Jg., Nr. 1, 1977, S. 23-32.

Johanson, Jan/Wiedersheim-Paul, Finn (1975): The Internationalization of the Firm – Four Swedish Cases. In: Journal of Management Studies, 12. Jg., Nr. 3, 1975, S. 305-322.

Johnson, Jonathan L./Ellstrand, Alan E./Dalton, Dan R./Dalton, Catherine M. (2005): The Influence of the Financial Press on Stockholder Wealth: The Case of Corporate Governance. In: Strategic Management Journal, 26. Jg., Nr. 5, 2005, S. 461-471.

Julian, Craig/Wachter, Renee M./Mueller, Carolyn B. (2009): International Joint Venture Top Management Teams: Does Heterogeneity Make a Difference? In: Journal of Asia-Pacific Business, 10. Jg., Nr. 2, 2009, S. 107-129.

Jungmann, Carsten (2006): The Effectiveness of Corporate Governance in One-Tier and Two-Tier Board Systems – Evidence from the UK and Germany. In: European Company & Financial Law Review, 3. Jg., Nr. 4, 2006, S. 426-474.

Kaas, Klaus P. (1991): Marktinformationen: Screening und Signaling unter Partnern und Rivalen. In: Zeitschrift für Betriebswirtschaft, 61. Jg., Nr. 3, 1991, S. 357-370.

Kakabadse, Andrew/Kakabadse, Nada K. (2010): Mapping the Corporate Governance Landscape. In: Bournois, Frank/Duval-Hamel, Jéôme/Roussillon, Sylvie/Scaringella, Jean-Louis (2010, Hrsg.): Handbook of Top Management Teams, Palgrave Macmillan, Basingstoke, 2010, S. 583-591.

Kang, Eugene (2008): Director Interlocks and Spillover Effects of Reputational Penalties from Financial Reporting Fraud. In: Academy of Management Journal, 51. Jg., Nr. 3, 2008, S. 537-555.

Kang, Eugene/Ding, David K./Charoenwong, Charlie (2010): Investor Reaction to Women Directors. In: Journal of Business Research, 63. Jg., Nr. 8, 2010, S. 888-894.

Kanter, Rosabeth M. (2000): Global denken – lokal handeln – Weltklasse erreichen. Wegweisende Konzepte für Entscheidungsträger in Wirtschaft und Politik. Ueberreuter, Wien, 2000.

Kaplan, Steven N. (1994): Top Executive Rewards and Firm Performance: A Comparison of Japan and the United States. In: Journal of Political Economy, 102. Jg., Nr. 3, 1994, S. 510-546.

Kaplan, Steven N. (1994): Top Executives, Turnover, and Firm Performance in Germany. In: Journal of Law, Economics, & Organization, 10. Jg., Nr. 1, 1994, S. 142-159.

Karaevli, Ayse (2007): Performance Consequences of New CEO 'Outsiderness': Moderating Effects of Pre- and Post-Succession Contexts. In: Strategic Management Journal, 28. Jg., Nr. 7, 2007, S. 681-706.

Karafiath, Imre/Spencer, David E. (1991): Statistical Inference in Multiperiod Event Studies. In: Review of Quantitative Finance and Accounting, 1. Jg., Nr. 4, 1991, S. 353-371.

Kaya, Maria (2009): Verfahren der Datenerhebung. In: Albers, Sönke/Klapper, Daniel/Konradt, Udo/Walter, Achim/Wolf, Joachim (2009, Hrsg.): Methodik der empirischen Forschung. 3. Auflage, Gabler, Wiesbaden, 2009, S. 49-64.

Kewes, Tanja/Terpitz, Katrin/Brors, Peter (2011): Keinen Deutschen, bitte! In: Handelsblatt, 65. Jg., Nr. 56, 2011, S. 22-23.

Khurana, Rakesh (2002): Searching for a Corporate Savior. The Irrational Quest for Charismatic CEOs. Princeton University Press, Princeton, 2002.

Kiel, Geoffrey C./Nicholson, Gavin J. (2003): Board Composition and Corporate Performance: How the Australian Experience Informs Contrasting Theories of Corporate Governance. In: Corporate Governance: An International Review, 11. Jg., Nr. 3, 2003, S. 189-205.

Kieser, Alfred/Walgenbach, Peter (2010): Organisation. 6. Auflage, Schäffer-Poeschel, Stuttgart, 2010.

Kim, Youngok/Gray, Sidney J. (2009): An Assessment of Alternative Empirical Measures of Cultural Distance: Evidence from the Republic of Korea. In: Asia Pacific Journal of Management, 26. Jg., Nr. 1, 2009, S. 55-74.

King, Brayden G./Soule, Sarah A. (2007): Social Movements as Extra-Institutional Entrepreneurs: The Effect of Protests on Stock Price Returns. In: Administrative Science Quarterly, 52. Jg., Nr. 3, 2007, S. 413-442.

Kirsch, Werner (1984): Bezugsrahmen, Modelle und explorative empirische Forschung. In: Kirsch, Werner (1984, Hrsg.): Wissenschaftliche Unternehmensführung oder Freiheit vor der Wissenschaft? Studien zu den Grundlagen der Führungslehre. Kirsch, München, 1984, S. 751-772.

Kloyer, Martin (1995): Management von Franchisenetzwerken. Deutscher Universitäts-Verlag, Wiesbaden, Berlin, 1995.

Kocher, Dirk (2010): Die Diversity-Empfehlung des neuen Corporate-Governance-Kodex. In: BetriebsBerater, 65. Jg., Nr. 6, 2010, S. 264-266.

Koenen, Jens (2008): SAP baut den Vorstand um. Internetseiten des Handelsblatt, 2008. URL: http://www.handelsblatt.com/unternehmen/management/koepfe/sap-baut-den-vorstand-um/2941812.html (Stand: 22.12.2011).

Kogut, Bruce/Singh, Harbir (1988): The Effect of National Culture on the Choice of Entry Mode. In: Journal of International Business Studies, 19. Jg., Nr. 3, 1988, S. 411-432.

Köhler, Annette G. (2005): Audit Committees in Germany – Theoretical Reasoning and Empirical Evidence. In: Schmalenbach Business Review, 57. Jg., Nr. 3, 2005, S. 229-252.

Kohler, Ulrich/Kreuter, Frauke (2008): Datenanalyse mit Stata. Allgemeine Konzepte der Datenanalyse und ihre praktische Anwendung. 3. Auflage, Oldenbourg, München, Wien, 2008.

Köhn, Rüdiger (2011): Ein Inder im Linde-Vorstand. In: Frankfurter Allgemeine Zeitung, 62. Jg., Nr. 59, 2011, S. 20.

Kor, Yasemin Y. (2003): Experience-Based Top Management Team Competence and Sustained Growth. In: Organization Science, 14. Jg., Nr. 6, 2003, S. 707-719.

Kotter, John P. (1982): The General Managers. Free Press, New York, 1982.

Kreitmeier, Florian (2001): Corporate Governance: Aufsichtsgremien und Unternehmensstrategien. Barbara Kirsch, Herrsching, 2001.

Krist, Mario (2009): Internationalization and Firm Performance. The Role of Intangible Resources. Gabler, Wiesbaden, 2009.

Kroll, Mark/Walters, Bruce A./Wright, Peter (2008): Board Vigilance, Director Experience, and Corporate Outcomes. In: Strategic Management Journal, 29. Jg., Nr. 4, 2008, S. 363-382.

Kutschker, Michael (1994): Strategische Kooperationen als Mittel der Internationalisierung. In: Schuster, Leo (1994, Hrsg.): Die Unternehmung im internationalen Wettbewerb, Erich Schmidt, Berlin, 1994, S. 121-157.

Kutschker, Michael/Bäurle, Iris/Schmid, Stefan (1997): Quantitative und Qualitative Forschung im Internationalen Management – Ein kritisch-fragender Dialog. Diskussionsbeitrag Nr. 82 der Wirtschaftswissenschaftlichen Fakultät Ingolstadt, Kath. Univ. Eichstätt, 1997.

Kutschker, Michael/Schmid, Stefan (2011): Internationales Management. 7. Auflage, Oldenbourg, München, 2011.

Lamnek, Siegfried (2010): Qualitative Sozialforschung. 5. Auflage, Beltz, Weinheim, 2010.

Langhoff, Tine N. (1994): Cultural Influences on the Internationalization Process of the Firm. Working Papers in Marketing No. 1/1994, Department of Marketing, Odense University, 1994.

Langmann, Christian (2007): Stock Market Reaction and Stock Option Plans: Evidence From Germany. In: Schmalenbach Business Review, 59. Jg., Nr. 1, 2007, S. 85-106.

Laurent, André (1983): The Cultural Diversity of Western Conceptions of Management. In: International Studies of Management & Organization, 13. Jg., Nr. 1/2, 1983, S. 75-96.

Lawrence, Barbara S. (1997): The Black Box of Organizational Demography. In: Organization Science, 8. Jg., Nr. 1, 1997, S. 1-22.

Lee, Ho-Uk/Park, Jong-Hun (2006): Top Team Diversity, Internationalization and the Mediating Effect of International Alliances. In: British Journal of Management, 17. Jg., Nr. 3, 2006, S. 195-213.

Lee, Ho-Uk/Park, Jong-Hun (2008): The Influence of Top Management Team International Exposure on International Alliance Formation. In: Journal of Management Studies, 45. Jg., Nr. 5, 2008, S. 961-981.

Lee, Peggy M./James, Erika H. (2007): She'-E-OS: Gender Effects and Investor Reactions to the Announcements of Top Executive Appointments. In: Strategic Management Journal, 28. Jg., Nr. 3, 2007, S. 227-241.

Lerchl, Thomas (2012): Steuerung und Monitoring von internationalen Beteiligungen unter Zuhilfenahme von Controllinginstrumenten und -methoden. Wirtschaftsuniversität Wien, Wien, 2012.

Lev, Baruch/Zarowin, Paul (1999): The Boundaries of Financial Reporting and how to Extend Them. In: Journal of Accounting Research, 37. Jg., Nr. 2, 1999, S. 353-385.

Li, Ji/Chu, Chris W. L./Lam, Kevin C. K./Liao, Stacy (2011): Age Diversity and Firm Performance in an Emerging Economy: Implications for Cross-Cultural Human Resource Management. In: Human Resource Management, 50. Jg., Nr. 2, 2011, S. 247-270.

Liedtka, Stephen L. (2002): The Information Content of Nonfinancial Performance Measures in the Airline Industry. In: Journal of Business Finance and Accounting, 29. Jg., Nr. 7, 2002, S. 1105-1121.

Lilienthal, David (1975): The Multinational Corporation. In: Anshen, Melvin/Bach, George L. (1975, Hrsg.): Management and Corporations 1985. A Symposium Held on the Occasion of the 10th Anniversary of the Graduate School of Industrial Administration, Carnegie Institute of Technology. Greenwood Press, Westport, 1975, S. 119-158.

Lin, Wen-Ting/Liu, Yunshi (2011): The Impact of CEO Succession on Top Management Teams and the Degree of Firm Internationalization. In: European Journal of International Management, 5. Jg., Nr. 3, 2011, S. 253-270.

Lubatkin, Michael H./Chung, Kae H./Rogers, Ronald C./Owers, James E. (1989): Stockholder Reactions to CEO Changes in Large Corporations. In: Academy of Management Journal, 32. Jg., Nr. 1, 1989, S. 47-68.

Lubatkin, Michael H./Shrieves, Ronald E. (1986): Towards Reconciliation of Market Performance Measures to Strategic Management Research. In: Academy of Management Review, 11. Jg., Nr. 3, 1986, S. 497-512.

Luo, Yadong (2005): How Does Globalization Affect Corporate Governance and Accountability? A Perspective from MNEs. In: Journal of International Management, 11. Jg., Nr. 1, 2005, S. 19-41.

Lustgarten, Abrahm (2006): Europe's 25 Highest-Paid CEOs. In: Fortune International (Europe), 6. Jg., Nr. 1, 2006, S. 55-57.

Lutter, Marcus (2009a): Die personelle Auswahl von Aufsichtsratsmitgliedern: Die rechtliche Sicht. In: Hommelhoff, Peter/Hopt, Klaus J./von Werder, Axel (2009, Hrsg.): Handbuch Corporate Governance: Leitung und Überwachung börsennotierter Unternehmen in der Rechts- und Wirtschaftspraxis. 2. Auflage, Schäffer-Poeschel, Stuttgart, 2009, S. 321-330.

Lutter, Marcus (2009): Professionalisierung des Aufsichtsrats. In: Der Betrieb, 62. Jg., Nr. 15, 2009, S. 775-779.

Macharzina, Klaus/Oesterle, Michael-Jörg (2002): Das Konzept der Internationalisierung im Spannungsfeld zwischen praktischer Relevanz und theoretischer Unschärfe. In: Macharzina, Klaus/Oesterle, Michael-Jörg (2002, Hrsg.): Handbuch Internationales Management. Grundlagen, Instrumente, Perspektiven. 2. Auflage, Gabler, Wiesbaden, 2002, S. 3-21.

Macharzina, Klaus/Wolf, Joachim (1998): Die internationalen Personalfunktionen und ihre globale Koordination. In: Kumar, Brij (1998, Hrsg.): Handbuch des internationalen Personalmanagements. Beck, München, 1998, S. 49-83.

Macharzina, Klaus/Wolf, Joachim (2010): Unternehmensführung. Das internationale Managementwissen – Konzepte, Methoden, Praxis. 7. Auflage, Gabler, Wiesbaden, 2010.

Machulik, Mario (2010): Das EPRG-Konzept von Howard V. Perlmutter. Eine umfassende Rekonstruktion und eine empirische Analyse im Spannungsfeld von Archetypen und Hybridformen internationaler Unternehmungen. Verlag Dr. Kovač, Hamburg, Berlin, 2010.

Mackey, Alison (2008): The Effect of CEOs on Firm Performance. In: Strategic Management Journal, 29. Jg., Nr. 12, 2008, S. 1357-1367.

MacKinlay, Archie C. (1997): Event Studies in Economics and Finance. In: Journal of Economic Literature, 35. Jg., Nr. 1, 1997, S. 13-39.

Madura, Jeff (2006): Financial Institutions and Markets. 7. Auflage, Thomsom/South-Western, Mason, 2006.

Magnusson, Peter/Boggs, David J. (2006): International Experience and CEO Selection: An Empirical Study. In: Journal of International Management, 12. Jg., Nr. 1, 2006, S. 107-125.

Mahajan, Arvind/Lummer, Scott (1993): Shareholder Wealth Effects of Management Changes. In: Journal of Business Finance and Accounting, 20. Jg., Nr. 3, 1993, S. 393-410.

Mahoney, Richard J. (2000): Board Composition and Globalization. In: Corporate Board, 21. Jg., Nr. 121, 2000, S. 12-18.

Maier, Christoph (2008): Zum Verständnis der Diversität im Vorstand: Das Kaleidoskop Modell des Individuums. In: Wunderer, Rolf/Hilb, Martin (2008, Hrsg.): Corporate Governance – zur personalen und sozialen Dimension. 44 Statements aus Wissenschaft und Praxis. Luchterhand, Köln, 2008.

March, James G./Simon, Herbert A. (1958): Organizations. Wiley, New York, 1958.

Markides, Constantinos C./Ittner, Christopher D. (1994): Shareholder Benefits from Corporate International Diversification: Evidence from U.S. International Acquisitions. In: Journal of International Business Studies, 25. Jg., Nr. 2, 1994, S. 343-366.

Mäs, Michael/Mühler, Kurt/Opp, Karl-Dieter (2005): Wann ist man deutsch? Empirische Ergebnisse eines faktoriellen Surveys. In: Kölner Zeitschrift für Soziologie und Sozialpsychologie, 57. Jg., Nr. 1, 2005, S. 112-134.

Matthaei, Emilio (2010): The Nature of Executive Work. A Case Study. Gabler, Wiesbaden, 2010.

Maug, Ernst/Albrecht, Bernd (2011): Struktur und Vorstandsvergütung: Fakten und Mythen. In: Zeitschrift für betriebswirtschaftliche Forschung, 63. Jg., Nr. 8, 2011, S. 858-881.

McGee Victor E./Carleton, Willard T. (1970): Piecewise Regression. In: Journal of the American Statistical Association, 65. Jg., Nr. 331, 1970, S. 1109-1124.

McIntyre, Michael L./Murphy, Steven A./Mitchell, Paul (2007): The Top Team: Examining Board Composition and Firm Performance. In: Corporate Governance, 7. Jg., Nr. 5, 2007, S. 547-561.

McWilliams, Abagail/Siegel, Donald S. (1997): Event Studies in Management Research: Theoretical and Empirical Issues. In: Academy of Management Journal, 40. Jg., Nr. 3, 1997, S. 626-657.

Meindl, James R./Ehrlich, Sanford B./Dukerich, Janet M. (1985): The Romance of Leadership. In: Administrative Science Quarterly, 30. Jg., Nr. 1, 1985, S. 78-102.

Merchant, Hemant/Schendel, Dan (2000): How Do International Joint Ventures Create Shareholder Value? In: Strategic Management Journal, 21. Jg., Nr. 7, 2000, S. 723-737.

Meschi, Pierre-Xavier (2004): Valuation Effect of International Joint Ventures: Does Experience Matter? In: International Business Review, 13. Jg., Nr. 5, 2004, S. 595-612.

Meyer, John W./Rowan, Brian (1977): Institutionalized Organizations: Formal Structure as Myth and Ceremony. In: American Sociological Review, 83. Jg., Nr. 2, 1977, S. 340-363.

Michl, Theresa/Welpe, Isabell M./Spörrle, Matthias/Picot, Arnold (2010): Der Einfluss affektiver Zustände auf den strategischen Entscheidungsfindungsprozess. In: Schreyögg, Georg/Conrad, Peter (2010, Hrsg.): Organisation und Strategie. Gabler, Wiesbaden, 2010, S. 79-112.

Miller, Danny (1991): Stale in the Saddle: CEO Tenure and the Match between Organization and Environment. In: Management Science, 37. Jg., Nr. 1, 1991, S. 34-52.

Miller, Danny/Kets de Vries, Manfred F.R./Toulouse, Jean-Marie (1982): Top Executive Locus of Control and its Relationship to Strategy-Making, Structure, and Environment. In: Academy of Management Journal, 25. Jg., Nr. 2, 1982, S. 237-253.

Miller, Toyah/del Carmen Triana, María (2009): Demographic Diversity in the Boardroom: Mediators of the Board Diversity-Firm Performance Relationship. In: Journal of Management Studies, 46. Jg., Nr. 5, 2009, S. 755-786.

Milliken, Frances J./Martins, Luis L. (1996): Searching for Common Threads: Understanding the Multiple Effects of Diversity in Organizational Groups. In: The Academy of Management Review, 21. Jg., Nr. 2, 1996, S. 402-433.

Milne, Richard (2008): Löscher hält Siemens für zu deutsch. Internetseiten der Financial Times Deutschland, 2008. URL: http://www.ftd.de/unternehmen/industrie/:interview-loescher-haelt-siemens-fuer-zu-deutsch/377548.html (Stand: 24.08.2011).

Minichilli, Alessandro/Corbetta, Guido/MacMillan, Ian C. (2010): Top Management Teams in Family-Controlled Companies: 'Familiness', 'Faultlines', and their Impact on Financial Performance. In: Journal of Management Studies, 47. Jg., Nr. 2, 2010, S. 205-222.

Minichilli, Alessandro/Zattoni, Alessandro/Zona, Fabio (2009): Making Boards Effective: An Empirical Examination of Board Task Performance. In: British Journal of Management, 20. Jg., Nr. 1, 2009, S. 55-74.

Möhl, Sonke (2011): Werden Rohstoffe für die Industrie knapp? Internetseiten des Handelsblatt, 2011. URL: http://www.handelsblatt.com/unternehmen/industrie/werden-rohstoffe-fuer-die-industrie-knapp/4606130.html (Stand: 26.10.2011).

Möller, Hans Peter (1985): Die Informationseffizienz des deutschen Aktienmarktes – eine Zusammenfassung und Analyse empirischer Untersuchungen. In: Zeitschrift für betriebswirtschaftliche Forschung, 37. Jg., Nr. 6, 1985, S. 500-518.

Morgan, Gareth/Smirchich, Linda (1980): The Case for Qualitative Research. In: Academy of Management Review, 5. Jg., Nr. 4, 1980, S. 491-500.

Morris, Richard D. (1987): Signalling, Agency Theory and Accounting Policy Choice. In: Accounting and Business Research, 18. Jg., Nr. 69, 1987, S. 47-56.

Morschett, Dirk/Schramm-Klein, Hanna/Swoboda, Bernhard (2010): Decades of Research on Market Entry Modes: What Do We Really Know About External Antecedents of Entry Mode Choice? In: Journal of International Management, 16. Jg., Nr. 1, 2010, S. 60-77.

Moser, Reinhard (1981): Bewertungsanomalien bei einem Optionsschein – Ein Beitrag zur Frage der Kapitalmarkteffizienz. In: Zeitschrift für Betriebswirtschaft, 51. Jg., Nr. 11, 1981, S. 1092-1106.

Moser, Reinhard (2009): Internationales Management aus der Perspektive der Internationalen Finanzierung. In: Oesterle, Michael-Jörg/Schmid, Stefan (2009, Hrsg.): Internationales Management. Forschung, Lehre, Praxis. Schäffer-Poeschel, Stuttgart, 2009, S. 682-698.

Mullen, Michael R./Milne, George R./Doney, Patricia M. (1995): An International Marketing Application of Outlier Analysis for Structural Equations: A Methodological Note. In: Journal of International Marketing, 3. Jg., Nr. 1, 1995, S. 45-62.

Müller, Dirk (2009): Moderatoren und Mediatoren in Regressionen. In: Albers, Sönke/Klapper, Daniel/Konradt, Udo/Walter, Achim/Wolf, Joachim (2009, Hrsg.): Methodik der empirischen Forschung. 3. Auflage, Gabler, Wiesbaden, 2009, S. 237-252.

Müller, Stefan/Kornmeier, Martin (2002): Strategisches Internationales Management. Vahlen, München, 2002.

Musteen, Martina/Datta, Deepak K./Kemmerer, Benedict (2009): Corporate Reputation: Do Board Characteristics Matter? In: British Journal of Management, 21. Jg., Nr. 2, 2009, S. 498-510.

Muth, Melinda M./Donaldson, Lex (1998): Stewardship Theory and Board Structure: A Contingency Approach. In: Corporate Governance: An International Review, 6. Jg., Nr. 1, 1998, S. 5-28.

Muth, Michael/Brinker, Bernhard (2005): Einfluss institutioneller Anleger auf Führung und Strategie börsennotierter Unternehmen. In: Hungenberg, Harald/Meffert, Jürgen (2005, Hrsg.): Handbuch Strategisches Management. 2. Auflage, Gabler, Wiesbaden, 2005, S. 343-356.

Myers, Stewart C./Majluf, Nicholas S. (1984): Corporate Financing and Investment Decisions When Firms Have Information that Investors do Not Have. In: Journal of Financial Economics, 13. Jg., Nr. 2, 1984, S. 187-221.

Nadkarni, Sucheta/Herrmann, Pol (2010): CEO Personality, Strategic Flexibility, and Firm Performance: The Case of the Indian Business Process Outsourcing Industry. In: Academy of Management Journal, 53. Jg., Nr. 5, 2010, S. 1050-1073.

Nielsen, Bo B./Nielsen, Sabina (2011): The Role of Top Management Team International Orientation in International Strategic Decision-Making: The Choice of Foreign Entry Mode. In: Journal of World Business, 46. Jg., Nr. 2, 2011, S. 185-193.

Nielsen, Sabina (2009): Why Do Top Management Teams Look the Way They Do? A Multilevel Exploration of the Antecedents of TMT Heterogeneity. In: Strategic Organization, 7. Jg., Nr. 3, 2009, S. 277-305.

Nielsen, Sabina (2010a): Top Management Team Diversity: A Review of Theories and Methodologies. In: International Journal of Management Reviews, 12. Jg., Nr. 3, 2010, S. 301-316.

Nielsen, Sabina (2010b): Top Management Team Internationalization and Firm Performance. The Mediating Role of Foreign Market Entry. In: Management International Review, 50. Jg., Nr. 2, 2010, S. 185-206.

Nielsen, Sabina/Nielsen, Bo B. (2008): The Effects of Top Management Team and Board Nationality Diversity and Compensation Systems on Firm Performance. In: Academy of Management Proceedings, 2008, S. 1-6.

Nielsen, Sabina/Nielsen, Bo B. (2010): Why Do Firms Employ Foreigners in Their Top Management Team? An Exploration of Strategic Fit, Human Capital and Attraction-Selection-Attrition Perspectives. In: International Journal of Cross Cultural Management, 10. Jg., Nr. 2, 2010, S. 195-209.

Nienhüser, Werner (2008): Resource Dependence Theory – How well Does it Explain Behavior of Organizations? In: Management Revue, 19. Jg., Nr. 1/2, 2008, S. 9-32.

Nishii, Lisa/Özbilgin, Mustafa F. (2007): Global Diversity Management: Towards a Conceptual Framework. In: International Journal of Human Resource Management, 18. Jg., Nr. 11, 2007, S. 1883-1894.

Norburn, David (1989): The Chief Executive: A Breed Apart. In: Strategic Management Journal, 10. Jg., Nr. 1, 1989, S. 1-15.

Norburn, David/Birley, Sue (1988): The Top Management Team and Corporate Performance. In: Strategic Management Journal, 9. Jg., Nr. 3, 1988, S. 225-237.

Norwegian Corporate Governance Board (2010): The Norwegian Code of Practice for Corporate Governance. Internetseiten des Norwegian Corporate Governance Board, 2010. URL: http://www.nues.no/English/The_Norwegian_Code_of_Practice_for_Corporate_Governance/ (Stand: 06.09.2011).

o.V. (2008): "Nur weiße Männer". Internetseiten der Süddeutschen Zeitung, 2008. URL: http://www.sueddeutsche.de/wirtschaft/siemens-will-management-internationalisieren-nur-weisse-maenner-1.194634 (Stand: 02.08.2011).

o.V. (2011): Köpfe der Wirtschaft. Internetseiten der Wirtschaftswoche, 2011. URL: http://www.wiwo.de/koepfe-der-wirtschaft/ (Stand: 07.11.2011).

Öchsner, Thomas (2011): Frauenquote, jetzt! Internetseiten der Süddeutschen Zeitung, 2011. URL: http://www.sueddeutsche.de/karriere/2.220/fuehrungspositionen-frauenquote-jetzt-1.1053172 (Stand: 07.11.2011).

O'Connell, Vincent/Cramer, Nicole (2010): The Relationship between Firm Performance and Board Characteristics in Ireland. In: European Management Journal, 28. Jg., Nr. 5, 2010, S. 387-399.

Oehmichen, Jana/Rapp, Marc S./Wolff, Michael (2010): Der Einfluss der Aufsichtsratszusammensetzung auf die Präsenz von Frauen in Aufsichtsräten. In: Zeitschrift für betriebswirtschaftliche Forschung, 62. Jg., Nr. 5, 2010, S. 503-532.

Oesterle, Michael-Jörg (1999): Führungswechsel im Top-Management. Grundlagen – Wirkungen – Gestaltungsoptionen. Gabler, Wiesbaden, 1999.

Oesterle, Michael-Jörg (2003): Entscheidungsfindung im Vorstand großer deutscher Aktiengesellschaften. In: Zeitschrift Führung + Organisation, 72. Jg., Nr. 4, 2003, S. 199-208.

Oesterle, Michael-Jörg (2004): Führungskräfte. In: Gaugler, Eduard/Oechsler, Walter A./Weber, Wolfgang (2004, Hrsg.): Handwörterbuch des Personalwesens. 3. Auflage, Schäffer-Poeschel, Stuttgart, 2004, S. 790-801.

Oesterle, Michael-Jörg/Richta, Benjamin T. (2009): Erfolgswirkungen internationaler Unternehmenstätigkeit – Stand der empirischen Forschung und Notwendigkeit verbesserter Forschungsansätze. In: Schmid, Stefan (2009, Hrsg.): Management der Internationalisierung. Michael Kutschker zum 65. Geburtstag. Gabler, Wiesbaden, 2009, S. 51-85.

Oesterle, Michael-Jörg/Richta, Hannah N. (2011): Der Einfluss der Eigentümeridentität auf den Internationalisierungsgrad von Unternehmen. In: Puck, Jonas F./Leitl, Christoph (2011, Hrsg.): Außenhandel im Wandel. Festschrift zum 60. Geburtstag von Reinhard Moser. Physica-Verlag, Heidelberg, 2011, S. 131-151.

O'Higgins, Eleanor (2002): Non-Executive Directors on Boards in Ireland: Co-Option, Characteristics and Contributions. In: Corporate Governance: An International Review, 10. Jg., Nr. 1, 2002, S. 19-28.

Oler, D. K./Harrison, J. S./Allen, M. R. (2008): The Danger of Misinterpreting Short-Window Event Study Findings in Strategic Management Research: An Empirical Illustration Using Horizontal Acquisitions. In: Strategic Organization, 6. Jg., Nr. 2, 2008, S. 151-184.

Olie, René/van Iterson, Ad (2004): Top Management Teams in their National Context. In: Cheng, Joseph L. C./Hitt, Michael A. (2004, Hrsg.): Managing Multinationals in a Knowledge Economy. Economics, Culture, and Human Resources, Elsevier. Amsterdam, 2004, S. 129-157.

Olson, Bradley J./Parayitam, Satyanarayana/Twigg, Nicholas W. (2006): Mediating Role of Strategic Choice between Top Management Team Diversity and Firm Performance: Upper Echelons Theory Revisited. In: Journal of Business and Management, 12. Jg., Nr. 2, 2006, S. 111-126.

O'Shannassy, Tim (2011): Mixing Methods to Explore the Modern Role of Top Managers in the Strategy Process. In: Singapore Management Review, 33. Jg., Nr. 1, 2011, S. 55-75.

Oxelheim, Lars/Randøy, Trond (2003): The Impact of Foreign Board Membership on Firm Value. In: Journal of Banking and Finance, 27. Jg., Nr. 12, 2003, S. 2369-2392.

Oxelheim, Lars/Randøy, Trond (2005): The Anglo-American Financial Influence on CEO Compensation in Non-Anglo-American Firms. In: Journal of International Business Studies, 36. Jg., Nr. 4, 2005, S. 470-483.

Palmer, Teresa M./Varner, Iris I. (2007): A Comparison of the International Diversity on Top Management Teams of Multinational Firms Based in the United States, Europe, and Asia: Status and Implications. In: Singapore Management Review, 29. Jg., Nr. 1, 2007, S. 1-30.

Pape, Ulrich (2011): Grundlagen der Finanzierung und Investition. Mit Fallbeispielen und Übungen. 2. Auflage, Oldenbourg, München, 2011.

Park, Namgyoo K. (2004): A Guide to Using Event Study Methods in Multi-Country Settings. In: Strategic Management Journal, 25. Jg., Nr. 7, 2004, S. 655-668.

Patell, James M. (1976): Corporate Forecasts of Earnings per Share and Stock Price Behavior: Empirical Test. In: Journal of Accounting Research, 14. Jg., Nr. 2, 1976, S. 246-276.

Patzelt, Holger/zu Knyphausen-Aufseß, Dodo/Fischer, Heiko T. (2009): Upper Echelons and Portfolio Strategies of Venture Capital Firms. In: Journal of Business Venturing, 24. Jg., Nr. 6, 2009, S. 558-572.

Pausenberger, Ehrenfried/Noelle, Gerd F. (1977): Entsendung von Führungskräften in ausländische Niederlassungen. In: Zeitschrift für betriebswirtschaftliche Forschung, 29. Jg., Nr. 6, 1977, S. 346-366.

Pearce, John A./Zahra, Shaker A. (1991): The Relative Power of CEOs and Boards of Directors: Associations with Corporate Performance. In: Strategic Management Journal, 12. Jg., Nr. 2, 1991, S. 135-153.

Pennings, Johannes M. (1980): Interlocking Directorates – Origins and Consequences of Connections among Organizations' Boards of Directors. Jossey-Bass, San Francisco, 1980.

Pennings, Johannes M./Wezel, Filippo C. (2010): Far Away, Yet So Close: Organizations in Demographic Flux. In: Organization Science, 21. Jg., Nr. 2, 2010, S. 451-468.

Perlitz, Manfred (2004): Internationales Management. 5. Auflage, Lucius & Lucius, Stuttgart, 2004.

Perlmutter, Howard V. (1969): The Tortuous Evolution of the Multinational Corporation. In: Columbia Journal of World Business, 4. Jg., Nr. 1, 1969, S. 9-18.

Perlmutter, Howard V./Heenan, David A. (1974): How Multinational Should your Top Managers Be? In: Harvard Business Review, 52. Jg., Nr. 6, 1974, S. 121-132.

Perlmutter, Howard V./Heenan, David A. (1986): Cooperate to Compete Globally. In: Harvard Business Review, 64. Jg., Nr. 2, 1986, S. 136-152.

Perridon, Louis/Steiner, Manfred/Rathgeber, Andreas W. (2009): Finanzwirtschaft der Unternehmung. 15. Auflage, Vahlen, München, 2009.

Pettigrew, Andrew M. (1987): Context and Action in the Transformation of the Firm. In: Journal of Management Studies, 24. Jg., Nr. 6, 1987, S. 649-670.

Pettigrew, Andrew M. (1992): On Studying Managerial Elites. In: Strategic Management Journal, 13. Jg., Special Issue Nr. 1, 1992, S. 163-182.

Peyrefitte, Joseph/Fadil, Paul A./Thomas, Anisya S. (2002): The Influence of Managerial Experiences on Large Firm Internationalization. In: International Journal of Management, 19. Jg., Nr. 3, 2002, S. 495-502.

Pfeffer, Jeffrey (1972): Size and Composition of Corporate Boards of Directors. In: Administrative Science Quarterly, 17. Jg., Nr. 2, 1972, S. 218-228.

Pfeffer, Jeffrey (1977): The Ambiguity of Leadership. In: Academy of Management Review, 2. Jg., Nr. 1, 1977, S. 104-112.

Pfeffer, Jeffrey (1981a): Management as Symbolic Action: The Creation and Maintenance of Organizational Paradigms. In: Staw, Barry M./Cummings, Larry L. (1981, Hrsg.): Research in Organizational Behaviour. An Annual Series of Analytical Essays and Critical Reviews. JAI Press, Greenwich, 1981, S. 1-52.

Pfeffer, Jeffrey (1981b): Power in Organizations. Pitman Publishing, Marshfield, 1981.

Pfeffer, Jeffrey (1983): Organizational Demography. In: Research in Organizational Behavior, 5. Jg., Nr. 2, 1983, S. 299-357.

Pfeffer, Jeffrey (1987): A Resource Dependence Perspective on Intercorporate Relations. In: Mizruchi, Mark S./Schwartz, Michael (1987, Hrsg.): Intercorporate Relations. The Structural Analysis of Business. Cambridge University Press, Cambridge, 1987, S. 25-55.

Pfeffer, Jeffrey (1992): Managing with Power. Politics and Influence in Organizations. Harvard Business School Press, Boston, 1992.

Pfeffer, Jeffrey/Salancik, Gerald R. (1974): Organizational Decision Making as a Political Process: The Case of a University Budget. In: Administrative Science Quarterly, 19. Jg., Nr. 2, 1974, S. 135-151.

Pfeffer, Jeffrey/Salancik, Gerald R. (1978): The External Control of Organizations. A Resource Dependence Perspective. Harper and Row, New York, 1978.

Pfeffer, Jeffrey/Salancik, Gerald R./Leblebici, Huseyin (1976): The Effect of Uncertainty on the Use of Social Influence in Organizational Decision Making. In: Administrative Science Quarterly, 21. Jg., Nr. 2, 1976, S. 227-245.

Piekkari, Rebecca/Tietze, Susanne (2011): A World of Languages: Implications for International Management Research and Practice. In: Journal of World Business, 46. Jg., Nr. 3, 2011, S. 267-269.

Poensgen, Otto H. (1982): Der Weg in den Vorstand. In: Die Betriebswirtschaft, 42. Jg., Nr. 1, 1982, S. 3-25.

Pohlmann, Markus (2009): Globale ökonomische Eliten? Eine Globalisierungsthese auf dem Prüfstand der Empirie. In: Kölner Zeitschrift für Soziologie und Sozialpsychologie, 61. Jg., Nr. 4, 2009, S. 513-534.

Point, Sébastien/Tyson, Shaun (1999): What Do French Annual Reports Reveal About the Internationalisation of Companies? In: European Management Journal, 17. Jg., Nr. 5, 1999, S. 555-565.

Popper, Karl R. (2002): Logik der Forschung. 10. Auflage, Mohr Siebeck, Tübingen, 2002.

Poser, Hans (2006): Wissenschaftstheorie. Eine philosophische Einführung. Reclam, Stuttgart, 2006.

Potthoff, Erich/Trescher, Karl (2003): Das Aufsichtsratsmitglied – Ein Handbuch der Aufgaben, Rechte und Pflichten. 6. Auflage, Schäffer-Poeschel, Stuttgart, 2003.

Priem, Richard/Lyon, Douglas/Dess, Gregory (1999): Inherent Limitations of Demographic Proxies in Top Management Team Heterogeneity Research. In: Journal of Management, 25. Jg., Nr. 6, 1999, S. 935-953.

Rajgopal, Shivaram/Venkatachalam, Mohan/Kotha, Suresh (2002): Managerial Actions, Stock Returns, and Earnings: The Case of Business-to-Business Internet Firms. In: Journal of Accounting Research, 40. Jg., Nr. 2, 2002, S. 529-556.

Randøy, Trond/Nielsen, Jim (2002): Company Performance, Corporate Governance, and CEO Compensation in Norway and Sweden. In: Journal of Management and Governance, 6. Jg., Nr. 1, 2002, S. 57-81.

Randøy, Trond/Thomsen, Steen/Oxelheim, Lars (2006): A Nordic Perspective on Corporate Board Diversity. Nordic Innovation Centre, Oslo, 2006.

Ray, Dennis M. (2005): Corporate Boards and Corporate Democracy. In: Journal of Corporate Citizenship, 20. Jg., Nr. 1, 2005, S. 93-105.

Redding, Gordon (2005): The Thick Description and Comparison of Societal Systems of Capitalism. In: Journal of International Business Studies, 36. Jg., Nr. 2, 2005, S. 123-155.

Regierungskommission Deutscher Corporate Governance Kodex (2002): Deutscher Corporate Governance Kodex – Fassung vom 26. Februar 2002. Internetseiten der Regierungskommission Deutscher Corporate Governance Kodex, 2002. URL: http://www.corporate-governance-code.de/ger/download/DCG_K_D20020223.pdf (Stand: 29.10.2010).

Regierungskommission Deutscher Corporate Governance Kodex (2009): Deutscher Corporate Governance Kodex – Fassung vom 18. Juni 2009. Internetseiten der Regierungskommission Deutscher Corporate Governance Kodex, 2009. URL: http://www.corporate-governance-code.de/ger/download/kodex_2009/D_CorGov_Endfassung_Juni_2009_markiert.pdf (Stand: 29.10.2010).

Regierungskommission Deutscher Corporate Governance Kodex (2010): Deutscher Corporate Governance Kodex – Geltende Fassung vom 26. Mai 2010. Internetseiten der Regierungskommission Deutscher Corporate Governance Kodex, 2010. URL: http://www.corporate-governance-code.de/ger/kodex/1.html (Stand: 18.03.2011).

Reinganum, Marc R. (1985): The Effect of Executive Succession on Stockholder Wealth. In: Administrative Science Quarterly, 30. Jg., Nr. 1, 1985, S. 46-60.

Reuber, A. R./Fischer, Eileen (1997): The Influence of the Management Team's International Experience on the Internationalization Behaviors of SMEs. In: Journal of International Business Studies, 28. Jg., Nr. 4, 1997, S. 807-825.

Rhee, Mooweon/Lee, Ji-Hwan (2008): The Signals Outside Directors Send to Foreign Investors: Evidence from Korea. In: Corporate Governance: An International Review, 16. Jg., Nr. 1, 2008, S. 41-51.

Richard, Orlando C. (2000): Racial Diversity, Business Strategy, and Firm Performance: A Resource-Based-View. In: Academy of Management Journal, 43. Jg., Nr. 2, 2000, S. 164-177.

Richard, Orlando C./Barnett, Tim/Dwyer, Sean/Chadwick, Ken (2004): Cultural Diversity in Management, Firm Performance, and the Moderating Role of Entrepreneurial Orientation Dimensions. In: Academy of Management Journal, 47. Jg., Nr. 2, 2004, S. 255-266.

Richard, Pierre J./Devinney, Timothy M./Yip, George S./Johnson, Gerry (2009): Measuring Organizational Performance: Towards Methodological Best Practice. In: Journal of Management, 35. Jg., Nr. 3, 2009, S. 718-804.

Richter, Rudolf/Furubotn, Eirik G./Streissler, Monika (2003): Neue Institutionenökonomik. Eine Einführung und kritische Würdigung. 3. Auflage, Mohr Siebeck, Tübingen, 2003.

Rivas, Jose L. (2012): Diversity & Internationalization: The Case of Boards and TMT's. In: International Business Review, 21. Jg., Nr. 1, 2012, S. 1-12.

Rivas, Jose L./Hamori, Monika/Mayo, Margarita (2009): Board Composition and Firm Internationalization. In: Academy of Management Proceedings, 2009, S. 1-6.

Roberson, Quinetta M./Park, Hyeon J. (2007): Examining the Link between Diversity and Firm Performance: The Effects of Diversity Reputation and Leader Racial Diversity. In: Group & Organization Management, 32. Jg., Nr. 5, 2007, S. 548-568.

Robinson, Gail/Dechant, Kathleen (1993): Building a Business Case for Diversity. In: Academy of Management Executive, 11. Jg., Nr. 3, 1993, S. 21-31.

Röder, Klaus (1999): Kurswirkungen von Meldungen deutscher Aktiengesellschaften. Eul, Lohmar, 1999.

Romer, Matthias (2009): Der Einfluss des Internationalisierungsgrades von Verwaltungsräten auf den Unternehmenserfolg: Eine empirische Untersuchung börsenkotierter Unternehmen mit Sitz in der Schweiz. Gutenberg, Schaan, 2009.

Ronen, Simcha/Shenkar, Oded (1985): Clustering Countries on Attitudinal Dimensions: A Review and Synthesis. In: Academy of Management Review, 10. Jg., Nr. 3, 1985, S. 435-454.

Roßbach, Henrike (2011): Dax-Konzerne versprechen Frauen mehr Führungsposten. In: Frankfurter Allgemeine Zeitung, 62. Jg., Nr. 242, 18.10.2011, S. 1.

Roth, Kendall (1995): Managing International Interdependence: CEO Characteristics in a Resource-Based Framework. In: Academy of Management Journal, 38. Jg., Nr. 1, 1995, S. 200-231.

Rugman, Alan M./Collinson, Simon/Hodgetts, Richard M. (2006): International Business. 4. Auflage, Prentice Hall, Harlow, 2006.

Ruigrok, Winfried/Amann, Wolfgang/Wagner, Hardy (2007): The Internationalization-Performance Relationship at Swiss Firms: A Test of the S-Shape and Extreme Degrees of Internationalization. In: Management International Review, 47. Jg., Nr. 3, 2007, S. 349-368.

Ruigrok, Winfried/Peck, Simon I./Keller, Hansueli (2006): Board Characteristics and Involvement in Strategic Decision Making: Evidence from Swiss Companies. In: Journal of Management Studies, 43. Jg., Nr. 5, 2006, S. 1201-1226.

Ruigrok, Winfried/Peck, Simon I./Tacheva, Sabina (2007): Nationality and Gender Diversity on Swiss Corporate Boards. In: Corporate Governance: An International Review, 15. Jg., Nr. 4, 2007, S. 546-557.

Ruppel, Michael K. (2006): Vorstandsorganisation. Eine Betrachtung aus gruppenpsychologischer Perspektive. Eul, Lohmar, 2006.

Sachverständigenrat zur Begutachtung der gesamtwirtschaftlichen Entwicklung (2009): Deutschland im internationalen Konjunkturzusammenhang. Expertise im Auftrag der Bundesregierung. Internetseiten des Sachverständigenrats zur Begutachtung der gesamtwirtschaftlichen Entwicklung, 2009. URL: http://www.sachverstaendigenrat-wirtschaft.de/fileadmin/dateiablage/Expertisen/Deutschland_im_internationalen_ Konjunkturzusammenhang.pdf (Stand: 10.01.1012).

Sackmann, Sonja/Bissels, Sandra/Bissels, Thomas (2002): Kulturelle Vielfalt in Organisationen: Ansätze zum Umgang mit einem vernachlässigten Thema der Organisationswissenschaften. In: Die Betriebswirtschaft, 62. Jg., Nr. 1, 2002, S. 43-58.

Salancik, Gerald R./Pfeffer, Jeffrey (1977): Who Gets Power – And how They Hold on to It. In: Organizational Dynamics, 5. Jg., Nr. 3, 1977, S. 3-21.

Sambharya, Rakesh (1996): Foreign Experience of Top Management Teams and International Diversification Strategies of U.S. Multinational Corporations. In: Strategic Management Journal, 17. Jg., Nr. 9, 1996, S. 739-746.

Sanders, Gerard W. M./Boivie, Steven (2004): Sorting Things Out: Valuation of New Firms in Uncertain Markets. In: Strategic Management Journal, 25. Jg., Nr. 2, 2004, S. 167-186.

Santen, Bernard/Donker, Han (2009): Board Diversity in the Perspective of Financial Distress: Empirical Evidence from the Netherlands. In: Corporate Board, 5. Jg., Nr. 2, 2009, S. 23-35.

Scherer, Andreas G. (2006): Kritik der Organisation oder Organisation der Kritik? – Wissenschaftstheoretische Bemerkungen zum kritischen Umgang mit Organisationstheorien. In: Kieser, Alfred/Ebers, Mark (2006, Hrsg.): Organisationstheorien. 6. Auflage, Kohlhammer, Stuttgart, 2006, S. 19-61.

Schierenbeck, Henner (2003): Grundzüge der Betriebswirtschaftslehre. 16. Auflage, Oldenbourg, München, Wien, 2003.

Schmergal, Cornelia/Tönnesmann, Jens (2009): Radikal global. In: WirtschaftsWoche, 83. Jg., Nr. 42, 2009, S. 86-91.

Schmid, Markus M./Zimmermann, Heinz (2008): Should Chairman and CEO be Separated? Leadership Structure and Firm Performance in Switzerland. In: Schmalenbach Business Review, 60. Jg., Nr. 2, 2008, S. 182-204.

Schmid, Stefan (1994): Orthodoxer Positivismus und Symbolismus im Internationalen Management. Diskussionsbeitrag Nr. 49 der Wirtschaftswissenschaftlichen Fakultät Ingolstadt, Kath. Universität Eichstätt, 1994.

Schmid, Stefan (1996): Multikulturalität in der internationalen Unternehmung. Gabler, Wiesbaden, 1996.

Schmid, Stefan (1998): Shareholder-Value-Orientierung als oberste Maxime der Unternehmensführung? – Kritische Überlegungen aus der Perspektive des Strategischen Managements. In: Zeitschrift für Planung, 9. Jg., Nr. 3, 1998, S. 219-238.

Schmid, Stefan (2003): Blueprints from the U.S.? Zur Amerikanisierung der Betriebswirtschafts- und Managementlehre. ESCP-EAP Working Paper Nr. 2, ESCP-EAP Europäische Wirtschaftshochschule Berlin, 2003.

Schmid, Stefan (2007): Wie international sind Vorstände und Aufsichtsräte? Deutsche Corporate-Governance-Gremien auf dem Prüfstand. ESCP-EAP Working Paper Nr. 26, ESCP-EAP Europäische Wirtschaftshochschule Berlin, 2007.

Schmid, Stefan (2010): 'Mitbestimmung' in the German Corporate Governance System. In: Bournois, Frank/Duval-Hamel, Jéôme/Roussillon, Sylvie/Scaringella, Jean-Louis (2010, Hrsg.): Handbook of Top Management Teams. Palgrave Macmillan, Basingstoke, 2010, S. 601-609.

Schmid, Stefan (2011): Strategische Analysen und ihre Bedeutung im Kontext der Internationalisierung. In: Puck, Jonas F./Leitl, Christoph (2011, Hrsg.): Außenhandel im Wandel. Festschrift zum 60. Geburtstag von Reinhard Moser. Physica-Verlag, Heidelberg, 2011, S. 153-174.

Schmid, Stefan/Daniel, Andrea (2006): Measuring Board Internationalization – Towards a More Holistic Approach. ESCP-EAP Working Paper Nr. 21, ESCP-EAP Europäische Wirtschaftshochschule Berlin, 2006.

Schmid, Stefan/Daniel, Andrea (2007a): Bitburger – Internationalisierung als Randaktivität. In: Schmid, Stefan (2007, Hrsg.): Strategien der Internationalisierung. 2. Auflage, Oldenbourg, München, 2007, S. 101-110.

Schmid, Stefan/Daniel, Andrea (2007b): Die Internationalität der Vorstände und Aufsichtsräte in Deutschland. Bertelsmann Stiftung, Gütersloh, 2007.

Schmid, Stefan/Dauth, Tobias (2011a): Internationale Diversität im Top-Management. Eine empirische Analyse der DAX-30-Unternehmen. Zur Veröffentlichung eingereichtes Manuskript, 2011.

Schmid, Stefan/Dauth, Tobias (2011b): Does Internationalization Make a Difference? Stock Market Reaction to Announcements of International Top Executive Appointments. Vom Journal of World Business zur Veröffentlichung akzeptiertes Manuskript. Erscheinungsdatum voraussichtlich 2013.

Schmid, Stefan/Dost, Ruben (2009): Management in unterschiedlichen Kulturen – Zentrale Ergebnisse der GLOBE-Studie. In: WISU – Das Wirtschaftsstudium, 38. Jg., Nr. 11, 2009, S. 1467-1472.

Schmid, Stefan/Gouthier, Matthias H. J. (1999): Dienstleistungskunden – Ressourcen im Sinne des resource-based-view des Strategischen Managements? Diskussionsbeitrag Nr. 131 der Wirtschaftswissenschaftlichen Fakultät Ingolstadt, Kath. Universität Eichstätt, 1999.

Schmid, Stefan/Kotulla, Thomas (2011): 50 Years of Research on International Standardization and Adaptation – From a Systematic Literature Analysis to a Theoretical Framework. In: International Business Review, 20. Jg., Nr. 5, 2011, S. 491-507.

Schmid, Stefan/Kretschmer, Katharina (2004): The German Corporate Governance System and the German "Mitbestimmung" – An Overview. ESCP-EAP Working Paper Nr. 8, ESCP-EAP Europäische Wirtschaftshochschule Berlin, 2004.

Schmid, Stefan/Kretschmer, Katharina (2005): How International Are German Supervisory Boards? – An Exploratory Study. ESCP-EAP Working Paper Nr. 14, ESCP-EAP Europäische Wirtschaftshochschule Berlin, 2005.

Schmid, Stefan/Machulik, Mario (2006): What Has Perlmutter Really Written? A Comprehensive Analysis of the EPRG Concept. ESCP-EAP Working Paper Nr. 16, ESCP-EAP Europäische Wirtschaftshochschule Berlin, 2006.

Schmid, Stefan/Oesterle, Michael-Jörg (2009): Internationales Management als Wissenschaft – Herausforderungen und Zukunftsperspektiven. In: Oesterle, Michael-Jörg/Schmid, Stefan (2009, Hrsg.): Internationales Management. Forschung, Lehre, Praxis. Schäffer-Poeschel, Stuttgart, 2009, S. 4-36.

Schmid, Stefan/Wilken, Robert/Dammer-Henselmann, Monika: Was bedeutet Internationalität in der Managementweiterbildung? Eine nachfrageorientierte Studie auf Basis von Latent-Class-Conjoint-Analysen. In: Zeitschrift für betriebswirtschaftliche Forschung, 64. Jg., 2012 (zur Veröffentlichung akzeptiert).

Schmidl, Patrick (1997): Internationalisierung der langfristigen Unternehmensfinanzierung. Gabler, Wiesbaden, Bamberg, 1997.

Schmidt, Arne (2009): Normalverteilungsannahme und Transformationen bei Regressionen. Internetseiten des Graduiertenkollegs "Betriebswirtschaftliche Aspekte lose gekoppelter Systeme und Electronic Business" der Christian-Albrechts-Universität zu Kiel, 2009. URL: http://www.bwl.uni-kiel.de/bwlinstitute/grad-kolleg/new/index.php?id=267 (Stand: 13.01.2012).

Schmidt, Reinhart (2004): Mitbestimmung in internationalen Unternehmen. In: Schreyögg, Axel/von Werder, Axel (2004, Hrsg.): Handwörterbuch Unternehmensführung und Organisation. 4. Auflage, Schäffer-Poeschel, Stuttgart, 2004, S. 888-896.

Schmidt, Reinhart/May, Axel (1993): Erklärung von Aktienindizes durch Pressemeldungen. In: Zeitschrift für Betriebswirtschaft, 63. Jg., Nr. 1, 1993, S. 61-88.

Schmidtke, Corinna (2002): Signaling im Personalmarketing: Eine theoretische und empirische Analyse des betrieblichen Rekrutierungserfolges. Rainer Hampp, München, Mering, 2002.

Schmidt-Tank, Stephan (2005): Indexeffekte am europäischen Kapitalmarkt – Eine Analyse aus der Perspektive börsennotierter Unternehmen. Deutscher Universitäts-Verlag, Wiesbaden, 2005.

Schneider, Jürgen (2000): Erfolgsfaktoren der Unternehmensüberwachung: Corporate Governance aktienrechtlicher Aufsichtsorgane im internationalen Vergleich. Erich Schmidt, Berlin, 2000.

Schnoor, Anje (2000): Kundenorientiertes Qualitäts-Signaling. Deutscher Universitäts-Verlag, Wiesbaden, 2000.

Schoorman, David F./Bazerman, Max H./Atkin, Robert S. (1981): Interlocking Directorates: A Strategy for Reducing Environmental Uncertainty. In: Academy of Management Review, 6. Jg., Nr. 2, 1981, S. 243-251.

Schrader, Stephan (1995): Spitzenführungskräfte, Unternehmensstrategie und Unternehmenserfolg. Mohr, Tübingen, 1995.

Schreyögg, Georg (2000): Theorien organisatorischer Ressourcen. In: Ortmann, Günther/Sydow, Jörg/Türk, Klaus (2000, Hrsg.): Theorien der Organisation. Die Rückkehr der Gesellschaft. 2. Auflage, Westdeutscher Verlag, Wiesbaden, 2000, S. 481-486.

Schreyögg, Georg/Papenheim-Tockhorn, Heike (1995): Dient der Aufsichtsrat dem Aufbau zwischenbetrieblicher Kooperationsbeziehungen? Eine Längsschnittstudie zur Rekonstruktion "gebrochener Verflechtungen" zwischen deutschen Kapitalgesellschaften. In: Zeitschrift für Betriebswirtschaft, 65. Jg., Nr. 2, 1995, S. 205-230.

Schweitzer, Marcell (2009): Gegenstand und Methoden der Betriebswirtschaftslehre. In: Bea, Franz X./Schweitzer, Marcell (2009, Hrsg.): Allgemeine Betriebswirtschaftslehre. Band 1: Grundfragen. 10. Auflage, Lucius & Lucius, Stuttgart, 2009, S. 23-80.

Schwenk, Charles R. (1995): Strategic Decision Making. In: Journal of Management, 21. Jg., Nr. 3, 1995, S. 471-493.

Seelhofer, Daniel (2007): New Brooms: The Antecedents and Effects of Foreign CEO Succession. Edubook, Merenschwand, 2007.

Seelhofer, Daniel (2010): New Brooms: The Stock Market Reaction to Foreign CEO Succession in Switzerland. In: European Journal of International Management, 4. Jg., Nr. 5, 2010, S. 506-523.

Segler, Gerald/Wald, Andreas/Weibler, Jürgen (2007): Corporate Governance im internationalen Wettbewerb: Bewertung des deutschen Governance-Systems aus der Sicht institutioneller Anleger. In: Betriebswirtschaftliche Forschung und Praxis, 59. Jg., Nr. 4, 2007, S. 400-417.

Seifert, Udo (2006): Aktienrückkäufe in Deutschland. Deutscher Universitäts-Verlag, Wiesbaden, 2006.

Selmer, Jan (2006): Language Ability and Adjustment: Western Expatriates in China. In: Thunderbird International Business Review, 48. Jg., Nr. 3, 2006, S. 347-368.

Serra, Ana P. (2002): Event Study Tests – A Brief Survey. Working Paper Nr 117 des Center for Economics and Finance der Universität Porto, 2002.

Shenkar, Oded (2004): One More Time: International Business in a Global Economy. In: Journal of International Business Studies, 35. Jg., Nr. 2, 2004, S. 161-171.

Shenkar, Oded (2012): Cultural Distance Revisited: Towards a More Rigorous Conceptualization and Measurement of Cultural Differences. In: Journal of International Business Studies, 43. Jg., Nr. 1, 2012, S. 1-11.

Shivdasani, Anil/Yermack, David (1999): CEO Involvement in the Selection of New Board Members: An Empirical Analysis. In: Journal of Finance, 54. Jg., Nr. 5, 1999, S. 1829-1853.

Silver, Robin S. (1993): Conditions of Autonomous Action and Performance: A Study of the Fonds d'Action Sociale. In: Administration & Society, 24. Jg., Nr. 4, 1993, S. 487-511.

Simmonds, Kenneth (1966): Multinational? Well, Not Quite. In: Columbia Journal of World Business, 1. Jg., Nr. 4, 1966, S. 115-122.

Simmonds, Kenneth/Connell, Richard (1974): Breaking the Boardroom Barrier: The Importance of Being British. In: Journal of Management Studies, 11. Jg., Nr. 2, 1974, S. 85-95.

Simon, Herbert A. (1997): Administrative Behavior. A Study of Decision-Making Processes in Administrative Organizations. 4. Auflage, Free Press, New York, 1997 (erstmals 1945).

Singh, Val (2007): Ethnic Diversity on Top Corporate Boards: A Resource Dependency Perspective. In: International Journal of Human Resource Management, 18. Jg., Nr. 12, 2007, S. 2128-2146.

Singh, Val/Point, Sébastien (2004): Strategic Responses by European Companies to the Diversity Challenge: An Online Comparison. In: Long Range Planning, 37. Jg., Nr. 4, 2004, S. 295-318.

Slater, Daniel J./Dixon-Fowler, Heather R. (2009): CEO International Assignment Experience and Corporate Social Performance. In: Journal of Business Ethics, 89. Jg., Nr. 3, 2009, S. 473-489.

Sommer, Lutz (2009): Degree of Internationalization – A Multidimensional Challenge. In: Journal of Applied Business Research, 25. Jg., Nr. 3, 2009, S. 93-109.

Sommer, Ulf/Reuter, Wolfgang (2010): Deutsche Firmen expandieren verstärkt nach Europa. Internetseiten des Handelsblatt, 2010. URL: http://www.handelsblatt.com/unternehmen/industrie/deutsche-firmen-expandieren-verstaerkt-nach-europa/3751098.html?p3751098=all (Stand: 26.10.2011).

Song, Jae H. (1982): Diversification Strategies and the Experience of Top Executives of Large Firms. In: Strategic Management Journal, 3. Jg., Nr. 4, 1982, S. 377-380.

Spence, Andrew. M. (1973): Job Market Signaling. In: Quarterly Journal of Economics, 87. Jg., Nr. 3, 1973, S. 355-374.

Spence, Andrew. M. (1974): Market Signaling: Informational Transfer in Hiring and Related Screening Processes. Harvard University Press, Cambridge, 1974.

Spencer Stuart (2009): Der Spencer Stuart Board Index – Deutschland 2008. Internetseiten der Spencer Stuart plc., 2009. URL: http://www.spencerstuart.com/research/bi/1369/ (Stand: 23.09.2010).

Srinivasan, Shuba/Hanssens, Dominique M. (2009): Marketing and Firm Value: Metrics, Methods, Findings, and Future Directions. In: Journal of Marketing Research, 46. Jg., Nr. 3, 2009, S. 293-312.

Srivastava, Abhishek/Lee, Hun (2008): Firm Performance and Top Management Team Age, Tenure, and Education: A Research Synthesis. In: International Journal of Business Research, 8. Jg., Nr. 2, 2008, S. 160-170.

Stahl, Günter K. (1998): Internationaler Einsatz von Führungskräften. Oldenbourg, München, 1998.

Stahl, Günter K./Maznevski, Martha L./Voigt, Andreas/Jonsen, Karsten (2010): Unravelling the Effects of Cultural Diversity in Teams: A Meta-Analysis of Research on Multicultural Work Groups. In: Journal of International Business Studies, 41. Jg., Nr. 4, 2010, S. 690-709.

Staples, Clifford L. (2007): Board Globalisation in the World's Largest TNCs 1993-2005. In: Corporate Governance: An International Review, 15. Jg., Nr. 2, 2007, S. 311-321.

Staples, Clifford L. (2008): Cross-Border Acquisitions and Board Globalization in the World's Largest TNCS 1995-2005. In: Sociological Quarterly, 49. Jg., Nr. 1, 2008, S. 31-51.

Steger, Ulrich/Amann, Wolfgang (2009): Corporate Governance. In: WISU – Das Wirtschaftsstudium, 38. Jg., Nr. 3, 2009, S. 331-333.

Steinle, Claus/Krummaker, Stefan/Hogrefe, Katharina (2009): Führungskompetenzen von Expatriates in China. In: Zeitschrift Führung + Organisation, 78. Jg., Nr. 1, 2009, S. 26-33.

Steyaert, Chris/Ostendorp, Anja/Gaibrois, Claudine (2011): Multilingual Organizations as 'Linguascapes': Negotiating the Position of English through Discursive Practices. In: Journal of World Business, 46. Jg., Nr. 3, 2011, S. 270-278.

Stiglitz, Joseph E. (1975): The Theory of "Screening", Education, and the Distribution of Income. In: American Economic Review, 65. Jg., Nr. 3, 1975, S. 283-300.

STOXX (2012): STOXX Europe 600. Internetseiten der STOXX LTD., 2012. URL: http://www.stoxx.com/indices/index_information.html?symbol=SXXP (Stand: 25.01.2012).

Struß, Nicola (2003): Führungswechsel im Management: Eine empirische Analyse innovativer Wachstumsunternehmen. Deutscher Universitäts-Verlag, Wiesbaden, Oestrich-Winkel, 2003.

Sullivan, Daniel P. (1994): Measuring the Degree of Internationalization of a Firm. In: Journal of International Business Studies, 25. Jg., Nr. 2, 1994, S. 325-342.

Sundaramurthy, Chamu/Lewis, Marianne (2003): Control and Collaboration: Paradoxes of Governance. In: Academy of Management Review, 28. Jg., Nr. 3, 2003, S. 397-415.

Süß, Stefan (2004): Internationales Personalmanagement. Eine theoretische Betrachtung. Hampp, München, Mering, 2004.

Süß, Stefan (2008): Diversity-Management auf dem Vormarsch. Eine empirische Analyse der deutschen Unternehmenspraxis. In: Zeitschrift für betriebswirtschaftliche Forschung, 60. Jg., Nr. 4, 2008, S. 406-430.

Süß, Stefan (2010): Quo vadis Diversity-Management: Legitimationsfassade oder professionelles Management personeller Vielfalt? In: Zeitschrift für Management, 5. Jg., Nr. 3, 2010, S. 283-304.

Süß, Stefan/Kleiner, Markus (2006): Diversity-Management in Deutschland: Mehr als eine Mode? In: Die Betriebswirtschaft, 66. Jg., Nr. 5, 2006, S. 521-541.

Swedish Corporate Governance Board (2010): The Swedish Corporate Governance Code. Internetseiten des Swedish Corporate Governance Board, 2010. URL: http://www.corporategovernanceboard.se/media/45322/svenskkodbolagsstyrn_2010_eng_korrigerad 20110321.pdf (Stand: 11.07.2011).

Tacheva, Sabina (2007): Top Management Team Diversity: A Multilevel Exploration of Antecedents and Consequences. Gutenberg, Schaan, 2007.

Tan, Danchi/Meyer, Klaus (2010): Business Groups' Outward FDI: A Managerial Resources Perspective. In: Journal of International Management, 16. Jg., Nr. 2, 2010, S. 154-164.

Tasler, Johannes (2001): The International Composition of Top Management Teams. Cuvillier, Göttingen, St. Gallen, 2001.

Taylor, Sully/Levy, Orly/Boyacigiller, Nakiye A./Beechler, Schon (2008): Employee Commitment in MNCs: Impacts of Organizational Culture, HRM and Top Management Orientations. In: International Journal of Human Resource Management, 19. Jg., Nr. 4, 2008, S. 501-527.

Theisen, Manuel R. (2002): Corporate Governance als Gegenstand der Internationalisierung. In: Macharzina, Klaus/Oesterle, Michael-Jörg (2002, Hrsg.): Handbuch Internationales Management. Grundlagen, Instrumente, Perspektiven. 2. Auflage, Gabler, Wiesbaden, 2002.

Theisen, Manuel R. (2011): Außer Kontrolle. In: Handelsblatt, 65. Jg., Nr. 131, 2011, S. 56.

Theissen, Erik/Greifzu, Mario (1998): Performance deutscher Rentenfonds. In: Zeitschrift für betriebswirtschaftliche Forschung, 50. Jg., Nr. 5, 1998, S. 436-461.

Thomas, Alexander/Chang, Celine/Abt, Heike (2006): Erlebnisse, die verändern – Langzeitwirkungen der Teilnahme an internationalen Jugendbegegnungen. Vandenhoeck & Ruprecht, Göttingen, 2006.

Thomas, Anisya S./Litschert, Robert J./Ramaswamy, Kannan (1991): The Performance Impact of Strategy-Manager Coalignment: An Empirical Examination. In: Strategic Management Journal, 12. Jg., Nr. 7, 1991, S. 509-522.

Thomas, Douglas E./Eden, Lorraine (2004): What is the Shape of the Multinationality-Performance Relationship? In: The Multinational Business Review, 12. Jg., Nr. 1, 2004, S. 89-110.

Thomas, Robert J. (1993): Interviewing Important People in Big Companies. In: Journal of Contemporary Ethnography, 22. Jg., Nr. 1, 1993, S. 80-96.

Tian, Jie/Haleblian, Jerayr/Rajagopalan, Nandini (2011): The Effects of Board Human and Social Capital on Investor Reactions to New CEO Selection. In: Strategic Management Journal, 32. Jg., Nr. 7, 2011, S. 731-747.

Tihanyi, Laszlo/Ellstrand, Alan E./Daily, Catherine M./Dalton, Dan R. (2000): Composition of the Top Management Team and Firm International Diversification. In: Journal of Management, 26. Jg., Nr. 6, 2000, S. 1157-1177.

Tixier, Maud (1994): Management Styles across Western European Cultures. In: The International Executive, 36. Jg., Nr. 4, 1994, S. 377-391.

Tobin, James (1969): A General Equilibrium Approach to Monetary Theory. In: Journal of Money, Credit and Banking, 1. Jg., Nr. 1, 1969, S. 15-29.

Tsai, Wenpin (2001): Knowledge Transfer in Intraorganizational Networks: Effects of Network Position and Absorptive Capacity on Business Unit Innovation and Performance. In: Academy of Management Journal, 44. Jg., Nr. 5, 2001, S. 996-1004.

Tsui, Anne S./Ashford, Susan J./St. Clair, Lynda/Xin, Katherine R. (1992): Dealing with Discrepant Expectations: Response Strategies and Managerial Effectiveness. In: Academy of Management Journal, 38. Jg., Nr. 6, 1992, S. 1515-1543.

Tsui, Anne S./Gutek, Barbara A. (1999): Demographic Differences in Organizations. Current Research and Future Directions. Lexington Books, Lanham, 1999.

Tufano, Peter (1998): The Determinants of Stock Price Exposure: Financial Engineering and the Gold Mining Industry. In: Journal of Finance, 53. Jg., Nr. 3, 1998, S. 1015-1052.

Turner, John C. (1988): Rediscovering the Social Group – A Self-Categorization Theory, Blackwell, Oxford, 1988.

Turner, John C. (2000): Some Current Issues in Research on Social Identity and Self-Categorization Theories. In: Ellemers, Naomi (2000, Hrsg.): Social Identity. Context, Commitment, Content. Blackwell, Oxford, 2000, S. 6-34.

UCLA Academic Technology Services (2011): How Can I Run a Piecewise Regression in Stata? Internetseiten der University of California, 2011. URL: http://www.ats.ucla.edu/stat/stata/faq/piecewise.htm (Stand: 16.12.2011).

UNCTAD (1999): World Investment Report 1999 – Foreign Direct Investment and the Challenge of Development. Eigenverlag Vereinte Nationen, New York, Genf, 1999.

UNCTAD (2010): World Investment Report 2010: Investing in a Low-Carbon Economy. Eigenverlag Vereinte Nationen, New York, Genf, 2010.

Urban, Dieter/Mayerl, Jochen (2011): Regressionsanalyse: Theorie, Technik und Anwendung. 4. Auflage, VS Verlag für Sozialwissenschaften, Wiesbaden, 2011.

Useem, Michael (1984): The Inner Circle – Large Corporations and the Rise of Business Political Activity in the U.S. and U.K. Oxford University Press, New York, 1984.

Usunier, Jean-Claude (2011): Language as a Resource to Assess Cross-Cultural Equivalence in Quantitative Management Research. In: Journal of World Business, 46. Jg., Nr. 3, 2011, S. 314-319.

van Veen, Kees/Elbertsen, Janine (2008): Governance Regimes and Nationality Diversity in Corporate Boards: A Comparative Study of Germany, the Netherlands, and the United Kingdom. In: Corporate Governance: An International Review, 16. Jg., Nr. 5, 2008, S. 386-399.

van Veen, Kees/Marsman, Ilse (2008): How International Are Executive Boards of European MNCs? Nationality Diversity in 15 European Countries. In: European Management Journal, 26. Jg., Nr. 3, 2008, S. 188-198.

Vance, Charles (2005): The Personal Quest for Building Global Competence: A Taxonomy of Self-Initiating Career Path Strategies for Gaining Business Experience Abroad. In: Journal of World Business, 40. Jg., Nr. 4, 2005, S. 374-385.

Venkatraman, N./Ramanujam, Vasudevan (1986): Measurement of Business Performance in Strategy Research: A Comparison of Approaches. In: Academy of Management Review, 11. Jg., Nr. 4, 1986, S. 801-814.

Venkatraman, N./Ramanujam, Vasudevan (1987): Measurement of Business Economic Performance: An Examination of Method Convergence. In: Journal of Management, 13. Jg., Nr. 1, 1987, S. 109-122.

von Auer, Ludwig (2007): Ökonometrie. Eine Einführung. 4. Auflage, Springer, Berlin, 2007.

von Rosen, Rüdiger/Leven, Franz-Josef (2010): Professionalisierung der Aufsichtsratstätigkeit – im Interesse von Unternehmen und Aktionären. In: Zeitschrift für das gesamte Kreditwesen, 63. Jg., Nr. 14, 2010, S. 735-736.

von Werder, Axel (2005): Ist die Mitbestimmung ein Hemmschuh für deutsche Unternehmen im internationalen Wettbewerb? In: Brandt, Werner/Picot, Arnold (2005, Hrsg.): Unternehmenserfolg im internationalen Wettbewerb. Strategie, Steuerung und Struktur. Schäffer-Poeschel, Stuttgart, 2005, S. 275-300.

von Werder, Axel (2006): Implikationen des Deutschen Corporate Governance Kodex für internationale Unternehmen. In: Hahn, Dietger/Taylor, Bernard (2006, Hrsg.): Strategische Unternehmensplanung – Strategische Unternehmensführung, Springer-Verlag, Berlin, Heidelberg, New York, 2006, S. 523-541.

von Werder, Axel (2008): Führungsorganisation – Grundlagen der Corporate Governance, Spitzen- und Leitungsorganisation. 2. Auflage, Gabler Verlag, Wiesbaden, 2008.

Wagner, W. G./Pfeffer, Jeffrey/O'Reilly Charles A. (1984): Organizational Demography and Turnover in Top-Management Groups. In: Administrative Science Quarterly, 29. Jg., Nr. 1, 1984, S. 74-92.

Walgenbach, Peter (2006): Neoinstitutionalistische Ansätze in der Organisationstheorie. In: Kieser, Alfred/Ebers, Mark (2006, Hrsg.): Organisationstheorien. 6. Auflage, Kohlhammer, Stuttgart, 2006, S. 353-401.

Wally, Stefan/Becerra, Manuel (2001): Top Management Team Characteristics and Strategic Changes in International Diversification: The Case of U.S. Multinationals in the European Community. In: Group & Organization Management, 26. Jg., Nr. 2, 2001, S. 165-188.

Walsh, James P. (1995): Managerial and Organizational Cognition: Notes from a Trip Down Memory Lane. In: Organization Science, 6. Jg., Nr. 3, 1995, S. 280-321.

Walters, Bruce A./Kroll, Mark/Wright, Peter (2008): CEO Ownership and Effective Boards: Impacts on Firm Outcomes. In: Strategic Organization, 6. Jg., Nr. 3, 2008, S. 259-283.

Weber, Wolfgang/Kabst, Rüdiger (2000): Internationalisierung mittelständischer Unternehmen: Organisationsform und Personalmanagement. In: Gutmann, Joachim (2000, Hrsg.): Internationalisierung im Mittelstand. Chancen-Risiken-Erfolgsfaktoren, Gabler, Wiesbaden, 2000, S. 3-89.

Weber-Rey, Daniela (2009): Änderungen des Deutschen Corporate Governance Kodex 2009. In: Zeitschrift für Wirtschafts- und Bankenrecht, 63. Jg., Nr. 48, 2009, S. 2255-2264.

Weber-Rey, Daniela (2011): Diversität im Aufsichtsrat heißt mehr als Frauenquote. In: Frankfurter Allgemeine Zeitung, 62. Jg., Nr. 261, 2011, S. 23.

Weiss, Andrew (1995): Human Capital vs. Signalling Explanation of Wages. In: The Journal of Economic Perspectives, 9. Jg., Nr. 4, 1995, S. 133-154.

Welge, Martin K./Al-Laham, Andreas (2008): Strategisches Management. Grundlagen – Prozess – Implementierung. 5. Auflage, Gabler, Wiesbaden, 2008.

Wentges, Paul (2002): Corporate Governance und Stakeholder-Ansatz. Implikationen für die betriebliche Finanzwirtschaft. Deutscher Universitäts-Verlag, Wiesbaden, 2002.

Wernerfelt, Birger (1984): A Resource-Based View of the Firm. In: Strategic Management Journal, 5. Jg., Nr. 2, 1984, S. 171-180.

Westphal, James D./Graebner, Melissa E. (2010): A Matter of Appearances: How Corporate Leaders Manage the Impressions of Financial Analysts about the Conduct of their Boards. In: Academy of Management Journal, 53. Jg., Nr. 1, 2010, S. 15-43.

Westphal, James D./Zajac, Edward J. (1998): The Symbolic Management of Stockholders: Corporate Governance Reforms and Shareholder Reactions. In: Administrative Science Quarterly, 43. Jg., Nr. 1, 1998, S. 127-153.

Wiersema, Margarethe F./Bantel, Karen A. (1992): Top Management Team Demography and Corporate Strategic Change. In: Academy of Management Journal, 35. Jg., Nr. 1, 1992, S. 91-121.

Wiersema, Margarethe F./Bird, Allan (1996): Universalizing Upper Echelon Theory: Contrasting U.S. Theory with Japanese Firm Performance. In: Journal of Asian Business, 12. Jg., Nr. 3, 1996, S. 1-29.

Wilson, A. L (1978): When Is the Chow Test UMP? In: American Statistician, 32. Jg., Nr. 2, 1978, S. 66-68.

Wind, Yoram/Douglas, Susan P./Perlmutter, Howard V. (1973): Guidelines for Developing International Marketing Strategies. In: Journal of Marketing, 37. Jg., Nr. 2, 1973, S. 14-23.

Wirtl, Holger (2006): Schlüsselpersonen in internationalen Gründungsepisoden. Strategische Akteuren im Internationalisierungsprozess einer Unternehmung. Der Andere Verlag, Tönning, 2006.

Wiswede, Günter (2004): Rollentheorie. In: Schreyögg, Axel/von Werder, Axel (2004, Hrsg.): Handwörterbuch Unternehmensführung und Organisation (HWO). 4. Auflage, Schäffer-Poeschel, Stuttgart, 2004, S. 1289-1296.

Witt, Peter (2003): Corporate Governance-Systeme im Wettbewerb. Deutscher Universitäts-Verlag, Wiesbaden, 2003.

Wolf, Joachim (2009): Managementstile in skandinavischen Ländern. Eine kulturbezogene Analyse. In: Zeitschrift Führung + Organisation, 78. Jg., Nr. 1, 2009, S. 14-25.

Wolf, Joachim (2011): Organisation, Management, Unternehmensführung: Theorien, Praxisbeispiele und Kritik. 4. Auflage, Gabler, Wiesbaden, 2011.

Worrell, Dan L./Davidson, Wallace N. (1993): Stockholder Reactions to Departures and Appointments of Key Executives Attributable to Firings. In: Academy of Management Journal, 36. Jg., Nr. 2, 1993, S. 387-401.

Wrona, Thomas (2009): Empirische Forschungsmethoden im Internationalen Management – Eine kritische Analyse. In: Oesterle, Michael-Jörg/Schmid, Stefan (2009, Hrsg.): Internationales Management. Forschung, Lehre, Praxis. Schäffer-Poeschel, Stuttgart, 2009, S. 223-249.

Yermack, David (1996): Higher Market Valuation of Companies with a Small Board of Directors. In: Journal of Financial Economics, 40. Jg., Nr. 2, 1996, S. 185-211.

Young, Gary J./Charns, Martin P./Shortell, Stephen M. (2001): Top Manager and Network Effects on the Adoption of Innovative Management Practices: A Study of TQM in a Public Hospital System. In: Strategic Management Journal, 22. Jg., Nr. 10, 2001, S. 935-951.

Zaheer, Srilata (1995): Overcoming the Liability of Foreignness. In: Academy of Management Journal, 38. Jg., Nr. 2, 1995, S. 341-363.

Zajac, Edward J./Westphal, James D. (1995): Accounting for the Explanations of CEO Compensation: Substance and Symbolism. In: Administrative Science Quarterly, 40. Jg., Nr. 2, 1995, S. 283-308.

Zelewski, Stephan (2008): Grundlagen. In: Corsten, Hans/Reiß, Michael (2008, Hrsg.): Betriebswirtschaftslehre. 4. Auflage, Oldenbourg, München, Wien, 2008, S. 1-97.

Zhang, Yan/Wiersema, Margarethe F. (2009): Stock Market Reaction to CEO Certification: The Signaling Role of CEO Background. In: Strategic Management Journal, 30. Jg., Nr. 7, 2009, S. 693-710.

Ziegenbalg, Martin/Vater, Hendrick (2008): Mit qualitativen Faktoren die Finanzkommunikation stärken. In: Die Aktiengesellschaft, 52. Jg., Nr. 5, 2008, S. 84-85.

Zimmerman, Monica A. (2008): The Influence of Top Management Team Heterogeneity on the Capital Raised Through an Initial Public Offering. In: Entrepreneurship Theory and Practice, 32. Jg., Nr. 3, 2008, S. 391-414.

Zimmermann, Stefan (2010): Interne versus externe Rekrutierung von Vorständen in deutschen Aktiengesellschaften. In: Zeitschrift für betriebswirtschaftliche Forschung, 62. Jg., Nr. 2, 2010, S. 160-202.

zu Knyphausen-Aufseß, Dodo (2000): Auf dem Weg zu einem ressourcenorientierten Paradigma? Resource Dependence-Theorie der Organisation und Resource-based View des Strategischen Managements im Vergleich. In: Ortmann, Günther/Sydow, Jörg/Türk, Klaus (2000, Hrsg.): Theorien der Organisation. Die Rückkehr der Gesellschaft. 2. Auflage, Westdeutscher Verlag, Wiesbaden, 2000, S. 452-480.

zu Putlitz, Julian (2000): Internationalisierung europäischer Banken. Deutscher Universitäts-Verlag, Wiesbaden, Bamberg, 2000.

Springer Gabler RESEARCH

„mir-Edition"
Hrsg./Eds.: Andreas Al-Laham, Johann Engelhard,
Michael Kutschker, Klaus Macharzina, Michael-Jörg Oesterle,
Stefan Schmid, Martin K. Welge, Joachim Wolf
zuletzt erschienen:

Tobias Dauth
Die Internationalität von Top-Managern
Aktienkursreaktionen auf die Benennung internationaler Vorstände und Aufsichtsräte
2013. XIII, 308 S., 37 Abb., 25 Tab., Br. € 59,95
ISBN 978-3-658-00761-4

Philipp Michael Grosche
Konfiguration und Koordination von Wertschöpfungsaktivitäten in internationalen Unternehmen
Eine empirische Untersuchung in der Automobilindustrie
2012. XXVI, 367 S., 50 Abb., 62 Tab., Br. € 59,95
ISBN 978-3-8349-4048-3

Thomas Kotulla
Strategien der internationalen Produktstandardisierung und -differenzierung
2012. XVIII, 300 S., 42 Abb., Br. € 59,95
ISBN 978-3-8349-4437-5

Leif E. Moll
Strategische Erfolgsfaktoren von Shared Services im Personalbereich
Eine praxisorientierte Analyse zur wertorientierten Unternehmensführung
2012. XXIV, 293 S., 57 Abb., 9 Tab., Br. € 59,95
ISBN 978-3-8349-4057-5

Hannah Noriko Richta
Organisationales Lernen als erfolgsrelevantes Konstrukt im Rahmen der Internationalisierung von Unternehmen
2012. XXIX, 558 S., 96 Abb., Br. € 69,95
ISBN 978-3-8349-4215-9

Joachim Zentes (Hrsg.)
Markteintrittsstrategien
Dynamik und Komplexität
2012. X, 293 S., 54 Abb., Br. € 59,95
ISBN 978-3-8349-3503-8

Springer Gabler

Änderungen vorbehalten. Stand: September 2012. Erhältlich im Buchhandel oder beim Verlag.
Abraham-Lincoln-Str. 46 . 65189 Wiesbaden . www.springer-gabler.de